Typisch Allgäu

Hubert Hunscheidt, Gerd Engels, Karin Peller-Hölzl,
Vera Göhring, Mara Schön, Martin Andree

Typisch Allgäu

erschienen im:
Reise-Idee Verlag Roland Dreyer
Klostersteige 15, D-87435 Kempten

Tel.:	+49 (0)8 31/990 78 14 oder
	+49 (0)8 31/69 71 43 33
Fax:	+49 (0)3212/141 04 63
Mobil:	+49 (0)179/7 07 64 29
Internet:	www.reise-idee.de
E-Mail:	redaktion@reise-idee.de

Bildnachweise Titel und Rücktitel:
Holzkunst Stefan Stork
Archehof Birk
Lugenalpe Oberstdorf, Allgäuer Alpgenuss e.V.
Bergkäserei Weizern
Privat-Brauerei Zötler
Allgäuer Keramik
Hofgut Ratzenberg

Redaktionelle Leitung, Koordination und Gesamtkonzept der Buchreihe
im Reise-Idee Verlag: Roland Dreyer

Gesamtherstellung:
Holzer Druck und Medien GmbH + Co. KG, D-88171 Weiler im Allgäu

ISBN 978-3-934739-58-1
Germany, Dez. 2019
1. Auflage

Die Autoren

Hubert Hunscheidt
Gerd Engels
Karin Peller-Hölzl
Vera Göhring
Mara Schön
Martin Andree

Aggenstein
(Bild Hubert Hunscheidt)

Inhaltsverzeichnis

Typisch Allgäu

Seit Jahrhunderten wird im Allgäu Tradition mit Brauchtumsfesten und im Handwerk gelebt, gepflegt und gefeiert. Sie ist Teil des naturverbundenen Lebens der Menschen in der herrlichen Gebirgs- und Voralpenlandschaft des Allgäus.

Zum Handwerk gehören neben dem Holz- und Metallhandwerk viele Manufakturen im Bereich Schmuck und Textil sowie die Herstellung von Lebensmitteln in Sennereien, Backstuben, Käsereien und Brauereien.

Das Handwerk bietet auch Dienstleistungen an wie eine verschindelte Fassade, einen neuen Holzofen oder die Installation einer Solaranlage.

Im bayerischen Allgäu sind über 33.000 Menschen in Handwerksbetrieben, oft in alteingesessenen Familienbetrieben, beschäftigt. Das traditionelle Handwerk im Allgäu wird geprägt von Kenntnis und Erfahrung in alten Techniken, sorgfältig ausgesuchten Materialien sowie viel Zeit und Handarbeit.

Blick auf den Forggensee
(Bild Hubert Hunscheidt)

Viele fast vergessene Handwerkskünste sind hier noch lebendig und finden neue, innovative Ansätze. Hierzu gehören Glasmacherei, Töpferei und die seltenen Schellenriemenmacher, Filzmanufakturen oder Korbflechterei. In der waldreichen Landschaft des Allgäu gehört Holz zu den am häufigsten genutzten Materialien, die mit Talent und Geschick zu wahren Kunstwerken verarbeitet werden.

In vielen Werkstätten und Handwerksbetrieben wie in Schaukäsereien, Töpferwerkstätten oder Glasmanufakturen ist es möglich, den Handwerkern über die Schulter zu schauen und alte Handwerkskunst hautnah zu erleben. In einer Reihe von Betrieben kann man auch Kurse und Vorführungen besuchen, um die Anfangsgründe eines alten Handwerks zu erlernen und selbst kreativ tätig zu werden.

Auf vielen Märkten werden die von Hand gefertigten Produkte angeboten. Besucher der zahlreichen Märkte können sich nach Herzenslust umschauen und die vielen leckeren regionalen Speisen genießen. Der auf einer Sennalpe hergestellte Käse ist ein gutes Beispiel für diese Handwerkstradition.

Eine Almhütte für jede Veranstaltung

Catering C

Sommerfest, Weihnachtsfeier, Betriebsjubiläum oder Händlertagung – Catering C sorgt für den WOW-Effekt. Jede Veranstaltung wird individuell geplant, einmalig geschmückt und umrahmt. Ob mit dem Hingucker beim Kochen, dem Allgäu Wok, einer XXL Überpfanne mit dem die Zubereitung von Portionen in brachialen Mengen zu einem Kinderspiel werden. So finden sich auf den Events, die von Catering C organisiert werden, auch kubanische Zigarrendreher oder ein Zirkuszelt.

Das 2016 gegründete Unternehmen ist auf Großveranstaltungen von 100 bis 20.000 Gästen spezialisiert. Catering C kümmert sich um die Räumlichkeiten, das Personal, die Speisen und Getränke sowie die Dekoration und das Rahmenprogramm.

Eine Allgäuer Almhütte on Tour

Rollierend geht eine Almhütte auf die Reise durch das Allgäu. Sie ist auf verschiedenen Plätzen im Allgäu unterwegs und kann zu einem Tagesmietpreis für jedes Fest und jede gewünschte Feierlichkeit gebucht werden.
Die Almhütte ist ein Hingucker für jedes Firmenevent, für die Händlermesse ebenso wie für eine Hausausstellung.

Die mobile Almhütte bietet Raum für 280 Gäste und ist bis auf 1.000 Plätze erweiterbar. Ganz nach den Bedürfnissen des Veranstalters. Ob Party, Hochzeit oder Firmenevent - mit der passenden Dekoration, dem professionellen Serviceteam und den individuell auf den Veranstalter und die Gäste abgestimmten Speisen und Getränken sorgt die Hüttenatmosphäre für unvergessliche Stunden.
Die Almhütte ist zum Tagesmietpreis buchbar und unter www.cateringc.de sind die aktuellen Standorte abrufbar.

Catering C
Lindenbergerstrasse 33
D-88171 Weiler
Tel. +49 (0)171-2116914
info@cateringc.de
www.cateringc.de

Bayerns größter Freizeitpark

Allgäu Skyline Park

Weithin sichtbar grüßt der Allgäu Skyline Park die Autofahrer auf der nahen A 96 von Lindau nach München und lädt mit erschwinglichen Preisen zum großen Freizeitspaß für die ganze Familie ein.

Der Park wurde schon mehrfach ausgezeichnet für die Kategorien „beste Gastronomie", „bestes Preis-Leistungsverhältnis" und „Top-Event" für die legendäre Veranstaltung „Skyline Park bei Nacht".

Die liebevoll gestaltete Kinder-Attraktion „Kids Farm – einzigartige Bauernhof Spielinsel" erhielt das Prädikat „besonders empfehlenswert für Kinder".

Die große Auswahl an spannenden Fahrgeschäften wird ständig erweitert. Weit über 60 Attraktionen in den Kategorien Adrenalin, Familienspaß und Kinderhits bieten vielfältige Fahrspaßerlebnisse.

Mutige Besucher erleben in der Weltneuheit des Motorrad-Coasters „Sky Dragster" ein komplett neues Fahrgefühl, verlieren in der riesigen Zentrifuge „Zero Gravity" den Boden unter den Füßen oder spüren Adrenalin pur im „Sky Wheel", Europas höchster Überkopf-Achterbahn Europas.

Das Spaßbad mit Wasserrutschen ist das einzige Freibad in einem deutschen Freizeitpark, Badesachen nicht vergessen! So viele Abenteuer machen hungrig. Die Biergärten, Restaurants und Gastro-Stände im Park bieten ein einzigartiges kulinarisches Angebot mit herrlich frischen, regionalen Speisen, die nicht nur lecker schmecken, sondern auch noch unglaublich günstig sind. Der „Frühstücks-Hit" und die reiche „Familienpfanne" stehen ganz

oben auf der Beliebtheitsskala. Für zwischendurch gibt es eine große Auswahl an frisch gebrannten Mandeln. Die Grünflächen im Park mit hohen Bäumen, dichten Hecken, viel Wasser und kleinen Biotopen laden zu genussvoller Entspannung nach den aufregenden Erlebnissen ein.
Der bunte Veranstaltungskalender des Parks mit namhaften Show-Acts und interessanten Events bietet ein abwechslungsreiches Programm.

Öffnungszeiten:
www.skylinepark.de/infos-service/oeffnungszeiten/

Allgäu Skyline Park
Skyline-Park-Straße 1
D-86871 Rammingen (BY)
Direkt an der A96
Ausfahrt Bad Wörishofen
Tel. +49 (0)82 45-96 69-0
service@skylinepark.de
www.skylinepark.de

Das Allgäu einmal anders erleben

HOT ROD FUN

Es sieht aus wie eine Seifenkiste und fährt sich wie ein kleiner Sportwagen. Dabei handelt es sich um Nachbauten originalgetreuer Miniaturen von Oldtimern aus den 1920er bis 1940er Jahren, welche in der Manufaktur Wenckstern in Norderstedt bei Hamburg gebaut werden.

Freiheit und Fahrspaß pur

Das Hot Rod (von Maik Wenckstern) mit Straßenzulassung bringt mit seinen fast 90 km/h Freiheit und Fahrspaß pur auf den Asphalt. Die kleinen Flitzer sind der Hingucker und versprechen bei geführten Städte- und Erlebnistouren durch das wunderschöne Voralpenland pures Vergnügen.

Man kann es nicht beschreiben, man muss es einfach erleben: Helm auf, die Sonnenbrille zurechtrücken, ins Cockpit klettern, Startknopf drücken – und los geht es mit dem Dauergrinsen. Ist man mit einem „Hot Rod" unterwegs, trennt einen (fast) nichts mehr vom puren Fahrvergnügen.

Der Allerwerteste schwebt gerade mal 35 Zentimeter über dem Boden, der Fahrtwind bläst einem ins Gesicht, der Mini-Flitzer dröhnt und vibriert. So ähnlich müssen sich wohl die Rennfahrer in der Formel1 vorkommen, denkt man und grinst schon wieder. Ob schnell oder langsam, erlebe das herrliche Allgäu in all seiner Schönheit.

DAS Fahrvergnügen für Erwachsene darf man sich nicht entgehen lassen.

Einsteigen kann man in der Station 87463 Dietmannsried, Hörensberg 4.

Don´t forget the fun!

Hot Rod Fun Kempten

Rita Heider
Hörensberg 4
D-87463 Dietmannsried
Tel. +49 (0)8374 58 67 0 69
Mobil +49 (0)151-14 33 55 17
www.hotrod-fun.com/kempten

Oberschwäbische Traditionen hautnah erleben

Bauernhausmuseum Allgäu-Oberschwaben Wolfegg

Im Bauernhausmuseum Allgäu-Oberschwaben Wolfegg in der Nähe des Bodensees wird die Vergangenheit lebendig. Historische Gebäude spiegeln das Leben der oberschwäbischen Landbevölkerung aus 300 Jahren wider. In den originalgetreu eingerichteten Stuben, Kammern, Ställen und Werkstätten des familienfreundlichen Freilichtmuseums bekommen Besucher einen umfassenden Einblick in das ländliche Leben vergangener Jahrhunderte und lernen althergebrachte Traditionen und Bräuche kennen. Museumshäuser und Ausstellungen sowie Veranstaltungen, Führungen und Mitmachprogramme sorgen für ein vielseitiges Erlebnis.

Der Rundgang über das 12 Hektar große Gelände führt zu verschiedenen Häusern und Stationen, die in eine sorgsam gepflegte Kulturlandschaft mit Hecken, Sträuchern und Wiesen eingebettet sind.

Neben zahlreichen Tieren wie Bienen, Ziegen, Hühnern, Schweinen, Gänsen und Allgäuer Kühen finden sich hier wunderschöne Bauerngärten mit den typische Blumen und duftenden Kräutern. Jedes Gebäude, das von seinem ursprünglichen Standort sorgfältig abgetragen und im Museum originalgetreu wiederaufgebaut wurde, erzählt eine bewegende Geschichte und lädt zur Erkundung ein.

Das Eingangsgebäude Zehntscheuer Gessenried wurde um das Jahr 1430 erbaut und diente dem Kloster Weißenau als Speicher für die Getreideabgaben der Lehensbauern. Heute beherbergt es einen Museumsladen sowie eine Sonderausstellung. Das Erdgeschoss bietet zudem Raum für Veranstaltungen. Der **Ausstellungspavillon** dahinter ist ein nicht-historisches Gebäude.

Auf dem Rundweg passiert man verschiedene Sehenswürdigkeiten wie das **Windrad aus Waltenhofen,** den **Blaserhof aus Waldburg,** der ursprünglich Teil einer Hofanlage war, und das 1903 errichtete **Bienenhaus.**

Der **Stadel Hauerz** diente vor 1830 als Badestadel, das **Haus Andrinet** zeigt eine Ausstellung zur Flachsverarbeitung. Vorbei am Fruchtkasten aus Weiprechts gelangt man zum **Haus Häusing** und zur **Remise Häusing,** wo heute museumspädagogische Projekte stattfinden. Außerdem befinden sich

hier die Besuchertoiletten und ein Wickeltisch. Daneben steht ein typischer Allgäuer **Hühnerstall**. Weiter führt der Weg am **Wohnspeicher Lauben** vorbei zum oberschwäbischen **Eindachhof Reisch** aus Danketsweiler, dessen Inneneinrichtung die beginnenden 1920er Jahre zeigt. Nach der **Trafostation** gelangen Besucher zum Notstand aus Baindt und zu einem **Backhaus** aus dem Jahre 1729. Im **Wohnspeicher Winnenden** ist an verschiedenen Veranstaltungstagen die Schuhmacherwerkstatt in Betrieb. Im **Fischerhaus** ist heute die gleichnamige Museumsgaststätte untergebracht mit angrenzender **Fischhälterei.**
Nahe der **Viehwaage Eggmannsried** steht das **Spritzenhäusle Illerbachen. Die Bienenstände** wurden um 1920 in

Reute bei Amtzell erbaut. Auf die Stallschauer Richlisreute folgt das **Haus Füssinger** aus dem Jahre 1705. Im **Schopf Flunau** befindet sich heute eine Dauerausstellung zur Entwicklung der Käserei und Milchwirtschaft im württembergischen Allgäu.
Während der Museumssaison bietet das Bauernhaus-Museum Allgäu-Oberschwaben Wolfegg einen umfangreichen Veranstaltungskalender mit vielen Festen für die ganze Familie wie Museumsfest, Eseltreffen, Kräuter- und Blümlesmarkt, Apfel- und Kartoffeltag sowie den Wolfegger Adventsmarkt. Bei jeder Veranstaltung gibt es ein thematisch abgestimmtes Kinderprogramm. Für Familienfeste und Veranstaltungen für bis zu 230 Personen kann die Zehntscheuer angemietet werden.
In der Saison kochen die Allgäuer Landfrauen jeden Sonn- und Feiertagtag in der historischen Museumsküche leckere Allgäuer Spezialitäten, von denen die Besucher probieren können. Eines ihrer Rezepte aus Omas Kochbuch findet sich auch in diesem Reiseführer!

Öffnungszeiten:

Mai-Sept. tägl. 10 bis 18 Uhr.
März, April, Oktober, November: tägl. außer montags 10 bis 17 Uhr (Sonderöffnung an gesetzlichen Feiertagen).

Bauernhaus-Museum Allgäu-Oberschwaben Wolfegg

Vogter Straße 4
D-88364 Wolfegg
Tel. +49 (0)75-95 50-0
info@bauernhaus-museum.de
www.bauernhaus-museum.de

Museumsangebote in Memmingen

Schwäbische Kunst des 15. und 16. Jahrhunderts

Die bedeutende Sammlung spätgotischer Kunst, welche gerade in den letzten Jahren um einige prominente Leihgaben der Sparkassenstiftung Memmingen-Mindelheim ergänzt wurde, zeigt eindrückliche Beispiele schwäbischer Kunst am Übergang vom 15. zum 16. Jahrhundert. Neben dem Bildhauer Ivo Strigel (1430-1516) ist vor allem der Maler Bernhard Strigel (1468-1528) als wichtiger Vertreter der alten Kunst zu bewundern. Die Präsentation im Museum würdigt die Memminger Künstlersippe nicht nur in ihrer kunsthistorischen Bedeutung - auch deren gesellschaftliche Stellung und die Haltung zu den turbulenten religiösen Verhältnissen der Zeit werden beleuchtet. Besonders reizvoll der Umstand, dass Gebäudearchitektur und Sammlung auf sinnfällige Weise zusammenpassen. Das zwischen 1456 und 1510 erbaute Antonierhaus beherbergt Kunst aus derselben Epoche, archivalische Quellen der Zeit belegen sogar die Beauftragung Bernhard Strigels durch die damaligen Bauherrn, die Antoniter.

Strigel-Museum im Antonierhaus
Martin-Luther-Platz 1
D-87700 Memmingen
Tel. +49 (0)8331/85 02 45
Geöffnet: Di – So 11-17 Uhr
Eintritt frei!

Mittelalterliche Krankenfürsorge in mittelalterlicher Krankenhausanlage

Ein Museum am Ort des Geschehens hält immer ein besonderes Erlebnis bereit. Mittelalterliche Krankenfürsorge in einer mittelalterlichen Krankenhausanlage bietet des Antoniter-Museum in Memmingen. Es ist eingerichtet in der imposanten Vierflügelanlage des Antonierhauses, das im 15. Jahrhundert vom gleich-

namigen Orden der Antoniter erbaut worden war. Die ungewöhnlich großzügige, ehemalige Ordensniederlassung, im Jahr 1996 von der Stadt Memmingen aufwändig restauriert, war damals Krankenhaus, Pflegeheim und Wirtschaftshof in einem und ist uns heute Zeugnis für die oft unterschätzte Krankenvorsorge in den mittelalterlichen Reichsstädten.

In den im Original erhaltenen Raumfluchten des Museums werden die Heilungsmethoden des Ordens lebendig, die Ordensgeschichte und das Alltagsleben der Erkrankten dokumentiert. Der Orden hatte sich auf die Behandlung des sogenannten „Antonierfeuer“, einer Getreidevergiftung, spezialisiert, die im Mittelalter in ganz Europa verbreitet war. Wer von der schlimmen und oftmals tödlichen Erkrankung befallen war, hoffte auf die Wunderwirkung des Hl. Antonius ebenso wie auf die therapeutischen Künste der Antoniter. Das im Museum thematisierte Zusammenspiel von Glaube und Heilung eröffnet deshalb auch Einblicke in das Weltbild des mittelalterlichen Menschen.

Antoniter-Museum im Antonierhaus
Martin-Luther-Platz 1
D-87700 Memmingen
Tel. +49 (0)8331 85 02 45
Geöffnet: Di – So 11-17 Uhr
Eintritt frei!

Antonierhaus
(Bild Stadt Memmingen)

Geschichte und Kultur der ehemaligen Reichsstadt

Das Memminger Stadtmuseum nahm seinen Anfang im Jahr 1885 als Gründung des damaligen Altertumvereins. Seit 1936 hat das Museum seine Heimstatt im prächtigen Hermansbau, gleich neben der St- Martinskirche. Das spätbarocke Stadtpalais ist 1766 im Auftrag des Patriziers Benedikt von Herman errichtet worden und erinnert mit einer reichverzierten Fassade, einem schönen Innenhof und dem barocken Treppenhaus mit allegorischer Deckenmalerei an einen südländischen Palazzo.

In unterschiedlichen Abteilungen spiegeln sich im Stadtmuseum Geschichte und Kultur der ehemaligen Reichsstadt wider. Die großzügigen Zimmerfluchten in zum Teil originaler Ausstattung vermitteln einen Eindruck von der patrizischen Wohnkultur und führen den Besucher von der Vor- und Frühgeschichte bis zum Ende der reichsstädtischen Zeit zu Beginn des 19. Jahrhunderts.

Eine gesonderte Abteilung ist dem „Leben in Reichsstadt" gewidmet. Hier wird der Alltag der reichstädtischen Bevölkerung anschaulich und unter Zuhilfenahme neuer Medien dokumentiert.

Weitere Höhepunkte des Rundgangs sind die Barockgalerie mit Gemälden des in Augsburg berühmt gewordenen Memmingers Johann Heiß (1640-1704) und die Stücke der bedeutenden Fayencesammlung aus der Memminger Manufaktur Künersberg (1745-1796). Künersberger Fayencen zählen heute zu den begehrtesten Beispielen europäischer Feinkeramik. Einen Ausblick ins 20. Jahrhundert gewährt die Abteilung zum Jüdischen Leben in Memmingen, einen Schritt in die Vorzeit wagt die Abteilung „Erste Spuren" mit archäologischen Funden aus sechs Jahrtausenden. Mit wechselnden Sonderausstellungen

Hermansbau
(Bild Stadt Memmingen)

widmet sich das Stadtmuseum den unterschiedlichsten Facetten von Geschichte, Alltag und Kultur.

Stadtmuseum im Hermansbau
Zangmeisterstraße 8 (Eingang Hermansgasse)
D-87700 Memmingen
Tel. +49 (0)8331 85 01 34
Di – So 11-17 Uhr
Geschlossen Feb. bis Apr.
Eintritt frei

Lebendiges Bild der Geschichte Sudentenschlesiens

Aus der sudetendeutschen Stadt Freudenthal kam 1945/46 eine große Zahl Heimatvertriebener nach Memmingen.

Die Stadt wuchs mit diesem Zuzug von 16.000 auf über 24.000 Einwohner. Gegründet 1956, zählt die historische Dokumentation und Sammlung zur Geschichte der verlorenen Heimat inzwischen zu den 43 vom Bundesinnenministerium anerkannten ostdeutschen Heimatmuseen.

Im Zentrum steht die deutsche Kultur des Sudetenland, ihr Entstehen seit dem Mittelalter und ihr jähes Ende durch die Geschehnisse des zweiten Weltkriegs. Mit Karten, historischen Aufnahmen, Ortschroniken und einer Fülle von Orginaldokumenten aus Stadt und Kreis Freudenthal sowie der Landschaft Altvater entsteht ein lebendiges Bild von der Geschichte Sudentenschlesiens in Politik, Gewerbe und Alltag.

Heimatmuseum Freudenthal/Altvater im Hermansbau
Zangmeisterstraße 8
(Eingang Hermansgasse)
D-87700 Memmingen
Tel. +49 (0)8331 85 01 34
Di – So 11-17 Uhr
Geschlossen Feb. bis Apr.
Eintritt frei

Moderne und zeitgenössische Kunst im Allgäu

Seit 2005 bietet die MEWO Kunsthalle in Memmingen ein außergewöhnliches Programm mit Ausstellungen zur zeitgenössischen Kunst sowie zur Kulturgeschichte. In bis zu zehn Ausstellungen pro Jahr vermittelt das Haus einen äußerst vielfältigen Blick auf kulturelle Phänomene und künstlerische Fragestellungen, zeigt spektakuläre internationale Kunst und eröffnet überraschende Einblicke in die lokale Kulturlandschaft.

Daneben beherbergt die Kunsthalle die städtischen Sammlungen zu den in Memmingen geborenen Malern Josef Madlener (1881-1967) und Max Unold (1885-1964) und die aus Stiftungen hervorgegangenen Grafikbestände zu Johann Gottlieb Prestel (1739-1808) und Wolfgang Niesner (1925-1994).

MEWO Kunsthalle
(Bild MEWO Kunsthalle/Carsten Eisfeld)

Um allen Besucherinnen und Besuchern die kulturelle Teilhabe zu ermöglichen, liegt der Schwerpunkt auf der Vermittlungsarbeit. Als wichtige Bildungseinrichtung für die Stadt und die Region bietet die MEWO Kunsthalle neben einem breitgefächerten Angebot für pädagogische Einrichtungen Führungen, Workshops und Ateliernachmittage für Kinder aller Altersstufen, Erwachsene und Senioren. Diese Angebote werden kontinuierlich ausgebaut, um damit Interesse und Begeisterung für Kunst und Kultur zu wecken.

Der Betrieb der Einrichtung fußt auf einer Partnerschaft zwischen der Stadt Memmingen und dem Hauseigentümer, der „Memminger Wohnungsbau eG".

Mewo Kunsthalle
Bahnhofstr. 1
D-87700 Memmingen
Tel. +49 (0)8331 85 07 71
Geöffnet: Di - So, 11 – 17 Uhr
Eintritt frei!

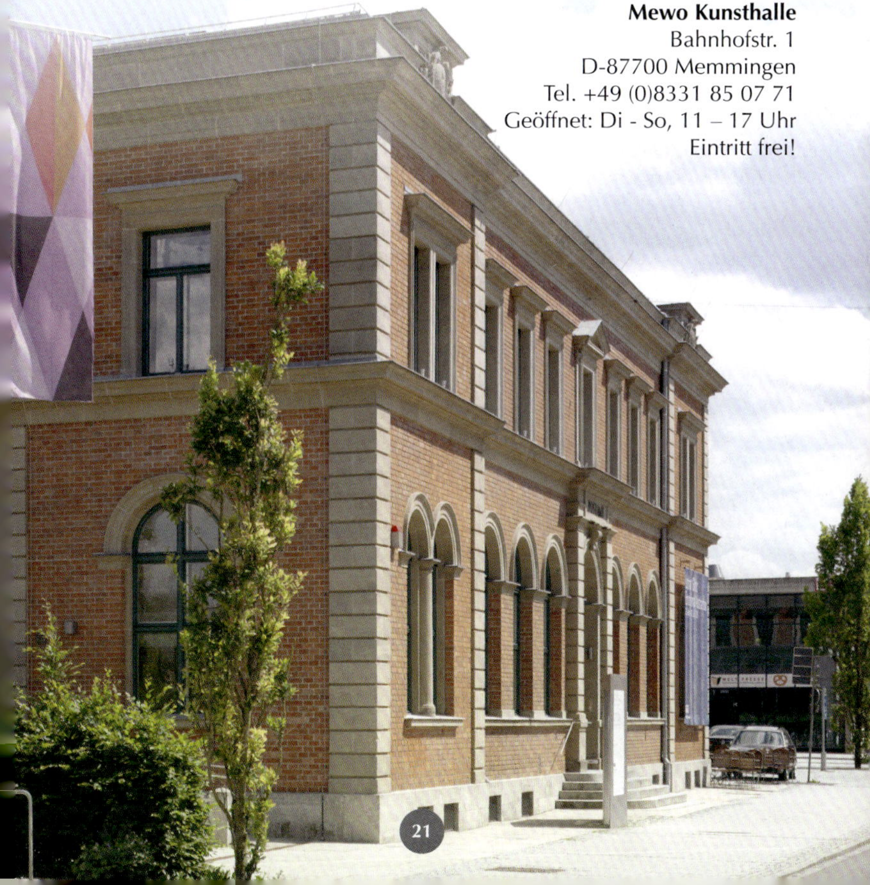

20 Jahre Modellmuseum

mini-Mobil

Gleich nach dem Eintritt durch ein originales LKW-Führerhaus steht der Besucher vor einer beeindruckenden Anzahl vielfältiger Modelle aus der weltweit größten H0-Modellsammlung. Die liebevoll präsentierten Exponate bieten einen umfassenden Einblick in die Geschichte des Automobils, der Luft- und Raumfahrt sowie der Seefahrt (größte Schiffsausstellung Süddeutschlands in 1:100) und des Eisenbahnwesens.

Ein weiterer Höhepunkt ist ein Diorama der Stadt Paris mit Lichtwechsel Tag/Nacht. Gerade erweitert um eigene Abteilungen für Feuerwehr, USA, Raumfahrt, großes Bauernhaus und eine englische Telefonzellensammlung, ist das Museum ein Eldorado nicht nur für Sammler, sondern auch für Besucher jeden Alters mit etwas technischer Neugier.

Für die Begleitung gibt es eine Ecke mit historischen Puppen. Abgerundet wird die Ausstellung durch einen Sammler-Shop und das originell eingerichtete "Straßen-Cafe", in dem die Besucher bei einer Erfrischung oder einem leckeren hausgemachten Kuchen die Eindrücke ihres Besuches verarbeiten können.

Das übrigens nahezu barrierefreie Museum hat Parkplätze am Haus und ist am Mittwoch, Donnerstag und Freitag sowie an Sonn- und Feiertagen jeweils von 11 bis 17 Uhr geöffnet.

Für Gruppen können auch darüber hinaus individuelle Öffnungszeiten vereinbart werden. Betriebsruhe vom 15.11. bis 25.12. und 15.2. bis 15.3.

mini-Mobil Museum

Oberstdorfer Str. 10
D-87527 Sonthofen
Tel. +49 (0)8321 87 717
minimobil@gmx.de
www.minimobil-museum.de

Grenzenloses Vergnügen für Kinder

Minipilot

Auf den ersten Blick wirkt es ungewöhnlich, doch wenn man das Leuchten der Kinderaugen sieht, versteht man es: Der Minipilot ist ein Tretfahrzeug für Kinder. Ganz nach den Vorbildern der richtigen Flugzeuge können Kinder von 3 bis 8 Jahren damit grenzenlos die Welt für sich entdecken.
Dabei sind die Einstellungen so individuell wie die Kinder größer werden. Das stufenlos höhenverstellbare Fahrwerk wächst mit und gewährleistet so die mühelose Trethöhe. Kugelgelagerte Steuerung und rollengelagerter Antrieb machen das Fahrzeug zu einem leichtgängigen Fortbewegungsmittel.

Schließlich wurde der Pedal Plane von einem Maschinenbau-Techniker und Flugzeugmechaniker entwickelt, dessen Kenntnisse aus der Fliegerei in die Planung der Miniaturflugzeuge einfloss. Dass die Flieger von der SLG Prüf- und Zertifizierungs GmbH gemäß Richtlinie 2009/48/EG und DIN EN 71 geprüft wurden und damit die Sicherheit für die kleinen Piloten gewährleisten, versteht sich dabei von selbst.

Die Tret-Flugzeuge haben eine Länge von etwa 1,20 Meter und eine Spannweite von etwa 1 Meter. Die stabilie Bauweise wurde durch eine integrierte Metallstruktur erreicht und mit dem UV-beständigen und strapazierfähigem ABS garantieren die Minipilots viele Jahre Spielespaß. Und so wie die Piloten in den großen Vorbildern, manövrieren die Kleinen ihr Gefährt mit einem echten Steuerknüppel.
Für Unternehmen oder auch den besonderen Kindergeburtstag bieten wir auch die Vermietung der Flugzeuge bis hin zur Organisation eines kompletten „Kinderflugplatz“ an.

Minipilot GmbH

Weiherweg 13
D-87616 Marktoberdorf
Tel. +49 (0)83 42-9 18 74 75
info@mini-pilot.de
www.mini-pilot.de

Aus Vier mach Drei

Ellenator GmbH

Autos stehen im Mittelpunkt der täglichen Arbeit bei der Ellenator GmbH. Allerdings unterscheiden sich diese deutlich von denen, die im Alltag hauptsächlich auf den Straßen zu beobachten sind. Auf den ersten Blick sehen sie aus wie der Fiat 500. Wer aber genau hinschaut, stellt fest, dass sich dieses Fahrzeugmodell von dem vierrädrigen Fiat 500 ganz deutlich unterscheidet. Das Heck scheint in der Luft zu schweben. Doch dahinter verbirgt sich ein ausgeklügeltes Konzept, das sich vor allem an junge Autofahrer und deren Eltern richtet.

Die beiden Hinterräder des Fiat 500 werden von der Ellenator GmbH so umgebaut, dass sie zusammen eine Einheit bilden. Dadurch wird aus dem vierrädrigen nun ein dreirädriges Fahrzeug. Außerdem wird die Motorleistung gedrosselt, sodass das Fahrzeug, der Ellenator, nun der Kraftfahrzeugklasse L5E zugeordnet werden kann. Es verfügt nach dem Umbau über eine Leistung von 15 kW und fährt mit einer Höchstgeschwindigkeit von 90 km/h.

Mit dieser Geschwindigkeit kann der Ellenator sogar auf Autobahnen fahren.

Ideal für Jugendliche ab 16 Jahren

Vor allem für Jugendliche und deren Eltern ist der Ellenator eine interessante Alternative zu den Kleinkrafträdern, die bereits mit 16 Jahren gefahren werden dürfen. Das neuartige Fahrzeug bietet wesentlich mehr Schutz, was sowohl den jungen Fahrern als auch deren Eltern ein größeres Gefühl von Sicherheit gibt. Außerdem können die Jugendlichen mit dem Ellenator nahezu alle Vorzüge eines PKWs genießen. Sie sind vor Wind und Wetter geschützt und können bis zu 3 Personen bequem mitnehmen.
Die Ellenator GmbH hat es sich zur Aufgabe gemacht, die Teilnahme am Straßenverkehr für jugendliche Fahrer sicherer zu machen. Die qualifizierten Mitarbeiter stehen für eine umfassende Beratung zum Ellenator gern zur Verfügung. Sie demonstrieren das neuartige Konstruktionskonzept mit all seinen Vorzügen und laden Interessenten gern zu einer Probefahrt ein. Dank dieser innovativen Idee erhalten junge Menschen schon ab 16 Jahren die Möglichkeit, das verantwortungsbewusste Fahren zu trainieren. Inzwischen werden die attraktiven Fahrzeuge auch außerhalb des Allgäus deutschlandweit vertrieben.

Ellenator GmbH

Am Kiesgrund 1
D-87679 Westendorf
Tel. +49 (0)83 44-3 08 99 66
Fax +49 (0)83 44-9 92 23 29
info@ellenator-gmbh.de
www.ellenator-gmbh.de

Ein besonderer Ort für nachhaltig wirkende Erlebnisse

Die Umweltstation Legau

Auf über 60.000 qm können Gruppen wie Schulklassen, Firmen, Vereine, Pfadfinder, aber auch Rad- oder Wandertouristen einen Aufenthalt der besonderen Art im Unterallgäu erleben. Die Umweltstation Legau bietet auf Ihrem Gelände mit einem urgemütliches Hüttendorf, einem großen Zeltplatz und Matratzenlager gleich mehrere Übernachtungsmöglichkeiten für jeden Geschmack an.

Das Gelände ist genau in der Mitte des Illerradwegs zwischen Ulm und Oberstdorf gelegen und hat für Radler auch schöne Gästezimmer eingerichtet.

Im Mittelpunkt steht die Erlebnis- und Umweltpädagogik. Die Umweltstation möchte bei den Gästen einen Nachhaltigkeitsgedanken verankern, der dazu beiträgt, die Schönheit unseres Planeten zu erhalten. Deswegen sind Umweltbildungsprogramme im Angebot, wie die Nutzung alternativer Energien, Artenvielfalt, eine Kräuterwerkstatt und das Kochen

ohne Strom. Dazu können auch Tagesprogramme gebucht werden, z.B. Bogenschießen, Floßbau oder eine Kanutour auf der nahe gelegenen Iller. Ein ausgezeichnetes Angebot im wahrsten Sinne des Wortes: die Bildungseinrichtung trägt das Qualitätssigel Umweltbildung. Bayern und wurde darüber hinaus mehrfach von der deutschen UNESCO-Kommission als offizielles UN-Dekade-Projekt ausgezeichnet.

Umweltstation Unterallgäu
Haid 20, D-87764 Legau
Tel. +49 (0)83 30-24 69 97-0
(Mo. - Fr. 8:30 bis 16:00 Uhr)
Fax +49 (0)83 30-24 69 97-20
info@bzu.de www.bzu.de

Die Gruppen können sich selber versorgen, aber auf Wunsch auch kulinarisch verwöhnt werden. Auch hier spielt die Nachhaltigkeit und das Umweltbewusstsein die größte Rolle. Die Lebensmittel für die Verpflegung kommen ausschließlich von regionalen Herstellern: Bauernmetzgereien, Käsereien und Bäckereien aus der nächsten Umgebung im Allgäu. Eine Besonderheit sind die Grillmenüs für Gruppen. Die Gastgeber stellen hierfür ein Grillpaket, das an einer Feuerstelle auf dem Gelände selber gegrillt werden kann.
Die Umweltstation Legau ist eben ein ganz besonderer Ort für nachhaltig wirkende Erlebnisse!

Stark fürs Allgäu

Allgäuer Überlandwerk Kempten

Bereits 1907 begann die Erfolgsgeschichte des Allgäuer Überlandwerkes, als in Kempten an der Iller das erste Wasserkraftwerk in Betrieb genommen wurde. Heute ist AÜW in weiten Teilen des Allgäus wichtiger Impulsgeber für die Energiezukunft und versorgt ca. 90.000 Haushalte und Gewerbekunden mit Strom. Und dabei liegt der Schwerpunkt auf Re-

gionalität und Nachhaltigkeit. Soziales, wirtschaftliches und umweltgerechtes Handeln in Verantwortung für künftige Generationen, das sind die hoch gesteckten Eigenansprüche von AÜW. Angesichts des kontinuierlichen Ausbaus erneuerbarer Energien, sei es Wind-, Solar- oder Wasserkraft, der Teilnahme am Umweltpakt Bayern oder der Mitarbeit an zahlreichen Projekten wie z. B. ELSA (dezentrale Energiespeichersysteme) zeigt sich, dass das Vorantreiben der Energiezukunft Allgäu nicht nur eine Floskel ist. Auch in Sachen Elektromobilität ist das Allgäuer Überlandwerk ganz vorne dabei. Mit einer hervorragenden Ladeinfrastruktur wird das AÜW seinem Ruf als einem der innovativsten Energieversorger Bayerns gerecht.

Wirtschaftsfaktor in der Region

Nicht nur als einer der begehrten Top-Arbeitgeber der Region beeinflusst das AÜW die Allgäuer Wirtschaft. Als Förderer und Unterstützer wichtiger Projekte, darunter einige Bergbahnen in Oberstdorf und dem Kleinwalsertal oder verschiedener Kommunen gelingen viele positive Impulse, die das Allgäu voran bringen.

Gesellschaftliche Verantwortung als Teil des Selbstverständnisses

Doch nicht nur im ureigensten Wirkungsbereich, auch beim breit gefächerte Engagement im sozialen, kulturellen und sportlichen Sektor ist AÜW sehr gut aufgestellt. Mit der "Stadtsäge" wird ein eigener, gern genutzter Raum für Vernissagen regio-

Bilder: (3) © Bruno Maul

naler Künstler zur Verfügung gestellt. Die kulturelle Bereicherung der Region liegt den Verantwortlichen von AÜW sehr am Herzen und so werden darüber hinaus ganz unterschiedliche Vereine und Institutionen, wie das Theater in Kempten, gefördert. Daneben gilt die Unterstützung natürlich auch sozialen Einrichtungen wie Schulen, Sozialstiftungen und verschiedenen Jugendprojekten, sowie der sportlichen Förderung von Kindern.

Allgäuer Überlandwerk
Illerstr. 18
D-87435 Kempten
Tel. +49 (0)831-25210
info@auew.de
www.allgaeuer-ueberlandwerk.de

Bild © Niclas Felder

Schwätz g'scheit – schwätz Dialekt!

blaues gelb – Die Allgäukollektion

Der Dialekt ist wichtig für die Kultur, die Identität und darf nie verloren gehen. Um dem Verschwinden des Dialekts entgegenzuwirken, hat die Mayr & Abel Druck GmbH in Legau im Jahr 2005 eine Kollektion ins Leben gerufen: blaues gelb – Die Allgäukollektion.
T-Shirts, Handtücher, Mützen, aber auch Tassen, Taschen, Brotzeitdosen u.v.m. werden mit typischen Allgäuer Sprüchen bedruckt, um den Dialekt am Laufen zu halten. Und das mit Erfolg: die Allgäukollektion ist identitätsstiftend, die Menschen sind stolz auf ihre Region und beschäftigen sich mit ihrer eigenen Sprache. Der Schwerpunkt liegt auf dem Textildruck und alles wird im Haus vor Ort gedruckt.

Qualität, Nachhaltigkeit und Produktionsbedingungen der Textilien spielen bei deren Auswahl eine große Rolle. Die bedruckten Allgäu-Artikel bekommt man im umfangreichen Online-Shop, bei zahlreichen Geschäften im gesamten Allgäu, oder idealerweise bei einem Besuch im Allgäu-Lädele vor Ort in Legau. Dort profitiert man von den Sonderkonditionen im Herstellerverkauf und kann zwischen dem Stöbern im gemütlichen Kaffee-Eck ein Heißgetränk genießen. Oder wie der Allgäuer sagen würde:
„B'suach uns doch in unserem kloina Allgäu-Lädele, in Legau, zum luaga, striahla und eikaufa, fiar Oihoimische, Zuagroiste oder Urlaubsgäscht. Bei eis findet jeder ebbas und bei am Ei'kauf in unserem Lädele profitiersch Du von unsere Sonderkonditiona im Herstellerverkauf. Nebenbei ka ma sich au an Kaffee in unserem kloina Kaffee-Eckla schmecka lau."

Mayr & Abel Druck GmbH

Marktplatz 2, D-87764 Legau
Tel. +49 (0)83 30-9 12 80-0
Fax +49 (0)83 30-9 12 80-80
info@mad-verlag.de
www.blauesgelb-laden.de

Öffnungszeiten Allgäu-Lädele:

Montag, Dienstag,
Donnerstag und Freitag:
9.00 –12.00, 14:30–18.00 Uhr
Mittwoch und Samstag:
9.00–12.00 Uhr.

Für mehr Lebensqualität

Kloster Lohhof

Das Kloster, das in dem gleichnamigen Ortsteil von Mindelheim liegt, blickt auf eine bewegte Geschichte zurück. Erstmals 1145 erwähnt, kam es 1616 in den Besitz von Christoph Fugger, war im 19. Jahrhundert Schule und Waisenhaus und während des Krieges ein Hilfs-Lazarett. Nachdem die Dominikanerinnen das Kloster 2001 verlassen hatten, übernahm 2006 die Augsburger Lehmbau e.V., Gesellschaft für Bildung und Arbeit, den Lohhof.

Seit 2008 ist in den Klosterräumen des einzigartigen Ensembles die Kompass Drogenhilfe GmbH untergebracht. Eine Entwöhnungseinrichtung und eine Soziotherapeutische Langzeiteinrichtung geben ihren Klienten und Klientinnen den zeitlichen und räumlichen Rahmen, um ein abstinentes Leben zu erlernen. Das Ziel ist dabei, sie wieder am gesellschaftlichen Leben teilhaben zu lassen.

So erhalten die Menschen neue Lebensperspektiven und eine neue Lebensqualität. Sie finden Zeit für sich, für Freunde und Familie, erleben einen strukturierten Tagesablauf, unterschiedliche Arbeitsbereiche, Freizeit, neue Werte und Gesundheit.

Teamarbeit auf dem Feld für gesunde Lebensmittel

Die Kompass Drogenhilfe GmbH betreibt auf einer Fläche von 0,2 Hektar Bio-Landwirtschaft und baut Gemüse und Kräuter an. Dies bietet eine neue Perspektive für Menschen, die gesund werden wollen. Sie sind mit Begeisterung bei der Arbeit rund um die Produkte, die zur Gesundheit der Kunden beitragen. Ganz in der Tradition des Dominikanerinnen-Ordens, die bereits Landwirtschaft auf dem Kloster Lohhof betrieben hat, er-

zeugen die Klienten und Klientinnen der Kompass Drogenhilfe GmbH mit viel Erfahrung, Wissen und Liebe für gesundes Essen die landwirtschaftlichen Bio-Produkte.

Das frische Bio-Gemüse kommt direkt vom Feld und findet den Weg in den Hofladen oder jeden Donnerstag auf den Wochenmarkt in Bad Grönenbach. Außerdem werden hier regionale Spezialitäten und Produkte der Nudelmanufaktur Wolf sowie wohlschmeckende Fruchtaufstriche, Pesto und Sirup der Steppmair GbR vertrieben.

Kloster Lohhof
Hofladen

Lohhof 1, D-87719 Mindelheim
Tel. +49 (0)82 65-91 17 12 13
anfrage@klosterlohhof.de
www.klosterlohhof.de

Nicola
1,90 €
Spargel
Donella

Regionale Produkte
Allgäuer Vielfalt

Genuss- und Kunsthandwerkern über die Schulter geschaut

Allgäuer Genussmanufaktur

In einem ehemaligen Brauereigebäude gehen die Besucher auf eine Zeitreise durch das alte Allgäuer Handwerk. Auf etwa 1300 Quadratmetern präsentieren sich die verschiedensten Genuss- und Kunsthandwerker in einer bunten Mischung. Gleich beim Eintreten umschmeichelt den Besucher der Duft frischgebackenen Brotes. Hier ist er mitten im Allgäu, denn in einem Dorfladen gibt es Gemüse, Fleisch- und Wurstwaren sowie feine Käsespezialitäten aus der Region. Nebenan befindet sich eine Kaffeerösterei, in der die Besucher nicht nur genießen dürfen, sondern auch allerhand über die schwarze Bohne erfahren können Im gemütlichen Dorfcafé verweilen die Gäste in gemütlicher Atmosphäre, während sie gleichzeitig beobachten können, wie die verschiedensten Biersorten in der hauseigenen Brauerei hergestellt werden.

Daneben haben in dem historischen Gemäuer eine Brennerei und eine Ölmühle ihre Heimat gefunden. Außerdem steht dem kulinarischen Genießer ein Käselager und ein Genuss- und Heimatladen zum Entdecken und Einkaufen zur Verfügung.

Doch die Entdeckungstour in der Allgäuer Genussmanufaktur geht noch weiter. So lassen sich viele Genusshandwerker in ihren Werkstätten über die Schulter schauen: Eine Handweberin fertigt auf einem Webstuhl feine Seidenschals. Zwei Töpferinnen kreieren Kreatives. Bei der Schäfereigenossenschaft Finkhof gibt es kuschelige Lammfelle und warme Wollsocken.

In der Ofenmanufaktur werden innovative Öfen gebaut. Die Allgäuer Schnupftabak-Manufaktur zaubert geheimnisvolle Mixturen.
Die Goldschmiedin entwirft herrlichen Schmuck. In der Allgäuer Alphornschule können Interessierte einen Alphorn-Schnellkurs buchen. In der Schmuckwerkstatt entstehen Perlenketten und die Nähwerkstatt produziert Taschen, Geldbeutel, Stirnbänder u.v.m. Prolana schließlich, stellt ihre Naturbettwaren aus.
Den Höhepunkt eines Besuches der Genussmanufaktur bildet die imposante Bibliothek im „Weißen Saal“, wo Jung und Alt rund 15.000 antiquarische Bücher und verschiedenste Artefakte vom weltberühmten Designer Otl Aicher erwartet.

Allgäuer Genussmanufaktur eG
Brauereiweg 3
D-88299 Leutkirch-Urlau
Tel. +49 (0)75 67-9 88 84 71 01
wir@allgaeuer-genussmanufaktur.de
www.allgaeuer-genussmanufaktur.de

Bewusst leben – wissen – kleiden – pflegen

Der Stadelmann-Verlag in Wiggensbach

Alles begann 1994 mit dem Buch „Die Hebammen-Sprechstunde“. Die Hebamme und Heilkundlerin Ingeborg Stadelmann ist überzeugt, dass die Geburt eines Menschen das prägendste Ereignis im Leben ist und setzt sich seit 1976 für einen gesunden und naturnahen Start ins Leben ein. Anfangs hatte sie mit dem Manuskript ihres Ratgebers rund um Schwangerschaft, Geburt und Wochenbett kein Glück bei den Verlagen. So entschloss sie sich kurzerhand ihren eigenen Verlag zu gründen. Mit solch einem großem Erfolg, der die Autorin selbst überrascht hat: „Die Hebammen-Sprechstunde“ wurde einer der meistverkauften Schwangerschafts-Ratgeber überhaupt und trägt maßgeblich dazu bei, dass sich die Aromatherapie in der Geburtshilfe etabliert hat. Seit 2018 gibt es den Bestseller „Die Hebammen-Sprechstunde“ in einer kompletten Neufassung, welche nicht nur dem aktuellen Stand der Wissenschaft entspricht, sondern auch den jüngsten WHO Richtlinien.

Schon immer hatte Ingeborg Stadelmann in ihrer Arbeit als Hebamme neben der klassischen Homöopathie auch die Aromatherapie eingesetzt. Es folgten weitere Bücher und sie bietet Ausbildungen für Fachleute zu Aromatherapie und Homöopathie an, hält Seminare und Vorträge über natürliche Geburtshilfe, sowie auch zur Pflanzenheilkunde, Homöopathie und Aromatherapie. Ende der 80er Jahre begann ihre enge Zusammenarbeit mit der Bahnhof-Apotheke in Kempten, die die bewährten Stadelmann®-Aromamischungen nach den Rezepturen von Ingeborg Stadelmann herstellt und weltweit vertreibt. Heute bietet der Verlag renommierten Autoren und Experten von Gesundheitsthemen, insbesondere der Naturheilkunde und dem traditionellem Frauenwissen, eine Plattform. So gibt es beispielsweise den handlichen und kompakten Ratgeber „Duft- und Heilpflanzen“ von Heinz Schilcher, Ingeborg Stadelmann und Christian Herb, den Ernährungs- und Aromatherapiebeststeller „Pflanzenöle“ von Ruth von Braunschweig und „Das Ölbuch“ von Sabine Pohl. Anfang 2019 erschien mit »Erweckung der weiblichen Energie« Miranda Grays zweiter Titel als Übersetzung und es folgte bald „Der Duft der Rose“ von Barbara Nasel – ein Kräutermärchen zu Vor- und Selberlesen.

Stadelmann Verlag

Ingeborg Stadelmann/
Thomas Stadelmann

Nesso 8, 87487 Wiggensbach
Tel.: +49(0)83 70-17 77
info@stadelmann-verlag.de
www.stadelmann-verlag.de

Stadelmann Natur

Um das Angebot rund um das Thema Naturheilkunde und Aromatherapie abzurunden, wurde 2010 im Dorfzentrum des Wiggensbacher Ortsteils Ermengerst Stadelmann Natur gegründet.

Nach dem ganzheitlichen Grundsatz „Gesundheit beginnt beim Wohlbefinden und Wohlbefinden bedeutet Berührung der Haut – durch Naturkosmetik und Naturtextilien" findet man bei Stadelmann Natur gesunde, zertifizierte und faire Naturmode für die ganze Familie.

Alle Artikel werden sorgfältig ausgewählt und neben funktionellen und modischen Aspekten, stehen bei der Produktauswahl vor allem Gesundheit, Nachhaltigkeit, Umweltverträglichkeit und soziale Fairness im Vordergrund. Erkenntlich ist die hochwertige und naturbelassene Qualität der Naturmode durch die Qualitätssiegel: kbA/kbT, IVN, IVN BEST, GOTS und Naturland.

Angefangen bei Wickeln mit Stoff und Wolle, sowie 100% schadstofffreier Babymode, über gesunde Kleidung für Kinder, bis hin zu exklusiven Damen-Kollektionen und veganer und fairer Streetwear – bei Stadelmann Natur ist für jeden Geschmack etwas dabei.

Auch die Bücher des Stadelmann Verlag und die Original-Stadelmann®-Aromamischungen sind im Laden Stadelmann Natur in Ermengerst erhältlich.

Nicht nur vor Ort, auch telefonisch bekommt der Kunde persönlich und fachkompetent alle Fragen zum Sortiment beantwortet. In einem kostenlosen Newsletter erhalten Kunden interessante Neuigkeiten und Aktionen zu Naturtextilien, Büchern und Naturheilkunde aus dem Hause Stadelmann.

Stadelmann Natur
Naturmode für die ganze Familie

An der Schmiede 1, 87487 Wiggensbach
Tel.: +49(0)83 70-20 90 69
bestellung@stadelmann-natur.de
Online Shop: www.stadelmann-natur.de

Öffnungszeiten Ladengeschäft:

Mo-Fr: 9:00 - 12:00 Uhr
Mi-Fr: 15.00 - 18.00 Uhr
Samstag: 10:00 - 15:00 Uhr

Das Ausflugsziel mit Geschmack und Qualität

Hofgut Ratzenberg

Herzlich Willkommen auf dem Hofgut Ratzenberg, einem beliebten Ausflugsziel bei Lindenberg im Allgäu. Hier kann man die Vielfalt eines umfassenden ökologisch-nachhaltigen Konzeptes erleben.

Auf dem aussichtsreichen Ratzenberg breitet sich das Land- und Forstgut Ratzenberg-Rotschachen mit weitläufigen Wiesen, Weiden und Wäldern aus. Zum Gut gehört auch die Alpe Oberlanzenbach im idyllischen Lanzenbachtal am Fuß der Nagelfluhkette mit der Ratzenberger Hütte, wo im Sommer rund 50 Rinder des Gutes weiden.

Auf dem Hofgut wird ökologische Landwirtschaft betrieben, verbunden mit artgerechter Tierhaltung von alten und heimischen Nutztierrassen, die mit bestem Futter auf hochwertigen Grünflächen versorgt werden. Das Credo lautet: Mensch und Tier im Einklang mit der Natur.

Der Schwerpunkt der Arbeit auf dem Hofgut liegt in der Erzeugung von besten hofeigenen, biologischen Fleisch-, Wurst- und Käsespezialitäten mit Geschmack und Qualität sowie edler Brände. Die hervorragenden Produkte kann man im großzügig gestalteten Bio-Hofladen, der von Donnerstag bis Samstag von 9 bis 19 Uhr geöffnet ist, käuflich erwerben. Hier wird man kompetent in allen Fragen rund um die Produkte aus der Bio-Hofmetzgerei, der Bio-Hofkäserei und der Hofbrennerei beraten.

Die Mitarbeiter der Hofmetzgerei sind stolz auf ihre traditionelle Handwerkskunst, die mit Leidenschaft, Wissen und Können betrieben wird, um die hochwertige Qualität der Spezialitäten zu erreichen. Bei den leckeren Fleisch- und Wurstprodukten kann man schmecken, mit welcher Sorgfalt die Tiere gehalten und gefüttert werden. Bei der schonenden und stressfreien Schlachtung der Tiere vermeidet man die erhöhte Hormonausschüttung, was wesentlich zur Fleischqualität beiträgt. Durch die praktizierte Trockenreifung des Fleisches wird ein besonders guter Geschmack erzielt, Steakliebhaber sind begeistert.

Schmackhaftes aus der Bio-Hofkäserei

In der Bio-Hofkäserei werden in Zusammenarbeit mit dem Biohof Zwie-

sele erstklassige Milchprodukte und schmackhafte Käsespezialitäten auf höchstem Niveau mit viel Liebe zum Detail hergestellt. Hier trifft sich die hohe Kunst der Käseherstellung mit den Vorteilen modernster Technik. Durch die großen Fenster der Molkerei und die Fensteröffnung zum Reiferaum kann man den Herstellungsprozess hautnah miterleben.

Bio-Käseschule

Besucher haben die Möglichkeit, an einem zweieinhalbstündigen Seminar in der Bio-Käseschule teilzunehmen. Unter professioneller Anleitung stellen die Teilnehmer am eigenen kleinen Käsetopf einen handgemachten Weichkäse her, den sie mit nach Hause nehmen können. Außerdem erfährt man in Rahmen des Seminars viel Wissenswertes sowie spannende Geschichten zur Käseherstellung.

Die Seminare finden jeden ersten Samstag im Monat um 10 Uhr und jeden dritten Mittwoch im Monat um 16 Uhr statt. Eine Voranmeldung ist erforderlich.

Zünftig einkehren in der Hofwirtschaft

In der Hofwirtschaft des Hofgutes mit gemütlichem Hofcafé und zünftiger Vesperstube kann man die herzhaften Wurst- und Käsespezialitäten und köstlich hausgemachte Kuchen genießen. Tipp: die Eisbecher mit leckerem selbstgemachten Hofgut-Eis.

Öffnungszeiten

Die Hofwirtschaft ist von Mittwoch bis Freitag von 14:00 bis 22:00 Uhr sowie Samstag, Sonntag und Feiertag von 10:00 bis 22:00 Uhr geöffnet.

Hofeigenes Gästehaus

In drei Ferienwohnungen können Gäste einen unvergesslichen Bauernhofurlaub „DELUXE" mit gehobenem Wohnkomfort in ländlich-elegantem Charme und erstklassiger Ausstattung, die keine Wünsche offen lässt, genießen. Die Gartenwohnung für bis zu vier Personen bietet ebenerdiges, barrierefreies Wohnen auf höchstem Niveau. Die gemütliche Sofaecke und der prachtvolle Kachelofen mit offenem Kamin laden zur Erholung und Entspannung ein. Das Wohlfühlbad ist mit Badewanne und einer begehbaren Dusche ausgestattet.

Die lichtdurchflutete Sonnenwohnung für bis zu sechs Personen mit großzügiger Fensterfront sowie die stilvolle Jagdgalerie für bis zu sechs Personen mit extravagantem Flair sind ebenfalls mit allem denkbaren Komfort ausgestattet.

Ein Besuch oder Aufenthalt auf dem Hofgut Ratzenberg mit seinen vielfältigen Einrichtungen lohnt sich. Von Donnerstag bis Samstag sind nach Vereinbarung Hofführungen für Besucher möglich.

Man kann aber auch auf eigene Faust das Gelände des Hofgutes auf einem Rundweg, der auch für Kinderwagen geeignet ist, zu Fuß erkunden.

Hofgut Ratzenburg

Sedanstraße 55
D-88161 Lindenberg im Allgäu
Tel. +49 (0)8381-9 12 35-10
info@ratzenberg.de
www.hofgut-ratzenberg.de

Höchste Bio-Qualität direkt vom Sofa bestellen

Der Demeter-Hof Stümpfl

Der Demeter-Hof Stümpfl liegt idyllisch in der Nähe von Mindelheim beim Unggenrieder Weiher. Seit 1954 ist der Hof als Demeter-Betrieb anerkannt und baut im biologisch-dynamischen Landbau Obst und Gemüse an. Aus dem Nichts hat Senior Hans-Georg Stümpfl den Hof erschaffen. Im Mai 2019 übergab er ihn an seinen Sohn Anton, der seit 2004 ebenfalls Demeter Gemüsebau-Meister ist.

Der Bio-Anbauverband Demeter steht für höchste Qualität und bewirtschaftet die Felder biodynamisch. Das staatliche Bio-Siegel setzt nur ein Mindestmaß für Lebensmittel-Anbau und Tierhaltung. Demeter hingegen geht mit seiner Form der Landbewirtschaftung weit über die Verordnungen der EU hinaus.

Lieferservice

Um das ökologische Einkaufen zu fördern, hat der Stümpflhof 1997 einen Bio-Lieferservice ins Leben gerufen, für eine gesunde, heilende und aufbauende Ernährung. Dadurch sollen Erde, Boden und Wasser durch die biologische Bearbeitung und Bewirtschaftung lebendig und gesund erhalten bleiben. Bis zu 500 Kunden beliefert der Hof am Tag, die sich damit die Fahrt zum Einkaufen sparen können. Das Liefergebiet erstreckt sich von Ichenhausen nach Oberstdorf, von Bad Wurzach nach Herrsching am Ammersee und von Senden bis Füssen. Die Bio-Kisten haben eine Menge an Möglichkeiten gepackt zu werden und ein riesiges Angebot. Wem Obst und Gemüse nicht reicht, der bekommt auch alle erdenklichen Zusatzartikel wie Käse, Milch, Brot, Eier, Wurst, Fleisch, Müsli, Nudeln, Aufstriche, Getränke, Kosmetikartikel usw. geliefert. Aber nicht nur online, auch direkt vor Ort können sämtliche Produkte in einem liebevoll gestalteten Hofladen bezogen werden. Dort lädt auch die

Demeterhof Stümpfl
Talstraße 13
D-87719 Mindelheim-Unggenried
Tel. +49 (0)82 61-9 09 61-0
Fax +49 (0)82 61-9 09 61-11
info@stuempflhof.de
www.stuempflhof.de

Terrasse zum Verweilen ein, und die Kunden können sich nach dem Einkauf einen Kaffee oder einen gesunden Smoothies schmecken lassen.

Demeterhof Stümpfl Online Shop

www. stuempflhof.de

Öffnungszeiten Hofladen

Mo. bis Fr. 8 – 16:30 Uhr, Sa. 8 –13 Uhr

Öffnungszeiten Hofcafé (Torten & Musik!)

Fr. 8–16:30 Uhr, Sa. 8–13 Uhr

EU-Schulprogramm

Der Stümpflhof ist seit 2010 auch beim „EU-Schulprogramm von der Landesanstalt für Landwirtstaft dabei.

Finanziell unterstützt wird dieses Projekt von der Europäischen Gemeinschaft. Kindergartenkinder und Schüler der Jahrgangsstufen 1-4 erhalten dabei einmal pro Schulwoche kostenlos eine Portion Obst oder Gemüse, sowie Milch- und Milchprodukte. Äpfel, Bananen, Erdbeeren, Gurken, Möhren und vieles mehr – je nach Jahreszeit und garantiert aus ökologischem Anbau landen die frischen Lebensmittel in der Kiste. Mit diesem Projekt soll bei den Kindern die Wertschätzung für Lebensmittel und Ernährung gefördert werden. Jede Einrichtung, die Interesse am „EU-Schulprogramm“ hat, kann sich mit dem Stümpflhof in Verbindung setzen.

Die Jobkiste

Nicht nur die Kinder, auch Arbeitgeber und Arbeitnehmer kommen auf ihre Kosten. Von der Bundesregierung gefördert, kommt frisches Obst und Gemüse steuerfrei direkt an den Arbeitsplatz.

So geht Bio unkompliziert und bequem, ohne Kochen oder große Zubereitung für den Schreibtisch oder das Meeting.

Hochwertige Lebensmittel aus der Region

BioMarkt Türkheim

Das Ziel der Veranstalter für den BioMarkt in Türkheim, der im wöchentlichen Rhythmus jeden Donnerstag von 15 bis 19 Uhr am Marienplatz abgehalten wird, ist die Versorgung der Verbraucher mit hochwertigen Lebensmitteln. Der Markt, der im Herbst 2008 von einem Arbeitskreis ins Leben gerufen wurde, findet in der Gemeinde breite Unterstützung durch die Türkheimer und Umgebung. Schließlich zeigt sich hier die Vielfalt der biologisch erzeugten Produkte, die in der Region angebaut bzw. produziert werden.

Auf dem Türkheimer BioMarkt können sich die Verbraucher darauf verlassen, dass sie ausschließlich mit biologisch und ökologisch einwandfreier Ware versorgt werden.

Das Sortiment ist so vielfältig, dass der wöchentliche Bedarf an frischen Lebensmitteln auf dem Markt gedeckt werden kann. Neben einer Kinderbetreuung im Wichtelstubengarten können sich die Marktbesucher im Weltladen mit Kaffee und Kuchen verwöhnen lassen. Die Kindergärten, die Schulen und die Vereine der Gemeinde nutzen den Markt gern als Plattform für ihre Aktionen.

Der Markt bietet neben den hochwertigen Produkten den zusätzlichen Vorteil, dass kein Verpackungsmüll anfällt. Schließlich bringen die Kunden ihre Körbe und Taschen mit. Gleich neben dem Markt entstand sogar das erste Geschäft, das Lebensmittel ohne Verpackung anbietet. Im FüllWerk wird kein überflüssiges Plastik für die Verpackung der Lebensmittel verschwendet.

Der BioMarkt Türkheim hat sich zu einem Treffpunkt der Gemeinde entwickelt. Auf dem Frühjahrs- und Herbstmarkt finden sich eine Vielzahl von

Fieranten ein und der eventartige Charakter lädt zum Verweilen unter den Platanen ein.

Biomarkt Türkheim
www.biomarkt-tuerkheim.de

Die Fieranten auf dem BioMarkt Türkheim

Obst und Gemüse
Werner Albrecht, Igling
Anni Scharnagl, Siebnach im Wechsel

Molkereiprodukte und Käse
Molkerei Waal, Felix Bartholl, Waal

Wurst und Fleisch
Benno Bönisch, Eggenthal

Eier, Eierlikör und Nudeln
Robert Dietmaier, Markt Wald

Forelle, Saibling, Fischprodukte, Brot und Backwaren
Dieter Wagner, Fuchstal

Olivenöl und Olivenprodukte
Gabriele Kechagias, Schwabmünchen

Bier
Martin Ledermann, Rammingen

Hochwertige Qualität und Frische aus der Region

Bauerngemeinschaft Illerwinkel

Hochwertige Fleisch- und Wurstprodukte aus der Region gemeinsam zu produzieren und zu vermarkten – das ist das Bestreben von 65 landwirtschaftlichen Betriebe aus dem Markt Legau, und den Gemeinden Kronburg und Lautrach. Die Betriebe schlossen sich 1998 zur Bauerngemeinschaft Illerwinkel GmbH zusammen. Der Konsument kann sich infolgedessen darauf verlassen, dass die Tiere eine lückenlos nachweisbare Herkunft haben. Da die Schweine, Kälber und Rinder im nahegelegenen, eigenen Schlachthaus geschlachtet werden, sind die Transportwege kurz. In der Metzgerei in Legau werden die Schlachtkörper meisterlich zerlegt und weiterverarbeitet.

Die stets frischen Fleisch- und Wurstwaren sind dort im Laden erhältlich. Daneben gibt es Eier von freilaufenden Hühnern und Eiernudeln vom Mitgliedsbetrieb Wenger, frische Biomilch sowie Natur- und Fruchtjoghurt vom Demeterbetrieb Fleck in Aichstetten, Käse vom Milchwerk Kimratshofen und von der Bioschaukäserei Wiggensbach, außerdem geräucherte Forellenfilets von der Fischzucht Roglmeier in Legau. Der Kunde kann sich einer hochwertigen Qualität sicher sein und unterstützt mit seinem Einkauf das Projekt Bauerngemeinschaft Illerwinkel.

Bauerngemeinschaft Illerwinkel
Vertriebs- und Vermarktungs GmbH

Marktplatz 5, D-87764 Legau
Tel. +49 (0)83 30-93 38 74
Fax +49 (0)83 30-91 17 41
info@bg-illerwinkel.de
www.bg-illerwinkel.de

Öffnungszeiten:

Mo. bis Do. von 7:30 bis 12:30 Uhr und von 14.00 Uhr bis 18.00 Uhr, Fr. von 7:30 bis 18 Uhr (durchgehend), Sa. von 7:30 Uhr bis 12:00 Uhr, Mittwochnachmittag geschlossen.

Kulinarische Köstlichkeiten und vieles mehr

Bauernmarkt Bad Hindelang

Bad Hindelang liegt in einem naturbelassenen Tal, in dem die Natur noch in Ordnung ist. Natürlichen Ursprungs sind auch die bäuerlichen Spezialitäten, die im Bauernmarkt angeboten werden. Doch neben den Köstlichkeiten, die Leib und Seele zusammen halten, zeigt sich hier die ganze Vielfalt an Kreativität, die das Allgäu zu bieten hat.

So finden sich im Bauernmarkt in Bad Hindelang zahlreiche Käse- und Wurstspezialitäten aus der Region und ein unerschöpfliches Sortiment edelster Gewürze und Lebensmittel. Hier werden die Kunden mit feinen Edelbränden vom Bodensee ebenso verwöhnt wie mit Heuschnaps und Kuhmilchlikör oder mit echtem Enzian- oder Zirbenschnaps aus Tirol. Honig, Senf und Dipps sowie Schokoladen aus heimischer Herstellung eignen sich für den eigenen Genuß, sind aber auch ein gern gesehenes Mitbringsel für die Lieben daheim. Als originelle Geschenkideen sind auch die Dekorationsartikel aus Edelrost und Holz beliebt, deren Originalität

und Vielfalt so manchen Besucher des Hindelanger Bauernmarktes in Staunen versetzt. In eigenen Geschäftsräumen im Bauernmarkt ist auch der Schäferladen vertreten.

Hier bekommt man Schafprodukte aus dem Allgäu wie Teppiche, Oberbetten und Kissen aus heimischer Wolle sowie Dekorationsartikel.

Zum Abschluss des Besuches im Bauernmarkt Bad Hindelang lädt das Café „Hof-Treff" zur Einkehr ein.

Inmitten des gemütlich eingerichteten Gastraumes oder auf der Sonnenterrasse werden die Gäste mit hausgemachtem Kuchen zum Kaffee, mit Eisspezialitäten und warmen Gerichten zur Mittagszeit verwöhnt.

Das Café ist täglich (außer an Sonn- und Feiertagen) von Montag bis Samstag von 10.30 bis 18 Uhr geöffnet.

Bauernmarkt Bad Hindelang

Am Bauernmarkt 1-3
D-87541 Bad Hindelang
Tel. +49 (0)83 24-2 04 60 08
www.facebook.com/

Höchste Qualität – das schmeckt man.

Alles frisch serviert im Restaurant mit ausgesprochener Freundlichkeit.

Hier muß keiner lange auf Kaffee und Kuchen warten.

Nachhaltig, zertifiziert, Bio

Der Demeter-Hof Grasser in Aitrang

Die Begeisterung und Leidenschaft für den Hof und alles, was damit zusammenhängt, ist der Familie Oettermann-Demmler ganz deutlich anzumerken. Doch nicht nur das, es geht um das große Ganze, um unsere Lebensgrundlage und um den respektvollen Umgang mit der Schöpfung. Aus dieser Lebensphilosophie heraus haben die beiden mit hohem Fachwissen und unermüdlichem Fleiß in wenigen Jahren einen der bekanntesten Demeter-Höfe des Allgäus aufgebaut.

Frisches Gemüse dank eigener Hummeln

Auf etwa 7 Hektar Freiland, sowie ca. 3500 qm Gewächshausfläche wird nach biologisch-dynamischen Richtlinien bestes Bio-Gemüse, wie z. B. Fenchel, Salate, diverse Kohlsorten, Zucchini und Kürbis angepflanzt. In den Folienhäusern können im Sommer leckere Tomaten, Paprika, Gurken, Auberginen und Melonen gedeihen, und im Winter werden wertvolle Vitaminspender wie Feld- Postelein- undRuccolasalat angebaut. Die Bestäubung in den Gewächshäusern übernimmt ein eigens dafür eingesetztes Hummelvolk.

Bio-Hof mit breiter Vermarktung inklusive Heimlieferservice

Und damit die wertvollen Salat- und Gemüsesorten so frisch wie möglich verzehrt werden können, gibt es einen heimeligen Hofladen, in dem auf zünftigen Stadelholzbrettern die eigene Ernte und einiges an Bio-Gemüse befreundeter Gemüsegärtnereien aus der Region zum Verkauf bereit steht. Ergänzt wird das Angebot mit allerlei

Köstlichkeiten in Bio-Qualität wie Öl, Essig, Senf, Gewürze, Aufstriche, Eier, Wein und vieles mehr. Und auch auf den umliegenden Wochenmärkten, wie z. B. in Unterthingau, Friesenried, Görisried und Irsee ist das erntefrische Bio-Gemüse des Grasser Hofes zu haben. Doch nicht nur dort, sondern selbstverständlich auch im eigenen Bio-Laden in Marktoberdorf kann man sich mit qualitativ hochwertigstem Demeter-Gemüse eindecken.
Dazu das vielfältige Angebot eines modernen Bio-Supermarktes, das nahezu sämtliche Nahrungsmittel ebenso wie Frischfleisch und -wurst, Getränke und Kosmetika umfasst. Wer nicht die Möglichkeit hat, regelmäßig dort einzukaufen, kann sich vom hauseigenen Lieferdienst verwöhnen lassen. Die Bestellung erfolgt ganz einfach per Telefon, Fax, Mail oder über den Online-Shop. Noch einfacher ist die Buchung einer Abo-Box – hier wird in vereinbarten Zeitabständen allerlei Köstliches zusammengestellt und direkt nach Hause geliefert. Bio kann so einfach sein.

Betriebsgemeinschaft Grasser Hof GbR
Wenglinger Str. 2, D-87648 Aitrang
Tel. +49 (0)160-90 62 98 05
Fax. +49 (0)83 43-92 37 45
info@grasserhof.de
www.grasserhof.de

Grünstreifen GmbH
Schwabenstraße 38
D-87616 Marktoberdorf
Tel. +49 (0)84 32-8 95 76 08
www.Biomarkt-oal.de
gruene.kiste@biomarkt-oal.de

Die Lebenskultur im Frieden mit der Natur bewahren

Besthans BIOHOF

Der Besthans BIOHOF ist – aus Achtung vor der Schöpfung – seit über 30 Jahren auf dem Weg, gesunde Lebensmittel für den Menschen zu erzeugen. So gibt es seit über 10 Jahren keine Silage oder Ähnliches mehr auf dem Hof. Die behornten Orginal Braunvieh Mutterkühe stehen von April bis Ende November auf den Weiden.
Das Ackerland wird seit über 10 Jahre pfluglos und im Mischfruchtanbau bewirtschaftet und die Äcker vorzugsweise mit alten Getreidesorten und Hanf bebaut. Denn der Besthans BIOHOF möchte weg von der Monokultur und hin zur insektenfreundlichen Vielfalt und erzeugt naturbelassene Lebensmittel mit der Haltung, den Menschen mit Lebensenergie zu versorgen.

Vor Ort im Bio-Lädele oder auch im Online-Shop, bietet der Besthans BIOHOF kontrolliert biologisch, regional und frisch erzeugte Öle, Tees, Pulver, Bratlinge und Pesto aus Hanf an, sowie Produkte aus Urgetreide. Der Kunde kann sich von den naturnahen Produkten inspirieren lassen. Der Besthans BIOHOF befindet sich im Unterallgäu – inmitten des Natur-und Vogelschutzgebietes Mindeltal.

Besthans BIOHOF

Albert und Alice Lochbrunner
Bergstraße 1
D-87757 Kirchheim Derndorf
Tel. +49 (0)1 51-41 21 10 33 oder
(0)8266 8693998
albert-lochbrunner@posteo.de
www.hanftaube.de

Öffnungszeiten Bio-Lädele
nach Vereinbarung

Freude, Achtsamkeit und Respekt

Rapunzel Naturkost in Legau/Allgäu

Rapunzel – hier hat Freude, Achtsamkeit und Respekt einen besonders hohen Stellenwert! Kein Wunder, dass sich die Unternehmensphilosophie ganz einfach mit dem Leitsatz zusammenfassen läßt: „Wir machen Bio aus Liebe".

Begonnen hat alles ganz klein: 1974 gründeten Joseph Wilhelm und Jennifer Vermeulen eine Selbstversorger-Gemeinschaft auf einem Bauernhof mit kleinem Naturkostladen. Bis heute hat sich daraus ein international tätiges Unternehmen mit 380 Mitarbeitern entwickelt. Die Idee ist dabei stets die gleiche geblieben: kontrolliert biologische, naturbelassene und vegetarische Lebensmittel herzustellen.

Die Rapunzel Produkte der ersten Stunde waren Nussmuse, Trockenfrüchte und Müsli. Inzwischen umfasst das Sortiment rund 600 Produkte. Mehr als die Hälfte dieser Produkte wird in Legau im Allgäu hergestellt oder verarbeitet. Rapunzel Naturkost ist derzeit einer der führenden Bio-Hersteller Europas.

Ein eigenes Museum, ein Kinosaal für Veranstaltungen und Filmvorführungen, ein Casino zur Verköstigung von Mitarbeitern und Besuchern und ein gut sortierter Bio-Laden, der keine Wünsche offen läßt, gibt es auf dem Firmengelände in Legau.

Rapunzel erleben

Beim Besuch von Rapunzel blickt man bei einer Betriebsführung hinter die Kulissen bei der Herstellung von Nussmus, Müsli und Co. Warum Rapunzel Rapunzel heißt, warum es die Schoko-Haselnuss-Creme Samba überhaupt gibt – dies und viele weitere Details verraten die Kolleginnen und Kollegen bei der Besichtigungstour durch die Produktion.

Öffnungszeiten

Jeden Mittwoch (außer an Feiertagen) um 13.30 Uhr möglich.
Anmeld.: Tel. +49 (0)8330-529-1151.
Kinder unter 14 Jahre frei,
Jugendliche/Erwachsene: 5,-€.

Rapunzel Naturkost

Rapunzelstraße 1
D-87764 Legau/Allgäu
Tel. +49 (0)83 30-5 29-0
info@rapunzel.de
www.rapunzel.de

Regional und nachhaltig

Häusler Frischeservice

Wer auf frische, qualitativ hochwertige und regionale Produkte Wert legt, ist bei Häusler Frischeservice in Immenstadt bestens beraten. Der Betrieb, dessen Gründung auf das Jahr 1936 zurück geht, hat sich von einem kleinen Obstspezialgeschäft zu einem Frischespezialisten mit Molkereiprodukten und Feinkost entwickelt. Bereits die Firmengründer, Isidor und Maria Häusler, erweiterten die bestehenden drei Einzelhandelsgeschäfte 1948 um einen Großhandel für regionales Obst und Gemüse.

Heute umfasst das Sortiment des Allgäuer Familienunternehmens Obst, Salate und Gemüse, Molkereiprodukte sowie Feinkost- und Antipasti-Spezialitäten. Darüber hinaus sind küchenfertige Produkte für die schnelle Küche lieferbar.

Von A wie Ananas bis Z wie Zitrone

Das frische Obst wird von langjährigen, zuverlässigen Anbietern bezogen. So liefern Obsthöfe aus Bodolz schon seit Jahrzehnten die bayerischen Bodenseeäpfel, die in Immenstadt in den Handel kommen. Die Insel Reichenau im Bodensee, Gundelfingen, die Pfalz, sowie die Tiroler Genussregion sind die Hauptanbaugebiete für regionale Salate und eine umfangreiche Palette von Gemüse. Um die Lieferwege kurz zu halten, vertraut Firma Häusler z.B. bei Ananas auf eine Farm in Ghana. Der Großteil aller in Europa gehandelten Ananas stammt aus Costa Rica. Durch den Bezug der Früchte in Ghana ist die Reise der Früchte auf dem Seeweg deutlich kürzer.

Auf dem schnellsten Weg erreichen die Früchte ihr Ziel, nachdem sie behutsam geerntet und sorgfältig verpackt worden sind, um sie so frisch wie möglich in den Handel zu bringen.

Neben dem Angebot an Molkereiprodukten wie Käse, H-Milch und Joghurt, das zum Teil auch aus regionaler Produktion stammt, liefert Obst Häusler auch schmackhafte und tagesfrische Feinkost- und Antipasti-Produkte. Schonend von Hand in Deutschland hergestellt, orientieren sich die Rezepturen an internationalen Ernährungstrends.

Leckeres für die schnelle Küche

Als besonderen Service bietet der Immenstädter Frischelieferant auch küchenfertige Produkte. So werden Blatt-

und Mischsalate, Rohkost- und Gemüsemischungen, Wildkräuter und vieles mehr auf Kundenwunsch gewaschen, geschnitten und in Beutel verpackt, damit es in der Küche direkt verarbeitet werden kann. Was bis 11 Uhr am Vormittag bestellt ist, wird am nächsten Morgen frisch geliefert.

Nachhaltigkeit und Umweltbewusstsein

Bereits seit über 35 Jahren werden Kartons, die von den Großhandelskunden zurückkommen in der fimeneigenen Presse gepresst und als Altpapier weiterverwendet. Holzkisten und Einwegpaletten werden seit über 10 Jahren gehäckselt und ersetzen Heizöl zum Beheizen der Firmenräume und des Brauchwassers. Folien werden gesammelt, gepresst und wiederverwertet. Eine Photovoltaikanlage auf den Firmengebäuden erzeugt ca. 60% des benötigten Stroms. Ein ultramoderner Ölabscheider sorgt auf dem Firmenwaschplatz für die Sicherheit des Grundwassers. Die Fahrzeuge und Kühlaggregate sind auf Qualität und Langlebigkeit ausgelegt. Wo es möglich ist wird regionale Ware in Pfandkisten verkauft um lange Wege und Verpackungsmüll zu vermeiden.

Großhandels-Privatverkauf

Seit einigen Jahren ist im Großhandel ein Privatverkauf für Jedermann integriert, der an drei Wochentagen geöffnet hat: jeweils am Montag, Mittwoch und Freitag von 8-12 und von 14-18 Uhr sind die Türen auch für Endverbraucher geöffnet! Hier ist alles frisch und kann ohne Verpackung erworben werden.

Häusler Frischeservice
Obst Häusler GmbH

Blaichacher Straße 29
D-87509 Immenstadt
Tel. +49 (0)83 23-96 76-0
bestellung@obst-haeusler.de
www.haeusler-frischeservice.de

Bio auf Italienisch

BIO MERCATO Biomarkt in Kempten

Dass der Kemptener BIO MERCATO etwas ganz Besonderes ist, merkt man sofort beim Betreten des familiengeführten Marktes. Die Regale aus geschliffenen Bauholzbrettern schaffen eine besondere Atmosphäre und betonen die Weitläufigkeit des Bioladens im Supermarktformat. Das Angebot ist entsprechend riesig und lässt nichts vermissen, was heutzutage in einen Supermarkt gehört. Beeindruckend ist das überaus gut sortierte Angebot an frischem Obst und Gemüse. In dieser Vielfalt und Qualität sucht es seines Gleichen. Dabei ist Regionalität Trumpf, denn vieles kommt aus umliegenden Höfen in den Laden und was dann doch bestellt werden muss, wird beim regionalen Großhandel in Überlingen geordert.

Italienische Bio-Feinkost und die Leidenschaft Olivenöl

Und das Sortiment birgt ein weiteres Highlight: beste italienische Bio-Feinkost. Einzigartig sind die hervorragenden Olivenöle, die es entweder direkt an der Olivenöl-Bar auszuwählen gibt

oder bereits in Flaschen der Eigenmarke Oli Divini abgefüllt bereit stehen. Die wertvollen Öle werden vom aus Florenz/Italien stammenden Chef (er ist ausgebildeter Olivenöl-Sommelier) persönlich ausgewählt und kommen ausnahmslos von Erzeugern, die dem hohen Anspruch an Qualität und Nachhaltigkeit gerecht werden können. Frische Antipasti, verschiedene Pasta-, Pesto und Soßenspezialitäten ergänzen die italienische Linie des Bioladens. Nicht zu vergessen die italienischen Wurstwaren, die es wirklich selten in Bio-Qualität bei uns zu kaufen gibt: Prosciutto di Parma und San Daniele, verschiedene Salami-Sorten, Mortadella, da läuft einem schon mal das Wasser im Mund zusammen. Und der Appetit lässt sich direkt vor Ort stillen.

Ein Päuschen in Ehren

Die große Theke mit den gemütlich-modernen Sitzgelegenheiten bildet als Mittelpunkt eine familiäre Oase, die zum Verweilen einlädt. Hier gibt es frische Backwaren, Müsli, Käse, Wurst und die offenen Antipasti. Man kann es sich schmecken lassen während des Einkaufs hier, der Kaffe ist original italienisch und kombiniert sich wunderbar mit einer leckeren Allgäuer Bio-Butterbreze oder auch einer Körnersemmel mit original italienischer Mortadella. Auch das Mittagstisch-Angebot kann sich sehen lassen. Hier gibt es Altbewährtes neben vegetarischen Neukreationen, die so verheißungsvoll klingen, wie sie dann auch schmecken.

BIO MERCATO seiVital GmbH

Lindauer Straße 75
D-87435 Kempten
Tel. +49 (0)831-57534-0
info@bio-mercato.de
www.bio-mercato.de

Gewürze mit ordentlich Pfeffer dahinter

Piaba Edle Gewürze

Eine feine Auswahl an edelsten und besten Gewürzen dieser Welt gibt es im Online-Shop von Piaba Edle Gewürze. Begonnen hat alles 2014, als Pia Boesenecker und Christian Bauer den echten Kampot Pfeffer auf einer Farm in Kambodscha entdeckten.
Direkt vor Ort konnten sie sich von der Qualität und den fairen Anbaubedingungen überzeugen und den echten Roten Kampot Pfeffer, echten Schwarzen Kampot Pfeffer und echten weißen Kampot Pfeffer einkaufen.

Auf dieser Reise wurde auch klar, dass der exquisite Kampot Pfeffer einen GIN veredeln muss. Bereits 2015 begannen die beiden Lindenberger ihren GIN zu entwickeln. Nach einer eineinhalbjährigen Versuchszeit, konnte im Advent 2016 der rote Fahnenbauer GIN präsentiert werden. Echter Roter Kampot Pfeffer geht hier eine exotische Liaison mit fruchtiger Mango und weiteren Gewürzen und Botanicals ein. Der Name Fahnenbauer bezieht sich auf den Haus- und

Hofnamen von Christian Bauer. 2018 ist der Fahnenbauer GIN der Weiße auf den Markt gekommen. Orangen und Zitronen, nachhaltig angebaut in der Region Tramuntana Mallorca, treffen auf die frische Pfeffernote des echten weißen Kampot Pfeffers.
Aber nicht nur der Pfeffer, auch die anderen Produkte wie Ceylon Zimt und Pimenton de La Vera werden direkt und fair gehandelt. Die Tonkabohne, die Zitronenmyrthe und auch die Salze werden sogar über einen Bio-Vertriebshandel bezogen. Pia Boesenecker und Christian Bauer überzeugen sich auch bei diesen Produkten immer wieder auf Reisen direkt bei den Herstellern von der Qualität und den Anbaubedingungen.

Piaba Edle Gewürze

Säntisweg 14
D-88161 Lindenberg im Allgäu
info@die-pfefferei.de
www.piaba.de

Qualität für Feinschmecker

VOM FASS

Herzlich willkommen in den VOM FASS Feinschmeckershops, der ersten Adresse für Feinschmecker und Genießer. Hier erwartet die Kunden ein einzigartiges Einkaufserlebnis nach dem Motto „Sehen-Probieren-Genießen". Mit dem losen Verkauf von exklusiven Essigen, hochwertigen Ölen, Spirituosen und erlesenen Weinen sind die VOM FASS Geschäfte Pioniere für den nachhaltigen Verkauf. Genuss und Qualität wird durch beste Zutaten der Hersteller, die alle persönlich bekannt sind, erreicht.

Seit der Entwicklung des Geschäftskonzeptes durch den gelernten Küfer und Getränkeingenieur Johannes Kiderlen im Jahr 1994 hat das Familienunternehmen auf Franchisebasis ein Stück neue Einkaufs- und Genusskultur nach Deutschland und in die Welt gebracht. Heute gibt es rund 140 VOM FASS Shops in Deutschland und rund 300 Shops in 28 Ländern der Erde.

Egal ob Weine, Essige, Öle, Liköre oder Spirituosen – bei VOM FASS kauft der begeisterte Kunde nicht einfach die „Katze im Sack". Die erstklassigen Produkte können nach

Belieben erst probiert und dann in der gewünschten Menge direkt vom Fass, aus dem Tonkrug oder dem Glasballon abgefüllt werden. Dabei kann der Kunde sowohl auf dutzende unterschiedliche Flaschenformen im Geschäft zurückgreifen oder aber seine eigenen Glasflaschen zum Wiederbefüllen mitbringen. Jährlich erzielt dieses nachhaltige Handeln eine Ersparnis von etwa 3,5 Mio Glas- oder PET-Flaschen. Regionaler Bezug, qualifizierte Partner, ständige Optimierung und Verantwortung für die Umwelt sind Basis des Handelns und Grundlage des ständig wachsenden weltweiten Erfolgs. Zahlreiche Produkte haben schon internationale Preise erhalten.

Bei einer Führung durch die Unternehmenszentrale in Waldburg bekommt man Einblicke in die gläserne Produktion der köstlichen VOM FASS-Produkte und in die Geheimnisse der Veredelung der Erzeugnisse Allgäuer Streuobstkulturen.

Bei Schaumwein-, Saft- und Balsamproben im Gewölbekeller können die Besucher die weltweit bekannten Produkte verkosten.

Platzreservierung im Vorfeld der Führung wird empfohlen!

Öffnungszeiten
Ladengeschäft Waldburg:

Mo. – Di.: 10.00 – 17.00 Uhr,
Mi. – Fr.: 10.00 – 19.00 Uhr,
Sa.: 10.00 – 15.00 Uhr

In der Region Allgäu – Oberschwaben findet man VOM FASS Fachgeschäfte in folgenden Orten: Ravensburg, Bad Waldsee, Biberach, Ulm, Dillingen, Augsburg, Friedberg, Kempten, Wangen im Allgäu, Leutkirch

VOM FASS AG

Am Langholz 17
D- 88289 Waldburg
Tel. +49 (0)7529-97 45 16
laden@vomfass.de
www.vomfass.de/waldburg

Vielseitiger Bioland-Hof

Rösslerhof

Der familiengeführte Rösslerhof liegt eingebettet in die idyllische Hügel- und Seenlandschaft der Region Allgäu-Oberschwaben. Der heutige Bioland-Hof wurde bereits im 13. Jahrhundert von der Benediktinerabtei Weingarten gegründet und ist heute im Besitz der Familie Güldenberg, die den Hof mit insgesamt 125 Hektar Land seit über 30 Jahren nach den strengen Bioland-Richtlinien bewirtschaftet.

Der vielseitig ausgerichtete Hof stellt landwirtschaftlich Rohstoffe nachhaltig und ökologisch her und verarbeitet sie schonend zu hochwertigen Produkten. Neben Milchvieh- und Rinderhaltung wird Ackerbau mit fünfgliedriger Fruchtfolge und Streuobstbau betrieben. Dabei wird großer Wert auf artgerechte Tierhaltung, silagefreie Fütterung, einen geschlossenen Nahrungs-kreislauf und die Verwendung von ökologischem Saatgut gelegt. Gedüngt wird mit hofeigenem Mist und Gülle.

Der Hof hat sich mit anderen Biolandhöfen in der Region zur Höfegemeinschaft zusammengeschlossen, um die

Erzeugung und Vermarktung möglichst vielfältig zu gestalten. Gemeinsam wird eine Vielzahl von Rohstoffen produziert, die in Zusammenarbeit mit regionalen Partnern zu hochwertigen Mehlen, Ölen, Essigen und Milchprodukten verarbeitet werden.

Eine besondere aromatische Köstlichkeit ist der rindengereifte Rösslerhof-Emmentaler, der erste in Deutschland hergestellte Bio-Hartkäse aus Rohmilch. Er hat eine goldgelbe Rinde und einen vollmundigen, nussigen Geschmack.

Die Bioland-Öle werden mit höchster Sorgfalt schonend kaltgepresst.

Der Hofladen hat ein breites Angebot an leckeren Bioprodukten.
Hier erhält man frisches Gemüse und Obst, hofeigenes Getreide (Dinkel, Roggen und Weizen) als Korn oder als Mehl, im Holzfass gereiften Essig, hofeigenes, frisch gepresstes, naturtrübes Hanföl und Leinöl, frisches Fleisch und frische Wurst von Rösslerhof-Rindern, Geflügelprodukte vom Biolandhof Unterweger, Schweinefleisch auf Bestellung, ein umfangreiches Bio-Käsesortiment, Brot und Backwaren, Nudeln, Müsli, Tee und vieles mehr.
Die angebotenen regionalen Erzeugnisse werden durch eine Palette von Produkten aus ökologischer Herstellung wie Südfrüchte, Gewürze, Soßen, Essig und Öle, Kaffee, Tee, Süßwaren und Snacks ergänzt.

Öffnungszeiten Hofladen

Di. und Fr. von 15 – 19 Uhr
und Do. von 9 – 13 Uhr.
Hofführungen für Gruppen
ab 10 Personen auf Nachfrage.

Rösslerhof-Bioland-Produkte GbR

Güldenberg und Weber
Rösslerhof, D-88281 Schlier
Tel. +49 (0)751-456 19
mail@roesslerhof.de
www.roesslerhof.de

Traditionelle Handwerkskunst aus besten Bio-Rohstoffen

Adrian Genuss

Im Jahr 1840 wurden in Ravensburg erstmals urkundlich Rechte der Familie Kiderlen erwähnt, Wein- und Essig herzustellen. Beginnend mit Adrian Kiderlen wurden die Rechte und das Wissen um das hauseigene Herstellungsverfahren von Generation zu Generation weitergegeben. Bereits damals wurden Früchte aus der Region für die Herstellung verwendet.

Heute entstehen in der ADRIAN-Bio-Genussmanufaktur u. a. aus Äpfeln und Birnen der Streuobstkulturen der Region Allgäu-Oberschwaben erstklassige Essigspezialitäten, Fruchtsirupe (Shrubs) und Schaumweine. Die Manufaktur setzt sich nachhaltig für die Erhaltung der bestehenden Streuobstwiesen ein und fördert die Entstehung von neuen Streuobstflächen, die Lebensraum für beheimatete Tiere und Pflanzen bieten und zum typischen oberschwäbischen Landschaftsbild gehören.

Die Qualität der Produkte der ADRIAN-Bio-Genussmanufaktur wird nicht nur durch die sorgfältige handwerkliche Produktion mit viel Erfahrung gewährleistet, sondern beginnt be-reits auf den nachhaltig bewirtschafteten Wiesen und Feldern der Bio-Landwirte. Verwendet werden nur handverlesene Rohstoffe bester Qualität direkt vom Bauern.

So können einige Erzeugnisse auch in Biolandqualität angeboten werden, die gut für die Umwelt sind und gut schmecken, nachhaltiger Genuss für Genießer!

Zum Sortiment gehören Balsamessige von Äpfeln, Birnen, Quitten, Granatäpfeln und Honig sowie Essige von

Trauben, Äpfeln und Birnen. Köstliche Shrubs, essiggesäuerte Fruchtsirupe, werden in den Richtungen Trauben-Ingwer, Granatapfel und Quitten angeboten. Außerdem gibt es noch Cidre und Hugos im Angebot. Alles kann man im hauseigenen Ladengeschäft käuflich erwerben, online-Bestellung ist ebenfalls möglich.

Die ADRIAN Genuss Welt kann bei einer öffentlichen Führung (Termine siehe Homepage) oder nach Voranmeldung von Gruppen ab 15 Personen besichtigt werden. Die Führung startet in einem 4D Kino und entführt die Besucher in die Region Oberschwaben/Bodensee.
Im Anschluss wird auf dem Rundgang durch die Manufaktur erklärt, was die Produkte so besonders macht, flüssige Verkostung inklusive.

Adrian Genuss GmbH

Am Langholz 17
D-88289 Waldburg
Tel. +49 (0)7529-97 45 74
info@adrian-manufaktur.de
www.adrian-manufaktur.de

Den ureigenen Geschmack der Kaffeebohne freilegen

Purschwarz Kaffeerösterei

Alexander Gourguis und sein Team haben einen großen Wunsch: sie wollen ein stärkeres Bewusstsein für richtig guten Kaffee schaffen. Wie oft trinken wir einen Kaffee im Vorbeigehen und in Eile, ohne wirklich mit allen Sinnen zu genießen. In der Purschwarz Kaffeerösterei möchte man da die Weichen in Richtung einer neuen Kaffeekultur stellen.

Dazu gehört zum einen die sorgfältige Rohkaffeeauswahl von höchster Qualität. Dabei arbeitet die Rösterei ausschließlich mit reinen Kaffeesorten aus unterschiedlichen Anbaugebieten. Die entscheidende Rolle spielt neben der Qualität die Transparenz: wo kommen die Bohnen her und wie werden sie angebaut – natürlich nachhaltig, mit fairen Arbeitsbedingungen der Kaffeebauern und angemessenen Preisen.

Zur neuen Kaffeekultur gehört zum anderen auch die Röstung mit höchs-

ter Sorgfalt und Liebe zum Detail. Dies ist keine Fließbandarbeit, sondern ein Handwerk bei dem es viel Wissen über die Rohware und der Röstung bedarf. Beim schonenden Trommelröstverfahren und niedrigen Temperaturen wird der ureigene Geschmack der Kaffeebohne freigelegt. Erst durch das Rösten entfaltet der frische und doch recht geruchsneutrale Rohkaffee nämlich seine über 800 unterschiedlichen Aromen.
Vor Ort in der Rösterei oder im Online-Shop gibt es die hochwertigen Kaffeesorten, ausgesuchtes Kaffee-Zubehör und stylishe Merchandising-Produkte.

Purschwarz Kaffeerösterei

Am Mühlbach 12
D-87487 Wiggensbach
Tel. (0)83 70-9 29 82 30
+49 (0)175-1 64 61 57
info@purschwarz.de
www.purschwarz.de

Öffnungszeiten

Mo. bis Mi., 12.00 – 14.00 Uhr,
Do. bis Fr., 9.00 – 18.00 Uhr,
Samstag, 9.00 – 14.00 Uhr.

Essen und Einkaufen in einzigartiger Atmosphäre

PurNatur in Kempten

Gesundheitsbewusste Genießer sind hier an der richtigen Adresse: Neben Bio-Lebensmitteln namhafter Marken findet sich hier Gutes und Leckeres von Allgäuer Sennern, Bauern und Metzgern. Im hauseigenen Bistro warten frische, hausgemachte Speisen wie Wraps, Quiche und Kuchen – auch für Liebhaber der vegetarischen und veganen Küche. Der moderne, stilvolle Laden bietet das perfekte Ambiente und ist Treffpunkt für Jedermann: Ob Frühstück, Mittagessen, Weinverkostung oder für ein entspanntes Einkaufserlebnis.
An der Espressobar genießt man feinste Kaffee-Spezialitäten renommierter Kaffee-Röstereien.

In der Weihnachtszeit lockt der Duft von frischen Waffeln und leckerem Apfelstrudel – natürlich hausgemacht.

Öffnungszeiten: Mo. bis Fr. 8 – 19:30 und Sa. 8:00 – 19:00 Uhr.

PurNatur
Kotterner Straße 78-80
D-87435 Kempten
Tel. +49 (0)831-5 22 66 77
www.purnatur-kempten.de

Fensterln für hausgemachte Nudeln

Kleine Nudelstube in Friesenried

Die viel gepriesene Direktvermarktung und eine innovative Idee – das originelle Ergebnis heißt "Nudelfenster". In der zugehörigen Nudelstube stellt die findige Hausfrau Barbara Glaser ihre leckeren Nudeln aus den Eiern der eigenen freilaufenden Hühner mit Hartweizengrieß, Dinkelmehl oder auch Emmermehl her. So manches Mal werden auch neue Geschmacksvarianten wie Bärlauch oder Knoblauch-Peperoni gefertigt.
Das Fenster ist Tag und Nacht öffentlich zugänglich und das Geld gibt man in die bereitstehende Kasse.

Kleine Nudelstube, R&B Glaser GbR
Wangerweg 5, D-87654 Friesenried
Tel. +49 (0)170-4941303
www.kleine-nudelstube.de

Gesunde Ernährung direkt ab Hof

Steppmair Hof

In einem Anwesen, dessen Bau auf das 18. Jahrhundert zurück geht, weht seit 2008 ein frischer Wind. Die Familie Steppmair richtete hier ihr Domizil ein, werkelte und renovierte den Hof und schuf einen Garten Eden für den Obst- und Gemüseanbau, der ökologisch bewirtschaftet wird.

So finden die Ernten ihren Weg in das kleine Laderl, das die Steppmairs in ihrem Hof eingerichtet haben. In gemütlich, einladender Atmosphäre können sich die Kunden hier mit einer Vielzahl von Produkten versorgen.

So sind - meist aus eigener Herstellung und im eigenen Garten gewachsen - feinste Marmeladen, Sirups und Liköre ebenso zu finden wie schmackhafte Pestos und Tomatensaucen, die handverlesen und schonend verarbeitet, eine außergewöhnliche Geschmacksintensität versprechen.

Mit kulinarischen Leckereien werden die Kunden hier verwöhnt und sie finden auch hübsche Dekorationsartikel und prickelnde Geschenkideen wie duftende Dinkel- und Lavendelkissen, Badesalze und Räucherwerk.

Öffnungszeiten

Das Laderl im Steppmair Hof ist
Di. und Do. von 9 bis 11 Uhr
und am Samstag ganztägig geöffnet.
Und all jenen, die keine Gelegenheit haben, das beschauliche Kleinod in Tussenhausen zu besuchen, sei der Online-Shop empfohlen.

Steppmair GbR

Gabriele und Helmut Steppmair
Bergstr. 9, D-86874 Tussenhausen
Tel. +49 (0)8268 90 45 70
hof@steppmair.de
www.steppmair.de

Handgefertigte Nudeln aus dem Allgäu

Nudelmanufaktur Wolf

Gut Ding braucht Weile... Ruhe ist bei der Herstellung von köstlichen Nudelspezialitäten oberstes Gebot und so arbeitet auch Michaela Wolf in ihrem Nudelparadies behutsam an den Köstlichkeiten, die ein leckeres Essen bereichern.
Während bei der Massenherstellung der Konzerne heiß angerührter Nudelteig mit Hochdruck durch Teflonformen geschossen wird, rührt man in dem kleinen Betrieb in Wiedergeltingen den Teig noch mit kaltem Wasser an. Und auch nach der Herstellung haben die Nudeln ausreichend Zeit um schonend zu trocknen. So werden die Bandnudeln für 24 Stunden auf Leinen gehängt und dürfen in Ruhe ihr Gewicht verlieren. Die kompakteren Nudeln brauchen vier bis fünf Tage, damit sich das köstliche Aroma entwickeln kann und die natürliche Farbe erhalten bleibt.
Als Grundlage verwendet die Nudelproduzentin nur beste Bioqualität. So kommen Hartweizen- und Vollkorndinkelgries sowie das Dinkelmehl aus einer Allgäuer Mühle. Auch aus alten, längst vergessen geglaubten Getreidesorten wie Emmer, Einkorn, Urdinkel und Rotkornweizen zaubert Michaela Wolf ihre Nudelspezialitäten.
Den vollmundigen Geschmack erhalten die Nudeln durch den Zusatz handverlesener Heilkräuter wie Brennnessel, Löwenzahn oder Bärlauch, um nur einige zu nennen. Edle Gewürze wie Ingwer, Kurkuma und andere Spezialitäten runden den zukünftigen Gaumenschmaus ab. Bei der Herstellung wird der geschmackvolle Teig in einer Edelstahl-Nudelmaschine verarbeitet und durch Spezial-Bronzeformen gedrückt. So erhalten die Nudeln ihr Aussehen wie Muscheln, Fusilli und vielen anderen Formen. Durch die schonende Verarbeitung bekommen die Nudeln eine leicht raue Oberfläche. So nehmen sie später beim Genuss die Soße besser auf und schmecken Kennern aus aller Welt.
Geöffnet ist die Nudelmanufaktur, wenn genudelt wird. Michaela Wolf ist auf Märkten unterwegs, sammelt Kräuter... Daher sollte man vorher einen Besuchstermin telefonisch vereinbaren.

Nudelmanufaktur Wolf

Michaela Wolf
Amberger Str. 4a
D-86879 Wiedergeltingen
Tel. +49 (0)174 3740616
info@nudelmanufaktur-wolf.de
www.nudelmanufaktur-wolf.de

Biomarkt Irsee

In dem historischen Ambiente von Irsee findet jeden Freitag von 16 bis 19 Uhr ein Biomarkt statt. Der erste biologische Wochenmarkt im Allgäu überhaupt, öffnete 1998 seine Pforten.
In und vor dem barocken Stadel des Gasthaus "Zur Post" in der Schmiedgasse werden nun jede Woche regionale ökologische Spezialitäten angeboten.
Bereits 1999 gewann der Biomarkt e.V. mit seinem ehrenamtlichen Engagement den 1. Preis im "Allgäuer Umweltpreis", 2016 in Berlin dann den dritten Preis im bundesweiten Wettbewerb "Regiokommune" vom Bundesverband der Regionalbewegung unter 97 Einsendungen.
Die Besucher des Biomarktes in Irsee genießen die stimmige Atmosphäre im historischen Ortskern und die ökologischen Produkte wie Biofleisch und -wurst aus artgerechter Nutztierhaltung. Ein reiches Angebot an biologisch-dynamisch angebautem Gemüse und biologische Hart-, Weich- und Frischkäsespezialitäten stammen aus regionalen Familienbetrieben. Hochwertige Vollwert-Brote und Backwaren aus dem Steinofen sind hier ebenso zu finden wie Bio-Geflügelfleisch, Eier von glücklichen Hühnern und Nudeln.
Auch Über 100 verschiedene ökologische Weine und kaltgepresstes Olivenöl in Bioqualität sowie edle Obstbrände und Apfelsecco von den eigenen Streuobstwiesen runden das Sortiment ab. Während der Sommermonate können sich die Besucher des Marktes mit frischem Bio-Bier und Bio-Grillhendl verwöhnen lassen.
Eine Besonderheit ist das Fair Trade Schulprojekt mit fair gehandeltem Reis, Tee, Kaffee, Schokolade und schönen Dingen aus aller Welt, von Grundschülern ehrenamtlich verkauft.

Biomarkt Irsee e.V.

Schmiedgasse 5
D-87660 Irsee
www.biomarkt-irsee.de

Naturkost für Leib und Seele

Naturecke Haldenwang

Regional, frisch und lecker in bester Bioqualität. Das ist seit 1988 die Devise der Naturecke Haldenwang. Damals gründeten Rita Schneid und Felicitas Schindler den Laden, heute führt Katharina Pleth die Vision der damaligen Gründerinnen nahezu unverändert fort. Sehr großen Wert legt die Inhaberin auf qualitativ hochwertige, sowie umweltfreundlichen Lieferketten – bestenfalls mit regionalen Partnern im Allgäu.

Gesund und lecker ist das Angebot an Obst und Gemüse in der Naturecke. Immer knackig und wenn möglich direkt aus der Region. Knusprig und körnig präsentieren sich die Backwaren in der Theke. Täglich frisch geliefert von Bäckereien in der nahesten Umgebung. Herzhaft und natürlich auch regional sind die Käsespezialitäten der Naturecke Haldenwang von Käsereien aus dem Allgäu. Kaffee, Essige und Öle, Weine, Trockenfrüchte und Süßigkeiten runden das hochwertige Sortiment ab. Eben Naturkost für Leib und Seele!

Öffnungszeiten:
Montag bis Freitag: 8 bis 13 Uhr,
und 15 Uhr bis 18 Uhr,
Samstag: 7.30 Uhr bis 13 Uhr.

Naturecke Haldenwang
Hauptstraße 29
D-87490 Haldenwang
info@naturecke-haldenwang.de
www.naturecke-haldenwang.de

Hochwertige ökologische Naturwaren – nicht nur für die Kleinen

Primel Naturwaren Untrasried

Für die eigenen Kinder will jeder nur das Beste – und so entwickelte sich aus der eigenen Erfahrung mit Naturkleidung und der natürlichen Wickelmethode bei Waltraud Vogel bereits 1990 der Wunsch, diese ökologischen, nachhaltigen Produkte einer breiten Öffentlichkeit zugänglich zu machen und damit den ökologischen Gedanken weiter zu verbreiten. So ist das kleine, feine Unternehmen entstanden, das nun seit fast 30 Jahren besteht. Nur hochwertigste Bio-Produkte gibt es bei Primel Naturwaren, in erster Linie Baby-Ausstattung und eine große Auswahl an natürlicher, schadstofffreier Kleidung für Babys und Kinder, aber auch einige Accessoires für die Großen, natürliche Unterwäsche für die ganze Familie, sowie Bettwaren und viele andere sinnvolle Produkte. Von Anfang an standen bei der Auswahl des Sortiments die höchstmögliche ökologische Qualität, eine sozialverantwortliche, nachhaltige Produktion und Langlebigkeit an erster Stelle. Der Schwerpunkt liegt im Versandhandel, doch kann man in dem heimelig-gemütlichen Ladengeschäft in Untrasried viel Zeit verbringen und dabei immer wieder Neues entdecken.

Primel Naturwaren
Im Schlattes 16
D-87496 Untrasried
Tel. +49 (0)83 72-76 62
info@primel.de
www.primel.de

Salz – eines der kostbarsten Edelsteine

Allgäu Salze

In der heutigen „Keine-Zeit"-Gesellschaft will Eileen Lindloff den Fokus wieder auf Genuss, Selbstgemachtes und Nachhaltigkeit legen.
Sie ist selber, wie so viele Allgäuer, ein Genussmensch und Naturliebhaberin – und darauf auch stolz! Sie möchte ein Statement setzen, in der Küche doch auch mal neue Geschmacksrichtungen auszuprobieren und kombiniert dafür grobes Meersalz mit ausgefallenen Zutaten. Dafür verwendet die Allgäuerin ausschließlich natürliche Zutaten, die das Essen verfeinern, aber nicht übertünchen sollen. So bekommt man im Online-Shop von Allgäu Salze von Orangen-Rosmarinsalz über Kakaobohnensalz bis hin zu Fichtennadelsalz eine Vielzahl von Kreationen.

Entweder für die eigene Küche, oder um anderen eine Freude zu machen gibt es z.B. auch Geschenkesets.
Für Hotels, Gastronomie, Firmen oder Hochzeiten bietet Eileen Lindloff zudem eine individuelle Logogestaltung für die Etiketten an, um das Geschenk noch persönlicher wirken zu lassen. So wird jedes Essen noch bunter!

Allgäu Salze

Eileen Lindloff, Ostbahnhofstr. 7
D-87437 Kempten
info@allgaeusalze.com
www.allgaeusalze.com

Der gesunde Geschmack des Allgäus

aurelia Allgäuer Naturprodukte

Wer den Weg zu einem der drei **aurelia**-Naturkostläden in Weiler-Simmerberg, Oberstdorf oder Lindau gefunden hat, kommt immer wieder gerne. Es duftet wunderbar nach Kräutern und anderen wertvollen Zutaten, die den Gaumen verwöhnen. Gesunde Speisen wie Suppen, Müsli und fertige Mahlzeiten sind hier ebenso erhältlich wie feine Teespezialitäten.

Frisch zubereitete Kostproben überzeugen durch guten Geschmack und eine hervorragende Qualität.

Aurelia Nachbaur, die sympathische Gründerin des Naturkostunternehmens, begann 1991 als Ein-Frau-Betrieb an einem einfachen Marktstand mit dem Verkauf von Molke und Käse aus der familieneigenen Sennerei. Das traditionelle Wissen über gesunde Ernährung, Kräuter und Wasseranwendungen war der Allgäuerin in die Wiege gelegt worden, später kam das Interesse an Bewegungs- und Entspannungsmethoden hinzu. Nach wie vor ist die Allgäuer Heimat ihre Inspirations- und Kraftquelle. Hier findet sie auch die natürlichen Zutaten für ihre Wohlfühlprodukte.

Aus der überschüssigen Erstmilch, die nach der Geburt eines Kalbs von den glücklichen Allgäuer Kühen abgemolken wird, entsteht unser gehaltvolles Colostrum. In Kapseln konzentriert, wirkt die Substanz gegen zahlreiche körperliche Beschwerden. Zudem fördert sie den Muskelaufbau und führt zur allgemeinen Leistungssteigerung bei gleichzeitigem Abbau von Fettgewebe.

Nach einem alten Familienrezept wird der **aurelia** Allgäuer Kräuterbitter her-

gestellt. Vierzehn perfekt aufeinander abgestimmte Heilkräuter und Wurzeln sorgen für eine bekömmliche und harmonisierende Verdauung und unterstützen mit geballter Pflanzenkraft den gesunden Säure-Basen-Haushalt.
Das Gesteinspulver Dolomit ist ein natürliches Kalzium-Magnesium-Mineral. Neben der Schönheitspflege in Bädern wird es vorwiegend als Nahrungsergänzungsmittel eingesetzt, wie beispielsweise in der beliebten **aurelia**-Trinkmolke. Molke ist ein natürliches Lebensmittel, das mit hochwertigen Proteinen, Vitaminen und Mineralien die Darmflora intakt hält und das Immunsystem stärkt. Äußerlich in Bädern und Pflegeprodukten angewandt, zaubert sie eine reine Haut und schöne Haare. Umfassendes Wohlgefühl verspricht auch OPC. Der Traubenkernextrakt wird als Anti-Aging-Mittel bezeichnet und besitzt herzschützende Eigenschaften.

Das schöne Allgäu ist zu jeder Jahreszeit eine Reise wert. Mit den Natur- und Wellnessprodukten von **aurelia** kann man sich bei einem Besuch der heimeligen Ladengeschäfte oder eines **aurelia**-Stands auf den regionalen Wochenmärkten ein Stück davon mit nach Hause nehmen.

Ist das **aurelia**-Lieblingsprodukt aufgebraucht und der nächste Urlaub noch in weiter Ferne? Macht nichts – im gut sortierten Internetshop gibt es jederzeit Nachschub.

Ladenöffnungszeiten:

Simmerberg: Mo. bis Fr. von 8:30 bis 17 Uhr, Sa. von 9 bis 13 Uhr.
Oberstdorf: Mo. bis Fr. 8 bis 18 Uhr, Sa. von 8 bis 14 Uhr.
Lindau: Mo. bis Fr. von 9 bis 18 Uhr, Sa. von 9 bis 14 Uhr.

aurelia Allgäuer Naturprodukte

Alte Salzstr. 27
D-88171 Weiler-Simmerberg
Tel. +49 (0)8387-9999040
info@allgaeuer-naturprodukte.de
www.allgaeuer-naturprodukte.de

Bio mit Liebe und Begeisterung

Kling Naturkost in Benningen

Bereits seit über 25 Jahren versorgt Naturkostladen Kling seinen stetig wachsenden Kundenstamm mit nahezu 6.000 besten Bioartikeln. Dass das auf dem Land nur mit tiefgreifender Überzeugung, Liebe und Begeisterung zu bewerkstelligen ist, liegt auf der Hand. Mit dieser Motivation gründete Gerda Kling 1993 einen kleinen Naturkostladen, dessen Geschäftsführung Tochter Ulrike Kling im Jahr 2003 übernommen hat. Heute lädt der stimmungsvolle, inzwischen 350 qm große Biomarkt im sanierten Gewölbestall dazu ein, sich in Ruhe umzusehen und das Flair zu genießen.

Nachhaltigkeit, Regionalität, respektvoller Umgang mit Mensch und Tier bilden das Traggerüst für das erfolgreiche Bio-Unternehmen.

Die vertrauensvolle, in der Regel langjährige Zusammenarbeit mit Landwirten und Lieferanten garantiert höchste Produktqualität. Ein großes Anliegen ist es, möglichst viele Produkte aus dem nahen Umland zu beziehen, von

Landwirten die nachhaltig wirtschaften, auf fruchtbare Böden achten und so auch mithelfen, unsere Artenvielfalt zu erhalten. Ein Teil des Angebotes, v.a. Getreide, Rindfleisch und Rindswurst, kommt von Beginn an aus der hofeigenen Bio-Landwirtschaft.
Überhaupt stand am Anfang zunächst die Idee der Direktvermarktung, aus der heraus sich der Bio-Laden über die Jahre kontinuierlich entwickelt hat.

Breites Sortiment auf höchstem Niveau

Naturkostladen Kling hält für bewusst lebende Menschen vieles bereit, was für ein Leben mit ökologischem Anspruch benötigt wird: einen großen Frischebereich mit Obst und Gemüse, eine reichhaltige Käseauswahl, verschiedenste Milchprodukte und Eier aus der Region. Des weiteren gibt es tägliche frische Bio-Backwaren, und natürlich auch einen vollständigen Trockenwarebereich. Hier findet sich auch eine große Auswahl an Reinigungsmitteln und Naturkosmetik – eben alles was ein moderner Biomarkt heutzutage braucht. Zur Abrundung eines leckeren Bio-Abendessens mit Freunden bedient man sich am besten aus dem umfangreichen Bio-Weinsortiment.
Für besondere Anlässe und ganz nach Bedarf können verschiedenste Geschenkkörbe auch kurzfristig vorbestellt werden. Alternativ dazu bieten sich Gutscheine an. Mit Sicherheit ein sinnvolles und nachhaltiges Präsent für unbeschwerten Einkaufsgenuss.

Naturkost Kling e.K.

Hawanger Str. 13
D-87734 Benningen
Tel. +49 (0)83 31-98 29 80
Fax +49 (0)83 31-98 29 81
info@naturkost-kling.de
www.naturkost-kling.de

Land - Wirtschaft - Leben

Arche-Hof Birk

Bereits in 4. Generation wird der Arche-Hof Birk mit viel Herzblut geführt. Unter dem Bioland-Siegel wird beste Bio-Milch und feinstes Biofleisch produziert. Das Hauptaugenmerk eines Arche-Hofes liegt beim Erhalt alter und gefährdeter Hausstierrassen. Schon immer lebt hier das Original Allgäuer Braunvieh, eine neue Heimat hat das braune Bergschafe und Augsburger Hühner gefunden. Das Motto der Arche-Höfe heißt: „Erhalten durch Aufessen“. Deshalb werden im zugehörigen Hofladen hochwertige Fleischpakete (auf Vorbestellung) vom Rind, Kalb und Lamm angeboten außerdem gibt es aus der hofeigenen Milch Käse, sowie verschiedene leckere Rohwurstsorten, frische Eier und feinen Honig. Zum sofortigen Genuss lädt freitags das Hofcafe mit selbst gebackenen Kuchen und Torten ein.

Die idyllische Umgebung des Hofes und die liebevolle Verpflegung macht den Einkauf mit Cafeaufenthalt zum Entspannungserlebnis.
Im Rahmen der Demonstrationsbetriebe für ökologischen Landbau kann man hautnah mehr über den Hof, die Tiere und die Produktion der Lebensmittel erfahren. Jeden 1. Freitag im Monat gibt es dazu eine Hofführung. Kinder können mit ihren Schulklassen am Projekt „Erlebnis Bauernhof“ teilnehmen. Die Kleinen erkunden begeistert, wo und wie Schaf, Kuh und Co. leben und was auf einem Bauernhof so alles zu erledigen ist. Für die Erwachsenen gibt es unterschiedliche Themenführungen, jede für sich genommen äußerst interessant. So kann man sich beispielsweise ganz der Welt der Tiere widmen, sich auf eine Entdeckungsreise ins Moor begeben, Interessantes und Lehrreiches

über den Bauern- oder Rosengarten erfahren oder wertvolle Kräuter im Jahreskreislauf kennen lernen. Einen nach baubiologischen Aspekten gestalteten modern-rustikalen Seminarraum gibt es auch noch und so können Interessierte sich bei Kursen und Workshops verschiedener Referenten und Referentinnen auf dem Birk-Hof einfinden.

Neben der Gemeinsamkeit auf dem Hof und den neu gewonnenen Erkenntnissen bei solch einem Seminar ist die hochwertige Beköstigung mit Produkten des Hofes ein Höhepunkt für die Teilnehmer.

Arche-Hof Birk

Familie Barbara und Wolfgang Birk
Helingerstraße 9
D-87480 Weitnau-Hellengerst
Tel. +49 (0)8378-93 26 69
archehof@bio-birk.de
www.bio-birk.de

Hochgenüsse aus dem Allgäu, nach Omas Rezeptur

Rogg Allgäu Spezialitäten GmbH

Die Firma Rogg Allgäu Spezialitäten GmbH ist ein Traditionsunternehmen aus dem Allgäu, das sich auf die Herstellung von Spezialitäten aus dem Alpenvorland konzentriert.

Qualität und Geschmack sind auf höchstem Niveau.

Die Philosophie des Unternehmens lautet: Beste Produkte für zufriedene Kunden!
Zu dem breitgefächerten Sortiment gehören Suppeneinlagen, Tellergerichte und Beilagen, wie z. B. Allgäuer Eier- und Kässpätzle, Krautkrapfen, Schupfnudeln, Brätstrudel und vieles mehr. Im Werksverkauf sind die Produkte frisch und tiefgekühlt, sowie reich sortiert erhältlich – ein Besuch lohnt sich auf jeden Fall, oder auch ein Anruf, um zu erfahren, welche regionalen Einzelhändler die Rogg-Produkte im Sortiment führen.

Öffnungszeiten Werksverkauf:
Donnerstag von 16:00 bis 18 Uhr und Freitag von 9:00 bis 13:00 Uhr

Rogg Allgäu Spezialitäten GmbH
Kemptener Straße 11B
D-87490 Haldenwang
Tel. +49 (0)8304 50 11
info@rogg-spezialitaeten.de
www.rogg-spezialitaeten.de

Natürliche und gesunde Lebensmittel

Hofprodukte Hagspihl

Regionale Lebensmittel aus artgerechter Tierhaltung sollten es sein – aus dieser Idee heraus wurde der bäuerliche Familienbetrieb Hagspihl 2018 gegründet. Ein Konzept das aufgeht, denn Lebensmittel herzustellen, deren Produktion nachvollziehbar ist und die im Einklang mit der Natur stattfindet, überzeugt heute den Verbraucher.
So versorgen die Hofprodukte Hagspihl am Hof in Maria-Thann an einem 24-Stunden-Regiomat die Verbraucher mit regionalen Allgäuer Produkten. Frische Eier, die von glücklichen Hühnern in mobiler Freilandhaltung stammen, sowie eigene Hofnudeln in verschiedenen Formen und fertige Hühnersuppe im Glas, werden hier angeboten.
Darüber hinaus beliefert die Familie Hagspihl auch die Dorfläden in der Region mit den natürlichen und gesunden Lebensmitteln.

Hagspihl Hofprodukte
Familie Simon & Anita Hagspihl
Maria-Thann 8
D-88145 Hergatz
info@hofprodukte-allgaeu.de
www.hofprodukte-allgaeu.de

Bio-Köstlichkeiten aus dem besten Bio-Fachgeschäft Deutschlands

Berghofer Biostadl

Im Berghofer Biostadl in Halblech kommen Genießer voll auf ihre Kosten. Dieser wunderbare Bioladen präsentiert die kulinarische Vielfalt der gesamten Region auf einzigartige Weise. Die Betreiber wählen ihre Produkte bewusst von Erzeugern aus der Umgebung, um die heimischen Betriebe bestmöglich zu unterstützen. Dabei legen sie besonderen Wert darauf, ihren hohen Qualitätsanspruch für ihre Kunden jederzeit voll zu erfüllen. Der persönliche Kontakt zu den meisten Lieferanten spielt dabei eine wichtige Rolle.

Das umfangreiche Sortiment umfasst neben täglich frischem Obst, Gemüse und Backwaren auch Milchprodukte, Fleisch- und Wurstwaren, ausgesuchte Weine, Hildegard von Bingen Produkte und viele andere Waren. Der gesamte Laden besticht durch seine helle und freundliche Atmosphäre. Die kompetente und besonders freundliche Beratung durch fachkundige Team rundet das Gesamtkonzept gekonnt ab. Im Berghofer Biostadl wird nicht nur eingekauft. Hier wird nach Herzenslust probiert, geplaudert und genossen. Denn der Laden umfasst auch ein urig-gemütliches Café, in dem frisch gebackene Köstlichkeiten und leckere Getränke serviert werden. Bei schönem Wetter lädt der Garten zum genüsslichen Verweilen ein.

Zu dem umfangreichen Angebot des Berghofer Biostadls gehört auch ein toller Geschenkeservice. Die liebevoll zusammengestellten Geschenkkörbe

sind das ideale Präsent zu den unterschiedlichsten Anlässen. Außerdem erhalten Radfahrer, Wanderer und Biker leckere Proviantpakete für unterwegs oder können eine deftige Brotzeit direkt vor Ort genießen. Vorbestellungen werden gern angenommen. Der Cateringservice rundet die breite Angebotspalette wunderbar ab. Ein Lieferservice für Kunden aus der Region ergänzt das Konzept des Bioladens.

Wer ein paar kreative Rezeptideen sucht, wird im Berghofer Biostadl ebenfalls fündig. Die freundlichen Mitarbeiter beraten gern dazu und unterstützen ihre Kunden auch bei Allergien und Unverträglichkeiten. Sogar Ausflugstipps für die nähere Umgebung hält das Personal für Gäste der Region bereit.

Im Februar 2019 wurde das gelungene Konzept des Berghofer Biostadls mit einer besonderen Auszeichnung gewürdigt. Die Zeitschrift Schrot & Korn ernannte den Bioladen zum besten Bio-Fachgeschäft Deutschlands.

Berghofer Biostadl

Illasbergstr. 13
D-87642 Halblech
Tel. +49 (0)8368-91 36 05
Fax +49 (0)08368-43 29 74
info@berghofer-biostadl.de
www.berghofer-biostadl.de

Die kleine, aber feine Suppenmanufaktur aus dem Allgäu

Brüox

Seit der Gründung im Jahr 1932 stellt die Suppenmanufaktur Brüox in Kempten hochwertige Suppen und Soßen her. Diverse Gewürzmischungen, Fruchtsirupe und selbstgemahlenes Kakaopulver runden das Sortiment ab. Die Produkte werden europaweit vertrieben.

Wie vom Gründer Heinz Hornung festgelegt, werden nur erlesene und ausgesuchte Rohstoffe verwendet, um erstklassige Qualität zu erreichen. Es werden keine Konservierungsstoffe und auch keine Farbstoffe verwendet. Als einer der ersten Hersteller von „Hildegard-von-Bingen-Suppen" hat sich die Suppenmanufaktur mit deren Lehre der gesunden Ernährung von Kräutern auseinandergesetzt. Diese Klosterschwester befasste sich bereits im 12. Jahrhundert mit der Heilwirkung von Kräutern. Die „Hildegard-von-Bingen-Produkte" zeichnen sich durch einen hohen Kräuter- und Gemüseanteil aus. Ferner sind sie, wie die Lehre der Hildegard von Bingen besagt, ohne Lauch, ohne Hefe, ohne Zucker, ohne Geschmacksverstärker.

Aber auch die Rezepturen, die noch aus der Gründerzeit 1932 bestehen, wie die pastösen Artikel sind nahezu unverändert.

Das Lieferprogramm umfasst pastöse Produkte (Rindfleisch-Huhn-Bratensaft), gekörnte Produkte (Hildegard-von-Bingen-Suppen, verschiedene Gemüsebrühen, Bratensäfte, diverse Cremesuppen), Gewürzmischungen wie das Grillgewürz Arosto, Gourmet, Allgäuer Salatgewürz.

Des Weiteren gehören noch zum Programm diverse Fruchtsirupe zur Getränke- und Dessertzubereitung ebenso wie eine breite Kräuterpalette in verschiedenen Gebinden und Größen, sowie ein echter Bienenhonig aus den Allgäuern Wäldern.
Die Produkte der Firma Brüox sind in diversen Geschäften sowie im Online Shop unter **www.brüox.de** erhältlich.

Brüox GmbH & Co. KG
Schmid-von-Leubas-Str. 32
D-87437 Kempten
Tel. +49 (0)831-73629
Fax +49 (0)831-72512
info@brueox.de
www.brueox.de

Die Nr. 1 für Einrichtungsideen im Allgäu

Landmücke

Wer seinem Zuhause oder dem Garten mal etwas Ausgefallenes und Individuelles gönnen will, ist bei Landmücke in Maria Steinbach genau richtig. Eine große Auswahl an Geschenkideen, Deko-Artikeln und Raritäten findet man seit 2015 vor Ort, im Online-Handel sogar schon seit 2009. Auf 250 qm Ausstellungsfläche gibt es mehr als 2.500 Artikel mit individueller Note hat Landmücke im Sortiment. Da ist von Türglocken und Wandbildern, über Wandschmuck bis zu robusten Zier- und Beistelltischen alles dabei. Viele Produkte sind so konzipiert, dass sie jedem Wetter standhalten und nicht nur den Wohnraum, sondern auch den Garten schmücken. Ein Geschenk für Groß und Klein findet sich immer bei Landmücke. Vor allem in der Advents- und Weihnachtszeit bleiben bei Tischdekoration und Christbaumschmuck keine Wünsche offen. Aber egal für welchen Anlass: Fensterdekoration, Standfiguren, Wandbilder und ähnlich liebevoll gestaltete Objekte machen als Geschenk Freude. Kleine Freuden im Alltag, die nur wenige Euro kosten sind auch dabei, wie Schlüsselanhänger, Spardosen und Dekokugeln.

Das Spielzeug, welches Kinder in Maria Steinbach finden, gibt es in dieser Auswahl sicher kein zweites Mal.

Der Schwerpunkt bei Landmücke liegt bei Metall- und Steinbaukästen, welche die Kreativität und Fantasie der Kinder beflügeln. Ganz nebenbei werden dabei auch die motorischen Fähigkeiten der Mädchen und Jungen trainiert. Für Sammler gibt es seltene Figuren und Dekorationen, die mit der Zeit sogar im Wert steigen können.

Die Zufriedenheit der Kunden ist bei Landmücke der größte Antrieb. Deswegen gehört zur persönlichen Beratung vor Ort auch die Beratung am Telefon zum Service. So findet jeder für Haus oder Garten sein ganz persönliches Schmuckstück.

Landmücke

Joachim Prestele
Mückental 10
D-87764 Maria Steinbach
Tel. +49 (0)1 51-46 46 42 23
prestele@landmuecke.eu
www.landmuecke.eu

Öffnungszeiten

Montag bis Freitag,
9 bis 12 und 14 bis 18 Uhr,
Dienstag geschlossen,
Samstag 9 bis 13 Uhr,
Sonntag geschlossen.

Alles Gute aus dem Allgäu

GEFRO

Mit viel Liebe und Herzblut entwickelt die kleine Allgäuer Familienmanufaktur bereits seit über 95 Jahren, in der dritten Generation, ihre feinen GEFRO Spezialitäten aus allerbesten natürlichen und ausgewählten Zutaten – klassisch, in BIO Qualität oder stoffwechseloptimiert.
GEFRO setzte schon früh auf cholesterinfreie und gesunde Reformprodukte, die durch Direktversand besonders preisgünstig angeboten werden können. Mit einem bundesweiten Bekanntheitsgrad von knapp 50 Prozent ist GEFRO heute Marktführer im Versandhandel für den Bereich Suppen, Soßen und Würzen.

Ganz besonders beliebt ist der Top-Seller GEFRO Klare Suppe & Universalgewürz und die leckere dunkle Soße zu Braten.
Nicht nur Kinder lieben die vegetarische Sauce Bolognese sowie die Bio Würzmischung Bella Italia oder die Salatwürzen, die aus Speisen im Handumdrehen ein kulinarisches Highlight machen. Wer jetzt neugierig geworden ist und GEFRO noch nicht kennt, fordert jetzt am Besten gleich genau diese Produkte, gratis und unverbindlich, in einem persönlichen Probierpaket an unter:
www.gefro.de/service/kennenlernaktion/

Das von Thilo Frommlet geführte Traditionsunternehmen trägt Verantwortung für rund 200 Mitarbeiter und zeichnet sich durch Menschlichkeit, Nachhaltigkeit und Bodenständigkeit aus. GEFRO – Qualität und Kundenservice werden hier groß geschrieben!

GEFRO KG
Rudolf-Diesel-Straße 21
D-87700 Memmingen
Tel. +49 (0)83 31-95 95-0
Fax +49 (0)83 31-95 95-17
info@gefro.de
www.gefro.de

Wochenmarktflair in Bad Wörishofen

Bio Oase

Grün-weiß gestreifte Markisen über großen Fensterfronten weisen den Weg in eine sehenswerte und lebendige Oase inmitten der Kneippstadt. Eine große, hölzerne Flügeltür steht offen und man betritt durch dahinterliegende Glasschiebetüren den Eingang- und Bistro-Bereich. Kuppelartig erstreckt sich die Holzdachkonstruktion über dem Besucher der außergewöhnlichen Architektur.

Heimelig, mit viel Holz, präsentieren sich die Räumlichkeiten mit dem etwa 80 Quadratmeter großen Bistro-Bereich sowie der knapp 400 Quadratmeter großen Verkaufsfläche mit dem Bio-Vollsortiment.

Eine freundliche Atmosphäre, in der man sich gerne aufhält, wird von der Inhaberin der Bio Oase, Margot Reithmayer und ihrem Team geprägt. Deren Vision liegt nicht allein im Ladengeschäft, sondern mit dem Konzept der Bio Oase möchte sie einen Ort der Begegnung und Kommunikation schaffen. Das erklärt auch das umfangreiche und abwechslungsreiche Programm, das in dem Bad Wörishofener Bioladen geboten wird: Von Yoga über Qi Gong, Gesangsgruppen oder Projekte zum "Enkeltauglichen Leben im Allgäu" werden veranstaltet, ein weiteres Highlight des Geschäftes, das erst auf den zweiten Blick sichtbar wird. Über den Köpfen der Besucher ist eine umlaufende Galerie eingerichtet, die für diese Veranstaltungen genutzt wird.

Die Bio Oase wurde im Mai 2017 eröffnet. Neben dem biologischen und ökologischen Vollsortiment findet sich ein Bistro, das zum Entspannen und Ausruhen einlädt. Täglich frisches Brot, ein üppiges Käse- und Wurstsortiment mit Antipasti, lässt Feinschmeckerherzen höher schlagen und lädt zum Probieren und Genießen ein.

Erntefrisches Obst und Gemüse wird täglich neu geliefert, unter anderem vom Allgäuer Grasser Hof – regional ist hier erste Wahl.

Täglich wechselnder Mittagstisch

Das Angebot umfasst außergewöhnliche Weltenbummler-Rezepte aber auch regionale Klassiker, so kann man an einem Tag japanische Misosuppe und hausgemachte Dinkel-Käsespätzle auf der Tageskarte finden. Immer Bio, täglich frisch, oft vegan und seit Neuestem einmal pro Woche Fleisch – gekocht mit Liebe von einem begeisterten Team.
Am Nachmittag lädt bei schönem Wetter die Sonnenterrasse zu einem Kaffee mit einem feinen Stückchen Kuchen ein. Im Außenbereich der Bio Oase gibt es nicht nur die notwendigen eigenen Parkplätze sondern auch Hochbeete, Obstbäume und Beerenbüsche – eine eigene kleine Blüh- und Naschhecke inmitten des Kneippbades.

Öffnungszeiten:

Mo.-F.r: 9 – 18.30 Uhr Sa.: 9 –14 Uhr.

Bio Oase

Ladnerin Margot Reithmayer
Fidel-Kreuzer-Str. 13
D-86825 Bad Wörishofen
Tel. +49 (0)8247 99 24 714
www.biooase.wordpress.com

Gemütliches Laden-Café mit umfangreichem Angebot

Bio?Logisch

Hochwertige Lebensmittel aus biologischem Anbau bietet Bio?Logisch, das Laden-Café in Sonthofen, seinen Kunden. In dem liebevoll eingerichteten Laden steht ein umfangreiches Angebot unterschiedlichster Produktkategorien zur Verfügung. Wer gesunde Abwechslung auf seinen Speiseplan bringen möchte, findet hier interessante Alternativen zu vielen Produkten.
Wer erstmals den Laden betritt, spürt die Philosophie der Inhaberin sofort. Sie hat es sich zur Aufgabe gemacht, gesunde Lebensweise im Sinne der Umwelt zu fördern und zu unterstützen. Die breite Produktpalette in ihrem Laden zeigt deutlich, wie viele Waren des täglichen Gebrauchs biologisch nachhaltig hergestellt werden können. Dadurch wird es leicht gemacht, bewusst auf diese Produkte umzusteigen. Zum biologischen Angebot gehören beispielsweise Obst und Gemüse, Getreideprodukte, Getränke, Nahrungsergänzungsmittel, Backzutaten, Gewürze, Milchprodukte, Naturkosmetik, Waschmittel und andere Drogerieprodukte.
Neben einer kompetenten Beratung finden die Kunden bei Bio?Logisch auch ein gemütliches Plätzchen, um sich mit Gleichgesinnten auszutauschen und bei Tee oder Kaffee und

hausgemachtem Kuchen über Gott und die Welt zu plaudern. Als ganz besonderes Highlight bietet die Inhaberin mittwochs einen wechselnden Mittagstisch mit veganen und vegetarischen Gerichten an. Hier kommt jeder auf seine Kosten. Und vielleicht ist auch die eine oder andere Idee dabei, die zu Hause nachgekocht werden kann.
Um ihren Kunden generell auch das gesunde Kochen zu Hause zu erleichtern, stellt Inhaberin Sabrina Alt sogar eigene Rezeptideen zur Verfügung.
Wer Überraschungen mag, liegt mit der Biokiste goldrichtig. Diese wird jeden Donnerstag mit frischem Obst und Gemüse und einigen anderen Produkten gefüllt und kann dann im Laden-Café abgeholt werden.
Je nach Bedarf gibt es eine kleine, eine mittlere und eine große Kiste zur Auswahl. So wird es nie langweilig in der Küche, denn der Überraschungseffekt ist zumindest donnerstags mit der Biokiste gegeben.
Bei Bio?Logisch erhalten die Kunden ein praktisches Rundum-Angebot. Einkauf in angenehmer Atmosphäre mit freundlicher Beratung, kurze, gesunde Auszeit bei Tee oder Kaffee und Kuchen oder bei einer leckeren Mahlzeit – so macht gesunde Lebensweise Spaß.

Bio?Logisch

Sabrina Alt
Berghofer Straße 2b
D-87527 Sonthofen
Tel. +49 (0)83 21-6 07 88 22
info@meinbiologischladen.de
www.meinbiologischladen.de

Traditioneller Familienbetrieb liefert aufregende Genüsse aus dem Oberallgäu

Der Puntzelhof

Im wunderschönen Oberallgäu befindet sich ein ganz besonderer Familienbetrieb, dessen Erfolgskonzept auf einer Mischung aus Tradition und Moderne basiert. Hier wird mit großer Leidenschaft im Einklang mit der Natur gelebt und gearbeitet. Dabei entstehen leckere Produkte, die die Herzen eines jeden Genießers höher schlagen lassen. Diese werden im urigen Hofladen und im modernen Online-Shop angeboten.

Traditionelle Rezepte bilden die Basis für die Herstellung der Lebensmittel. Interessante geschmackliche Kombi-

nationen ergänzen diese und lassen jedes einzelne Produkt zu einem außergewöhnlichen Genusserlebnis werden. Bei der Auswahl der Zutaten gehen die Mitarbeiter vom Puntzelhof besonders sorgfältig vor. Sie nutzen die Ernte aus dem hofeigenen Bauerngarten und den zugehörigen Wiesen. Was nicht selbst produziert werden kann, wird möglichst regional bezogen. Die Herstellung selbst erfolgt mit großer Hingabe in liebevoller Hand-

arbeit. Dadurch ist eine gleichbleibend hohe Qualität aller angebotenen Produkte jederzeit gewährleistet. Neben verschiedenen Honig- und Marmeladensorten, Sirup- und Senf-Spezialitäten, Likören, Schnäpsen und anderen Leckereien haben sich Molkeprodukte zu einem echten Verkaufsschlager entwickelt. Diese sind besonders beliebt, weil sie sowohl von innen als auch von außen für körperliches Wohlbefinden sorgen. Ein Gläschen Molke stärkt Haare, Nägel und Darmflora, während ein entspannendes Molkebad zu einem absoluten Wellnesserlebnis wird. Es versorgt die Haut mit wichtigen Nährstoffen und gibt ihr einen natürlichen Schutz vor schädlichen Umwelteinflüssen.

Bei der Herstellung der Molkeprodukte setzt der Familienbetrieb eben-

falls auf beste Zutaten und auf Molke von heimischen Kühen. So entstehen Molkebäder verschiedenster Duftrichtungen, die sich durch eine hohe Qualität auszeichnen. Auch als Geschenkidee sind sie ein echter Geheimtipp.
Wer sich in der Nähe von Martinszell befindet, sollte es sich nicht nehmen lassen, den Puntzelhof zu besuchen und im urigen Hofladen einzukaufen. Aber dank des modernen Online-Shops sind auch größere Entfernungen kein Problem. Liebevoll, nachhaltig und umweltfreundlich verpackt werden die Spezialitäten direkt nach Hause geliefert.

Puntzelhof

Greuth 6, D-87448 Waltenhofen
Tel. +49 (0)83 79-6 39
Fax +49 (0)83 79-77 01
info@puntzelhof.de
www.puntzelhof.de

Mit Bienenwachs gegen Plastikwahnsinn

Wabenwerk Naturfolien in Kaufbeuren

Das Produkt ist schon lange bekannt, doch die Idee, es in unsere heutige Zeit zu übertragen und damit einen Beitrag zur Abschaffung unnützer Plastikverpackungen zu leisten, ist neu. Und schlägt Wellen, denn die Beliebtheit der Naturfolien nimmt rapide zu, weil mittlerweile Plastikvermeidung zum Main-Stream-Thema geworden ist – Gott sei Dank. Angefangen hatte alles mit einer Geschenkidee – der Bienenwachsfolie, dem Allrounder aus Oma´s Küche. Schnell merkten Kristina Immerz und Sandra Palazzolo, dass die selbstgemachten Bienenwachstücher als Geschenke begehrt sind und hatten ihre Passion gefunden. Nach vielen Versuchen, während derer die perfekte Kombination für die Bienenwachszubereitung herausgefunden wurde, waren die Tücher genauso, wie sie sein sollten – griffig, haftend, gut als Folie zu verwenden, abwaschbar und schön anzuschauen. Als Grundlage dienen bunte, ökologisch hergestellte Baumwolltücher mit ganz unterschiedlichen Designs, die dann mit eben jener erhitzten Masse aus Bie-

nenwachs, Jojobaöl, Propolis und Kiefernharz eingelassen werden. Sind die Tücher trocken, sind sie auch schon gebrauchsfertig, werden in Form geschnitten und liebevoll von Hand verpackt. Natürlich wird auch dabei auf Umweltfreundlichkeit und Nachhaltigkeit geachtet. Denn dies sind neben der Freude, eine schöne und noch dazu überaus nützliche Sache zu produzieren, die Triebfedern für die Wabenwerkerinnen. Einen Beitrag leisten, die Welt ein Stückchen besser machen. Und das ist definitiv gelungen, denn die Tücher sind ökologisch, wiederverwendbar, auf natürliche Weise desinfizierend und lassen sich sogar im Backofen wieder aufbereiten.
Außerdem strahlen sie den unwiderstehlichen Charme einer guten, werthaltigen Tradition aus. Wenn dann noch viele Lebensmittel wie Gemüse, Brot, Käse oder auch Salat damit länger frisch bleiben und auch ein Kuchenmitbringsel mit der Folie abgedeckt werden kann, dann passt dieser althergebrachte Küchenhelfer auch in die modernste Küche.

Wabenwerk Naturfolien
Josefsthaler Straße 5
D-87600 Kaufbeuren
+49 (0)1 70-8 25 02 75
wabenwerk-naturfolien@web.de
www. wabenwerk-naturfolien.de

Aus Liebe zum Allgäu und zur Natur

Allgäuerin

Inmitten von Isny kommen Genießer gesunder vollwertiger und nachhaltiger Nahrung auf ihre Kosten. Dieser wunderbare Bioladen präsentiert die kulinarische Vielfalt der gesamten Region auf einzigartige Weise. Hier spiegelt der Geschäftsnamen dessen Philosophie wider, da man vorwiegend Produkte von Erzeugern aus der Region bezieht, die den höchsten Qualitätsansprüchen gerecht werden.

Freundlich empfängt den Kunden das Ambiente des Ladens, in dem er fachkundig beraten wird. Das umfangreiche Sortiment umfasst neben täglich frischem Obst und Gemüse auch Milchprodukte und Käse sowie feine Backwaren. Außerdem wird das Angebot von Tee- und Kaffeespezialitäten sowie Schokoladen aus regionaler Produktion abgerundet.

Beim Obst und Gemüse vertrauen die Betreiber auf Bio-Bauern aus der näheren Umgebung und die Ware, die aus fernen Ländern stammt, kommt von Großhändlern, die sich auf biologisch erzeugte Produkte spezialisiert haben. Käseliebhaber finden ein reichhaltiges Angebot an Rohmilchkäse und pasteurisierten Käsesorten sowie laktosefreiem Käse aus der Umgebung. Mit den verschiedensten Gewürzen werden die Schaf- und Ziegenkäse hergestellt, die ein besonderer Leckerbissen für Feinschmecker sind.

Über viele Jahre war die Inhaberin, Daniela Fischbeck, mit der Herstellung von Joghurt, Butter und Käse beschäftigt, bevor die Fachfrau 2016 ihren Bioladen in Isny eröffnete. Sie und ihre Mitarbeiter wissen, wovon sie sprechen, wenn sie den Kunden das Biovollsortiment

und die Naturkost erklären, das von einem Angebot an Geschenkartikeln aus Naturmaterialien sowie naturnaher Kosmetik vervollständigt wird.
Im angrenzenden kleinen Cafe können sich die Besucher mit Biokuchen und kleinen Snacks verwöhnen lassen.

Allgäuerin
Daniela Fischbeck
Wassertorstr. 47, D-88316 Isny
Tel. +49 (0)7562-9 38 99 22
Fax +49 (0)7562-9 38 99 23
info@allgaeuerin-bioladen.de
www.allgaeuerin-bioladen.de

Öffnungszeigen

Der Bioladen in Isny ist tägl. 8.30 bis 18 Uhr und Samstag 8.30 bis 13 Uhr geöffnet.

Natürlich, nah und nachhaltig

Biotop-Naturkostmarkt

Im Herzen Sonthofens liegt der inhabergeführte Naturkostmarkt, der seine ernährungsbewussten Kunden und Kundinnen mit biologisch erzeugten Lebensmitteln versorgt. Die frischen Produkte wie Obst und Gemüse werden täglich von den Demeter-Vertragspartnern geliefert und präsentieren sich in einer Atmosphäre, die Appetit macht. Natürlich wird bei den saisonal angebotenen Früchten auf unnötige Verpackungen verzichtet.

Damit schließt sich der Kreis zu einer verbraucherorientierten, alternativen Politik, die den Menschen im Hinblick auf den Umweltschutz immer wichtiger wird. Das Vollsortiment an biologischen Lebensmitteln bietet seinen Kunden alles, was das "Bio-Herz" begehrt und zu einer hochwertigen und gesunden Ernährung beiträgt. Täglich frisch erhält der Biotop-Naturkostmarkt Brot, Brötchen, Süßwaren und Gebäck von der örtlichen Vollwertbäckerei Kornblume. So werden die Verbraucher bereits morgens zum Frühstück mit gesunden und wohlschmeckenden Backwaren versorgt.

In der Käsetheke des Naturkostmarktes in Sonthofen findet sich eine Vielzahl köstlicher Käsespezialitäten die aus den heimischen Sennereien und Milchwerken stammt. Die Allgäuer Natur mit ihren Bergwiesen und saftig grünen Weiden bietet den Milchkühen eine reiche Nahrungsgrundlage. Und dies verleiht der gewonnenen Milch aus der die feinen Allgäuer Käsesorten produziert werden, einen unvergleichlichen Geschmack.

In der Feinkosttheke im Biotop-Naturkostmarkt finden sich Köstlichkeiten und Spezialitäten die aus naturbelassenen und ökologisch einwandfreien Zutaten zubereitet werden. So sind die hausgemachten Feinkostsalate ein Ge-

nuss, den sich der Gourmet nicht entgehen lassen sollte. Für den kleinen Hunger zwischendurch oder zur Mittagszeit bietet das gemütlich eingerichtete Bistro inmitten Sonthofens den geeigneten Platz für eine erholsame Pause. Hier werden die Gäste mit Kaffee, Tee und Erfrischungen ebenso verwöhnt wie mit täglich frisch zubereiteten Salaten und einem warmen Mittagsgericht, die der Genießer mit Genuss und vor allem mit gutem Gewissen verzehren kann.

Biotop-Naturkostmarkt

Alexandra Hertel
Blumenstraße 2
D-87527 Sonthofen
Tel. +49 (0)8321 67 78 91
info@biotop-naturkostmarkt.de
www.biotop-naturkostmarkt.de

Alles rund um Küche und Grill

Rösle in Marktoberdorf

Bereits 1888 wurde das Familienunternehmen in Marktoberdorf gegründet. Doch schon im Jahr 1903 spezialisierte man sich auf die Herstellung von Küchenwerkzeugen und Kochgeschirr. Hobby- und Profiköche aus aller Welt schätzen die Produkte des Hauses, stimmen doch bei ihnen Funktionalität, Design und Qualität bis ins kleinste Detail. Zahlreiche internationale Designpreise und Auszeichnungen wie der Designpreis der Bundesrepublik Deutschland und der Stahlinnovationspreis sind für das Unternehmen Ansporn für den besonderen Qualitätsanspruch. Rösle ist in 40 Ländern der Welt vertreten und hat eine eigene Vertriebsgesellschaft in den USA.

Kochen auf Spitzenniveau

Die Rösle Küchenwelt bietet Produkte rund um das Kochen: Vom Kochgeschirr aus Edelstahl, Kupfertöpfen und Eisenpfannen bis zu professionellen Gastronomieartikeln findet sich alles, was die Arbeit in der Küche rationalisiert und angenehm macht und zahlreiche funktionelle Küchenhelfer versprechen Kochvergnügen mit Niveau.

Seit einigen Jahren folgt man dem Trend des Barbeque und hat echte Genuss-Stationen im Programm. Vom Holzkohlegrill bis zur BBQ-Gasgrillstation reicht das Sortiment, das von reichlich Grill-Zubehör begleitet wird.

Küchenwelt zum Anfassen

Im Rösle Shop Allgäu finden sich fast alle Produkte des Unternehmens. Hier kann man schauen, anfassen und sich mit Trends und Informationen rund um die moderne Küche versorgen. Neben vergünstigten Preisen für das Sortiment präsentieren sich hier auch zahlreiche Schnäppchen und Aktionsartikel.

Öffnungszeiten

Der Shop ist von Montag bis Freitag von 10 bis 18 Uhr und am Samstag von 10 bis 14 Uhr geöffnet. Informationen und Inspirationen erhalten Interessierte über den Rösle-Newsletter, der unter www.roesle.com abonniert werden kann.

RÖSLE GmbH & Co. KG

Johann-Georg-Fendt-Straße 38
D-87616 Marktoberdorf
Tel.: +49 (0)8342 9120
Fax +49 (0)8342 912-190
info@roesle.de
www.roesle.com

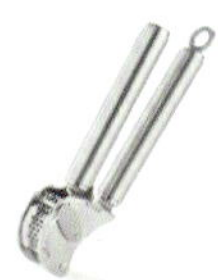

Seit 1955 in Oberstdorf

Spezialitäten Heinze

Wer im schönen Oberstdorf Urlaub macht, der kommt nicht vorbei am zentral gelegenen Spezialitätengeschäft Heinze.

Seit über 5 Jahrzehnten werden hier kulinarische Geschenkartikel vom Feinsten angeboten. Das reichhaltige Sortiment hochwertiger Genüsse aus der Region bietet für jeden etwas Passendes: leckere Schokoladenfrüchte, Tees verschiedener Geschmacksrichtungen, Konfitüren oder Allgäuer Honig. Verwendet werden nur beste, regionale Zutaten und das schmeckt man auch. Besonderes Augenmerk liegt auf den hochwertigen Spirituosen, die aus nationalen und internationalen Traditionsunternehmen stammen und mit Vielfalt und Qualität überzeugen. Die Auswahl ist groß und reicht von edlen Obstbränden wie Williams, Himbeere und Marille über Gin, Whisky oder Grappa hin zu verschiedenen Likören wie beispielsweise dem beliebten Bergkräuter. Die oft gestellte Frage nach einem Mitbringsel für die Daheimgebliebenen dürfte damit ganz leicht beantwortet sein.

Spezialitäten Heinze
Christine Lanig
Hauptstr. 3, D-87561 Oberstdorf
Tel. +49 (0)83 22-26 37
Fax +49 (0)83 22-9 50 62
info@oberstdorfer-spezialitaeten.de
www.oberstdorfer-spezialitaeten.de

Tempeh als vollwertige Alternative – vegan, proteinreich, von Hand gemacht

Tempehmanufaktur – Schnappinger GmbH

Immer mehr Menschen suchen gerade im Bereich Ernährung nach neuen Wegen. Wege sind gefragt, die nachhaltig sind, vegetarische oder vegane Alternativen zum herkömmlichen fleischlastigen Essen bieten und mit denen man der eigenen Gesundheit und der Ökobilanz etwas Gutes tun kann.

Beste Bio-Zutaten, schonende Zubereitung, leckere Varianten

Anders als Tofu, das aus geronnener Sojamilch entsteht, wird Tempeh aus ganzen Hülsenfrüchten hergestellt. In der Tempehmanufaktur werden dafür biologisch angebaute Sojabohnen, Lupinen oder schwarze Bohnen veredelt. Die traditionelle Fermentation erfolgt mit Hilfe eines bestimmten Edelschimmelpilzes und kommt ursprünglich aus dem asiatischen Raum.
Sämtliche Grundstoffe werden mit allergrößter Sorgfalt ausgewählt, kommen überwiegend von deutschen Bio-Erzeugern und sind selbstverständlich frei von Gentechnik.

Das Endergebnis der aufwendigen Handarbeit ist ein Proteinpaket, das nur so strotzt vor Vitaminen, Mineralstoffen, Antioxidantien und Ballaststoffen. Von "mediterran" über "Gyros", "Curry" oder "Gemüsegarten" mit frischen Kräutern und Gemüsestückchen verfeinert, ist für jeden Geschmack das Passende dabei. Die über 20 Jahre Erfahrung mit der Tempeh-Herstellung, die das findige Paar der Schnappinger GmbH mitbringt, machen sich bemerkbar.
Die Produkte können im Bio-Laden erworben oder direkt im Online-Shop bestellt werden.

Tempehmanufaktur – Schnappinger GmbH

Produktion: 87534 Obergünzburg
Tel. +49 (0)83 72-4 49 01 45
info@tempehmanufaktur.net
www.tempehmanufaktur.net
www.tempeh-shop.de

Die Holderhex vom Schwarzenberg

Holunder ist ihre Passion

Katharina Liebenstein hat ihre Leidenschaft zum Beruf gemacht. Sie liebt den Holunder und stellt mit Hingabe und viel Kreativität verschiedene Produkte aus den Blüten und Beeren her. Selbstverständlich versteht sie ihr Handwerk. Die junge Frau hat mit ihrer Ausbildung zur Gärtnerin und dem späteren Gartenbaustudium den Grundstein für den Erfolg ihrer Holunderplantage gelegt. Schon in ihrer Diplomarbeit stand der Holunder im Mittelpunkt, sodass es nur noch eine Frage der Zeit war, wann der Startschuss in die Selbstständigkeit erfolgen würde.

Seit 2003 baut Katharina Liebenstein auf einer Plantage Holunder an und stellt zahlreiche Holunderprodukte her. Damit hat sie sich einen Traum erfüllt, den sie mit absoluter Hingabe lebt. Die Pflege der Holunderbäume betreibt sie mit Herzblut und wird dafür mit einer üppigen Ernte belohnt. In ihren Produkten finden sich tradi-

tionelle Rezepte aus dem Allgäu wieder. Katharina Liebenstein hat diese von den Landfrauen der Umgebung gesammelt. Dank ihrer großen Kreativität und der Freude am Ausprobieren und Experimentieren sind im Laufe der Zeit großartige Spezialitäten entstanden, die das Genießerherz höher schlagen lassen. In den letzten Jahren haben sich noch zahlreiche Produkte aus Rosenblüten dazu gesellt. Für diese hegt Katharina Liebenstein eine Fülle von Rosenstöcke besonders gut duftender Sorten in ihren bunten Bauerngarten. Während des Sommers erntet sie jeden Morgen die neuen Blüten und verarbeitet sie zu erlesenen Spezialitäten.

Wer die leckeren Holunder- und Rosenprodukte von der Holderhex vom Schwarzenberg einmal probieren möchte, findet sie jeden Dienstag von 17 bis 19 Uhr in ihrer „Holderküche" in Schwarzenberg, auf dem Wochenmarkt in Görisried und in zahlreichen Käseläden. Auch auf den regionalen Spezialitätenmärkten ist Katharina Liebenstein mit ihren Holunderköstlichkeiten gern präsent. Wer jedoch keine Gelegenheit hat, persönlich vorbeizuschauen, kann sich telefonisch über die Versandmöglichkeiten informieren. Die Holunderprodukte sind auch eine ganz besondere Geschenkidee. Sie versprechen dem Gaumen einen wunderbaren, nicht alltäglichen, kulinarischen Genuss. Ob als Sirup, Likör, Gelee oder in herzhafter Variation als Essig, Senf oder. Pesto – Holunder- und Rosenspezialitäten sind eine echte Bereicherung für viele Gerichte.

Holderhex

Katharina Liebenstein
Unterschwarzenberg 14
D-87466 Oy-Mittelberg
Tel. +49 (0)8366 98 49 20
garten@holderhex.de
www.holderhex.de

78
80
80
80
80

Kulinarische Erlebnisse

Auf dem Weg zum eigenen Käse

Käseschule Allgäu

Wer auf einem Kreuzfahrtschiff den Passagieren das Käserhandwerk näher bringt, der muss schon ein Könner auf seinem Gebiet sein. Die Erlebniskäserei, die inmitten des Allgäus beheimatet ist, konnte schon so manchen Prominenten und bekannte Unternehmen in die Kunst des Käsens einführen.
Die Produktion des Käses wird hier als Handwerk gesehen, das man mit viel Freude und Unterhaltung erlernen kann. Schließlich gibt es für den Käsegourmet nichts Schöneres, als bei der Entstehung seiner Gaumenfreude selbst Hand anzulegen.

So machen die Teilnehmer der Käseschule im Dorfhaus in Thalkirchdorf unter der fachkundigen Anleitung des Käsermeisters Georg Gründl in einem kleinen Kuperkessel ihren eigenen kleinen Weichkäse.

Viel Wissenswertes rund um den Käse

Aus drei Liter Milch gewinnen sie in zweieinhalb Stunden etwa 350 Gram Weichkäse. Dabei lernt man viel Wissenswertes rund um den Käse und seinen Genuss. Die Wartezeit bis das eigene Kunstwerk gekostet oder den Lieben daheim

als Beweis der Könnerschaft mitgenommen werden kann, überbrückt man mit einer geselligen Käseverkostung und einem Schnapserl. Stolz präsentieren die Teilnehmer nach Abschluß der Veranstaltung die Urkunde, die sie als Käsekönner auszeichnet.
Beim ca. 7-stündigen Spezial-Käseerlebnis-Seminar für echte Käsefans und Hobbykäser, können die Teilnehmer zusätzlich ihren eigenen Schnittkäse herstellen.

Schaukäsen im Allgäu
Ein besonderes Gruppenerlebnis für 20 bis 45 Personen bietet das mobile Schaukäsen. Ob auf einer Berghütte, im Hotel, am See oder direkt bei den Teilnehmern zu Hause, führen die Käsermeister in die Kunst des Käsens ein. Unter fachkundiger Anleitung stellt man den Käse her, ganz so, wie es im Allgäu schon seit Generationen gemacht wird. Die "Käsertaufe" mit einem Schnapserl ist der Höhepunkt der Veranstaltung.

Käseschule Allgäu
Kirchdorfer Str. 7
D-87534 Oberstaufen-Thalkirchdorf
Anfragen unter E-Mail:
info@kaeseschule.de
www.kaeseschule.de

Das Geheimnis feiner Käsespezialitäten

Schönegger Käsealm

Aus kleinen Anfängen heraus entstand seit 1988 ein Unternehmen der Käsekultur, das seinesgleichen sucht. Sepp Krönauer, Käsermeister und Inhaber der Schönegger Käsealm, begann bereits damals auf seinem Hof mit dem Verkauf von Heumilchprodukten. Zunächst von Kollegen belächelt, gab ihm der Erfolg bald recht: Kunden kamen aus Nah und Fern, um sich in seinem Hofladen von den Käsespezialitäten verwöhnen zu lassen. Heute finden die Käseliebhaber von Ulm bis München und von Oberstdorf bis nach Garmisch-Partenkirchen Feinschmeckerläden der Schönegger Käsealm.

Das Geheimnis liegt in der Heumilch

Rund 500 Milchbauern im Einzugsgebiet zwischen dem Pfaffenwinkel und dem Allgäu und von Tirol bis zum Bregenzerwald, beliefern täglich die Schönegger Käsealm mit frischer Heumilch. Das Alpenvorland mit seinen saftig grünen Wiesen liefert das Futter für die Milchkühe. Unbelastetes Gras, Bergkräuter/-blumen und das bergfrische Quellwasser, das den Kühen zur Verfügung steht, ist rein und klar. Dass daraus eine Milch resultiert, die gesund und schmackhaft ist, versteht sich von selbst. Die Milchbauern verzichten bewusst auf genmanipulierte Zusätze und Silage. Während der Wintermonate, wenn die Kühe im Stall stehen, erhalten sie nur das Heu, das während des Sommers auf den Bergwiesen geerntet und getrocknet wurde, zusammen mit Getreideschrot.

Nur etwa drei Prozent des europäischen Milchaufkommens kommt heute aus der Heumilchproduktion. Da darf man schon behaupten, dass die Käsespezialitäten, die aus dieser Milch gewonnen werden, etwas ganz Besonderes sind.

Neben der geschmacklichen Fülle, die die Köstlichkeiten bieten, ist der gesundheitliche Aspekt bemerkenswert. Heumilchprodukte haben einen doppelt so hohen Wert an Omega-3-Fettsäuren und konjugierten Linolsäuren, also zweifach ungesättigte Fettsäuren, die das Herz- und Kreislaufsystem des Menschen unterstützen und für den Zellaufbau sehr wichtig sind. Da der Körper diese Säuren nicht selber produzieren kann, müssen sie mit der Nahrung aufgenommen werden. Und wenn Gesundheit so lecker schmeckt, wie der Bergkäse, der Emmentaler oder die Schnittkäsespezialitäten der Käsealm, wird gesunde Ernährung zum Vergnügen.

Wertvolle Rohstoffe und Handwerkskunst

Neben der hochwertigen Milch ist auch die herkömmliche Produktion der Käsesorten wichtig, um ein wertvolles Nahrungsmittel herzustellen. In der Schönegger Käsealm besinnen sich die Käsermeister auf die alten Traditionen der Käseherstellung. Unter den Händen der erfahrenen Fachleute und nach alten Rezepturen entstehen kulinarische Produkte, die ohne chemische Zusätze zubereitet und schonend verarbeitet werden.

Regionale Herkunft und Fachkompetenz

Für die Menschen wird der regionale Bezug ihrer Lebensmittel immer wichtiger. Seit nunmehr über 30 Jahren schätzen die Käseliebhaber die fachliche Beratung in den Verkaufsläden, die sie in ihrer Nähe finden. Dort wird geschmeidiger Schnittkäse in den vielfältigsten Geschmacksrichtungen ebenso angeboten wie lange gereifter Hartkäse oder cremiger Weichkäse. Darüber hinaus enthält das Angebot der Schönegger Käsealm Spezialitäten aus Schafs- und Ziegenmilch sowie Bergbauern- und Buttermilch. Joghurt und Butter sowie weitere regionale Spezialitäten runden das kulinarische Sortiment ab. So finden sich in den Regalen der Verkaufsläden

geräucherter Bauernspeck, Wildspezialitäten und Honigköstlichkeiten sowie nach alter Handwerkskunst gebackenes, aromatisches Bauernbrot aus Natursauerteig.

Der Blick hinter die Kulissen

Wahre Genießer möchten in die Geheimnisse ihrer Lebensmittel eingeweiht werden. Auf der Schönegger Käsealm hat man von Mai bis Oktober jeden Donnerstag und im Juli und August jeweils am Dienstag und Donnerstag um 11 Uhr die Gelegenheit, viel Wissenswertes über die Käseherstellung zu erfahren. In einer einstündigen Vorführung stellt ein Käsermeister in einem Kupferkessel und mit historischer Gerätschaft Käse her. So erfahren die Besucher vieles über die Herkunft der Milch, die Herstellung des Käses und dessen Lagerung. Bei der anschließenden Probeverkostung genießen die Besucher die Köstlichkeiten.

Der Pfaffenwinkler Milchweg

Auf einer 4,2 Kilometer langen Wanderung, beginnend auf der Schönegger Käsealm in Schönegg zwischen Wildsteig und der Echelsbacher Brücke, erhalten die Wanderer ebenfalls interessante Einblicke in die Käsekultur. Anhand von 10 Stationen, die auf der Strecke liegen, lernen Groß und Klein unterhaltsam jede Menge über die wertvolle Milch und welch köstlich schmeckende Produkte man daraus herstellen kann.

Schönegger Käsealm

Schönegg 6
D-82401 Rottenbuch/Schönegg
Tel. (0)88 67-4 89
info@schoenegger.com
www.schoenegger.com

Baldauf-Käse – ein himmlisches Stück Allgäu

Gebr. Baldauf GmbH & Co. KG

Bereits seit dem Jahr 1862 hat sich die Familie Baldauf mit Leidenschaft der Herstellung feinster Käseprodukte aus dem Allgäu verschrieben. Gegründet wurde die Firma von Martin Baldauf genau dort, wo heute in 5. Generation die zentrale Niederlassung und der zugehörige Laden "Baldaufs Käs- und Weinkeller" betrieben werden – in Goßholz bei Lindenberg. Über 40.000 Käselaibe der

drei angeschlossenen Sennereien Grünenbach, Hopfen und Gestratz reifen hier in verschiedenen Reifekellern und werden von fachkundiger Hand gehegt und gepflegt. Doch zurück zum Anfang, denn um den hochwertigen, kunstfertig veredelten Baldauf-Käse produzieren zu können, brauchen die Käsermeister zunächst einmal die wertvolle, silagefreie Allgäuer Heumilch, die von ausgewählten umliegenden Bauernhöfen in die Dorfsennereien gebracht wird.

Mit Idealismus, Sachverstand und viel Gefühl

So muss laut Franz Horn, seines Zeichens Goldmedaillengewinner bei verschiedenen Käseprämierungen und bis zu seinem Ruhestand Käsermeister der Baldauf-Sennerei Grünenbach, ein Käse behandelt werden. Denn der Reifeprozess ist ein komplexer Vorgang. Mehrere Wochen bis zu einigen Monaten dauert es, bis ein echter Baldauf-Käse genussreif ist. Das Angebot ist groß und so gibt es für jeden Geschmacksnerv das Richtige. Für manche ist es der natürliche Geschmack eines cremig-vollmundigen Bauernkäses, andere begeistern sich für die veredelte Variante mit Kräutern, Wildblumen, Pfeffer oder Bärlauch. Und für viele ist der kräftig-würzige Hochalpen-Bergkäse, der während des Alpsommers auf ausgewählten Alpen hergestellt wird und dann bis zu 16 Monate im Baldauf´schen Keller reift, der höchste Genuss. Für den unverwechsel-

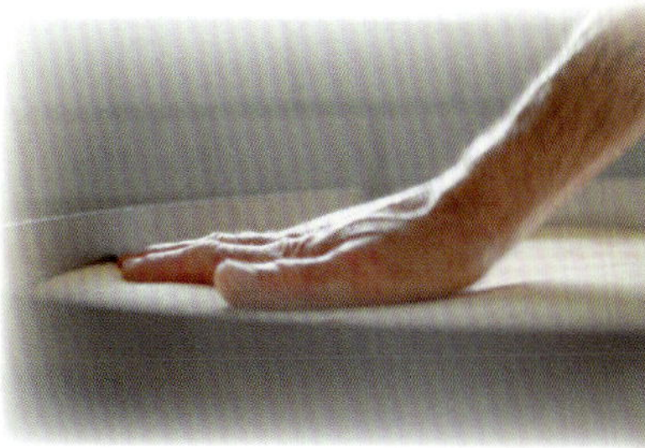

baren Geschmack jeder Sorte werden, genau wie es früher schon üblich war, eigene Käsereikulturen aus Milchsäurebakterien und natürlichem Lab eingesetzt. Darin liegt die hohe Kunst der Käsermeister der Firma Baldauf.

Traditionelles Handwerk mit modernem Marketing

So viel Wert die Firma Baldauf auf Traditionen bei der Herstellung ihrer Köstlichkeiten legt, so modern und zeitgemäß sind Vertriebswege und Marketing. Neben dem urig-gemütlichen Käs- und Weinkeller in Goßholz, in dem sich das Käsesortiment ein Stelldichein mit edlen Weinen und einer hochkarätigen Auswahl an Delikatessen gibt, bietet in Isny ein eigener Käseladen ebenfalls die ganze Palette der Käserfamilie an. Natürlich werden ausgesuchte Bio- und Käseläden ebenfalls mit den Produkten versorgt. Und sogar einen Online-Shop gibt es, bei dem ganz einfach von zu Hause aus der Lieblingskäse bestellt werden kann. So findet jeder seinen Weg zur Käserei Baldauf.

Baldauf´s Käs- und Weinkeller
Gebr. Baldauf GmbH & Co. KG

Goßholz 5, 88161 Lindenberg/Allgäu
Tel. +49 (0)83 81-89 02-0
Fax +49 (0)83 81-89 02-55
info@baldauf-kaese.de
www.baldauf-kaese.de

Die Adressen für Gaumenfreuden

Sennerei Lehern und Dorfladen Füssen-Weißensee

Als erste Adresse für feine Käsespezialitäten ist die Sennerei Lehern weit über die Region hinaus bekannt. Mit dem Dorfladen in Füssen-Weißensee versorgt sie Einheimische und Gäste mit frischen regionalen Produkten.

Angesichts der Fülle des Sortiments, das im Dorfladen angeboten wird, bilden die feinen Käsespezialitäten aus

Dorfladen Füssen-Weißensee

der Sennerei einen Höhepunkt. Sie reihen sich, appetlich angerichtet, hinter der Verkaufstheke auf. Den Hartkäse wie den „Original Allgäuer Bergkäse Royal" findet der Käseliebhaber ebenso wie den Schnittkäse, der mit Bärlauch, Heublumen oder Rotwein veredelt ist. Aber auch die anderen Spezialitäten aus der Sennerei Lehern, wie fruchtiger Joghurt und schmackhafte Brotaufstriche sind hier zu finden.

Allen Käseköstlichkeiten ist gemein, dass acht heimische Heumilchbauern, deren Kühe nur frisches Gras und luftgetrocknetes Heu bekommen, die hochwertige Milch liefern. In der Sennerei werden die Milchprodukte dann nach alter Handwerkskunst von Hand hergestellt und kommen ganz ohne künstliche Zusätze aus.

Aus der Region für die Region

So regional wie in der Sennerei Lehern gearbeitet wird, so stellt sich auch das Produktportfolio im Dorfladen Weißenseee dar. Heimisches Bier aus Kempten findet sich ebenso wie All-

gäuer Kaffeespezialitäten. Spirituosen aus der Region, die sich vorzüglich als Mitbringsel eignen, präsentieren sich in Holzregalen. In einer Regalwand stehen den Kunden täglich frisches Obst, Gemüse und Salate zur Verfügung und auch bei den notwendigen Kleinigkeiten für den täglichen Gebrauch sowie Leckereien für Zwischendurch wird man hier fündig.
Dass die Backwaren und Wurst- sowie Fleischspezialitäten täglich frisch von benachbarten Bäckern und Metzgern stammen, versteht sich im Dorfladen Weißensee von selbst.

Gemütlicher Treffpunkt

Gleich neben dem Verkaufsraum liegt ein kleines Café, in dem die Gäste mit Kaffee und Kuchen und kleinen Speisen und Getränken verwöhnt werden. Ausgestattet mit massiven Holzmöbeln, wirkt das Café einladend und verbreitet eine heimelige Atmosphäre. Während der warmen Jahreszeit bildet die Gästeterrasse für Einheimische und Gäste einen angenehmen Ort für eine Auszeit.

Sennerei Lehern
Lehern 158, D-87659 Hopferau
Tel. +49 (0)83 62-75 12
info@sennerei-lehern.de
www.sennerei-lehern.de

Dorfladen Weißensee
Seeweg 4
D-87629 Füssen-Weißensee
Tel. +49(0)8362-9 29 79 59
dorfladen@sennerei-lehern.de
www.sennerei-lehern.de/dorfladen/

Schmackhafter Käse hoher Qualität

Bio–Schaukäserei Wiggensbach

Das Allgäu ist weithin bekannt für seinen leckeren Käse. Die Bio–Schaukäserei in Wiggensbach bietet Käsespezialitäten in hoher Qualität an. Der Käse wird ausschließlich aus tagesfrischer Heumilch von ausgesuchten Bio-Höfen aus dem Allgäuer Voralpenland hergestellt. Die artgerecht gehaltenen Kühe der Milchlieferanten haben alle Weidegang und werden im Winter mit hochwertigem Heu gefüttert, wobei auf Gärfutter vollständig verzichtet wird. In der Schaukäserei kann jeder Besucher beobachten, wie der Bio-Käse hergestellt wird. Die hervorragende Qualität des Käses wird durch die ausgesuchten Grundstoffe bestimmt.

Verwendet wird hochwertige reine Heumilch, tierisches und mikrobiologisches Lab und unraffiniertes Steinsalz. Das Lab dickt die Milch ein und schafft die Grundlage für den Verkäsungsprozess. Der in Deutschland einmalige große Ziegelgewölbekeller mit Salzbadanlage ermöglicht die ganzjährige natürliche Käsereifung mit geringem

Energieaufwand. Die Arbeit der Käser wird durch „Robby“, einen zwei Meter breiten und fünf Meter hohen Käsepflege-Roboter unterstützt.
Beim Rundgang durch die Produktionsräume im Rahmen einer Gruppenführung, die von der Käserei für 15 bis 50 Personen angeboten werden, können die Besucher den Käsern über die Schulter blicken und anschließend bei der Käseverkostung ausgewählte Käsesorten probieren.
Im liebevoll eingerichteten Käseladen hat man die Auswahl aus über 20 Sorten hauseigener Käseprodukte. Ergänzt wird das Angebot durch ein umfangreiches Sortiment an Frischeprodukten aus eigener Herstellung: Sauerrahmbutter aus dem Fass, Joghurt, Quark, Butterschmalz sowie verschiedene Frischkäsesorten. Zusätzlich werden Käsesorten aus der Region von Käsereien, die mit der Schaukäserei vertrauensvoll zusammenarbeiten, angeboten.
Die Besucher des Käseladens erwartet auch ein reichhaltiges Naturkostsortiment mit regionalen Schmankerln. Hier gibt es Nudeln, Brotaufstriche, Essig und Öl, Bier, Wein und Säfte.
Auch in den hauseigenen Käslädle in Adrazhofen und Zaisenhofen findet man eine reichhaltige Auswahl.

Öffnungszeiten:

Mo bis Do: 9 – 13 und 15 – 18 Uhr,
Fr: 9 – 18 Uhr, Sa: 8 – 12:30 Uhr.

Bio-Schaukäserei Wiggensbach eG

Franz Berchtold, Kempter Straße 9
D-87487 Wiggensbach
Tel. +49 (0)83 70-92 10 10
info@schaukaeserei-wiggensbach.de
www.schaukaeserei-wiggensbach.de

s'Käslädle

Bergstr. 24, D-88299 Adrazhofen
Tel. +49 (0)75 61-9 85 88 77
Mo: 8:30-18, Di-Mi 8:30-12:30 Uhr
Do-Fr: 8:30-18 Uhr, Sa 7:30-12:30 Uhr.

s'Käslädle

Wangener Str. 42
D-88353 Zaisenhofen/Kißlegg
Tel. +49 (0)75 63-9 09 26 39
Mo-Fr: 9-18 Uhr, Sa 9-12:30 Uhr.

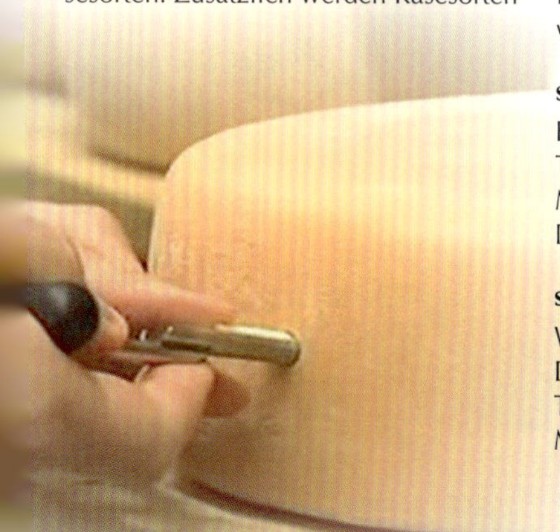

Käseidylle im Voralpenland

Bergkäserei Weizern

Wer Käse liebt und sich im wunderschönen Ostallgäuer Land aufhält, darf einen Besuch in der Bergkäserei Weizern nicht verpassen. Eine breite Palette unterschiedlicher Geschmacksrichtungen empfängt den Besucher vor Ort und im Online-Shop. Genüsslich kann man wählen zwischen Rohmilch- und Hartkäsen (Emmentaler, Allgäuer Bergkäse), milden Schnittkäsen wie den verschiedenen Varianten der Original Eisenberger oder Weizler Käsen oder leckeren Kräuter- und Wildblütenkäsen. Mit dabei sind auch Vollmilch, Joghurt, Fassbutter, Buttermilch und Molkedrink. Schöne Geschenkkörbe verschiedener Größen vervollständigen das Angebot.

Brotzeit oder Kässpatzen – die Qual der Wahl

Gleich vor Ort kann man sich von Geschmack und Qualität der angebotenen Käsewaren überzeugen, wenn man sich eine der leckeren Brotzeiten gönnt - ist zufällig Freitag, gibt es deftige Kässpatzen. Wer ein originelles Gruppenevent sucht, der könnte mit einer Führung durch die Käserei mit anschließender zünftiger Brotzeit einen Treffer landen.

Bergkäserei Weizern e G
Weizern 3, D-87637 Eisenberg
Tel. +49 (0)83 64-2 80, Fax +49 (0)83 64-98 66 82
info@kaeserei-weizern.de www.kaeserei-weizern.de

Käsekultur nach altbewährter Rezeptur

Sellthürner Käskuche

Dort, wo schon sein über 100 Jahren feinste Käsespezialitäten hergestellt werden, hat man sich auf die Produktion von Bio-Käse konzentriert. Hier kommt Milch von Bauernhöfen zum Einsatz, die nach den Richtlinien der ökologischen Landwirtschaft arbeiten. So erhalten die Milchkühe ausschließlich Gras und Heu, was dem daraus hergestellten Käse einen unnachahmlichen Geschmack verleiht.

In der Sellthürner Käskuche, unweit von Günzach, wird die Milch mit viel Sachverstand und Wissen traditionell von dem Molkereimeister und Inhaber, Rudolf Gmeiner, und seinem Team verarbeitet. Aus den etwa 6.500 Litern Heumilch und ca.800 kg Bio-Ziegenmilch die die Bauern täglich anliefern, fertigen sie rund ca.40 Laib Käse in den verschiedensten Sorten und Größen. Danach gönnt man dem Käse genügend Zeit um auszureifen und seinen feinen Geruch und Geschmack zu entwickeln.

In den Handel kommen die Käsespezialitäten, die die Ursprungsbezeichnung für Allgäuer Bergkäse tragen dürfen, direkt im Sennereiladen in Sellthürn, Gewerbegebiet Immenthal 1 in Günzach und in der Käsealp in Oberstdorf, wo Käseliebhaber mit den Köstlichkeiten verwöhnt werden. Auch im Onlineversand sind die Spezialitäten erhältlich.

Sellthürner Käskuche

Sellthüren 11, D-87634 Günzach
Tel. +49 (0)83 72-28 64
Fax +49 (0)83 72-83 34
shop@kaesealp.de
www.kaesealp.de

Allgäuer Käsespezialitäten mit dem gewissen Etwas

Friedis Käswerkstatt

Auf der Suche nach dem ganz besonderen Käse kommen Genießer an Friedis Käswerkstatt nicht vorbei. Sie befindet sich im wunderschönen Allgäu, genauer gesagt in Frankenhofen/Kaltental. Hier lebt das traditionelle Handwerk weiter. Mit viel Leidenschaft und feinstem Gespür für echten Genuss entstehen in Friedis Käswerkstatt einzigartige Käsespezialitäten, die das Herz eines jeden Genießers höher schlagen lassen. Das Geheimnis für die außergewöhnliche Geschmacksnote liegt in der Basis. Familie Friedberger setzt auf feinste Allgäuer Bio-Heumilch, die sich durch ihr ganz spezielles Aroma deutlich von anderen Milchsorten abhebt. Dadurch gewinnen die Käsespezialitäten aus Friedis Käswerkstatt ihren typischen Geschmack. Die Bio-Heumilch, die hier verwendet wird, stammt von einem Bio-Bauernhof aus der Nachbarschaft. Gleichbleibende Qualität ist somit jederzeit gegeben.

Die Heumilch stammt vom Allgäuer Braunvieh, allerdings ausschließlich von Kühen mit Hörnern. Wer sich ein wenig auskennt, weiß, dass sich diese besondere Milch von anderen Sorten geschmacklich stark abhebt. Wer noch keinerlei Erfahrung hat, wird sie auf jeden Fall lieben. Die Kühe, von denen Friedis Käswerkstatt die Bio-Heumilch bekommt, verbringen den Sommer auf den saftigen Allgäuer Wiesen und werden in den Wintermonaten mit frischem Heu versorgt. Friedis Käswerkstatt produziert herzhaften Bergkäse und verschiedene Schnittkäsesorten. Der pure Käsegenuss entsteht völlig frei von Gentechnik,

Konservierungsstoffen und sonstigen Zusatzstoffen. Außerdem sind die Käsespezialitäten laktosefrei. Für alle diejenigen, die keine Gelegenheit haben, den Hofladen zu besuchen, gibt es den Kässhop. Hier können die verschiedenen Käsesorten bequem von zu Hause aus bestellt werden. Innerhalb kürzester Zeit wird das Genusspaket dann direkt nach Hause geliefert.

Ferien im Allgäu

Das traumhafte Ambiente des Hofes bietet das perfekte Urlaubsdomizil. Die mit viel Liebe zum Detail eingerichteten Ferienwohnungen werden von der familiären Atmosphäre auf dem ganzen Hof optimal ergänzt. Geschmackvoll gestaltet sind die Wohnungen, die durch Altholzbalkenbetten für guten Schlaf sorgen. Die Küche ist mit allem ausgestattet, was man während des Urlaubs benötigt und für die kleinen Gäste stehen Spielgeräte zur Verfügung. Die nähere Umgebung mit der Radregion Schlosspark und dem angrenzenden Pfaffenwinkel hält die verschiedensten Ausflugsziele für entdeckungsfreudige Gäste bereit. Außerdem sorgt die Region abseits des Massentourismus für ruhige und erholsame Ferientage, die man mit Besichtigungstouren zu den Königsschlössern ebenso wie zur Wieskirche und in die verkehrsnahen Städte Augsburg, München und Garmisch-Partenkirchen sowie in die Allgäuer Bergwelt bereichern kann.

Friedis Käswerkstatt

Hauptstraße 65
D-Kaltental/Frankenhofen
Tel. +49 (0)83 45-2 26 99 19
info@kaeswerkstatt.de
www.kaeswerkstatt.de

Erlebniswelt rund um den Allgäuer Käse

Käserei Vogler

Käse aus dem Allgäu steht bei Genießern hoch im Kurs. Die Milch für den Käse wird von Kühen produziert, die den ganzen Sommer auf Allgäuer Wiesen verbringen.

In Gospoldshofen, einem Ortsteil von Bad Wurzach, entstand 1899 aus der kleinen Käseküche des Mangler-Hofes eine Genossenschaftskäserei, die 1936 von Michael Vogler, dem Käser der Hofkäserei von Bodenhaus, aufgekauft wurde. Die Käserei wurde zum Familienbetrieb. Nach der Produktion von Weichkäse wie Limburger, Romadur und Backsteinkäse wurde im Laufe der Jahre auf Hartkäse umgestellt. Neue Käsesorten kamen hinzu wie Allgäuer Emmentaler, Bergkäse und verschiedene Schnittkäsesorten.

Die Käserei Vogler bietet außer einem leckeren Käsesortiment auch Gruppenführungen nach Terminvereinbarung ab mindestens 15 Personen durch die Käserei an. Hier werden Besucher vom Käser höchstpersönlich in die Geheimnisse des Käsens eingeweiht und erfahren unter anderem, warum man bei echtem, handwerklich hergestelltem Käse die Jahreszeiten schmeckt. Die kostenlosen Käsereiführungen für Familien oder Einzelpersonen finden ganzjährig ohne Voranmeldung donnerstags um 14:30 Uhr (außer an Feiertagen) statt. Interessantes rund um den Käse erwartet Besucher außerdem im angrenzenden Käsereimuseum, wo alte Käsereien fast originalgetreu wieder auf-

gebaut wurden, darunter auch die erste Käserei von Gospoldshofen. Der Eintritt ist frei.

Für die Unterhaltung der kleinen Gäste ist ebenfalls gesorgt. Auf dem hauseigenen Spielplatz können sie vergnügt herumtollen und neue Freundschaften schließen.

Man kann im gemütlichen Sennerstüble eine warme Mahlzeit oder eine leckere Brotzeit genießen, bevor man sich auf einen der ausgeschilderten Wanderwege oder Radwege durch das schöne Allgäu begibt. Die herzhaften Käsespezialitäten sind bei Gästen der Käserei Vogler besonders beliebt.

Während des Aufenthaltes kann das E-Bike bequem an der hauseigenen Ladestation aufgeladen werden.

Öffnungszeiten:

April bis Okt.: Mo/Di: 9 bis 12 Uhr und 15 bis 19 Uhr; Mi: 9 – 12 Uhr; Do bis So: 9 – 19 Uhr.
Fr: Sennerstüble bis 23:00 Uhr.
Warme Küche: Do: 11:30 bis 16 Uhr; Fr: 11:30 bis 21 Uhr; Sa + So: 11:30 bis 18:30 Uhr.
Nov. bis März: Mo/Di: 9 bis 12 Uhr u. 15 bis 17:30 Uhr; Mi: 9 bis 12 Uhr; Do bis So: 9 bis 17:30 Uhr.
Fr: Sennerstüble bis 23:00 Uhr.
Warme Küche: Do: 11:30 bis 16 Uhr; Fr: 11:30 bis 21 Uhr; Sa + So: 11:30 bis 17:30 Uhr.
Gruppen ab 25 Personen sind nach Voranmeldung auch außerhalb der Öffnungszeiten herzlich willkommen.

Käserei Vogler

Simon-Göser-Straße 11
D-88410 Bad Wurzach
Tel. +49 (0)7564 3583
info@kaeserei-vogler.de
www.kaeserei-vogler.de

Zu Besuch im Ziegenparadies

Geissèhof Trenkle

Ziegenmilchprodukte sind gesund und bekömmlich, häufig es gibt keine Massentierhaltung und schmecken tun sie auch noch. Klingt nach einer perfekten Alternative für alle, die den Konsum von Kuhmilch reduzieren wollen oder müssen. Und das ist es auch. Noch dazu, wenn die Tiere so hervorragend gehalten und versorgt werden wie auf dem Bioland Geissèhof Trenkle in Pfronten. Hier genießen ca. 100 Tiere ihr Leben in vollen Zügen und das ist keine Floskel, sondern entspricht bei der artgerechten Haltung und der Versorgung der Tiere mit bestem Futter ganz einfach der Wahrheit.

Das Futter kommt von umliegenden Wiesen und Bergwiesen (bis 1200 m) und enthält ca. 50 verschiedene Gräser und Kräuter.

Garantiert Bio für höchste Ansprüchen Das bringt natürlich einen ganz eigenen, unverwechselbaren Geschmack mit sich. Selbstverständlich kommen für die Futtergewinnung ausschließlich biologisch bewirtschaftete Flächen in Frage, denn das Bioland-Siegel garantiert höchste Qualität und Reinheit. Da auch Regionalität eine große Rolle spielt beim Geissèhof Trenkle, wird die so gewonnene würzige Heumilch in der »Hofkäserei Leiner« in Sulzberg und in der Sennerei »Obere Mühle« in Bad Hindelang zu verschiedenen Frisch-, Weich- und Hartkäse verarbeitet. Auch Ziegenkäse braucht Aufmerksamkeit und wird durch tägliche Pflege und Reifung im Käskeller zur Vollendung gebracht. Manch schmackhafte Variation mit Allgäuer Berg- und Wiesenkräutern wird da kreiert und steht beim Käseverkauf Bantschar in Pfronten zum Verkauf bereit. Für Nicht-Allgäuer gibt es den praktischen Online-Versand, der die vollwertigen Leckereien direkt nach Hause bringt.

Geissèhof Trenkle

Badstrasse 19, D-87459 Pfronten
+49 (0)83 63-58 57
info@geissenhof-trenkle.de
www.bantschar-kaeseverkauf.de

Café mal anders!

Kaas-Fee Oberstaufen

Ideal für den Zwischenstopp beim Einkaufsbummel in Oberstaufen:
das kleine und sehr feine Kleinod lädt vor Allem auch auf der Terrasse zum Verweilen ein. Alles begann mit der Übernahme eines Hofladens mit seinen Käsespezialitäten.
Die „Kaas-Fee" verfügt folglich über ein großes Sortiment an Allgäuer Käsesorten aus reiner Heumilch, frische Fassbutter, sowie Joghurts aus Allgäuer Produktion. Zum diesem hochwertigen Angebot kommt noch die kulinarische Experimentierfreudigkeit der Chefin Janique de Jonge. Mit „NIQ's Hausgemachtes" bietet sie selbstgemachte Spezialitäten an, die hervorragend zu Käse passen. Da ist von Gelees, Konfitüren und Chutneys, über Sirupe, Liköre, Senfsorten bis hin zu Backmischungen im Glas, Knuspermüsli und der eigenen Wohlfühl-Linie...

„Kosmet NIQ`S"

alles dabei, was das Herz begehrt. Dazu gibt es noch täglich frische, selbstgemachte Snacks und die einzigartigen Kuchen im Glas. Eben ein Café mal anders gestaltet – kleine Köstlichkeiten zum sofort vernaschen und eine Auswahl an hausgemachten Spezialitäten zum Mitnehmen.

Und wer zu Hause die Leckerbissen leer gemacht hat und zu weit weg wohnt, kann im Webshop bequem für Nachschub sorgen!

Kaas-Fee

Lindauer Straße 20
D-87534 Oberstaufen
Tel. +49 (0)8386-9 69 71 37
info@kaas-fee.de
www.kaas-fee.de

Nachhaltig. Echt. Regional.

Milchlokal

Ganz auf alte Traditionen wird im Duracher Milchlokal gesetzt. Von 1906 bis in die 70er Jahre hinein gab es am Standort des Geschäfts eine Sennerei

mit Milchannahmestelle. Hier hielten die Bauern auch mal ein Schwätzchen, um sich auszutauschen, nachdem sie die Milch abgeliefert hatten.
Auch das Milchlokal ist ein Ort der Begegnung, in dem die Kunden mit regionalen und gesunden Nahrungs- und Lebensmitteln versorgt werden. Diese kommen aus bäuerlichen Familienbetrieben und kleinen Manufakturen.

Breites Sortiment

Hier findet sich ein breites Sortiment an Milch- und Molkereiprodukten, Müsli, Nudeln, Käse aus den umliegenden Sennereien und fair gehandeltem Kaffee. Ein weiterer Schwerpunkt ist Wurst und Fleisch aus stressfreier Weideschlachtung. Da im Milchlokal auf Müllvermeidung gesetzt wird, werden die Kunden gebeten, ihre eigenen Behältnisse mitzubringen.
Nach dem Einkauf werden die Kunden mit einer Tasse Kaffee und einem selbstgemachten Kuchen verwöhnt. Darüber hinaus gibt es ökologische Reinigungsmittel zum Abfüllen.

Milchlokal

Vorwaldstraße 86
D-87471 Durach
info@milchlokal.de
www.milchlokal.de

Bier - Spezialitäten - Kunst

Fein und Herb

Diese Auswahl an unterschiedlichsten Bierstilen und Bieren dürfte im Allgäu einzigartig sein. Ob regional, national oder international ist hier alles versammelt, was unter den Bieren Rang und Namen hat. Alle denkbaren Geschmacksrichtungen von hell bis dunkel, hopfig bis malzig, alkoholreduziert bis hochprozentig sind vertreten. Neben bekannten Bierstilen wie Helles, Pils, Zwickel, Weizen, dunkles Bier oder den weltbekannten belgischen Fruchtbieren finden sich hier auch einige echte Exoten wie zum Beispiel die Gose, das Pale Ale und India Pale Ale, die Berliner Weisse oder das Stout.

Die gemeinsamen Nenner dieser breiten Produktpalette grandioser, geschmacksintensiver Biere sind die Sorgfalt der Brauer bei der Auswahl der hochwertigen Zutaten, sowie die handwerkliche Produktion in kleinen Betrieben. Des Weiteren finden unter fachkundiger Anleitung regelmäßig Verkostungen und Events statt.

Spezialitäten für Neugierige

Neben diesem beeindruckenden Biersortiment findet man auch eine interessante Auswahl erlesener Spirituosen und einer Vielzahl von Spezialitäten, welche zum Genießen verführen und die Neugier wecken sollen. Hier wird also auch jeder fündig, der kein Bierliebhaber ist.

Kunst und Bier verträgt sich gut

Da der Eigentümer Arbogast Zeller auch als Fotokünstler (Arbogast Photoart) aktiv ist, lag die Idee, den Laden auch als Kunstraum zu nutzen, nicht weit. Der helle Verkaufsraum eignet sich perfekt dafür. Außerdem gibt es auch die Möglichkeit, dass andere Künstler dort ihre Kunstwerke ausstellen.

Bei uns finden Sie Biere unter anderem von:

- Bären Bier, Nesselwang siehe S. 77
- Bernardibräu, Rettenberg siehe S. 146
- Hirschbräu, Sonthofen siehe S. 144
- Perfect Moment, Waltenhofen siehe S. 176
- Schäffler Brauerei, Missen siehe S. 142
- Zötler Brauerei, Rettenberg siehe S. 166

Fein und Herb
Bahnhofstraße 8
D-87459 Pfronten
Tel. +49 (0)83 63-3 30 28 88
info@feinundherb.de
www.feinundherb.de

Feuerbräu-Braukurs – das besondere Event

Braukurs Allgäu GbR

Das Bierbrauen ist eine der großen Traditionen in unserem schönen Allgäu. Besonders verlockend wäre da doch ein Braukurs, in dem man sein eigenes Bier, wie vor 1000 Jahren – mit dem Wissen von heute, selbst braut. Das Besondere beim Bierbrauen mit Feuerbräu ist, dass man jeden Schritt der Bierherstellung aktiv miterleben kann. Es werden 150 Liter Würze über dem Feuer gemaischt, geläutert und mit Hopfen gekocht und dazu braucht es den Einsatz der ganzen Gruppe. Als erfahrener Braumeister vermittelt Otmar Baiz das praktische und theoretische Wissen und unterstützt in allen Bereichen, damit das Selbstgebraute auch sicher gelingt.

Erst das Vergnügen, dann die Arbeit

Am Beginn des Braukurses steht die Bierprobe. Hier werden bis zu zehn verschiedene Biersorten (auch Craftbiere) verkostet und die Kursteilnehmer können erfahren, was durch eine gezielte Veränderung der Rohstoffe

wie Malz, Hopfen und Hefe am Biergeschmack verändert werden kann. Da die mobile Brauanlage keinen Strom benötigt, kann an den schönsten Orten rund ums Allgäu, wie zum Beispiel am See oder auf einer Hütte, gebraut werden. Zwischen den verschiedenen Brauschritten gibt es Geschichten und Geschichtliches zum Bier, das Essen wird am Lagerfeuer oder in der Gulaschkanone zubereitet. Nach vier bis sechs Wochen Gärung und Reifung können die "Craft-Bier-Brauer" dann ihr eigenes Bier in Flaschen oder Fässern abholen, oder es sich auf Anfrage zuschicken lassen.

Brauen mit Freunden

Der 5 bis 6 stündige Braukurs **„Braue dein eigenes Bier"** ist mit Freunden, im Verein, mit Kollegen, als Geburtstagsgeschenk oder im Urlaub einfach ein tolles Erlebnis. Besonders beliebt sind Junggesellenabschiede, bei denen das eigene Hochzeitsbier gebraut werden kann.
Für die Anmeldung so wie alle weiteren Informationen wenden Sie sich am besten direkt an Otmar Baiz.

Braukurs Allgäu GbR

Poststr. 10, D-87484 Nesselwang
Tel. +49 (0)1 51-70 04 16 74
kontakt@braukurs-allgaeu.de
www.braukurs-allgaeu.de

Allgäuer Originale bieten großen Genuss

Brauerei Schäffler

Seit etwas mehr als 150 Jahren wird die Privatbrauerei Schäffler nunmehr in 6. Generation von Allgäuer Originalen, heute der Familie Graßl, geführt – ein echtes Allgäuer Familienunternehmen, dem die Liebe und Leidenschaft zum Bierbrauen anzumerken ist. Doch bei allem Traditionsbewusstsein hat die Brauerei viel Ungewöhnliches zu bieten, denn auch auf innovatives Arbeiten wird hier Wert gelegt. Die Brauerei bietet ein breites Spektrum traditioneller Bierspezialitäten wie das vollmundige Schäffler Gold, verschiedene Bock- und Weißbiere, das herbe Pils, sowie das naturtrübe Schäffler Zwickl, an. Und im März 2017 ist das neue "Allgäuer Hell" dazu gekommen.

Als besonderen Hingucker haben die Macher des spritzig-süffigen Bieres ein 40 Jahre altes Etikett ausgegraben und sich für die dazu passende alte Euro-Flasche, die so viele noch von früher kennen, entschieden. Heraus kam ein bayerisch-traditionelles Helles

das auch dem Augenschein nach das Althergebrachte ehrt. Abgerundet wird das Sortiment mit leckeren alkoholfreien Varianten wie das alkoholfreie Weißbier, die Holunderweiße oder die Limonaden und Schorlen der Marke Libella. Sogar ein eigenes Bergquellwasser, das Bergstätter, gehört dazu. Wer gerne mal etwas Stärkeres probiert, hat an einem Bierbrand, Bockbierbrand oder Bierlikör sicher viel Freude. Und sogar ein eigener Whisky wird hier gebrannt.
In der Schaubrennerei kann man sich überzeugen, wie sorgsam aus den Schäffler´schen Bierspezialitäten die exklusiven Bierbrände entstehen. Und während einer Brauereibesichtigung kann man hautnah miterleben, was es heißt, Bier zu brauen. Es werden alle Stationen durchlaufen, vom Sudhaus zu den Gär- und Lagerkellern bis hin zur Abfüllung des wertvollen Gerstensaftes. Natürlich darf hier eine Bierverkostung nicht fehlen. Und daneben gibt es viel zu erfahren über die Geschichte des Bieres, die Brauerei Schäffler, das Reinheitsgebot und die Unterschiede, die die einzelnen Biersorten so einzigartig machen.
Und auch hier hat die Privatbrauerei Schäffler ein Highlight zu bieten: Es kann die kleinste mobile Brauerei der Welt, mit der Braumeister Dieter Graßl 1996 einen Eintrag ins Guinnessbuch der Rekorde erhielt, bewundert werden. Wenn das kein weiterer guter Grund ist für einen Besuch der Brauerei Schäffler!

Brauerei Schäffler
Hanspeter Graßl KG

Hauptstr. 13, D-87547 Missen
Tel. +49 (0)8320 9200
Fax +49 (0)8320 920 30
info@schaeffler-braeu.de
www.schaeffler-braeu.de

Bierbrauer aus Leidenschaft

Der Hirschbräu

Wenn eine Brauerei wie „Der Hirschbräu" in Sonthofen auf eine 350-jährige Geschichte zurückblicken kann, ist dies wohl das beeindruckendste Zeugnis größter Leidenschaft für die Braukunst. In dieser Traditionsbrauerei wird mit Herz und Verstand gearbeitet. Hier werden traditionelle Rezepte mit modernen Geschmacksentdeckungen zusammengeführt. Dadurch entstehen Biersorten, die das Herz der Genießer höher schlagen lassen.

Schon bei der Auswahl der Zutaten demonstrieren die Braumeister der Traditionsbrauerei ein hervorragendes Gespür für das Beste. Sie beziehen ihren Hopfen aus Familienbetrieben der näheren Umgebung. So können sie eine gleichbleibend hohe Qualität gewährleisten. Auch das Malz stammt selbstverständlich aus zertifizierten Mälzereien der Region. „Der Hirschbräu" verfügt über einen hauseigenen Brunnen, dessen klares Wasser den Biersorten das geschmackliche i-Tüpfelchen aufsetzt.

Seit zehn Generationen befindet sich „Der Hirschbräu" im Familienbesitz. Familie Höß hat im Laufe von 160 Jahren viele Höhen und Tiefen rund um ihre Brauerei erlebt und daraus wertvolle Erfahrungen gewonnen. Heute blickt die Familie in eine Zukunft, die von innovativen Ideen und Visionen geprägt ist. Natürlich soll das Bier nicht neu erfunden werden, aber interessante geschmackliche Kompositionen werden auch zukünftig die hauseigene Produktpalette bereichern.

Dass sie über ein sicheres Gespür für die Wünsche ihrer Kunden verfügen, belegen eindrucksvolle Preise, die „Der Hirschbräu" auch international gewinnen konnte. So gewann die Brauerei 2012 mit ihrem Doppel-Hirsch den Gold Award in San Diego und 2014 ebenfalls einen Gold Award in Denver für ihr Hirsch Gold. Mittlerweile werden Hirsch Biere in über 20 Ländern auf der ganzen Welt als Allgäuer Bierspezialität vertrieben.

Ihre innovativen Ideen setzen die Braumeister mit aufregenden Geschmackskompositionen in ihren Craft-Bieren um. Unerwartete Aromen in geschickter Kombination mit speziellen Hopfen- und Malzarten lassen ein Geschmackserlebnis der Extraklasse entstehen.
Hinzu kommen die aufwendig fassgereiften Biersorten, die die umfangreiche Produktpalette der Traditionsbrauerei vervollständigen. Um das Angebot abzurunden, bietet „Der Hirschbräu" seinen Kunden auch einen Heimdienst an, der die bestellten Getränke bequem nach Hause liefert.

Der Hirschbräu
Privatbrauerei Höss GmbH & Co.KG

Grüntenstraße 7
D-87527 Sonthofen
Tel. +49 (0)8 21-6 63 30
info@hirschbraeu.de
www.hirschbraeu.de

Ebbes Bsonders

BernardiBräu

Der Wächter des Allgäus hat eine neue Einkehr: Die BierAlp der BernardiBräu zwischen Rettenberg und Kranzegg. Zu Christi Himmelfahrt haben Petra und Berni Göhl die BierAlp nach halbjährigerBauphase auf dem Braueieigelände eröffnet. Mit gut 160 Plätzen im Gastraum und auf derSonnenterrasse ist die Familie gerüstet für die bereits auf Hochtouren laufende Sommersaison.
„Auf unserer Karte stehen deftige Brotzeiten und kleine warme Gerichte", sagt Petra Göhl, die sich um den Einkauf und die tägliche Organisation kümmert. Der Braumeister des Hauses, ihr Mann Berni, packt selbstverständlich auch mit an. „Ich stehe aber lieber am Sudkessel und hinter dem Tresen." Auch die beiden Kinder Annalena und Philipp sind mit Leidenschaft im Familienunternehmen dabei. Jeden Freitag bietet Berni um 15 Uhr Führungen durch sein Reich an. Im Anschluss daran werden die Bierspezialitäten der BernardiBräu verkostet.

Donnerstags Grillabende

An den Donnerstagen veranstalten Petra und Berni Grillabende unter dem Motto „Bier & Tier" – aber auch vegetarische Gerichte wie Ofenkartoffel mit Kräuterdip stehen auf der Karte. Geöffnet ist die BierAlp Mittwoch, Donnerstag und Freitag ab 14.30 Uhr. In den Samstag startet das Team ab 10 Uhr mit einem zünftigen Weißwurstfrühschoppen.
Die Größe der BierAlp ist auch für Feste wie Geburtstage oder Vereinsfeiern prädestiniert. „Wir arbeiten mit drei verschiedenen Caterern zusammen, die jeweils unterschiedliche Köstlichkeiten anbieten. Daraus können die Gäste wählen", sagt Petra. Zum Ausschank kommen selbstverständlich die Bierspezialitäten der eigenen Brauerei: Vom Gigglstuinar übers Hirtenbier bis hin

zum Grüntengurglar – alles frisch gebraut mit bestem Alpenwasser und nach Bernis Spezialrezeptur. Neu im Sortiment seit Weihnachten: Petras Nr. 1, ein dunkles Vollbier aus dem Holzfass. Bei größeren Gruppen bitten Petra und Berni um rechtzeitige Voranmeldung.

Reines Gebirgswasser aus der eigenen Quelle und hochwertige Rohstoffe: Das und seine Erfahrung sind alles, was Braumeister Berni Göhl braucht, um seine Biere mit Charakter zu brauen. Auf fast 1.000 Meter Höhe braut Berni seit 2014 verschiedene Biere, deren Namen ihren Ursprung verraten.

Das „Gigglstuinar" oder der „SteinBock" sind so allgäuerisch wie süffig – ebbas Bsonders.

Berni, der mit seiner Frau Petra das kleine Familienunternehmen aufgebaut hat, ist Bierbrauer mit Leib und Seele. Der Diplom-Braumeister und Getränketechnologe findet seine Inspiration in unserer kraftvollen Natur.

Diese Einflüsse und Aromen aus dem schönen Allgäu lassen sich in seinen Bieren „erschmecken", was der ein oder andere Genießer schon als „Geschmacksexplosion" beschrieben hat. Er liebt und lebt sein Handwerk, das merkt man spätestens während einer seiner Brauereiführungen.

Die verschiedenen Biersorten – vom Märzen über Bockbier bis zum Hirtenbier – werden das ganze Jahr angeboten – naturtrüb, versteht sich. Wer sich selbst überzeugen möchte, der nutzt die Gelegenheit und kehrt nach einer Wanderung am Grünten bei Petra und Berni in der BierAlp ein und lässt sich's schmecken.

BernardiBräu

Kammeregger Weg 7
D-87549 Rettenberg-Kranzegg
Tel. +49 (0)83 27-9 32 61 80
info@bernardibraeu.de
www.bernardibraeu.de

Mobile Brauerei für ganz besondere Events

DEIN BIER

Julius Brzoska und Michael Rink sind die Macher hinter DEIN BIER. Beide sind ausgebildete Braumeister und haben ihre Leidenschaft zum Beruf gemacht. In der Brauscheune im Dorf Hausen bei Mauerstetten betreiben sie ihr Geschäft. Dort finden sich neben der Brauanlage, in der pro Sud etwa 200 Liter des Gerstensafts hergestellt werden, verschiedene Gär- und Lagertanks.

Das köstliche Bier, das hier nach alter Handwerkskunst produziert wird, findet in den Hof- und Dorfläden der näheren Umgebung reißenden Absatz. Außerdem verkaufen die jungen Braumeister das frische Helle, ein schönes Festbier oder – je nach Saison – auch ein Weizen oder ein Bockbier zu den Öffnungszeiten direkt an der Brauerei. (Die Verkaufsstellen finden sich auf der Homepage des Unternehmens.)

Gemeinschaftsgefühl beim Bierbrauen

In regelmäßigen Abständen werden bei DEIN BIER Brauseminare veranstaltet. Dabei können die Teilnehmer beim Brauen selbst Hand anlegen und viel Wissenswertes über das Bier und seine Herstellung erfahren. Nach der Begrüßung werden die Aufgaben verteilt: Ob man beim Einmaischen, Kochen, Abläutern oder bei der Hopfengabe, beim Würzen oder

Austrebern hilft, ständig hat der Teilnehmer das Gefühl dabei zu sein und mit seinen Händen etwas Köstliches zuzubereiten.
Während des Brauseminars, das etwa sechs Stunden dauert, ist mit einer kleinen Brotzeit und genügend Bier für das leiblliche Wohl der Teilnehmer gesorgt. Besonders als Firmenevent ist der Workshop bei DEIN BIER beliebt, wenn im Kollegenkreis das eigene Bier gebraut wird. Was bei den Teilnehmern auch gut ankommt, ist die Idee, während des Seminars das eigene Bier zu brauen, um es sechs Wochen lagern zu lassen. Danach wird es mit den eigenen Etiketten ausgezeichnet um auf dem eigenen Fest, ob Geburtstag oder Hochzeit, die Gäste mit dem Selbstgebrauten zu verwöhnen.

Geselliges Zusammensein vor der Scheune

Hin und wieder richten die Bierbrauer vor der Scheune einen kleinen Biergarten ein. Dann werden den Gästen die Bierspezialitäten der kleinen Brauerei und Brotzeiten unter freiem Himmel kredenzt.

Dein Bier

M.Rink & J.Brzoska Brauerei GbR
Hausen, 3, D-87665 Mauerstetten
Tel. +49 (0)151-28776077
info@deinbier-allgäu.de
www.deinbier-allgäu.de

Höchste Braukunst seit 1650

Post Brauerei Weiler

Seit 1650 wird in Weiler nach dem Bayerischen Reinheitsgebot von 1516 Bier gebraut und seit 1907 hat die Familie Zinth die Post Brauerei zu einer angesehenen Mittelstandbrauerei mit regionaler Bedeutung zwischen Allgäuer Alpen und Bodensee ausgebaut. Das PostBier ist 1972 wegen seiner Einzigartigkeit als Schutzmarke ins Deutsche Markenregister eingetragen worden. Zu den Spezialitäten der Brauerei zählen u. a. PostEdel, Pils und Weizen sowie Zwickel-Bier und Radler. Zudem ist die Brauerei die einzige in der Region, die mit der Siebers-Quelle über einen staatlich anerkannten Mineralbrunnen verfügt.

Für Bierliebhaber tut sich in der Post Brauerei in Weiler ein kleines Paradies auf: Bei einer Bierverkostung mit einem ausgebildeten Bier-Sommelier und einer Brauereiführung mit Zwickelbierprobe und einem Besuch im Brau- und Brunnenmuseum sowie dem Anstich- und Zapfkurs am Holzfass erlebt der Besucher vergnügliche und interessante Einblicke in die Welt des Bierbrauens.

Reinschauen – ins Brau- und Brunnenmuseum

Ganz tief in unserem Herzen der Post Brauerei haben wir das kleine Brau- und Brunnenmuseum. Exponate aus dem letzten Jahrhundert versetzen den Besucher beim Betrachten in die alte Welt des Bierbrauens. Bei einer kleinen Bierverkostung kommt man dem handwerklichen Brauen sowie dem Bayerischen Reinheitsgebot-
von 1516 ganz nahe.

Besuchzeiten:

Mo. – Fr., 10.00; 12.00;
14.00 u. 16.00 Uhr
Der Eintritt € 8,– beinhaltet zwei PostBier-Krüglein in einem Sechserträger mit 4 Flaschen PostBier

Gepflegte Gastlichkeit im Bräustüble

In der ehemaligen Königlich Bayerischen Posthalterei wurde bereits vor 170 Jahren PostBier gebraut. Heute ist die Post ein Treffpunkt für Feinschmecker. Der Küchenchef legt größten Wert auf frische und regionale Produkte aus denen landestypische Schmankerl gezaubert werden. Während sich die Gäste kulinarisch verwöhnen und das köstliche PostBier schmecken lassen, genießen sie das urige und gemütliche Ambiente in historischen Gasträumen.

Gastfreundschaft hat hier Tradition

Das Hotel in der Post bietet komfortabel eingerichtete Zimmer und ein großzügiges Appartment. Ob Urlaubsgast oder Geschäftsreisender – hier erfährt jeder die angenehme Atmosphäre eines traditionsreichen Hauses, in dem Gastfreundschaft gelebt wird.

Post Brauerei und Siebers-Quelle Anton Zinth GmbH & Co.KG

Käsgasse 17, D-88171 Weiler
Tel. +49 (0)8387-921 00
info@post-brauerei.de
www.post-brauerei.de

Meckatzer – Höchste Allgäuer Genusskultur

Das ist der Anspruch der MECKATZER LÖWENBRÄU seit 1738

Hier in Meckatz, in der paradiesischen Ruhe der Allgäuer Berge, entstehen die Bierspezialitäten für Ihren Genuss. MECKATZER Biere werden mit viel Sorgfalt, Ruhe und besten Zutaten der Region hergestellt: Tettnanger Aromahopfen, abgestimmte Braumalze aus kontrolliert-integriertem Anbau, selbst gezüchtete Hefe und frisches, reines Alpenwasser. Und das bedeutet höchste Qualität mit Nachhaltigkeit.

Der Brauereichef lädt ein, Bier auf neue Weise zu genießen. Sich bewusst Zeit zu nehmen. Ob allein oder in einer geselligen Runde. Die MECKATZER Bierspezialitäten unterstützen diese Genusskultur: die Biere werden mit Sorgfalt, mit Leidenschaft und mit der Gelassenheit, die man braucht, um ein Bier in aller Ruhe zur höchsten Genussreife zu entwickeln, gebraut. Nicht umsonst wurde MECKATZER als erste Brauerei in die Vereinigung „slowBrewing – Das Brauen mit Zeit für Geschmack e.V." aufgenommen. Die Familienbrauerei braut neben dem MECKATZER Weiss-Gold zwölf weitere Biersorten mit höchster Qualität in handwerklicher Tradition.

Meckatzer Löwenbräu, in vierter Generation geführt von Michael Weiß, verbindet seit jeher Braukunst mit einem nachhaltigen Genussanspruch. Auch mit seinen Geschäftspartnern

lebt Michael Weiß diesen bewussten Umgang, ob mit Kunden, Lieferanten oder Mitarbeitern – traditionelle Werte, Gemeinschaftssinn und Verantwortung spielen eine wichtige Rolle.

Brauereibesichtigung: Die Geheimnisse der Meckatzer Biere entdecken

Die Meckatzer Löwenbräu lädt Sie herzlich ein, den Ursprung des "Allgäuer Sonntagsbieres", dem MECKATZER Weiss-Gold, und das Geheimnis der MECKATZER Braukunst kennen zu lernen. Erleben Sie bei einer Brauereibesichtigung die Geschichte des Unternehmens und dessen Qualitätsverständnis. Auf einem Rundgang durch Sudhaus, Gär- und Lagerkeller mit Zwickelbierverkostung erfahren Sie, wie in Meckatz mit besonderen traditionellen Verfahren Bier gebraut wird, warum die MECKATZER bei vielem genauer hinsehen und sich bei allem mehr Zeit nehmen. Ergänzt wird die Besichtigung durch eine Ausstellung im Verwaltungsbereich, die Einblicke hinter die Kulissen der Brauerei bietet.

Im Anschluss daran wird Ihnen im Meckatzer Braustüble ein braufrisches MECKATZER Bier serviert. Hier können Sie sich übrigens auch mit regionalen Spezialitäten kulinarisch verwöhnen lassen.

Besichtigungstermine bitte telefonisch vereinbaren oder im Internet buchen.

Meckatzer Löwenbräu Benedikt Weiß KG

Meckatz 10, 88178 Heimenkirch
Tel: +49 (0)8381 504 -0
Fax: +49 (0)8381 504 -43
E-Mail: info@meckatzer.de
Internet: www.meckatzer.de

Klimaneutraler Biergenuss

Brauerei Clemens Härle

Dynastien gibt's noch. Zum Beispiel in Oberschwaben. Hier gründeten vier Brüder Ende des 19. Jahrhunderts vier Brauereien – und seither steht der Name Härle für höchste Braukunst in diesem schönen Landstrich. Einer von ihnen, Clemens Härle, legte 1897 den Grundstein für die Leutkircher Brauerei. Heute leitet sein Urenkel Gottfried Härle zusammen mit Esther Straub das über hundertjährige Familienunternehmen – der reichen Tradition bewusst, aber auch voller frischer und lebendiger Ideen. Im Mittelpunkt steht das Bekenntnis zur Heimat: Die Braugerste für die Härle'schen Bierspezialitäten wird ausschließlich und direkt von oberschwäbischen Bauern bezogen – zu fairen und auskömmlichen Preisen, die in der Regel weit über Marktniveau liegen. Der Hopfen vollendet diesen regionalen Anspruch: er stammt exklusiv aus dem nahen Tettnang und verleiht allen Härle-Bieren eine unvergleichlich feine Geschmacksnote: oberschwäbisch pur. Eines der Spitzenprodukte aus dem Hause Härle ist das „LandZüngle": dieses Spezialitätenbier wird aus biologisch angebauten Rohstoffen gebraut und besticht durch seinen milden, malzaromatischen Charakter.

Genießen kann man diesen außergewöhnlichen Gerstensaft jedoch bei weitem nicht überall: nur in ausgewählten, guten Wirtshäusern und Gasthöfen gibt's dieses Bier frisch vom Fass.

Großen Wert legen Gottfried Härle und Esther Straub auf eine möglichst umweltbewusste Betriebsführung: „Bier ist ein Naturprodukt, und deshalb müssen gerade wir Brauer alles daran setzen, unsere natürlichen Lebensgrundlagen zu erhalten". So ist die Brauerei Härle die erste und einzige

Brauerei in ganz Deutschland, die ihre Biere zu hundert Prozent klimaneutral herstellt und vertreibt. Kein Öl, kein Gas, kein Atomstrom – die gesamte Energie, die in der Brauerei Härle eingesetzt wird, stammt aus regenerativen Quellen. Abgefüllt wird das Bier nur in Mehrwegflaschen und Fässer, unnütze Folien aus Aluminium wurden schon längst von den Bierflaschen verbannt. Für dieses nachhaltige Unternehmenskonzept wurde die Brauerei mit zahlreichen hochrangigen Preisen ausgezeichnet – darunter dem Deutschen Nachhaltigkeitspreis 2010, dem Umweltpreis des Landes Baden-Württemberg und dem Deutschen Solarpreis.

Bier & Spiele

Die Brauerei verwöhnt ihre Gäste nicht nur mit feinen Bieren, sondern auch mit erfrischender Kultur. Regelmäßig gastieren in der Alten Malztenne im historischen Brauereigebäude Musiker und Schauspieler, Komiker und Theaterleute, Literaten und Kabarettisten.
Diese Veranstaltungen sind ein Erlebnis – nicht nur wegen dem herrlichen Ambiente in dem Raum aus der Gründerzeit, sondern auch wegen der kreativen Vielfalt. Die aktuellen Termine findet man auf der Homepage der Brauerei unter der Rubrik „Bier & Spiele".

Brauerei Clemens Härle

Am Hopfengarten 5
88299 Leutkirch im Allgäu
Telefon 075 61-9 82 80
info@haerle.de
www.haerle.de

Bier-Spezialitäten in Bio-Qualität – erste und einzige Bio Brauerei im Allgäu

Die Braumanufaktur Simmerberg

Im Herzen des wunderschönen Westallgäus braut die Braumanufaktur Simmerberg hervorragende Spezialbiere in Bio-Qualität.
Warum Bio? Der Brauereidirektor Manfred Biechl, ist seit über 30 Jahren ein erfahrener Braumeister und ist sich sicher, dass das Reinheitsgebot von 1516 nicht mehr ausreichend ist. Er möchte, dass Bier weiterhin ein reines Naturprodukt bleibt, und befürchtet, dass durch das Spritzen der Felder, Pestizide wie Glyphosat durch das Getreide auch in das Bier gelangen könnten. Begonnen hat die Braumanufaktur 1993 mit ersten Bio-Zutaten.

Seit 2018 sind nun alle Biere zu 100 % in BIO Qualität und von „Bioland" zertifiziert. Und damit nicht genug, alle Rohstoffe kommen aus der nahen Umgebung. Das BIO-Braumalz aus dem Bayerisch-Schwäbischen Raum und der Bio-Hopfen zu 100 % aus Tettnang. Das Brauwasser kommt aus dem eigenen Artesischen Brunnen – nicht chloriert und zu 100 % unbehandelt und naturbelassen. Alles in allem führt das zu einem sehr achtsamen und nachhaltigen Umgang mit den Rohstoffen. Das bedeutet aktiver Trinkwasserschutz, Klimaschutz und Artenschutz für die Zukunft unserer Kinder.

Entdecken Sie das Geheimnis der Simmerberger BIO Biere

Mit dem Kauf unserer Biere leisten Sie einen wesentlichen Beitrag zur Erhaltung unserer Umwelt. Unsere BIO-Biere erhalten Sie in ausgewählten Gastwirtschaften und Getränkemärkten von Oberstaufen bis Lindau. Das beliebte Feierabendbier „Simmerberger Rödler" in der Bügelflasche, ein harmonisches bernsteinfarbenes Kellerbier, helles und dunkles Weizen mit einer aromatischen Weizenbouquetnote, das süffige glanzfeine Allgäuer Gold und das naturtrübe vollmundige Keller Gold, sowie feinwürziges Festbier und Pils mit einer feinen Hopfennote.

Ein Besuch lohnt sich

Wie wäre es mit einem persönlichen Besuch in der Braumanufaktur Simmerberg, schaut dem Braumeister bei einer Besichtigung über die Schulter und genießt in der urigen Schankstube bei regionalen Schmankerln oder einer herzhaften Brotzeit eines der feinwürzigen Biere.

Geheimtipp:

Hier finden Sie den schönsten Kastanien-Biergarten des gesamten Allgäus.

Aktienbrauerei Simmerberg

Ellhofer Straße 2
D-88171 Simmerberg/Allgäu
Tel. +49 (0)83 87-1016
info@simmerberger.de
www.simmerberger.de

Wenn der Storch zum Markenzeichen wird

Storchenbräu Hans Roth GmbH & Co. KG

Nicht von ungefähr kommt in Pfaffenhausen die innige Verbindung von Storch und Bier.

Schon bei der Gründung der Storchenbräu im Jahr 1804 galt Pfaffenhausen als einer der südlichsten Storchenstandorte Deutschlands. Von Anfang an diente der Storch der Brauerei als Wappentier. Und so erscheint Meister Adebar heute noch auf jeder Flasche, die die Brauerei verlässt. Zudem engagiert sich die Storchenbräu seit über 20 Jahren im Bereich Artenschutz. Von jeder verkauften Kiste Störchlebier geht ein Förderbetrag an den LBV (Landesbund für Vogelschutz) zum Erhalt der natürlichen Lebensräume für den Weiß- und Schwarzstorch. Und mit der Zeit wurden es immer mehr Störche, die sich hier in der südlichsten Storchenregion Deutschlands eingefunden haben und wohl fühlen.

Dass der Storch in Pfaffenhausen schon sehr lange beheimatet ist, belegt auch die Historie des Brauerei- Wirtshauses (heutiges Bräustüble). Dieses wurde schon im Jahr 1655 als „Gasthaus Storgen" in der Chronik erwähnt. Im Jahr 1901 übernahm dann Max Roth mit seiner Frau die Storchenbräu von deren Vater Anton Wiedemann. Seit dieser Zeit ist die Brauerei im Besitz der Familie Roth.

Heute werden an etwa drei bis vier Tagen pro Woche helle und dunkle Biere eingebraut. Seit kurzem verwöhnt sogar ein Hefeweizen – namens „Weißstorch" – mit besonders hohem Weizenanteil und einem ausgeprägten Fruchtcharakter die Gaumen der Ge-

nanger und Hallertauer Aromahopfen sowie das Wasser aus dem hauseigenen Tiefbrunnen finden Eingang in die Biere, die heute unter Leitung von Hans Roth in fünfter Generation entstehen.

Das Störchle und Schwarzstörchle in der storchenhalsähnlichen 0,33 Ltr. Flasche ergänzen das Sortiment seit 1999. Diese beiden Bierspezialitäten stößt man übrigens oben am langen Flaschenhals an und lässt es im wahrsten Sinne des Wortes klappern! Klappern gehört hier eben zum Handwerk wie zur Storchenbräu.

Und wer mal Lust hat das Unterallgäu und die Störche mit dem Fahrrad zu entdecken hat ab sofort die Gelegenheit dazu. Der Rad- und Wanderweg "Fabelhafter Storchenweg" führt – mit Anfangs- und Endpunkt Pfaffenhausen – auf etlichen familienfreundlichen Kilometern entlang zahlreicher Storchennester durch das Unterallgäu.

nießer. Die Storchenbiere findet man in 60 Gaststätten und 180 Getränkemärkten im Umkreis von ca. 50 km im Unter-/Ober- und Ostallgäu sowie im Landkreis Günzburg und in der Region Augsburg/Aichach.

Aber auch direkt ab Brauerei oder im Heimdienst sind alle Sorten in Flaschen und Fässer erhältlich. Ausschließlich Tett-

Wieder in Pfaffenhausen angekommen kann man dann ein Storchenbier genießen und dabei das größte Graffiti im Allgäu – einen 13m hohen, biertrinkenden Riesenstorch – an der Westseite der Brauereifassade bewundern. Wohl bekomm`s!

Storchenbräu
Hans Roth GmbH & Co.KG
Kirchplatz 5
D-87772 Pfaffenhausen
Tel. +49 (0)82 65-70 22
Fax +49 (0)82 65-70 25
info@storchenbraeu.de
www.storchenbraeu.de

FARNY – Allgäuer Lebensfreude

Edelweissbrauerei Farny und Hofgut Farny

Schon seit 1833 wird in Dürren Bier gebraut. Und heute, beinahe 200 Jahre später, verlassen etwa 20 Millionen Flaschen Bier die modern eingerichtete Brauerei, die sich – als Erfinder des Kristall-Weizens – mit ihrem Weizenbier zum Marktführer zwischen Bodensee, Oberschwaben und Westallgäu entwickelt hat.

In über 500 Gastronomiebetrieben und in mehr als 350 Verkaufsstellen sind die acht Weizenbier- sowie drei weitere Bierspezialitäten erhältlich, die in einer der modernst eingerichteten Brauereien im süddeutschen Raum gebraut werden.

Hochprozentiges aus Dürren

Im Zuge der Sanierung des Hofgutes wurde eine alte Tradition neu entdeckt, denn schon in frühen Jahren wurde nicht nur Bier gebraut, sondern auch hochwertige Spirituosen hergestellt. Heute produziert die Farny Destillerie allerbeste Destillate aus hochwertigen Rohstoffen, wobei die Philosophie des Hauses "Geduld vor Geschwindigkeit und Qualität vor Masse" gelebt wird. So erhalten Genießer heute handgemachten Gin aus dem Allgäu ebenso wie einen Single Malt Whisky mit harmonischen Aromen oder einen Bierbrand, der in Deutschland eine lange Tradition hat.

Gelebte Gastfreundschaft im Hofgut Farny

Das denkmalgeschützte Hofgut mit seinem 4-Sterne Hotel empfängt seine Gäste inmitten einer idyllischen Landschaft. Das einzigartige Ensemble bietet einen ansprechenden Architekturmix. In der jahrhundertealten Geschichte des Hofgutes residierten bereits Zaren und Könige sowie Persönlich keiten wie Theodor Heuss und Konrad Adenauer, die dem

Charme des Hauses erlagen. Echte Allgäuer Gastfreundschaft erlebt der Gast mit vorzüglichen frischen und regionalen kulinarischen Köstlichkeiten und handgebrauten Bierspezialitäten, mit denen er im angenehmen Ambiente der Gasträume oder im sonnigen Biergarten verwöhnt wird.

Im Hotel präsentieren sich die Zimmer großzügig und in authentischer, komfortabler Ausstattung. Ankommen und sich wohlfühlen lautet hier das Motto, das von den Mitarbeitern des Hauses gelebt wird. So steht den Gästen auch ein Sauna- und Fitnessraum für entspannende Stunden zur Verfügung.

Reizvoll sind auch die Räumlichkeiten in verschiedenen Größen die für Tagungen und Feierlichkeiten angeboten werden. Ob Seminar, Workshop oder Meeting im geschäftlichen Bereich, Geburtstag oder Hochzeit im privaten – für alle Arten von Veranstaltungen bieten sich die Räume an.

Unterstützt werden die Veranstalter bei der Planung von einem professionellen Team, sodass einem unvergesslichen und erfolgreichen Event nichts mehr im Wege steht.

EDELWEISSBRAUEREI FARNY

Dürren 5, D-88353 Kißlegg im Allgäu
Telefon +49 (0)75 22-9 78 80
info@farny.de www.farny.de

HOFGUT FARNY

Dürren 1, D-88353 Kißlegg im Allgäu
Telefon +49 (0)75 22-97 28 80
info@hofgut-farny.de
www.hofgut-farny.de

Die einzige Braustätte in Kempten

Michl Bier

Die Abschlussarbeit zum Diplomingenieur für Brauwesen und Getränketechnologie brachte Michael Klein auf die Idee ab 2005 im Keller sein eigenes Bier zu brauen. Heute hat er die einzige Braustätte in Kempten und schreibt somit die über 625jährige Brauereitradition in Kempten handwerklich weiter. Es gibt zwar noch eine weitere Brauerei mit Verwaltungssitz in Kempten, die Braustätte ist allerdings außerhalb der Stadt.

Michael Klein verwendet Malz aus Memmingen von regionalen Landwirten, Hopfen aus Tettnang und braut hauptsächlich in Handarbeit. Jeder Sud ist eine Einzelanfertigung und wird nicht mit anderen Suden gleicher Sorte gemischt. Daher schmeckt auch jeder Sud ein bisschen anders und es entsteht ein besonders frisches unfiltriertes Bier. Ganzjährig gibt es helles und dunkles Bier und helles Weizen – saisonal auch dunkles Weizen. Michael Klein braut aber auch nach Bedarf Spezial-Biere, wie ein

Nikolaus-Bier oder ein Bier anlässlich 200 Jahre vereintes Kempten. Durch die Vermarktung am verkaufsoffenen Freitagnachmittag an der Haustüre entstehen kurze Vertriebswege und ein enger Kontakt zu den Kunden.

Fotos (5): © Petra Rainer

Michl Bier

Michael Klein
Wiggensbacherstraße 52
D-87439 Kempten im Allgäu
Tel. +49 (0)831-5902098
www.frischesbiermichlbier.de
michlbier@t-online.de

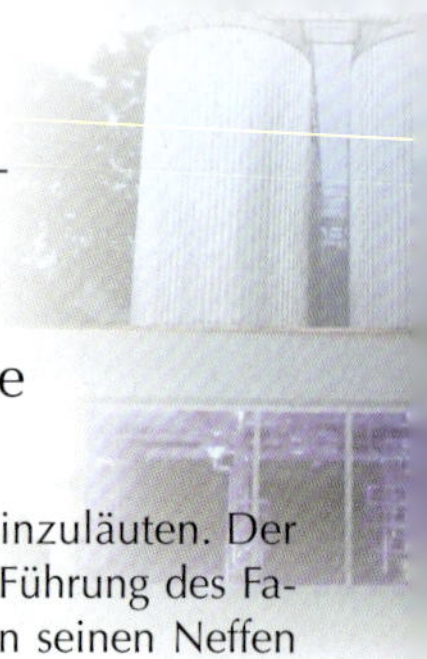

Engelbräu

Ein Bier, so himmlisch wie sein Name

In Deutschland darf ein Bier laut Gesetz nur aus Malz, Hopfen, Hefe und Wasser gebraut werden. Das Reinheitsgebot von 1516 ist die älteste und heute noch gültige Lebensmittelgesetzgebung der Welt. Und schon seit über 350 Jahren wird in der Braustatt der himmlischen Biere am Fuße des Grüntens diese Tradition gelebt.

Die Engelbräu Rettenberg zählt zu den führenden privaten Familienbrauereien im Allgäu. Solides Handwerk und persönliches Engagement haben den Bierspezialitäten des Hauses Ansehen und einem großen Bekanntheitsgrad weit über die Grenzen des Allgäus hinaus gebracht. Nachdem Hermann Widenmayer seit mehr als 40 Jahren die Geschicke der Brauerei geführt hat, war das markante 350 jährige Jubiläum im Jahr 2019 der richtige Zeitpunkt den Generationswechsel einzuläuten. Der Brauereichef wird die Führung des Familienunternehmens an seinen Neffen Felix Widenmayer übergeben.

Durch enorme Investitionen, die in den vergangenen Jahrzehnten getätigt wurden, ist die Brauerei mit allen Abteilungen auf dem neuesten Stand der Technik. Außerdem ist die Engelbräu ein Ausbildungsbetrieb für den Brauer- und Mälzer-Nachwuchs. 11 Kammersieger, ein Landes- und sogar ein Bundessieger sind aus den Leistungswettbewerben auf Kammerebene hervorgegangen; die Brauerei wurde von der Handwerkskammer für Schwaben für ihre mustergültige Lehrlingsausbildung ausgezeichnet.

Engelbräu Biere sind bekannt für ihre ausgezeichnete Qualität und verschiedenen Bierspezialitäten und wurden

bereits mit den weltweit höchsten Preisen gekrönt, ein überzeugender Beweis für das hohe Qualitätsbewusstsein.

Dies sind die Prioritäten bei der Bierherstellung nach dem Bayerischen Reinheitsgebot, wie auch beim Einkauf erstklassischer deutscher Rohstoffe.

Der Konsument kann unter 20 verschiedenen Biersorten wählen, hier findet sicher jeder Biergenießer seinen passenden Gerstensaft.

Unter der Dachmarke „Grüntenperle" wurde bereits seit 1948 mit der Produktion eigener Limonaden begonnen heute werden 16 verschiedene Erfrischungsgetränke hergestellt und im gut sortierten Fachhandel vertrieben.

Angrenzend an die Brauerei befindet sich der Brauereigasthof Engel, das Stammhaus des Familienunternehmens. Hier wurde noch bis 1977 Bier gebraut und heute kann man vom Biergarten aus einen Blick in die Füllerei werfen. Traditionelle Gaumenfreuden, wie

himmlischer Biergenuss und Allgäutypische Gerichte werden dem Gast in den gemütlichen Räumen, oder im Biergarten serviert.

Engelbräu Rettenberg

Hermann Widenmayer KG
Burgberger Str. 7
D-87749 Rettenberg
Tel. +49 (0)83 27-9 30 00
Fax +49 (0)83 27-93 00 40
info@engelbraeu.de
www.engelbraeu.de

Erleben Sie die älteste Familien-Brauerei der Welt

Familienbraukunst seit 1447 – Privat-Brauerei Zötler

Die Privat-Brauerei Zötler in Rettenberg im Allgäu, Deutschlands südlichstem Brauereidorf, ist die älteste Familienbrauerei der Welt. Seit 21 Generationen und über 570 Jahren werden in der Zötler Brauerei am Fuße des Grünten Biere gebraut.
Familie Zötler mit dem jungen Chef Niklas Zötler sowie die engagierten Mitarbeiter zeichnen sich durch die Leidenschaft zum Brauen und die freundschaftliche Verbundenheit zu den Kunden aus. Aus Liebe zur Allgäuer Heimat fördern sie Traditionen und Brauchtum und tragen mit ihren Produkten allgemein zur Lebensfreude bei.

Modernste Brautechnik

In der Brauerei werden erstklassige, charaktervolle Bierspezialitäten nach dem bayerischen Reinheitsgebot mit großer Erfahrung und modernster Brautechnik hergestellt. Die individuellen Marken Gold, Bayerisch Hell, 1447 Naturtrüb, Korbinian Dunkel und viele mehr präsentieren die breite Angebotspalette der Brauerei.
Die verschiedenen Sorten der hochwertigen Zötler Berglimo enthalten als echtes Allgäuer Produkt 40% Saftanteil, keinen Zuckerzusatz und keinerlei Zusatzstoffe. Verwendet werden nur Früchte, Wasser, Kohlensäure und je nach Sorte Bergwiesenheuextrakt oder frische Allgäuer Minze.

Brauereiführungen

Auch durch die unterhaltsame Vermittlung von Wissenswertem zum Thema Bier während der angebotenen Erlebnis-Führungen trägt die Brauerei zur Pflege bayerischer Bierkultur bei. Selbstverständlich gehört auch eine Verkostung der Biere zur Führung.

Eine Anmeldung bis zum Vortag ist erforderlich.
Ein besonderes Erlebnis ist der Besuch des beliebten Vollmondfestes im Besucherzentrum der Bauerei, bei dem unter dem magischen Einfluss des Mondes eine begrenzte Menge des besonderen Vollmondbieres gebraut wird. Beginn 19:00 Uhr, Anmeldung erforderlich.

Die Führungen finden ab 12 Personen statt:
dienstags um 10:30 Uhr,
mittwochs um 18:30 Uhr,
donnerstags um 14:00 Uhr und
samstags um 14:00 Uhr.

Privat-Brauerei Zötler GmbH

Grüntenstr. 2, D-87549 Rettenberg
Tel. +49 (0)8327 921 0
Fax +49 (0)8327 7487
zoetler@zoetler.de, www.zoetler.de

Getränkemarkt

Grüntenstraße 2, Brauerei Gelände
Telefon: 0 83 27/78 00
brauereimarkt@zoetler.de
www.zoetler.de

Öffnungszeiten:

Mo.-Fr., 9:30 - 12:30 u. 14:30 - 18 Uhr.
Sa., 9:30 - 12:30 Uhr

Ursprüngliche Klosterbraukunst

Klosterbrauerei Irsee

Beten, Arbeiten, Missionieren ..., aber auch Essen und Trinken gehörten und gehören einst wie heute zum Leben der Mönche. Bier war seit jeher für die Mönche ein ganz besonderes Nahrungsmittel, so konnten manche Mönche die Fastenzeit, in der es galt, auf feste Nahrung zu verzichten, durch Bier überbrücken. Das geheime Wissen der Mönche um das Brauen von Bier hat bis in unsere heutige Zeit Bestand. Die Biere der Klosterbrauerei Irsee sind einzigartig und unverwechselbar: gebraut auf der Grundlage überlieferter Rezepturen, in der Auswahl natürlicher und regionaler Rohstoffe und der handwerklichen Braukunst der Bierbrauer, die mit großer Liebe zum Produkt und zum Wohle der Kunden agieren. Für sie steht als oberste Prämisse die Qualität. Dass diese Qualität gegeben ist, zeigen die vielen zufriedenen und treuen Kunden, die oft weite Wege zum Brauereigasthof nicht scheuen und dies über viele Jahrhunderte. Die Biere der Klosterbrauerei sind unfiltriert, angeboten werden der Kloster-Urtrunk, das Kloster-Helle, das Kloster-Weiße, das Kloster-Urdunkel und schließlich das Kloster-Starkbier. Informativen und unterhaltsamen Einblick in die Kunst des Bierbrauens bietet ein Besuch im Braumuseum.

Hier verschwimmen die Grenzen zwischen Einst und Heute. Historisch wertvolle Brauereitechniken lassen von der schweren Arbeit der Bierbrauer ahnen. Daneben zeigt das Museum antiquierte Inventarien, wie Flaschen, Gläser, Krüge, uvm. sowie Bilder prominenter Besucher, so vom einstigen Bundeskanzler Willy Brandt oder dem damaligen Bundespräsidenten Karl Carstens. Neu im Museum ist ein Raum historischer Werbeemailschilder deutscher Brauereien. Vom Museum aus hat der Besucher direkten Blick in das Sudhaus. Das kühle Kellergewölbe wird besichtigt und neben einer charmanten Führung mit Tonbildschau gehört eine Bierprobe mit dazu. Wer lieber in gemütlicher Runde sein Bier zusammen mit regionalen Essen genießen möchte, ist richtig im Klosterbraugasthof. Die urigen Gewölberäume mit ihren historischen Wandgemälden und offenen Feuerstellen versprechen eine Zeitreise. Aber auch im großzügigen Biergarten mit

Kinderspielplatz lässt es sich sehr gut aushalten. Mit etwas mehr Zeit könnte man die ganze Vielfalt des Klosterviertels Irsee und des schönen Allgäus während eines (Kurz-) Urlaubs im hervorragend bewerteten Klosterbrauerei Hotel erkunden. Das schmucke Hotel, gleich neben der Klosterbrauerei, bietet wunderschöne Zimmer, die keinen Hotelluxus vermissen lassen und dennoch das Gefühl vermitteln, in einem ehrwürdigen Klostergebäude zu logieren. Sucht man nach mehr Entspannung und Vitalität, so lässt sich ein Saunagang im historischen Saunagewölbe, gegebenenfalls mit einem traditionellen Bierbad empfehlen oder man leiht sich eines der Elektrofahrräder für einen Kurztrip aus und erkundet die Schönheiten unserer Allgäuer Heimat mit ihren kostbaren Kulturschätzen.

Klosterbrauerei Irsee

Klosterring 1-3
D-87660 Irsee
Tel. +49 (0)8341-43 22 00
Fax +49 (0)8341-43 22 69
ikb@irsee.com, www.irsee.com

Außergewöhnliche Biererlebnisse – nicht nur für Männer!

HANDBRAUEREI im Höss Biererlebnis

Das eigene Bier brauen und bei der nächsten Privat- oder Betriebsfeier ausschenken – bei Martin Hitzler, Diplom Biersommelier der Handbrauerei im Höss Biererlebnis in Sulzberg, brauen private und betriebliche Gruppen in Erlebnis-Brauworkshops ihr eigenes Craft Beer. Auch Hotels können eine Verkostung vor Ort buchen und Einzelbucher haben in offenen Brauworkshops die Gelegenheit in die Braukunst einzutauchen.

Für Craft Beer werden meist spezielle Malz- und Hopfensorten verwendet, welche dem Gerstensaft ein besonderes Aroma verleihen. Somit kommen auch immer mehr Frauen auf den Geschmack, denen Bier oft zu bitter ist. Gebraut wird auf einer professionellen 2-Kessel-Brauanlage, die auch mobil bei privaten und gewerblichen Feiern zum Einsatz kommen kann. Bis zu 100 Liter eigenes Bier können die Teilnehmer brauen und nach einer sechswöchigen Reifezeit genießen.

Entgegen der landläufigen Meinung enthält in Bayern gebrautes Craft Beer keine Fruchtsäfte oder Gewürze, bzw. sonstige Zusatzstoffe! Es unterliegt den strengen Kriterien des Bayerischen Reinheitsgebots, das nur vier Zutaten erlaubt. Die außergewöhnlichen Geschmacksrichtungen kommen vielmehr durch die über 100 Hopfensorten zustande, aus denen der Brauer wählen kann. Jeder Hopfen hat eben seine eigene Aromatik. Somit wird auch klar, dass Bierbrauen eine Kunst für sich ist

und nicht nur ein Handwerk. Martin Hitzler geht es darum, die Wertigkeit von Bier zu steigern und weiß in seinen Brau-Workshops und Verkostungen von Bier mit Schokoladen- und Käsespezialitäten u.v.m. allerhand interessante und witzige Bier-Geschichten zu erzählen. Wer hat schon je davon gehört, dass das Bier brauen bis ins 16. Jhd. reine Frauensache war? Oder dass Bayern früher ein Weinland war und der Norden Deutschlands die eigentliche Bierhochburg?

In der Handbrauerei im Höss Biererlebnis in Sulzberg kann man es erfahren! Dort findet jeder sein individuelles Gruppenangebot, oder auch einen Gutschein als ganz besonderes Geschenk.

HANDBRAUEREI
im Höss Biererlebnis

Martin Hitzler
Gewerbepark 35
D-87477 Sulzberg See
Tel. +49 (0)160-3557903
hitzler@handbrauerei.de
www.hoess-biererlebnis.de

Bier brauen – bio, nachhaltig, individuell

Bären Bier

In der kleinen Bio-Brauerei im Herzen Nesselwangs wird ganz besonders auf hochwertige Rohstoffe und regionale Bioprodukte gesetzt. Denn Nachhaltigkeit ist eines der Steckenpferde von Braumeister Rudi Maget. Das unfiltrierte, naturbelassene Bären-Bier wird aus biologisch zertifiziertem Doldenhopfen, verschiedenen Biomalzen, frischer Hefe und dem guten, natürlichen Nesselwanger Wasser hergestellt. In bester Brautradition braut Rudi Maget, der das Handwerk bereits 1975 von der Pike auf in der ehemaligen Bärenbrauerei in Nesselwang erlernt hat, hier bestes Bio-Bier.

Die „Mei Halbe“ im Mai und „No a Halbe“ im Winter

Das Sortiment der kleinen, feinen Brauerei umfasst obergärige Weißbiere aus ökologischem Weizen und aus Bio-Dinkel, das würzige Zwickel und jeweils

zum Sommer und zum Winter ein „Extra". Im Mai wird die „Mei Halbe" – der kleine Allgäuer Schmunzler wird im Namen mitgeliefert, der natürlich „Meine Halbe" bedeutet – als Sommer-Extra hergestellt. Und im Winter gibt es dann „No a Halbe" das kräftige Winter-Extra-Braunbier. Gebraut werden alle Biere selbstverständlich nach dem deutschen Reinheitsgebot, mit dem erforderlichen Handwerkskönnen und mit der nötigen Geduld, die dem Bier die Zeit zur perfekten Reifung gibt. Nicht standardisiert, sondern bedacht darauf, was Natur und Rohstofflieferant zum jeweiligen Zeitpunkt zu bieten haben, setzt Rudi Maget seine Biere an.

Handarbeit wird hier ganz groß geschrieben

In dem Familienbetrieb wird alles, aber auch alles von Hand und selbst erledigt. Das gilt freilich für alle Vorgänge des Brauens, vom Einmaischen über das Sudkochen bis zum Ausschlagen ist das Aufgabe des Braumeisters. Die Familie hilft dann beim Abfüllen, auch die Etiketten werden von Hand auf die besonderen, formschönen Flaschen geklebt und zu guter Letzt werden die Flaschen in Kisten verpackt. Doch nicht in irgendwelche Kisten, sondern in zünftige Holz-

kisten, die ebenfalls in Handarbeit aus regionalem Holz selbst herstellt werden. Ganz ursprünglich, absolut nachhaltig und umweltverträglich – und voll im Trend. Und um auch im Vertrieb ökologisch und nachhaltig zu bleiben, gibt es ausschließlich den Direktvertrieb ab Brauerei, der am Samstag von 9 bis 13 Uhr und nach telefonischer Vereinbarung geöffnet ist.

Bären Bier

Herr Rudi Maget
Haupststraße 3
D-87484 Nesselwang
Tel: +49 (0)83 61-2 94
rudi.baerenbier@gmail.com
www.baerenbier-nesselwang.de

Der Weg zum eigenen Bier

eight degree solutions

Es ist ein Trend, dazu noch ein smarter, dass immer mehr Kleinbrauereien mit Bierspezialitäten auf den Markt kommen. Auf dem Weg zum eigenen Bier braucht man professionelle Beratung und einen zuverlässigen Partner für die Umsetzung.

Von Planung bis Schulung

Und hier kommt die Waltenhofener Firma eight degree solutions der Brüder Günther ins Spiel. Sie planen und vertreiben hochwertige Bier-Brauanlagen, Abfüllanlagen sowie Ausschanktanks und das nicht nur hier bei uns, sondern europa- bzw. weltweit. Viele Abnehmer der Anlagen kommen aus Deutschland, Österreich und der Schweiz. Aber auch Kunden aus den Niederlanden, Frankreich und Skandinavien sowie den USA sind dabei. Und das hat seinen guten Grund: die Firma eight degree solutions bietet von der Beratung über die Planung, die Herstellung und Installation der Anlage sowie die Schulung der Mitarbeiter alles aus einer Hand. Das spart Geld, Zeit und Nerven. Wer sich vor Ort informieren will und schon direkt einen Tag lang mit der hauseigenen Mikrobrauerei der Günthers brauen will – standesgemäß bestens versorgt mit Bier und Weißwurstfrühstück – kann jederzeit einen Termin vereinbaren.

Ganz nach Wunsch

Dass bei EDS keine Mühe gescheut und jede Herausforderung mit Bravour gemeistert wird, zeigt beispielsweise die Installation der höchstgelegenen Brauerei in Süd-Tirol – auf die Berghütte Lavarella wurde die Anlage sogar mit dem Helikopter ge-

liefert. So unterschiedlich also die Vorstellungen der Interessenten und die räumlichen Gegebenheiten sind, so individuell erfolgt die Beratung, Planung und der Aufbau der Anlagen. Von der Mikrobrauerei in den eigenen Gasträumen, bis zu einer mittelgroßen Brauerei mit einem Ausstoß von 3.000 Hektolitern/Jahr – eight degree solutions hat´s. Ob im schmucklosen, pragmatischen Design für reine Produktionsanlagen oder als edelglänzendes Highlight direkt im Brauereigasthaus – für jeden gibt es hier die richtige Anlage. Und die Brüder Günther stehen von Anfang an mit Rat und Tat zur Seite, damit die Idee gelingen kann.

eight degree solutions GmbH
Herr Florian Günther
Oberdorfer Bahnhofstr. 11
D-87448 Waltenhofen
Tel. +49 (0)8379-9299959
info@eight-degree.com
www.eight-degree.com

Herb und süffig – India Pale Ale aus dem Allgäu

eight degree solutions

Beim eigenen Biersortiment hat sich der Brauanlagenbauer aus dem Allgäu für Weizenbier, Lagerbier und vor allem das India Pale Ale, kurz IPA, entschieden. Dieses Trendbier aus den USA und Großbritannien wird mit deutlich höheren Temperaturen als ein Lagerbier vergoren, kalt gehopft und besticht so mit außergewöhnlichen Geschmacksrichtungen.

Zusammen mit der Traditionsbrauerei Schäffler in Missen hat EDS ein besonders hopfiges Bier entwickelt. Hierfür werden die Hopfensorten Centennial, Chinook, Citra, El Dorado und Nelson Sauvin verwendet, diese Kombination verspricht einen ganz speziellen Geschmack.

Grundsolide Biere mit dem gewissen Etwas

Und die geschmackliche Qualität überzeugt. Aus hochwertigen Zutaten wird ein grundsolides, kräftiges Weizenbier gebraut, das helle Lagerbier mit seinen 5 – 6 Wochen Reifezeit schmeckt vollmundig und kräftig. Und das Westcoast-Style mit seinen 5,6 % begeistert mit sehr fruchtigen Aromen. Die zum Bierstil gehörende Bitterkeit ist zwar kräftig, aber nie kratzig. Genuss pur also in allen Richtungen.

Perfekte Momente mit Perfect Moment

Allein der Name schreibt Programm: Perfect Moment heißt die Marke von eight degree solutions. Und perfekte Momente kann man damit allemal erleben, zum Beispiel auf einem der angesag-

ten „Streetfood-Markets“, die weitverbreitet auch bei uns im Allgäu stattfinden. Hier findet das IPA reißenden Absatz, lässt es sich doch einfach gut kombinieren mit ausgefallenen Speisen, wie sie auf den Streetfood-Markets angeboten werden. Auch online und in ausgewählten Geschäften kann hier im Allgäu und dem Rest der Republik, sowie in den Niederlanden und Frankreich das Bier genossen werden. Wer es gerne etwas größer hat, kann sich ein 5-Liter-Partyfass mit integriertem Zapfhahn bestellen. Für den Export gibt es die perfekten Momente auch in der Dose.

eight degree solutions GmbH
Herr Manuel Günther
Oberdorfer Bahnhofstr. 11
D-87448 Waltenhofen
Tel: +49(0)8379–9 29 99 59
info@eight-degree.com
www.perfect-moment.beer

Biergenuss im Illerwinkel

Brauerei Kronburg

Wer sich als kleine Privatbrauerei auf einem hart umkämpften Markt behaupten will, kann nur mit höchsten Qualitätsansprüchen und regionaltypischen Spezialitäten punkten. Hier in Kronburg, wo es bereits seit 1576 eine Gastwirtschaft und Brauerei gibt, werden nach dem Bayerischen Reinheitsgebot von 1516 beste Bierspezialitäten gebraut. Acht verschiedene Sorten zählt das Sortiment, das vom Kronburger Hell und Weißbier über dunkles Bier, Festbier, Bockbier bis zum naturtrüben Zwickelbier reicht, um nur einige zu nennen.

Bereits die Auswahl der Rohstoffe ist entscheidend für den frischen Wohlgeschmack des Gerstensaftes: So werden nur feinster Tettnanger Aromahopfen und Gersten- und Weizenmalz aus dem schwäbischen Umland verwendet, um die Kronburger Biere einzubrauen.

Größte Sorgfalt begleitet jeden Schritt der Bierherstellung und jede Sorte lagert in Ruhe solange bis der optimale Reifegrad erreicht ist. Wer Biere mit Seele brauen will, der muss ein Brauer mit Leib und Seele sein. Diese Philosophie wird in der Brauerei Kronburg seit 1891 bereits in der fünften Generation gelebt. Florian Schweighart hat heute dabei neben den traditionellen Werten verstärkt auch die Verantwortung für die Umwelt und ein faires Miteinander im Blick.

Um der stetig gestiegenen Nachfrage gerecht zu werden, wird derzeit auf dem Kronburger Berg im malerischen

Illerwinkel neben dem Stammsitz der Brauerei eine Erweiterung realisiert. Mit dem Neubau von Gär- und Lagerkeller und neuen Räumen für Abfüllung und Logistik ist die Brauerei auf einem guten Weg in die Zukunft.

Bei einer Brauereiführung können sich Besucher nicht nur über den hohen technischen Stand in der Brauerei informieren, sondern sie erhalten auch interessantes Hintergrundwissen über das Bier und seine Entstehungsgeschichte.

Neben der Brauerei wartet der Brauereigasthof mit seiner gemütlich getäfelten Stube darauf, den Feinschmecker mit einer vorzüglichen Küche zu verwöhnen. Eine kleine aber feine Speisekarte wechselt passend zu den Jahreszeiten, optimal ergänzt von den saisonalen Bier-Highlights. Nicht umsonst ist auch die Küche des Brauereigasthofes weit über die Regionhinaus bekannt.

Verknüpft mit dem Rad- und Wanderwegenetz des Allgäus lädt im Sommer der Biergarten zum Verweilen ein, wo sich die Besucher die kulinarischen Köstlichkeiten und das frisch gezapfte Bier schmecken lassen. Ein großer Festsaal für Feierlichkeiten aller Art rundet das Angebot des Brauereigasthofes Schweighart zur Krone in Kronburg ab.

Brauerei Kronburg

Hauptstr. 21, D-87758 Kronburg
Tel. +49 (0)83 94-2 37
Fax +49 (0)83 94-16 43
info@brauerei-kronburg.de
www.brauerei-kronburg.de

Kulinarisches Erlebnis in Aufkirch

Kaltentaler Brauhaus und Gasthaus Zur Traube

Das Kaltentaler Brauhaus mit zugehörigem Gasthaus Zur Traube befindet sich in einem gemeinsamen Gebäudeensemble inmitten von Aufkirch, einem Ortsteil der Gemeinde Markt Kaltental im Landkreis Ostallgäu.

Die historischen, denkmalgeschützten Räume in Restaurant und Brauhaus, die Sicht auf das Kupfersudwerk und die Lagertanks im Brauhaus, der Blick in den Gärkeller und ein einladender Biergarten schaffen eine Wohlfühlatmosphäre für Jung und Alt.

Das Gesamtensemble erhielt 1995 schließlich den Denkmalpreis des Heimatbundes Allgäu.

Herausragende gastronomische Qualität – mit einer reichhaltigen Auswahl bayerischer Schmankerln und Speisen sowie rustikale Brotzeiten und erlesene Menüs – und das selbstgebraute Bier machen Brauhaus und Restaurant zum Anziehungspunkt für Gäste aus nah und fern. Die **ganzjährig verfügbaren Hausbiere** sind ein naturtrübes Zwickelbier und ein ungefiltertes Weißbier mit charakteristischer Farbprägung. Als Blasmusikant nennt Braumeister Dominik Schempp seine Sorten „Tuba Weisse" und „Horn Zwickel". Saisonal braut er die „Schwarze Klarinette" (ab September) sowie in der Fastenzeit die Starkbiere „heller, obergäriger Dirigentenbock" und „dunkler Aufkircher Doppelbock".

Während der warmen Jahreszeit lädt zusätzlich der traditionelle Biergarten zu gemütlichen Stunden ein. Dieser ist auch sehr gut über die „Dampflokrunde" mit dem **Fahrrad zu erreichen** und bietet **garantierte Abendsonne.**

Das Brauhaus-Erlebnis rundet eine Brauereiführung ab, bei der die Besucher auch während des Brauvorganges manch Wissenswertes rund um den Gerstensaft erfahren.

Öffnungszeiten:

Werktags, außer Mittwoch, von 6 bis 23 Uhr und Sonn- und feiertags, durchgehend ab 11 Uhr geöffnet.
Parkplätze vor dem Haus, Spielplatz vorhanden, Reservierung erbeten, Feiern bis zu 70 Personen nach Vereinbarung.

Kaltentaler Brauhaus
Blonhoferstr. 12, D-87662 Kaltental
Tel. +49 (0)83 45-15 65
www.kaltentaler-brauhaus.de

Braukultur seit 1886

Memminger Brauererei GmbH

Natürliches Gebirgswasser, würziges Malz und feinherber Hopfen aus der Hallertau bilden die Grundlage für die köstlichen Biere der Memminger Privatbrauerei. Seit 1886 schon gehört sie zu den bedeutendsten familiengeführten Traditionsbrauereien in der Region. In der mittlerweile 4. Generation werden heute über 18 Bier- und Biermischprodukte in traditioneller und ökologischer Braukunst nach dem Deutschen Reinheitsgebot von 1516 hergestellt.

In der Unternehmensphilosophie der Brauerei spiegelt sich die persönliche Einstellung der Inhaberfamilie wider, der der Schutz der Umwelt und ein sorgsamer Umgang mit den Ressourcen Verpflichtung ist und im Unternehmen verantwortungsvoll und ganzheitlich umgesetzt wird.

Mit dem vielfältigen Sortiment, das jedem Bierliebhaber sein persönliches Geschmackserlebnis bietet, konnte man sich weit über die Region hinaus einen Namen machen. So finden die Bierspezialitäten im Allgäu, in Baden-Württemberg und von Bayern bis nach Tirol ihre Abnehmer. Großhandelspartner versorgen sogar die Hauptstadt Berlin mit dem begehrten Bier aus Memmingen.

Das Sortiment reicht vom klassisch-modernen Memminger Bier über alkoholfreies Schank- und Weißbier bis hin zu regionalen Spezialitäten wie dem „Alpkönig“, der ganz nach Weitnauer Art gebraut wird oder den „Kartäuser Klosterbieren“, für deren Herstellung althergebrachte Rezepturen dienen.

Memminger Brauerei GmbH

Dr.-Karl-Lez-Str. 68
D-87700 Memmingen
Tel. +49 (0)83 31-85 66-0
Fax +49 (0)83 31-85 66-25
info@memminger-brauerei.de
www.memminger-brauerei.de

Klein, fein, traditionell

Hirschbrauerei Dirlewang

Im Ortskern von Dirlewang, ganz in der Nähe der Mindel, einem Nebenfluss der Donau, finden Bierbegeisterte ein weiteres Juwel der Allgäuer Braukunst. Bereits seit 1806 wird hier in ursprünglicher, überlieferter Handwerkskunst bereits Bier gebraut. Nach dem Kochen in der historischen Sudpfanne von 1911 folgt die einwöchige Hauptgärung und danach reifen die Biere bis zur Abfüllung noch vier bis 6 Wochen im Lagerkeller. Hergestellt werden so die klassischen Bierspezialitäten „Dirlewanger Vollbier-Hell" und „Dirlewanger Export". In bester Fortführung der althergebrachten Tradition produziert Braumeister Hans-Peter Wipjewski jeweils zu Ostern und zu Weihnachten das Dirlewanger Festbier. Ausgeschenkt wird der süffige Hopfensaft direkt in der zugehörigen Gaststätte.

Hirschbrauerei

Herr Hans-Peter Wipjewski
Mühlbachstraße 14
D-87742 Dirlewang
Tel: +49 (0)82 67-2 32
Fax: +49 (0)82 67-2 32
hp-w@gmx.de
www.bier.by/gastro-guide/
hirschbrauerei-dirlewang-1.3559643

Brauerei-Museum in Nesselwang

Wie wurde Bier in den vergangenen Jahrzehnten Bier gebraut? Das wird im Brauerei-Museum in Nesselwang genau erklärt! Von Kupfersudpfanne mit Kohlebefeuerung, Würzekühler, Gärbottich mit Hefeschaufel bis hin zur kleinen Handabfüllanlage und Eiskühlschrank mit Eiszange gibt es viele alte Gerätschaften zu bewundern. Eine Besonderheit ist der Pechkessel, in dem das Pech – das übrigens nicht schwarz ist – erhitzt wurde, um die alten Eichenbierfässer auszukleiden und damit abzudichten. Das Brauerei-Museum kann in Verbindung mit einer Brauerei-Führung besichtigt werden:

Freitags um 19.00 Uhr und Samstag um 11.00 Uhr. Gruppen nach Terminabsprache.

Eintritt € 7.50 incl. 2 Pro-Bier-Bier, Knusper-Braumalz und Biergelée.

Voranmeldung unter Tel. +49 (0)8361-30910 (Brauerei-Gasthof Post)

Im gleichen Haus befindet sich auch das Osterei-Museum mit knapp 3000 kunterbunt verzierten Eiern – vom kleinen Wellensittich bis zum Straußenei.

Handwerklich gebrautes Export-Bier

Rössle Bräu Ummenhofen

Seit 1868 wird in Ummenhofen im schönen Ostallgäu Bier vom Feinsten gebraut: das Rössle Bräu. Robert Kunz ist seit 2000 der Inhaber der kleinen Brauerei, die traditionell auf die Sorte Export spezialisiert ist.

Der Diplombraumeister kann so seine ganze Berufserfahrung auf diese Sorte fokussieren und die beste Qualität brauen. Dabei spielen die Nachhaltigkeit und kürzeste Wege die entscheidende Rolle: Die Etiketten für die Flaschen kommen aus Bad Wörishofen, das Malz aus Memmingen und die Hefe aus Kaufbeuren – alles im Allgäu. Den „weitesten" Weg hat der Hopfen aus der gut 100 km entfernten Hallertau. Diese besten Zutaten verleihen dem Bier die unvergleichliche Würze.

Ausgesuchte Getränkemärkte in der Umgebung führen das Export von Rössle Bräu. Aber auch direkt vor Ort in der Dorfbrauerei kann man das Bier gut gekühlt kaufen.

Darüber hinaus gibt es für jede Party das passende Fass. Und für Selbstabholer der 15 bis 50 Liter-Fässer sogar eine Handhalbe als Freibier obendrauf!

Rössle Bräu

St.-Antonius-Straße 32
D-86860 Jengen
Tel. +49 (0)82 46-7 55
www.rössle-bräu.de

Öffnungszeiten:

Di. bis Fr. von 9-18:30 Uhr,
Sa. von 9–17:30 Uhr,
Montag Ruhetag

Dabei sein, wenn Genuss entsteht

Oberstdorfer Dampfbierbrauerei

Inmitten des urgemütlichen Gastraums steht das Herzstück der Oberstdorfer Dampfbierbrauerei: die kupfernen Sudkessel, in denen der Brauer zwei- bis viermal die Woche naturtrübes Bier braut. Im täglichen Ausschank gibt es das Dampfbier Hell, Dunkel und Hefeweizen, sowie je nach Saison Festbier, Bock und Kräusen-Pils. Nur hier sind die hauseigenen Biere frisch gezapft zu genießen und können auch als ein „Stück Urlaub" in der schönen Geschenkbox mit nach Hause genommen werden.

Zum guten Bier gehört natürlich auch ein gutes Essen! Der Küchenchef zaubert allerlei allgäuer und bayerische Spezialitäten wie Kässpatzen, Krustenbraten und Schweinshaxe – aber auch leichte Schlemmereien. Dabei wird größter Wert auf Qualität und Frische gelegt. Deswegen verwendet die Oberstdorfer Dampfbierbrauerei nicht nur im Bier, sondern auch in der Küche regionale Produkte aus heimischer Landwirtschaft. Damit nicht genug, bei regelmäßig stattfindenden Live-Musik-Abenden ist Unterhaltung und Gute Laune garantiert!

Oberstdorfer Dampfbierbrauerei

Bahnhofplatz 8
87561 Oberstdorf
Tel. +49(0)83 22-89 08
post@dampfbierbrauerei.de
www.dampfbierbrauerei.de

Öffnungszeiten

Mittwoch bis Sonntag 11 – 1 Uhr,
warme Küche 11 – 21 Uhr,
Hunde willkommen, Parkplätze am Haus

I d Bearg Dohuim

Allgäuer Alpenwasser

Die eindrucksvolle Berglandschaft des Naturparks Nagelfluhkette ist der Ursprung des Allgäuer Alpenwassers. Der Weg des Mineralwassers beginnt mit Wolken, die sich am Nagelfluhgebirge sammeln und in den Wäldern des Naturparks abregnen. Das Wasser wandert dann durch unzählige Ton- und Gesteinsschichten in einem intensiven Filterungsprozess zu einem unteririschen Gletscherspeicher. Von dort wird es aus 140 Metern Tiefe mit natürlichem Druck an die Oberfläche befördert, gesunder Genuss, bei dem man die frische Luft und die Weite der Bergwelt schmecken kann.

Das Allgäuer Alpenwasser wird in unverwechselbaren Flaschen mit der eingeprägten Silhouette des Rindalphorns abgefüllt und kann in seiner reinsten Form genossen werden.

Die pfandpflichtigen 0,5 Liter und 1,0 Liter-Einwegflaschen werden zu 100 Prozent über das PETCYCLESystem in den Kreislauf zurückgeführt. Aus jeder alten Flasche wird eine neue Flasche, neues Plastik wird nicht benötigt. Daneben gibt es das natürliche Mineralwasser auch in der Größe 0,5 l und 0,7 l in Glasflaschen.

Das Allgäuer Alpenwasser bietet auch neue und altbekannte Getränkesorten in knalligen Farben und modernem Design an. Zu ihnen gehören Allgäuer Schorle, Schbriz, Schbrudl, Cola G'Misch und Schbord. Mehr als die Hälfte der „Süßen Linie" ist vegan, und ein Teil der Produkte sind clean label.

Alle Allgäuer-Alpenwasser Kreationen sind im Lebensmitteleinzelhandel und in Getränkemärkten erhältlich.

Auf der Homepage der Firma sind ausgewählte Händler zu finden, die Allgäuer Alpenwasser anbieten. Außerdem kann man das Allgäuer Alpenwasser auch im Werksverkauf bekommen.

Öffnungszeiten Werksverkauf:

Mi-Fr: 14 – 18 Uhr, Sa: 9 – 13 Uhr.

Die Gastro-Linie von Allgäuer Alpenwasser präsentiert das Mineralwasser s'middlere, s'bludde und s'pfizzige in eleganter Form. Es wird in schlichten Glasflaschen aus Weißglas mit edlen Etiketten mit 0,25 l, 0,5 l und 0,75 l gereicht. So harmoniert es gut mit verschiedenen gastronomischen Situationen wie beim Vier-Gänge-Menü oder zu Wein und Fleisch. Auf der Rückseite der Flaschen findet der Gast Informationen zur Quellanalyse, den Inhaltsstoffen und zum Weg des Wassers bis zur Quelle.

Allgäuer Alpenwasser GmbH

Salzstraße 52
D-87534 Oberstaufen
Tel. +49 (0)83 25-4 44
www.alpenwasser.de
info@alpenwasser.de

Erlesene Weinspezialitäten für jeden Anlass

Waltner Weine

Genießer, die das Oberallgäu besuchen, sollten einen Abstecher nach Waltenhofen machen. Denn hier befindet sich die Vinothek Waltner Weine, die ganz besondere Köstlichkeiten für jeden Genussmenschen bereithält. Das einladende Ambiente der Vinothek verführt dazu, in die interessante Welt der Weine einzutauchen und hier zu verweilen. Die große Auswahl exzellenter Tropfen begeistert jeden Weinkenner und jeden Geldbeutel.

Wer sich jedoch nicht so gut auskennt und die eigenen Vorlieben nur grob beschreiben kann, erhält in der Vinothek Waltner Weine eine liebevolle und kompetente Beratung. Inhaberin Simone Waltner verfügt über ein gros-

ses Fachwissen, das sie bereits vor der IHK unter Beweis gestellt hat. Als geprüfte IHK-Weinfachberaterin hilft sie gern bei der Wahl des perfekten Weines. Im Rahmen einer Weinverkostung finden Kunden schnell ihren persönlichen Favoriten.
Service wird bei Waltner Weine groß geschrieben. Selbst individuelle Wünsche werden gern erfüllt. Sollte es vorkommen, dass der Lieblingswein einmal nicht im Sortiment ist, kümmert sich das Team gern darum, diesen zu beschaffen. Hier gilt: Die Zufriedenheit des Kunden ist oberstes Gebot. Deshalb ist eine aufmerksame, kompetente Beratung hier selbstverständlich. Zu den besonderen Serviceleistungen zählt auch der individuelle Versand der georderten Weine. Außerdem haben Kunden die Möglichkeit, entsprechendes Equipment für Feste und Feiern zu leihen. Zur optimalen Kalkulation werden nicht verwendete, geschlossene Flaschen nach dem Event zurückgenommen.

Auf der Suche nach einem Geschenk wird der Kunde in der Vinothek gern beraten. Hier werden wunderbare Präsente zusammengestellt und auf Wunsch auch direkt verschickt. Mit viel Liebe zum Detail wird jedes Geschenk zu einem individuellen Highlight.
Um das Sortiment regelmäßig mit erlesenen Tropfen zu ergänzen, besuchen die Mitarbeiter der Vinothek Waltner Weine nationale und internationale Weingüter sowie verschiedene Fachmessen rund um den Wein. Dort testen und probieren sie neue Weine und überzeugen sich gleichzeitig von dem Qualitätsstandard vor Ort. Somit ist eine gleichbleibend hohe Qualität aller Weine des Sortiments jederzeit gewährleistet.

Öffnungszeiten:

Mo bis Fr 9:30–12:30 und 15–17 Uhr, und Sa. 10 - 13 Uhr.

Waltner-Weine

Groß- und Einzelhandel
Ahornweg 2A
D-87448 Waltenhofen
Tel. +49 (0)831-6 97 22 77
Fax +49 (0)831-6 97 22 88
info@waltner-weine.de
www.waltner-weine.de

Vom Obst zum Edelbrand

Schaubrennerei Fink

Für die Erzeugung prämierter Edelbrände sind eine Vielzahl von Voraussetzungen notwendig. So ist eine gute Bodenbeschaffenheit für den Anbau von Obst ebenso wichtig wie das Klima, das hier in Opfenbach vom nahen Bodensee bestimmt wird. Außerdem spielt die Pflege der Obstbäume eine wichtige Rolle – vom fachmännischen Schnitt zur passenden Zeit bis zur schonenden Ernte. Um das Obst zu verarbeiten und zu einem köstlichen Gaumenschmeichler zu verwandeln, bedarf es schließlich handwerklichem Geschick und viel Erfahrung sowie einer modernen Technik.

All diese Voraussetzungen sind in der Schaubrennerei Fink erfüllt. Nicht umsonst wurde die außergewöhnliche Qualität des Obstlers vom Kleinbrennerverein mit Gold- und Silbermedaillen überhäuft.

In der Schaubrennerei können sich Interessierte über den Werdegang der gehaltvollen Obstköstlichkeiten informieren. Hautnah erleben die Teilneh-

mer, wie feine Edelbrände entstehen und wie sich die Aromen aus dem Obst in den Bränden entfalten.
In einer etwa einstündigen Vorführung erklären die erfahrenen Obstspezialisten und Brennereifachmänner, Herbert und Daniel Fink, die Destillation und den Brennvorgang. Danach trifft man sich in der Probierstube und darf die feinen, aromatischen Edelbrände und Liköre verkosten. Reisegruppen bis zu 50 Personen können sich auch mit einer regionaltypischen Vesper verwöhnen lassen.
Im Geschäftslokal der Schaubrennerei Fink finden die Besucher dann ihren Lieblingsbrand. Ob Apfel, Birne, Zwetschge oder Schlehe – fast kaum ein Bodenseeobst, das hier in der Schaubrennerei nicht zu einer feinen Köstlichkeit verarbeitet wird. Als kleiner Tipp sei der goldfarbene Apfelbrand genannt, der im Fass aus Limousineiche heranreifen darf. Daneben wartet auf die Besucher ein reichhaltiges Sortiment feiner Liköre, die dem Gaumen schmeicheln. Und all das ist auch im Online-Shop der Schaubrennerei Fink erhältlich: www.schaubrennerei-fink.de.

Schaubrennerei Fink GbR

Heimen 78, D-88145 Opfenbach
Tel. +49 (0)8385 1226
info@schaubrennerei-fink.de
www.schaubrennerei-fink.de
www.onlineschnaps.de
www.allgaeurauschen.de

In Bayern verwurzelt

Alte Hausbrennerei Penninger

Seit über 100 Jahren verkörpert die Hausbrennerei Penninger einen Familienbetrieb – mittlerweile in vierter Generation. Das Unternehmen aus dem Bayerischen Wald, das regionale Zutaten für die Herstellung seiner Spezialitäten verwendet, versteht sich als Botschafter bayerischer Lebensart.

Vor allem der Blutwurz ist der traditionelle Star unter den Penninger-Spezialitäten und seine Popularität geht weit über Bayerns Grenzen hinaus. Der hochprozentige Kräuterlikör leuchtet in kräftigem Rot und erobert dabei auch gerne Frauenherzen, die vor allem seinen harmonischen Geschmack besonders schätzen. Neben dem Blutwurz sind auch Bärwurz, klare Edelbrände und Liköre sowie feine Essigzubereitungen zu den beliebten Produkten für kulinarische Genießer geworden. Mit GRANIT Gin, GRAPHIT Rum und dem ersten Penninger Whiskey interpretiert Penninger auch internationale Spirituosenkategorien auf bayerische Art und Weise.

Im Allgäu präsentiert sich Penninger in Oberstaufen und in Oberstdorf

Das "Penninger Schnaps-Kabinett" in der Ortsmitte von Oberstaufen empfängt die Besucher in charmantem Ambiente mit historischen Exponaten und vielen interessanten Details rund um das Thema Schnaps. Vor Ort kann man die Vielfalt des Angebotes von Penninger verkosten und wird von fachkundigen Mitarbeitern beraten. Im "Penninger Schnaps-Kabinett" finden rund um das Jahr Veranstaltungen statt. So referiert die Filialleiterin Birgit Metz mehrmals im Jahr über "Rund um den Schnaps" und die Kräuterexpertin Bärbel Bentele erzählt Sagen und Wissenswertes zu Kräutern und Gewürzen. Die aktuellen Termine sind auf der Homepage zu finden.

Auf dem Weg zur Nebelhornbahn liegt in Oberstdorf der Laden der Hausbrennerei Penninger. Hier präsentiert sich die Vielfalt des Angebotes, das von fachkundigen Mitarbeitern für die Kunden in Szene gesetzt wird. In der modern gestalteten Atmosphäre des Ladenslokals werden die Besucher unter der Leitung von Renate Nick willkommen geheißen und können die feinen Spezialitäten zu denen auch feine Essigspezialitäten zählen, kostenlos probieren. Hier spiegelt sich der Wandel der Hausbrennerei Penninger, die sich trotz moderner Produkte wie dem GRANIT Gin oder GRAPHIT Rum und modernen Design sowohl in der Ausstattung der Läden als auch der Produkte, ihren bayerischen Charme und ihre Herzlichkeit bewahrt hat.

Penninger Schnaps-Kabinett
Kirchplatz 2
D-87534 Oberstaufen
Tel. +49 (0)83 86-96 20 76
Fax +49 (0)83 86-96 20 78
oberstaufen@penninger.de
www.penninger.de

Penninger Oberstdorf
Oststraße 34
D-87561 Oberstdorf
Tel. +49 (0)83 22-95 93 22
Fax +49 (0)83 22-95 93 23
oberstdorf@penninger.de
www.penninger.de

Eine Schatzkammer in 1.700 Metern Höhe

Brennerei Schroll in Schwangau

Unweit der Königsschlösser Neuschwanstein und Hohenschwangau werden Destillate in Spitzenqualität gebrannt. Mit viel Liebe zu diesem uralten Handwerk brennt Michael Schroll die edlen Destillate in Schwangau. Ihr Geschmack ist mild und harmonisch, intensiv und rein. Dabei steht Qualität vor Quantität, nur die beste Ingredienz wird verarbeitet. Deswegen kann es vorkommen, dass in manchen Jahren mit weniger ertragreicher Ernte weniger Flaschen befüllt werden können. So wird die hohe Qualität garantiert. Die Zutaten kommen sowohl aus der Region als auch vom anderen Ende des Erdballs: oberbayerische Haselnüsse über Vogelbeeren aus den Karpaten und Zitronengras aus Thailand, bis hin zu Botanicals aus aller Welt werden in Schwangau zu edlen Tropfen.
Diese können Liebhaber auch deutschlandweit im Brennerei Schroll Onlineshop bestellen.
www.brennerei-schroll.de/shop

Seine Einzigartigkeit und Vollendung erhalten die Destillate der Brennerei Schroll, welche im Holzfass reifen, im rauen Bergklima. In einer ehemaligen Lifthütte auf dem Tegelberg reifen Whisky, Brandy und Rum, sowie Obst- und Bierbrände teilweise über mehrere Jahre hinweg.
Durch die Höhe entwickeln die Destillate ein originäres Aroma. Doch auch der „Angel's Share" steigt, zu Deutsch etwa „Engelsanteil" oder auch „Schluck der Engel". Dieser Schluck ist der Anteil des Destillates, der im Laufe der Lagerung verdunstet. Ob dabei mehr Alkohol oder Wasser verdunstet, hängt von der Luftfeuchtigkeit ab.

Dazu kommen noch die hohen Temperaturschwankungen im unbeheizten Höhenlager. Die Fässer sind dort 25 Plusgraden im Sommer und bis zu 20 Minusgraden im Winter ausgesetzt. So wird der Geschmack der Destillate noch intensiver.

Brennereiführungen

Wer sich schon immer für die Herstellung eines Edelbrands interessiert hat, kann alles dazu bei einer Brennereiführung erfahren. Wie unterschiedlich schmecken Bierbrände die aus zwei verschiedenen Biersorten erzeugt wurden? Was ist der Unterschied zwischen Brand und Geist, was ist Likör? Nach einer Führung durch die Brennerei bleiben sicher keine Fragen mehr offen. Eine vorherige Anmeldung ist erforderlich.

Brennerei Schroll Brennereiführungen
www.brennerei-schroll.de/brennereifuehrung

Brennerei Schroll

Gipsmühlweg 5, D-87645 Schwangau
prosit@brennerei-schroll.de
www.brennerei-schroll.de

Feine Tröpfchen aus der Familienbrennerei

Argental Brennerei Martin Prinz

Schon in 4. Generation wird im Argental Schnaps gebrannt, genauer gesagt seit 1905, als der Urgroßvater damals in weiser Voraussicht das Brennrecht nach dem deutschen Reinheitsgebot erwarb – frei nach dem Motto: "Schnaps geht immer." Die reichen Gaben der ungespritzten Allgäuer Streuobstwiesen und der nahe gelegenen Tettnanger Obstbauern werden hier mit großem Fachwissen und auf höchstem handwerklichen Niveau zu edlen Bränden verarbeitet. Sei es der Allgäuer Obstbrand, der alte Williams und die alte Himbeere vom Eichenfass, oder das zum hundertjährigen Bestehen der Brennerei kreierte "Eglofstaler Jahrhundertschnäpsle". Der fruchtige Klare aus Äpfeln, Himbeeren und Erdbeeren ist ein absoluter Verkaufsschlager.

Daneben gibt es eine Vielzahl von weich-schmeichelnden Likören wie Schlehen-, Nuss- oder Holunderlikör. Insgesamt rund 60 Köstlichkeiten, darunter auch ausgefallene Varianten wie den Zirbenschnaps, hat die Familie Prinz zu bieten. So ist es kein Wunder, dass es bereits Käuferfamilien in 4. Generation gibt.

Umfangreiches Angebot im Hofladen

Der ab Hof Verkauf der Familie liegt direkt an der Hauptstraße (B12), die

von Kempten über Isny nach Lindau führt. Sehr wahrscheinlich sind also nahezu jeder Allgäuer und die meisten Allgäu- und Bodenseetouristen schon einmal daran vorbei gefahren ohne zu ahnen, welche Schätze sich hier verbergen. Neben dem umfangreichen Schnapssortiment gibt es hier vor allem die von Oma Prinz selbst gemachten Marmeladen. Außerdem runden Bodenseeobst, Nudeln und Honig aus der Region, sowie allerlei Nützliches für die Küche das Angebot ab.

Wurst von eigenen Rindern

Aus dem Kühlfach kann man dann noch Wurst und Rauchfleisch – besonders erwähnt seien die herzhaften Landjäger – von eigenen Rindern des Prinz-Hofes erwerben, hergestellt vom alteingesessenen Metzger Heim in Ratzenried. Die art- und fachgerechte Haltung der Tiere verspricht neben hohem Genuss beste Qualität und kontrolliertes Tierwohl – mittlerweile die besten Argumente beim Fleisch- und Wurstkonsum.

Argental Brennerei
Martin Prinz

Eglofstal 9, D-88260 Argenbühl
Tel. +49 (0)75 66-7 03
Fax +49 (0)75 66-9 41 89 16
brennerei-prinz@web.de

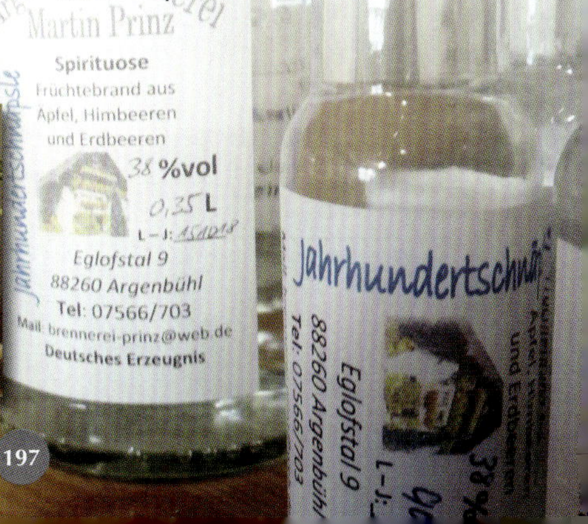

Spitzenweine für Genießer

WEIN-MUSKETIER Wangen

Eine große Auswahl exzellenter Weine aus Deutschland und aus der Region, sowie Frankreich, Italien, Spanien, Portugal und Österreich hält WEIN-MUSKETIER Wangen für seine Kunden bereit. Hier kommen Genießer voll auf ihre Kosten. Bei der Zusammenstellung des hauseigenen Angebotes legen Michaela Herzer, Dipl. Sommelière UIW und ihr Mann Rudolf Herzer großen Wert darauf, dass die Weine überwiegend aus nachhaltigem Anbau stammen. Deshalb arbeiten die Inhaber von WEIN-MUSKETIER Wangen ausschließlich mit Winzern zusammen, die sie persönlich kennen. Regelmäßige Besuche bei den Winzern sichern eine gleichbleibend hohe Qualität.

Die Kunden im WEIN-MUSKETIER Wangen profitieren von einer exzellenten fachlichen Beratung. Wer sich nicht genau auskennt, darf auf das fundierte Wissen der Inhaber zurückgreifen. Michaela Herzer und ihr Mann helfen gerne dabei, den perfekten Wein zu jedem Anlass zu finden. Hier steht der Genuss im Vordergrund. Wer einmal seinen Lieblingswein entdeckt hat und nicht vor Ort wohnt, kann ihn sich natürlich auch bequem nach Hause schicken lassen, Lieferservice im Nahgebiet ist selbstverständlich! Neugierige entdecken vielleicht im Rahmen der Sonderverkostungen ihren neuen Favoriten.

Das Angebot runden individuelle Weinproben und Weinseminare ab, die die Kunden im Geschäft oder auch für privat zu Hause buchen können.

Für Feinschmecker gibt es natürlich auch eine feine Auswahl an kulinarischen Spezialitäten.

WEIN-MUSKETIER Wangen
Michaela Herzer

Saumarkt 6, D-88239 Wangen
Tel. +49 (0)75 22-51 53
Fax +49 (0)75 22-9 78 45 17
herzer@weinmusketier-wangen.de
www.weinmusketier-wangen.de

Werkstatt des puren Genusses

Allgäu Brennerei

Die Familie Günther, die den Familienbetrieb nunmehr in 4. Generation führt, hat nicht nur geniale Ideen für die Herstellung edler Brände, Liköre und Whiskeys, sie ist auch meisterhaft in der Umsetzung der Destillation der hochwertigen Getränke. Dass nur die besten Rohstoffe verwendet werden, ist für den geprüften Destillateurmeister Stephan Günther selbstverständlich. Mit viel handwerklichem Geschick, überlieferten Traditionsrezepten und Mut zu Neuerungen stellt er mit seiner Familie und seinem Team über 50 verschiedene Spirituosen her. Vom Allgäuer Heuschnaps über den Kuhmilch-Sahne-Likör hin zu traditionellen Obstbränden, Gin und Whiskey-Delikatessen gibt es alles, was das Herz begehrt.

Interessantes und Hochprozentiges bei der Firmenbesichtigung

Viel zu bestaunen gibt es bei den angebotenen Brennereibesichtigungen, die selbstverständlich mit einer Verkostung der Schnapsideen aus Heu und Obst abgerundet werden. Im heimeligen Ladengeschäft, in dem auch regionale Köstlichkeiten wie Käse, Wurst, Marmeladen und frisches Obst angeboten werden, kann der neue Lieblingsschnaps dann auch gleich gekauft werden.

Allgäu Brennerei
Gewerbepark 1
D-87477 Sulzberg
+49 (83 76) 9 29 92-0
info@allgaeu-brennerei.de
Infos und Online-Shop:
www. allgaeu-brennerei.de

Ein Paradies für den Wein-Liebhaber

Allgäuer Gebirgskellerei

Eine kleine und sehr feine Spezialkellerei finden wir in Wertach im Oberallgäu. Dort gibt es eine große Auswahl von Weinen aus Löwenzahnblüten, Holunderblüten, Fliederblüten, Rosenblüten, Himbeeren, Brombeeren, Johannisbeeren, Erdbeeren, Holunderbeeren, Honig, Kapuzinerkresse, Hopfen, Haselnuss, Espresso-Bohnen, Zirbenzapfen und Gebirgskräutern. Die Weine sind besonders gut geeignet als Aperitif oder als Dessertwein.
Zur Öffnungszeit können alle Sorten probiert und die Weinkellerei kostenfrei besichtigt werden. In einem rustikalen Probierwinkel gibt es verschiedene Möglichkeiten für eine Weinprobe: die klassische Variante kombiniert die passenden Weine zu Käse, Geräuchertem und Schokolade.
Es gibt aber auch eine Weinprobe mit handgefertigten Pralinen oder eine reine Käse-Weinprobe. Dabei erfährt man nicht nur alles zur Ernte, Verarbeitung und Herstellung der Spezialgärungen, sondern auch einiges über die Geschichte des Käses im Allgäu. Beim Stöbern auf der Homepage findet jeder Wein-Gourmet ganz sicher das Richtige für sich!

Allgäuer Gebirgskellerei
Carsten Hell
Grüntenseestraße 12
D-87497 Wertach
Tel. +49 (0)83 66-98 85 15
wein@allgaeuer-gebirgskellerei.de
www.allgaeuer-gebirgskellerei.de

Öffnungszeit:
Donnerstag 16:30 - 18:30 Uhr

Kulinarische Genüsse in

Pedi's Likörlädle auf dem Mockenhof

Der Mockenhof ist noch ein echter Bauernhof mit Milchkühen, Ponys und Kleintieren und einer Brennerei, in der vornehmlich Allgäuer Streuobstfrüchte zu edlen Destillaten gebrannt werden. Darüber hinaus finden sich in Pedi's Likörlädle, dem kleinen Hofladen, eine Vielzahl selbst erzeugter Produkte wie feine Likören, Fruchtaufstriche, Sirups, Essige und Öle. Alle Erzeugnisse erhalten ihren unverwechselbaren Geschmack durch das natürliche Aroma vollreifer Früchte aus der Region, das den eigenen Gaumen verwöhnt und auch für die Lieben daheim ein begehrtes Mitbringsel ist.

Gaumenfreude verspricht auch die Veranstaltung „Die Welt der Destillate und Liköre", die für Gruppen ab acht

Personen angeboten wird. Die Teilnehmer erfahren viel Wissenswertes über den Herstellungs- und Verarbeitungsprozess in einer Brennerei und erleben beim Verkosten die Aromenvielfalt.

Zwei gemütlich und komfortabel ausgestattete Ferienwohnungen bieten sich für erholsame Ferientage an.

Menschen, die die Nähe zur Natur suchen und das Leben auf einem Bauernhof kennenlernen möchten, fühlen sich in der familiären Atmosphäre des Mockenhofs wohl, wo an den Gästeabenden knuspriges Stockbrot am Lagerfeuer oder Flammkuchen und Pizza aus dem Holzofen genossen werden.

Mockenhof – Allgäu erleben
Pedi's Likörlädle

Petra und Gerhard Strodel
Mockenhof 1
D-88260 Argenbühl-Eisenharz
Tel. +49 (0)75 66-24 65
Fax +49 (0)75 66-9 41 98 86
info@mockenhof.de
www.mockenhof.de

Zertifizierte Bio-Backkunst vom Feinsten

Franz & Xaver Biobackwaren

Wohl jeder möchte mittlerweile vor allem eines: sich gesund und vollwertig ernähren. In Kempten gelingt dies in Sachen Backwaren denkbar einfach, denn es gibt die zertifizierte Bio-Bäckerei Franz & Xaver, die ein breites Sortiment bester, vollwertiger Backwaren anbietet.

Der Schwerpunkt liegt auf der Verarbeitung von Dinkel, da dieses nährstoffreiche, wertvolle Getreide äußerst gut verträglich ist. Bestechend ist die Vielfalt der Brotvariationen, die von Essener Brot hin zu Walnuss- oder Karottenbrot alles bietet. Ebenso zum Angebot gehören aber auch Omas Blechkuchen, sowie exquisite Konditoreiprodukte wie Muffins mit speziellen Sahne-Toppings oder bunten Cakepops. Und auch Menschen, die beispielsweise auf glutenfreie Ernährung achten müssen, sind hier bestens bedient: Einzigartig hier in Kempten ist das Angebot mehrerer Sorten glutenfreien Bio-Brotes. Die Leckereien von Franz & Xaver werden auch in den Coffee Friends Shops in Kempten und Dietmannsried angeboten.

Auch Frühstück und Mittagstisch – gerne Bio

Doch nicht nur zu Hause kann man sich mit den Leckereien der Bio-Bäckerei verwöhnen, denn im Laden gibt es ein schnuckeliges kleines Café, das zum Verweilen einlädt. Das Frühstücksangebot ist riesig und reicht vom "Süßen Franz", über die Schnellvariante "RuckiZucki" hin zur legendären "Franz & Xaver Frühstücks-

étagère". Alternativ dazu kann man sich aus einer reichhaltigen Liste einzelner Zutaten sein eigenes Frühstück zusammenstellen – vom individuellen Omelette bis hin zum vegetarischen Aufstrich oder der obligatorischen Salami natürlich alles in bester Bio-Qualität. Hier bleiben sicher keine Wünsche offen. Auch für die Mittagsgerichte garantiert Franz & Xaver Frische, Regionalität und höchste Qualität. Täglich wird hier erfolgreich der Beweis angetreten, dass vollwertige Ernährung ohne Zusatzstoffe nicht nur gesund, sonder auch überaus schmackhaft ist. Egal ob Quiche, Nudelsalat oder vor Ort täglich frisch zubereitete Pizza – im entzückenden Ambiente des Cafés kann man der Hektik des Alltags entfliehen, eine wirkliche Pause einlegen und sich und seinem Köper etwas sehr Gutes gönnen.

Franz & Xaver
Bio-Lifestyle GmbH
Maler-Lochbihler-Straße 2
D-87435 Kempten (Allgäu)
Tel. +49 (0) 831-2 35 35
info@franzundxaver.de
www.franzundxaver.de

Traditioneller Handwerksbetrieb seit über 175 Jahren

Bäckerei Wirthensohn

Mit ihren fünf Standorten und einem Bäckermobil ist die Bäckerei Wirthensohn in Sonthofen vertreten. 80 Mitarbeiter sorgen dafür, dass die Kunden täglich mit frisch gebackenem Brot, knusprigen Semmeln, süßen Leckereien und feinen Kuchen, sowie kalten und warmen Snacks versorgt werden. Daneben wird die Hotellerie und Gastronomie im gesamten Oberallgäu mit den feinen Backwaren aus der Wirthensohn´schen Backstube beliefert.

Der Erfolg des Unternehmens kommt nicht von ungefähr, denn die Fertigungsmethoden sind noch Heue handwerklich geprägt und sind auf eine modern eingerichtete Produktion abgestimmt. Meister und Gesellen arbeiten mit den selben Grundlagen für schmackhafte und bekömmliche Backwaren. Natürliche Rohstoffe, handwerkliches Wissen sowie viel Zeit zum Reifen von Teig und dem Quellen von Körnern und Saaten sind notwendig, um die Köstlichkeiten herzustellen. So dürfen nach alter Tradition die eigenen Natursauerteige und Vorteige vor ihrer Verarbeitung noch einen ganzen Tag lang ruhen. Auch die Verwendung von energetisiertem Wasser und reinem Steinsalz verschafft

den Gebäcken ihren individuellen Geschmack und entspricht der Philosophie der Bäckerei, nur das Beste für Mensch und Natur zu schaffen.
Etwa 30 verschiedene Brot- und 30 bis 40 Kleingebäcksorten stellt der Meisterbetrieb täglich her. Feine Kuchen, Plunder und andere Schmankerl runden das Sortiment ab. Für den „kleinen Hunger zwischendurch" können sich die Kunden aus einer großen Auswahl von kalten und warmen Snacks bedienen. Darüber hinaus gibt es in den Verkaufsstellen hausgemachte Salate und zur Mittagszeit auch Suppen. In der Filiale Stadtgässle lassen sich die Kunden täglich mit frisch gekochten Bistro-Gerichten verwöhnen.
Die Bäckerei Wirthensohn war eines der ersten Unternehmen, das sich dem Konzept „Fair und regional" der Stadt Sonthofen angeschlossen hat. So arbeitet man vorwiegend mit regionalen Lieferanten zusammen.
Die Vorteile liegen dabei auf der Hand, sind doch Frische und gleichbleibende Qualität wegen des persönlichen Kontakts und der kurzen Wege garantiert. Die Kaffeespezialitäten, welche die Bäckerei anbietet, stammen aus fair gehandeltem Bio-Kaffee und die verwendete Heumilch aus der örtlichen Hof-Milch Molkerei. Schon seit 2004 ist die Bäckerei BIOLAND zertifiziert und das gesamte Vollkornsortiment und das Holzofenbrot wird aus kontrollierten Rohstoffen und Herstellungskriterien gefertigt.

Wirthensohn
Bäckerei- und Konditoreibetriebs GmbH
Schlossstraße 14
D-87527 Sonthofen
Tel. +49 (0)8321-609540
Fax +49 (0)8321-6095449
info@baeckerei-wirthensohn.de
www.baeckerei-wirthensohn.de

In Kaufbeuren isst man Bio

Bäckerei Posselt

Die Bäckerei Posselt ist ein Handwerksbetrieb, der auf eine langjährige Tradition zurückblicken kann. Mitten im Allgäu, im schönen Kaufbeuren, betreibt die Traditionsbäckerei vier Filialen, die ihre Kunden täglich mit frischen Backwaren versorgen. Schon seit 1947 wird hier gebacken. Inzwischen beschäftigt die Bäckerei Posselt vierzig Mitarbeiter, die sich mit Leib und Seele dem Bäckerhandwerk verschrieben haben.

In Zeiten des Klimawandels möchte auch die Bäckerei Posselt ihren Anteil dazu beitragen, die Umwelt zu entlasten. Deshalb erfolgt derzeit die vollständige Umstellung auf Bio-Produkte. Der Bäckereibetrieb hat längst erkannt, dass der Wunsch nach Bio-Qualität weit mehr als nur ein Trend geworden ist. Die Menschen ernähren sich bewusster und setzen auf bewährte Produkte vom Bio-Bauern. Aus diesem Grunde stellt die Bäckerei Posselt nur noch Bio-Backwaren her. Schon seit über 40 Jahren ist das Bio-Vollkornbrot ein echter Verkaufsschlager.

Inzwischen freuen sich die Kunden, dass sie nun auch fast reinen Gewissens ihren Bio-Kuchen und andere Bio-Backwaren in ihrer Traditionsbäckerei genießen können.

In der Bäckerei Posselt wird täglich frisch selbst gebacken. Hier verzichten die Bäcker auf Fertigprodukte und setzen bewusst auf frische Bio-Qualität. Traditionelle Rezepte bilden die Grundlage für den Erfolg des Bäckereibetriebes. Das Bio-Vollkorngetreide wird sogar selbst gemahlen, um später zu leckeren Backwaren weiter verarbeitet zu werden. Die Traditionsbäckerei geht mit der Zeit und versorgt ihre Kunden

mit frischen, gesunden Produkten. Auch zahlreiche Gewerbekunden haben die Bio-Produktpalette der Bäckerei Posselt bereits für sich entdeckt. Dazu gehören Reformhäuser und Naturkostfachgeschäfte der gesamten Region.
Das Konzept des traditionellen Bäckereibetriebes scheint vollständig aufzugehen. Frische regionale Zutaten in Bio-Qualität und traditionell hergestellte Backwaren sind genau das, was der Kunde wünscht. Die Bäckerei Posselt geht mit gutem Beispiel voran und demonstriert, dass die Umstellung auf Bio-Produkte für ihre Kunden eine echte Bereicherung ist. Gleichzeitig leistet der Betrieb mit seiner Philosophie einen großen Beitrag zum Schutze der Umwelt.

Bäckerei Posselt

Sudetenstraße 112
D-87600 Kaufbeuren-Neugablonz
Tel. +49 (0)83 41-6 22 18
Fax +49 (0)83 41-6 99 91
baeckerei-posselt@gmx.de
www.baeckerposselt.de

„Die besten Brezen der Welt"

Bäckerei Wipper

Für einen Journalisten der Wochenzeitung „DIE ZEIT" sind Wipper Brezen „die besten der Welt". Wer durch Kempten geht, kommt an den Brezen nicht vorbei. Sei es im Café, auf dem Wochenmarkt, oder in einer der drei Wipper-Filialen in Kempten. An Spitzentagen produzieren die Mitarbeiter bis zu 12.000 Stück – jede für sich ein handwerkliches Unikat. Die Breze gibt es auch im Riesen-Format: belegt mit Schinken, Ei und Salatgarnitur ist sie der absolute Hingucker auf jeder Party. Aber nicht nur bei den Brezen, auch beim Brot und den Semmeln wird fernab von industrieller Massenware produziert. So bleiben der ursprüngliche Charakter und Geschmack dank handwerklicher Tradition erhalten. Bereits kurz nach Mitternacht stehen Bäkker- und Konditormeister, Gesellen und Azubis beim Teigkneten, Brotbacken und Brezenschlingen, um jeden Morgen knusprige Frische zu gewährleisten. Für die Größe der Bäckerei Wipper wäre eigentlich eine industrielle Produktion typisch. Inhaber Hubert Wipper verzichtet darauf aber bewusst und setzt auf seine Backstube im Herzen der Kemptener Altstadt. So entstehen kurze Wege und der direkte Kontakt zum Kunden.

Täglich frisch aus Meisterhand gibt es bei Wipper auch feinste Torten, Kuchen, Petit Fours und Croissants. Dabei wird auf regionale und saisonale Zutaten geachtet: im Frühjahr Erdbeerkuchen, im Sommer Zwetschgendatschi und zu Weihnachten Plätzchen wie zu Omas Zeiten. Wer in der süßen Auslage nicht das Richtige für sich entdeckt, kann sich auch die eigene Torte mit den Lieblingszutaten kreieren lassen. Egal ob zartschmelzend oder fruchtig-lecker – Bäckerei Wipper zaubert, was das Herz begehrt!

Bäckerei Wipper

3 mal in D-87435 Kempten
Kronenstraße 27
Tel. +49 (0)831-22740
Salzstraße 33
Tel. +49 (0)831-5705703
Am Schlößle 1
Tel. +49 (0)831-5237004
www.baeckerei-wipper.de
info@baeckerei-wipper.de

Öffnungszeiten

Mo-Fr., 6–18,
Sa., 6.30–13.30 Uhr

Natur pur wie zu Omas Zeiten

Landmetzgerei Böckle

Nicht erst seitdem ein Lebensmittelskandal den anderen jagt, legt die Landmetzgerei Böckle großen Wert darauf, dass Ihre Fleischwaren mit einem ehrlichen Handwerk erzeugt werden. Die Metzgerei ist Spezialist für Wurstwaren aus Rind- und Kalbfleisch ohne jeden Zusatz von Schweinefleisch und -fett. Und das schon in dritter Generation! Die Fleischwaren werden aus Rohmaterialien mit eigenen Gewürzmischungen und ohne Geschmacksverstärker hergestellt. Aufgrund der familiären Betriebsgröße und Herstellungsmenge, kann sich der Kunde darauf verlassen, dass das Fleisch genau kontrolliert wird. Die Familie Böckle achtet nämlich genau auf die Auswahl der Lieferanten.

Im Online-Shop findet der Fleischgenießer alles, was sein Herz begehrt: Dauerwurst, Halbdauerwurst, Frischwurst und Frischteigwaren, sowie hochwertige Allgäuer Steaks und Grillfleisch. Für den haltbaren Vorrat gibt es geräucherten Schinken, Salami und deftige Wurstschmankerl in Dosen.

Und wer mal keine Lust hat aufwendig zu kochen, der wird auch auf der reichhaltigen Homepage fündig: hochwertige Bio-Fonds aus Rind und Gemüse, außerdem Suppen, Geschnetzeltes, Gulasch und Maultaschen in der Dose sind im Angebot. Selbstgemacht und natürlich ohne Zusatzstoffe! Neben dem Online-Shop kann man freitags auch vor Ort in Probstried die Fleischwaren kaufen.

Richard Böckle GmbH

Metzgerei/Landmetzgerei/Onlineshop
Hochvogelweg 6
D-87463 Probstried/Allgäu
Tel. +49 (0)83 74-83 19
Fax +49 (0)83 74-62 30
bestellung@metzgerei-boeckle.de
www.metzgerei-boeckle.de

Beste Rohstoffe für beste Produkte

Metzgerei Göppel

Die Metzgerei Göppel macht der Allgäuer Genussregion alle Ehre. Der traditionelle Familienbetrieb wird in der vierten Generation von Markus und Johann Göppel geleitet. Nur qualitativ hochwertiges Fleisch verarbeitet der staatlich geprüfte Lebensmitteltechniker (Schwerpunkt Fleischtechnik) und Fleischsommelier Markus Göppel. In der eu- und biozertifizierten hauseigenen Metzgerei setzt man bei den Produkten auf höchste Qualität und Nachhaltigkeit. Geschlachtet wird noch traditionell.

Regionales Rindfleisch aus eigener Aufzucht

Die Rinder stammen ausschließlich aus der Region. Ob Bio, Wagyu-Style oder Black-Angus – die Tiere verbringen den gesamten Sommer auf saftigen Allgäuer Almwiesen der Vertragslandwirte. Damit sind die artgerechte Haltung, saftiges Grünfutter, die gesunde Landluft und kürzest mögliche Transportwege zur stressfreien Schlachtung garantiert.

Bereits seit 2011 bietet die Metzgerei das Wagyu-Styled-Beef an. Das Fleisch stammt von der teuersten Hausrindrasse der Welt. Das Besondere am Wagyu-Fleisch ist die längere Zeit bis zur Schlachtreife. Bei der Aufzucht kommen weder künstliche Wachstumshormone noch Antibiotika zum Einsatz. Spezielle Futtermischungen und eine langsame Mast, machen das Fleisch zu einem Produkt höchster Qualität, die man schmeckt.

Allgäuer Vertragslandwirte beliefern die Metzgerei mit Black-Angus-Rindern. Die Ochsen und Färsen haben eine lange Weideperiode und die Fütterung mit Gräsern und Kräutern garantiert saftig, zartes Fleisch und einen guten Geschmack des Fleisches.

Daneben bietet die Metzgerei Göppel auch T-Bone-Steaks von Allgäuer Färsen und Ochsen sowie Dry Aged Beef aus traditioneller Trockenreifung an, die für einen intensiven Fleischgeschmack sorgt und damit die Herzen der Fleischgourmets höher schlagen lässt.

Artgerechte Schweinehaltung

Das von der Metzgerei Göppel verarbeitete Schweinefleisch stammt von der Erzeugergemeinschaft Schwäbisch-Hall. Wie früher werden die Schweine hier gezüchtet, artgerecht gehalten und mit gesundem, gentechnikfreiem Futter gemästet. Ställe mit Stroheinsatz, möglichst viel Auslauf und die Kastration der Ferkel unter Betäubung und tierärztlicher Aufsicht bietet den Tieren ein artgerechtes Leben. Geschlachtet wird in der eigenen Erzeugerschlachterei in Schwäbisch Hall, um kürzest mögliche, stressfreie Transportwege zu ermöglichen. Im Sinne einer nachhaltigen Verarbeitung sind in der Metzgerei Göppel vom klassischen Schweinebraten über Schnitzel, Haxe und Kotelett bis zum ausgefallenen Schweine-T-Bone-Steak erhältlich.

Wurst- und Schinkenspezialitäten aus regionaler Produktion

Die biozertifizierte Hausmetzgerei verarbeitet das qualitativ hochwertige Rind- und Schweinefleisch zu über 100 verschiedenen Wurst- und Schinkenspezialitäten. Von der deftigen Salami und Weißwurst über magere Schinkenvariationen bis hin zu saisonal verfügbaren Wildspezialitäten reicht das Angebot, das von den fachkundigen Mitarbeitern der Metzgerei angeboten wird.

Metzgerei Göppel

Markus & Johann Göppel GbR
Lindenstraße 50
D-87648 Aitrang
Tel. +49 (0)8343 9793
info@metzgerei-goeppel.de
www.metzgerei-goeppel.de

Köstliche Spezialitäten aus Meisterhand

Metzgerei Maischberger

Jahrzehntelang bestehen die Kontakte der Metzgerei zu den bäuerlichen Familienbetrieben in der Umgebung. Das schafft Gewissheit, wo gesundes Vieh in bester Qualität eingekauft werden kann und wie die Tiere gehalten und gefüttert werden.

Die Schlachtung von Rind, Schwein und Lamm findet in eigenen Räumlichkeiten durch Ausgebildete Fachkräfte statt. Danach wird das Fleisch fachmännisch zerlegt und verwendungsspezifisch gereift.

Ob es dabei um ein frisches Hackfleisch für die schnelle Bolognese, ein trocken gereiftes Rib-Eye Bone-in Steak für den Grill oder ein Schmorbratenstück für den traditionellen Sonntagsbraten sein soll – die Metzgerei Maischberger sorgt für hochwertigen Fleischgenuss.

Handwerkliche Wurst- und Schinkenspezialitäten

Regionale Wurstspezialitäten werden im Haus in handwerklicher Qualität und Frische hergestellt. Dabei reifen die Rohwürste und Schiken nach alter Tradition in Klimakammern. Zusatzstoffe kommen nur dann zum Einsatz, wenn es technologisch notwendig ist und sensorisch sinnvoll erscheint.

Schließlich werden die produzierten Spezialitäten regelmäßig von neutralen Sachverständigen geprüft und getestet. Das Ladengeschäft in Buchloe bietet ein großes Sortiment an regionalen- und internationalen Spezialitäten. Der Einkauf wird von einer fachgerechten Bedienung und einem freundlichen Service begleitet, denn man steht den Kunden in allen Fragen rund um das Thema Fleisch und Wurst offen gegenüber.

Reichhaltiger Imbiss

Für den eiligen Genießer bietet der reichhaltige Imbiss täglich wechselnde Tagesgerichte an und der Partyservice des Hauses bietet für jeden Geschmack und Anlass eine wohlschmeckende Lösung.

Regionale und internationale Käsespezialitäten, Natursauerteigbrote der Hofpfisterei sowie erlesene Alpina-Weine runden den Genuss in der Metzgerei Maischberger ab.

Onlineshop

Inzwischen entstand auch ein Online-Shop mit unzähligen kulinarischen Köstlichkeiten. So haben auch Auswärtige die Möglichkeit, sich die Spezialitäten direkt nach Hause liefern zu lassen. Das Angebot umfasst zahlreiche regionale Wurstspezialitäten, Mangalica-Schmankerl, Konserven und diverse Geschenkartikel. Alle Produkte werden liebevoll verpackt und kommen innerhalb kürzester Zeit in den Versand.

Metzgerei Maischberger

Angerstraße 1
D-86807 Buchloe
Tel. +49 (0)8241 4523
info@maischberger.net
www.metzgerei-maischberger.de

Der Inbegriff Allgäuer Lebensart

Waldburger Schinken

In echtem Handwerk, mit Geschicklichkeit, traditionellem Wissen und Achtsamkeit in Verbindung mit modernen Technologien, werden in Waldburg Fleisch- und Wurstwaren von höchster Qualität erzeugt. Und das bereits in dritter Generation. Die Produkte von Waldburger Schinken sind Teil der Allgäuer Lebensart. Ihre unverwechselbare Charakteristik verdanken sie alten, Familienrezepturen und den bewährten Materialien der Fleischzubereitung, die sehr viel Geduld und Zeit erfordern. Qualität und Frische vertragen sich nicht mit langen Transportwegen und passen daher auch nicht in das regionale Handwerks-Konzept von Waldburger Schinken. Beim Direktverkauf in Waldburg, am Tor zum Allgäu, kann sich jeder selbst vom einzigartigen Geschmack der Fleisch-, Wurst- und Schinkenspezialitäten überzeugen. Von frischem Koch- und Rohschinken, über Wurstwaren, Frischfleisch oder Grillgut findet jeder mithilfe fachmännischer Beratung was sein Herz begehrt.

Außerdem gibt es wöchentliche Angebote und je nach Jahreszeit passende kulinarische Besonderheiten oder traditionelle Hausmannskost. Bestellungen können auch im Onlineshop oder telefonisch aufgegeben werden.
Als regionaler Handwerksbetrieb sucht auch Waldburger Schinken immer nach Partnern, die sich den gleichen Werten wie sie verschrieben haben: Frische, Regionalität und höchste Qualität. Fall Sie also einen Handelspartner suchen, der für einzigartigen Geschmack und Spitzenqualität steht, sind Sie hier genau richtig.

Waldburger Schinken

Edensbach 193, D-88289 Waldburg
info@waldburger-schinken.de
www.waldburger-schinken.de
Telefon:
+49 (0)75 29-97 19-0
Telefax
+49 (0)75 29-32 33

Öffnungszeiten Direktverkauf

Dienstag bis Freitag:
9 bis 12 Uhr und
14 bis 18 Uhr
Samstag:
8 bis 12 Uhr,

Bestes Fleisch aus der Region

"Pfad" Bauernladen in Pfronten

"Wenn schon Fleisch, dann richtig gutes", so denken mittlerweile viele Menschen und kehren Massentierhaltung und Billigfleisch den Rücken. Die Angebote an qualitativ hochwertigem Fleisch steigen dementsprechend an, doch in Pfronten gibt es noch einen echten Geheimtipp: den Bauernladen "Pfad". Hier haben sich engagierte Pfrontener Landwirte zusammen getan und eine tolle Alternative zu herkömmlichen Fleisch- und Wurstprodukten geschaffen.
Jede Woche werden ein Rind und zwei Schweine in Schattwald geschlachtet und vom vereinseigenen Metzger traditionell verarbeitet. Alle 3 Wochen kommt ein Kalb dazu.

Das besondere dabei: die Rinder haben mindesten 2 Sommer auf einer der umliegenden Almen verbracht, hier ist also artgerechte Haltung und beste Versorgung der Tiere garantiert.

Der Laden in Pfronten hat dann jeweils freitags und samstags geöffnet und verkauft Steaks, Filetstücke, Schnitzel, Schinken und diverse Wurstsorten. Zusätzlich gehören Milch, Butter, Käse und Eier aus Pfronten zum Angebot.

Pfad - Bauernladen

Allgäuer Straße 31
D-87459 Pfronten
Tel. +49 (0)8 63-92 85 64

Die Mühlenstraße in der schwäbischen Landschaft

Da bewegt sich was

In keiner deutschen Landschaft findet man so viele historische Mühlen wie in den schwäbischen Regionen Süddeutschlands. In Oberschwaben, Bayerisch Schwaben, der Schwäbischen Alb und dem Schwäbischen Allgäu zeugen die Mühlen vom handwerklichen Erfindergeist vergangener Jahrhunderte. Mit intelligenter Wasserbautechnik und ausgeklügelter Mechanik wurden die Kraft der Natur nutzbar gemacht und eine reiche Kulturlandschaft gestaltet. Die hoch entwickelte Mühlentechnik bildete die Grundlage für heutige bedeutende Firmen. In hunderten von Wassermühlen wurde Korn gemahlen, Holz gesägt, es wurden Tierfelle gewalkt und Schmiedehämmer betrieben.

Walzenstuhl
(Bilder und Karte Gerd Graf)

2005 wurde das Netzwerk Mühlenstraße Oberschwaben durch Dr. Lutz Herbst und Gerd Graf ins Leben gerufen. Die Arbeitsgemeinschaft Mühlenstraße Oberschwaben e.V. hat es sich seit 2008 zur Aufgabe gemacht, das kulturhistorische Erbe der Mühlen in der Region zu bewahren. Die Mühlen liegen meist in idyllischer Landschaft und werden von gastfreundlichen Handwerkerfamilien betrieben. In vielen Mühlen werden nach Voranmeldung hochinteressante Führungen angeboten. Vor allem Schulklassen nehmen diese Angebote gerne wahr. Die Kinder sind fasziniert von der sehenswerten jahrhundertealten Technik.

In der Region gab es früher zahlreiche kleine geistliche und weltliche Territorien mit einer eigenen Mühle. So findet man bei dem Besuch von historischen Klosterlandschaften oft eine liebevoll restaurierte Mühle, die eine Besichtigung lohnt. Meist waren die Klöster die treibende Kraft der technischen Weiterentwicklung der Mühlen. Vor allem die Benediktinermönche zeichneten sich als geniale Wasserbautechniker aus. Noch heute durchziehen klösterliche Mühlkanäle und Mahlweiher die romantische Hügellandschaft.

Blautopfmühle

Mühlenstraße OBERSCHWABEN

www.muehlenstrasse-oberschwaben.de

Die Väter der Mühlenstraße:
Gerd Graf und Lutz Dietrich Herbst
(Foto: Achim Zepp)

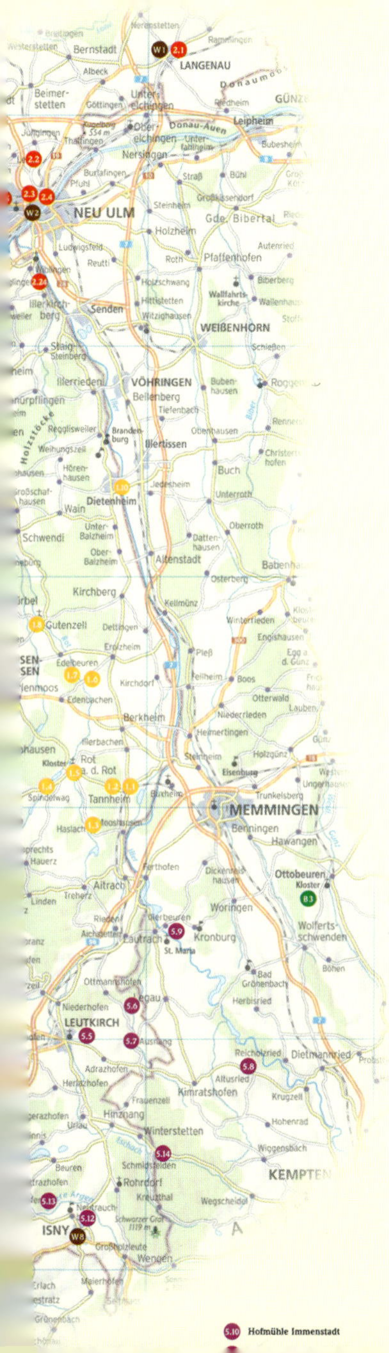

Auf einer Reihe von wasserhistorischen Rad- und Wanderwegen kann man im Rahmen einer Exkursion Mühlen erkunden. Hierzu gehören der Wasserspuren-Radweg Donauried, der Stadtspaziergang durch das Fischer- und Gerberviertel Ulm, die Teilnahme an einer Führung durch die „Wasserstadt Biberach an der Riß", der Erlebnisweg „Salemer Klosterweiher", der Themenwanderweg „Der stille Bach und seine Gewässer" in Weingarten und die zahlreichen Westallgäuer Wasserwege.

Bei vielen Mühlen sind auch gastfreundliche Einkehrmöglichkeiten vorhanden, zum Beispiel im Gasthof Laufenmühle in Lauterach, im Heggbacher Mühlencafé in Maselheim, in der Oberen Mühle in Leutkirch-Ausnang, im Oberschwäbischen Museumsdorf Kürnbach in Bad Schussenried, im Aymühler Fischerstüble in Biberach-Stafflangen, im Bauernhausmuseum in Wolfegg, im Glasmacherdorf in Leutkirch-Schmidsfelden oder im Schwäbischen Bauernhofmuseum in Kronburg-Illerbeuren.

Wichtige Adressen und Telefonnummern

Mühlenstraße Oberschwaben
Gerd Graf
Mühlbergstr. 10
D-88459 Tannheim
Tel. +49 (0)8395 1209
Fax +49 (0)8395 9307
info@dinkelmuehle-graf.de
www.dinkelmuehle-graf.de

Weil es einfach gut tut

Allgäuer Ölmühle

Pflanzenöle sind Bausteine des Lebens und versorgen den Körper mit unentbehrlichen Vitaminen und Omega-Fettsäuren. Sie liefern Energie und tragen zu Wohlbefinden und gesunder Ernährung bei. Außerdem sorgen sie für die schmackhafte Zubereitung von Speisen.

In der Allgäuer Ölmühle werden aus Nüssen und Saaten nach traditionellen Verfahren rein mechanisch Öle gewonnen. Kaltgepresst bieten sie ein Geruchs- und Geschmackserlebnis. Da bei diesem Verfahren die wertvollen Inhaltsstoffe erhalten bleiben, bilden die Vital-Öle einen Grundbaustein für die Gesundheit und eine bewusste Ernährung. In den kaltgepressten Ölen aus der Ölmühle spiegeln sich die Feinheit und die Einzigartigkeit der Natur.

Die Allgäuer Ölmühle – eine Manufaktur

Bei der mechanischen Pressung von Nüssen und Saaten sind viele Arbeitsschritte von Hand gefragt. So produziert die Ölmühle ihre Öle auch nur in Bioqualität, um dem wachsenden Trend der Menschen nach einem gesunden Leben Rechnung zu tragen. In der Allgäuer Ölmühle legt man auch Wert auf Nachhaltigkeit und volle Rohstoffverwertung. Da bei der Kaltpressung von Ölen sogenannte Presskuchen entstehen, werden diese weiterverarbeitet. Sie tragen eine Vielzahl wertvoller Inhaltsstoffe in sich und durch die mikrofeine Vermahlung entstehen Mehle und Proteine, die für Allergiker und Diabetiker geeignet sind. Sie liefern wertvolle Nähr- und Ballaststoffe für eine vegane und vegetarische Kost.

So wird die Küche zum Paradies

Beim Blick in das Sortiment der Allgäuer Ölmühle läuft dem Feinschmekker das Wasser im Mund zusammen: Feines Walnuss- und Haselnussöl

findet sich hier neben geröstetem Kürbiskernöl und biologischem Hanf- oder Traubenkernöl. Außergewöhnliche Sorten wie Schwarzkümmel- und Granatapfelöl bilden ebenso Küchenschätze wie Mandel- oder Arganöl. Abgerundet wird das Angebot durch feine Essigsorten wie Himbeer- oder Granatapfelessig, biologischem Aceto Balsamico oder Apfel-Balsamico, der im Holzfass gereift ist. Die breite Palette der verschiedenen Küchenchampions zum Braten, Frittieren oder zum Veredeln kalter und warmer Speisen sollte in keiner Küche fehlen, um den Gaumen der Gourmets zu schmeicheln.

Allgäuer Ölmühle e.K.

Heisinger Str. 45
D-87437 Kempten
Tel. +49 (0)831-96 09 86 11
info@gutes.bio
www.allgaeuer-oelmuehle.de

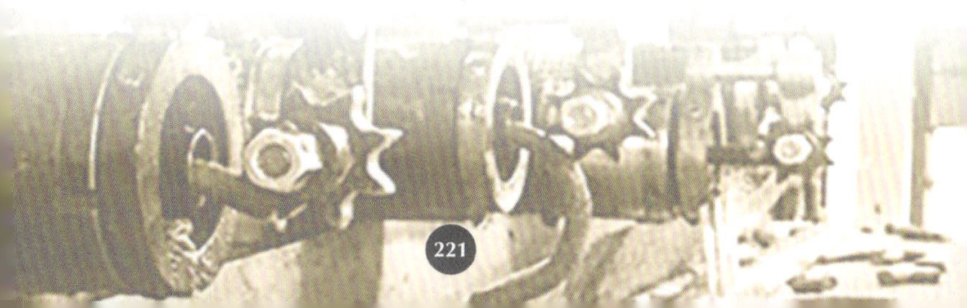

Gelungener Spagat zwischen Altertum und Neuzeit

Dinkelmühle Graf

Man fühlt sich in längst vergangene Zeiten versetzt, wenn man die Dinkelmühle Graf in Tannheim betritt. Neben einem Wohnbau finden sich der Getreidespeicher und die Mühle, in der noch heute mit Wasserkraft die alten Mühlsteine angetrieben werden. Der Standort der Mühle ist schon um 1100 erwähnt.

Mönche des Klosters Ochsenhausen erbauten dann vor etwa 400 Jahren die jetzige Mühle. 2018 wurde die zur Müllergilde gehörend, und das Müllerhandwerk zum "Immateriellen Kulturerbe der UNESCO“ aufgenommen. Der Familienbetrieb wird heute in der 5. Generation von der Familie Graf betrieben. Mit viel Können und handwerklichem Geschick wird hier das Getreide von Korn zu Mehl verarbeitet. Die kleine Landwirtschaft der Familie Graf, in der mit sieben-gliedrigen Fruchtfolgen gearbeitet wird, bietet gesunde Böden, auf denen das Korn wächst, das später in der Mühle gemahlen wird. Die Verbraucher, die sich für einen Besuch der Mühle entscheiden, kommen somit in den Genuss hochwertiger, naturbelassener Produkte, die mit minimalem Energieaufwand erzeugt, verarbeitet und nicht unnötig in der Gegend herum transportiert werden.

Der Besuch der Mühle lohnt sich: Zum einen werden den Gästen die Abläufe in und um die Mühle und das Müller-

handwerk erklärt. Bei einer Mühlenführung taucht man in die Geschichte und Technik der Getreideverarbeitung ein und erfährt so einiges über die heutige Lebensanschauung des uralten Handwerks. So werden alleine mit der Wasserkraft des Mühlbachs die Maschinen in den vier Stockwerken der Mühle mit mechanischer Kraft des sieben Meter hohen Wasserrads versorgt. Gerd Graf ist Mitinitiator der Mühlenstraße Oberschwaben.

Gleichbleibende Qualität der Produkte im Mühlenladen

Dem Besuch der Mühle schließt sich ein Blick in den Mühlenladen an. Da das verarbeitete Getreide ausschließlich aus den eigenen und benachbarten landwirtschaftlichen Betrieben stammt, setzen die Kunden hier auf Nachhaltigkeit. Kurze Transportwege bieten frische Produkte, die zum großen Teil ohne künstliche Zusätze und Haltbarkeitsmittel auskommen.
Neben Weizen-, Emmer- und Dinkelmehl finden sich in Sortiment des Mühlenladens Roggenmehl und -korn, Hafer, Grünkern, Gerste, Hartweizengrieß und vieles andere, was für eine gesunde und frische Küche benötigt wird.

Dinkelmühle Graf
Mühlbergstraße 10
D-88459 Tannheim
Tel +49 (0)8395 1209
Fax +49 (0)8395 93 007
info@dinkelmuehle-graf.de
www.dinkelmuehl-graf.de

Mahlen als Leidenschaft

Löffelmühle

Aus der Region und für die Region wird hier Korn gemahlen. Schon im 13. Jahrhundert ist in den Unterlagen des Klosters Weingarten der heutige Standort der Löffelmühle in Bergatreute erwähnt und die Müller vorsorgen seit jeher die Region damals mit Mehl heute mit Futtermitteln.

Die heutigen Betreiber, Martin und Michaela Schrott, nutzen die moderne Technik dort, wo früher mit reiner Wasserkraft gearbeitet wurde.

Hier wird die Arbeit noch als Handwerk gesehen, das mit Leidenschaft und Ehrlichkeit betrieben wird. Für die Futtermittel, die hier hergestellt werden, kommt nur Getreide in die Mühle, das aus der Region stammt und gentechnikfrei bezogen wird. So findet sich in dem Sortiment Rinder-, Pferde- und Hühner- sowie Hasenfutter, das die Halter mit gutem Gewissen an ihre Tiere verfüttern können. Schließlich steht die Gesundheit der Tiere für den Müllermeister an erster Stelle.

Ein Besuch im Mühlenladen

Einblicke in die Arbeit und das Sortiment der Löffelmühle erhält der Besucher, wenn er den Mühlenladen betritt. Hier präsentiert sich ein regionales Angebot, das aus verschiedenen Mehlsorten, Nudeln, Müsli und Ölen besteht. Köstlichkeiten wie Suppen, Saucen und Pestosorten runden das Sortiment ab, das manchen Feinschmecker überzeugen wird.

Öffnungszeiten

Die Löffelmühle in Bergatreute ist täglich von 8 bis 12 und von 14 bis 18 Uhr sowie am Samstag von 9 bis 12 Uhr geöffnet.

Löffelmühle

Löffelmühle 1, D-88368 Bergatreute
Tel. +49 (0)7527-4008
info@loeffelmuehle.info
www.loeffelmuehle-futtermittel.de

Beste Pflanzenöle – selbst gepresst

Ölmühle Sailer in Wangen und Lochau

Gesund und köstlich sind sie, die frisch gepressten Bio- und Rohkostöle der Familie Sailer. Denn hier wird ganz genau auf die Qualität der Ausgangsprodukte geachtet und auf das richtige, nämlich schonende Pressverfahren. So bleiben garantiert sämtliche Inhaltsstoffe, die die Öle so wertvoll für unseren Körper machen, erhalten. Ob Aprikosenkern-, Borretsch-, Lein- oder Pistazienkernöl, das breite Spektrum mit über 20 verschiedenen Pflanzenölen erfüllt auch ausgefallene Wünsche. Darüber hinaus werden in den urigen Läden in Wangen und Lochau (AT) noch verschiedene Mehle, Muse, Salze, Samen, Essig, vegane Nudeln und natürliche Köperpflege angeboten. Wer es originell mag, kann sich einen wunderbaren Geschenkkorb mit personalisiertem Inhalt zusammenstellen lassen.

Ölmühle Sailer

Eselberg 5, D-88239 Wangen
+49 (0)7522-7090785 und
Landstr. 3, A-6911 Lochau
+43 (0)664-1237004
info@oelmuehle-sailer.at
www.oelmuehle-sailer.at

Beste Honigqualität aus Meisterhand

Allgäuer Honigladen

Honig ist weit mehr als ein süßer Brotaufstrich! Es ist eine Delikatesse, die es im Allgäuer Honigladen Oberstaufen in vielen Ausführungen zu kaufen gibt.

Die Imkerfamilie Schehle verkauft in ihrem Honigladen Honig aus ihrer eigenen Imkerei, die sie seit vielen Jahren im Herzen des Allgäus betreibt. Der natürliche Umgang mit den Bienen hat dabei den höchsten Stellenwert. Denn nur so können die Natur und die heimische Blumenwelt erhalten bleiben. Je nach Jahreszeit beschenken uns die fleißigen Bienen im Frühling mit Löwenzahn- und Blütenhonig, sowie in den Sommermonaten mit edlem Waldhonig. Auf den natürlichen Wiesen und Sträuchern sammeln die Bienen die Vitamin- und eiweißreichen Blütenpollen. Die aus der Apitherapie bekannten Bienenprodukte Propolis und Gelee Royale (die Nahrung der Bienenkönigin), sowie viele weitere besondere Bienenprodukte können Sie im Allgäuer Honigladen erhalten.

Einen Teil der Honigernte veredelt die Imkerfamilie Schehle mit Gewürzen oder auch mit Fruchtmark zu besonderen süßen Kostbarkeiten.

Neben ihrem eigenen Honig verkaufen sie in ihrem Allgäuer Honigladen auch internationale Spezialitäten wie Lavendel-, Thymian-, Pinien- und Orangenhonig, sowie hochwertigen Manukahonig aus Neuseeland. Kerzen aus echtem Bienenwachs, hochwertige Spirituosen, Met und Kosmetika aus Bienenprodukten ergänzen das vielseitige Sortiment, welches der Kunde im Honigladen finden kann. Der Allgäuer Honigladen ist mit seinen Waren auch auf vielen Bauernmärkten und Weihnachtsmärkten in der Umgebung vertreten.

Allgäuer Honigladen

Rothenfelsstraße 7
D-87534 Oberstaufen
Tel. +49 (0)8386 98 03 45
info@allgaeuer-honigladen.de

Öffnungszeiten

Mo., Di, Do. und Fr.,
10 bis 12:30 und 14 bis 18 Uhr,
Sa. 10 bis 12:30 Uhr.
Mi. und So. geschlossen.

In den Wintermonaten November bis Februar bis 17 Uhr geöffnet.

Ein Ort für Genuss und Entspannung

Café-Hotel Greinwald

Inmitten der Kreisstadt Marktoberdorf liegt das Café-Hotel Greinwald. Schon seit 1984 ist das familiengeführte Traditionscafé ein beliebter Treffpunkt für Jung und Alt. Im Jahr 2011 wurde das Haus dann zum Hotelbetrieb erweitert.

Genießen im Café

Im Café können die Gäste selbstgemachte Kuchen, Torten und Eisspezialitäten aus der hauseigenen Konditorei genießen. Feinschmecker sollten sich auf keinen Fall die Pralinen aus eigener Herstellung entgehen lassen, die sich auch perfekt als Geschenk für die Liebsten Zuhause eignen. Außerdem bietet das Haus jeden Tag ein Schlemmerfrühstücksbuffet und eine täglich wechselnde Mittagskarte mit Fleisch- und Fischgerichten sowie vegetarische Speisen an. Weit über die Region hinaus ist der Sonntagsbrunch bekannt, bei dem man am reichhaltigen Buffet so viel schlemmen kann, wie man will. Die gemütlich und liebevoll eingerichteten Räumlichkeiten laden zum Verweilen ein. Bei schönem Wetter ist der Café-Garten und die beheizbare Terrasse der ideale Ort, um die vielen Köstlichkeiten auch draußen zu genießen.

Wohlbefinden für den Gast

Die verkehrsgünstige, ruhige Lage des Café-Hotel Greinwald lässt einen die Sehenswürdigkeiten des Allgäus in nur kurzen Fahrzeiten erreichen. Übernachtet wird in einem der 18 hellen und modern eingerichteten Zimmer verschiedener Kategorien, die barrierefrei über einen Aufzug erreichbar sind.

Für entspannte Stunden lädt der hoteleigene Ruheraum mit Sauna ein, wo man den Tag relaxt ausklingen lassen kann.

Egal ob für einen Kurzurlaub oder ein Stück Apfelstrudel – ein Besuch im Greinwald lohnt sich immer.

Café-Hotel Greinwald

Familie Hiemer
Georg-Fischer-Straße 22
D-87616 Marktoberdorf
Tel. +49 (0)83 42-4 20 46-0
Fax +49 (0)83 42-4 20 46-99
info@hotel-greinwald.de
www.hotel-greinwald.de

Deutschlands erster BIO-Coffee-Shop

Coffee-friends-Shop

Den Trends auf der Spur, das sind die Macher der Coffee-friends-Shops in Kempten und Dietmannsried. Und in Sachen Ernährung gibt es zwei ganz

klare Trends: Nachhaltigkeit und hohe Qualitätsansprüche. Beide erfüllen die Coffee-friends glänzend - bestätigt wird das durch die BIO-Zertifizierung von Anfang an – und so trafen die Shops bei der Eröffnung auf eine Marktlücke und die begeisterte Annahme des Angebots durch zahlreiche Kundschaft.

Guter Kaffee – ein Lebenselixier

Ob morgens, mittags oder nachmittags - eine duftende Tasse Kaffee kann manchmal die Rettung sein, in jedem Fall verschönert sie den Augenblick und lässt einen zur Ruhe kommen. Beste Kaffespezialitäten sind in den Coffee-Shops garantiert und das stilvolle Ambiente trägt zum Wohlfühlen bei.

Beste Rohstoffe für Brotzeit und Mittagstisch

Komplettiert wird der Genuss mit besten Backwaren aus dem Hause Franz & Xaver, die Kemptener Bio-Bäckerei, die einen Großteil Ihrer leckeren Brote, Semmeln und Kuchen aus bestem Dinkelmehl herstellt. Für die entspannte Mittagspause gibt es jeden Werktag ein schmackhaftes Mittagsgericht, natürlich ebenfalls Bio. Die Standorte sind mit ebenso viel Bedacht gewählt wie die verwendeten Rohstoffe, denn die Shops sind am Klinikum Kempten sowie einen Katzensprung entfernt von der A7 auf Höhe Dietmannsried positioniert. Das macht es einfach, sich selbst das Beste zu gönnen.

Coffee-friends-Shop
Steinbühl 1
87463 Dietmannsried
Tel. +49 (0)83 74-5 89 45 18
shop@coffeefriends.de
www.coffeefriends.de

Italienisches Eis mit besten Allgäuer Zutaten

Allgäuer Eismanufaktur

Vor mehr als fünfzig Jahren kam Remo Soravia, ein italienischer „Gelatiere" aus dem berühmten „Tal der Eismacher" Valle di Cadore, nach Isny und brachte seine eigenen Rezepte mit.
Der findige Eismacher erkannte schnell die hervorragende Qualität der Allgäuer Naturprodukte und eröffnete ein italienisches Eiscafé, das später von seinen Söhnen übernommen wurde.
Heute führen die Brüder Agostino und Michele Soravia den Familienbetrieb bereits in vierter Generation. Dazu gehören eigene Eiscafés in Isny und Oberstaufen, geführt von Frau Ljilja, wo die köstlichen Kreationen der Allgäuer Eismanufaktur serviert werden. Zudem stellt die Manufaktur Speiseeis für Gastronomie, Handel und Großabnehmer ohne die künstlichen Farb-, Geschmacks-, und Konservierungsstoffe her. Neben den lange gehüteten Familienrezepten ist das Geheimnis der cremig-schmelzenden Köstlichkeiten im Hause Soravia die Qualität der Zutaten. Die Milch für das Eis wird gleich nebenan von den glücklichen Kühen des Biobauers Zengerle produziert. Allgäuer Heu und Wiesenkräuter geben der Milch ihren guten Geschmack und

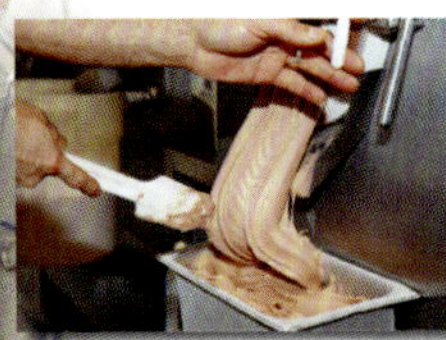

machen das Eis zu einem nachhaltigen Produkt. Auch andere Zutaten wie Kirschen, Zwetschgen, Äpfel, Birnen – und sogar Bier für eine Biereiskreation – kommen aus der Region. Ergänzt werden sie durch sizilianische Zitrusfrüchte oder Nüsse aus dem Piemont. Michele Soravia hat ein System entwikkelt, um aus praktisch allen möglichen Bestandteilen ein ausgewogenes Eis herstellen zu können.

Eis zu essen ist eine Erfahrung für alle Sinne. Jeder Eisgourmet hat ein Lieblingseis, das ultimatives Wohlbefinden vermittelt. Zwischen den 160 verschiedenen Sorten der Allgäuer Eismanufaktur kann man sich kaum für nur einen Favoriten entscheiden. Am besten, man probiert sie alle: sahnig-cremiges Erdbeereis, marmoriertes Buttermilch-Holunder-Eis, frisches Himbeer-Rosmarin-Sorbet, knackiges Creme Brulee-Eis, winterliches Lebkucheneis – und alle weiteren leckeren Sorten. Selbst das persönliche Traumeis mit ungewöhnlichen Ingredienzien kann in der Allgäuer Eismanufaktur ab 15 Litern Wirklichkeit werden – ein kulinarischer Höhepunkt für Feste und Veranstaltungen. Wunderbar, dass es noch Eismacher gibt, die das Speiseeis mit Liebe und Fachwissen selbst herstellen!

Allgäuer Eismanufaktur

Gebrüder Soravia
Am Achener Hof 7
D-88316 Isny im Allgäu
Tel. +49 (0)75 62-9 14 91 18
info@allgaeuer-eismanufaktur.de
www.allgaeuer-eismanufaktur.de

Eiscafé Soravia Oberstaufen

Hugo-von-Königsegg-Straße 168
D-87534 Oberstaufen
Tel. +49 (0)83 86-72 62
Öffnungszeiten: täglich 10 bis 22 Uhr

Pralinen selber herstellen

Pralinenschule & Manufaktur

Wer Freude an der Herstellung süßer Verführungen hat, ist bei Birgit Heel bestens aufgehoben. Sie vermittelt ihr Wissen in Pralinenkursen, in denen die Teilnehmer Pralinen zaubern oder Rohschokolade herstellen. In Kleingruppen von maximal sechs Personen lernen die Teilnehmer hier Schritt für Schritt jeden Handgriff der Confiserie-Kunst kennen. Daneben erfahren die Teilnehmer viel über die Rohstoffe und Zutaten.
Auch während der Gruppenkurse wie z. B. bei Jungesellinnenabschied, Teambuilding oder Privatkurs – in der Pralinenküche erlebt man immer süße Stunden. Ab 2020 werden sogar Backevents angeboten.

Pralinenkurse

In ihren Kursen legt die Schokoladen Sommelière sehr großen Wert darauf, den Bedürfnissen der Teilnehmer gerecht zu werden. Und so werden in den lehrreichen Stunden köstliche und filigrane Pralinen selbst hergestellt. Von Trüffel über handgegossene Formpralinen bis hin zu Likörpralinen (Krustenpralinen) reicht das Angebot kleiner Meisterwerke, um den Lieben daheim mit den selbst gefertigten Leckereien Freude zu machen.

Birgit Heel
Pralinenschule & Manufaktur
Geprüfte Schokoladen Sommelière
D-87700 Memmingen
Tel. +49 (0)1 60-94 92 02 00
info@birgit-heel.com
www.birgit-heel.com

Lecker, lecker, BIO

Cafe MöhrenPik in Bad Wörishofen

Allein der originelle Name zaubert jedem Besucher ein Lächeln ins Gesicht, das dann angesichts des liebevoll zusammen gestellten Ambientes immer breiter wird. Das Cafe ist wie geschaffen dafür, es sich bequem zu machen, sich bei einer guten Tasse Kaffee und einem leckeren Kuchen mit Freunden zu treffen, oder aber die Mittagspause zu genießen. Das Beste aber – es handelt sich um das erste BIO-zertifizierte Cafe in Bad Wörishofen. Nicht weit entfernt von der bekannten Kurpromenade, verwöhnt es seine Gäste mit vegetarisch-biologischen Köstlichkeiten, die täglich frisch aus regionalen, hochwertigen Bio-Zutaten hergestellt werden.

Leckere Mittagsgerichte

Die Mittagskarte kann sich sehen lassen. Täglich gibt es eine Suppe, ein vielfältiges Salat- und Rohkostbuffet sowie ein Mittagsgericht.
So schmeckt bio.

Cafe MöhrenPik

Schmiedstraße 2
D-86825 Bad Wörishofen
Tel. +49 (0)8247-99 89 55
info@cafe-moehrenpik.de
www.cafe-moehrenpik.de

Öffnungszeiten:

Mo. bis Fr. von 11 bis 18 Uhr,
Sa. und So. Ruhetag.

Genießen im Märchenland

SISSI Zuckerbäckerei & Café

Wer das Café zum ersten Mal betritt, wird das Gefühl haben, in eine andere, eine bessere, eine liebevollere Welt gefallen zu sein. Wie ein weicher Mantel umschließt das Ambiente seine Gäste – die mit großen Augen die bis ins kleinste Detail perfekt inszenierte märchenhafte Welt in sich aufsaugen. Der helle, rosa-verspielte Bereich "Sissi" wird abgelöst vom dunkleren, männlich-gediegenen Bereich "Franzl" in Braun- und Grüntönen. Man kann sich kaum satt sehen an der originellen Gestaltung und den witzig-schönen Deko-Ideen. Nach dem berühmten Monarchenpaar sind auch die legendären Frühstücksangebote benannt, die wahrhaft kaiserlichen Ansprüchen genügen. Nicht nur für einen gelungen Einstieg in den Tag ist hier gesorgt, leckere Mittagstisch-Angebote oder die hausgemachten Kuchen und natürlich die umfangreiche Getränkekarte laden zu allen Tageszeiten ein, sich ins Reich der Phantasie entführen zu lassen.

SISSI Zuckerbäckerei & Café

Rathausplatz 13, D-87435 Kempten
Tel. +49 (0)831-69 71 56 95
servus@sissi-kempten.de
www.sissi-kempten.de
Mo. bis Sa. 9–18 u. So. 10 –18 Uhr,
Feiertage Schönheitsschlaf

Der Gipfel des Genusses

Zucker-Zwerg Oy-Mittelberg

Dass hier Leidenschaft im Spiel ist, merkt man bei jedem Bissen. Manuela Fischer ist ausgebildete Köchin und hat nach verschiedenen Stationen in erstklassigen Hotels und Restaurants ihre Liebe zur Patisserie entdeckt. Die logische Folge war der Besuch der Konditor Meisterschule und so hat sie ihren Traum wahr gemacht. In der kleinen, feinen Confiserie "Zucker-Zwerg" in Oy-Mittelberg stellt sie mit Kreativität und Innovationsgeist die leckersten Pralinen, Torten und auch sonstiges Gebäck her. Kein Anspruch ist zu hoch und kein Torten-Motto zu schwierig. Ob Babyschuhe oder Gebirgstorte, Eulen- oder Snoopykuchen, hier werden aus besten Zutaten Unikate hergestellt. Ihr Wissen gibt sie in verschiedenen Back- und Pralinenkursen an Erwachsene und auch Kinder gerne weiter. Im Kaufhaus Schall, dem entzückenden Tante-Emma-Laden in Oy-Mittelberg, sind die köstlichen Pralinen täglich im Angebot.

Zucker Zwerg
Lindenstraße 1
D-87466 Oy – Mittelberg
Tel. +49 (0)83 66-98 86 90
manuela@zucker-zwerg.de
www.zucker-zwerg.de

Paradies für Leckermäulchen

Die Trüffelfee

Wer Schokolade liebt und bei Trüffel und Co. ins Schwärmen gerät, der ist in der kleinen Chocolaterie in Kaufbeurens Innenstadt genau richtig. Aus allerbesten Zutaten wird hier alles hergestellt, was die Äuglein kleiner und großer Naschkatzen zum Leuchten bringt. Trüffel locken mit verheißungsvollen Geschmacksrichtungen wie Mohn-Tonga, Zedernnuss oder Rose. Sehr originell: One-Shot-Trüffel mit einmaliger Alkoholampulle, die variabel befüllt wird. Hauchdünne Schokolade mit dem Aroma von Lavendel, frisch gemahlenem Espresso oder dem puren Geschmack der handgepflückten Wildkakaobohnen - das klingt nach purem Genuss. Als witzige Geschenkidee kann man die Schokolade mit eigenen Fotos bedrukken lassen. Doch damit nicht genug, auch aufwändige Torten, traumhafte Tartelettes, farbenfrohe Macarons und viele weitere Kleingebäck-Köstlichkeiten werden bei der Trüffelfee gezaubert. Und wer gerne alles selber macht, der sollte einen der angebotenen Kurse zur Herstellung von Trüffeln und Schokolade besuchen - gibt es übrigens auch für Kids.

Die Trüffelfee
Stefanie Ruiz Fernandez
An der alten Papiermühle 2
D-87600 Kaufbeuren
Tel. +49 (0)8341-9 96 22 53
info@die-trueffelfee-chocolaterie.de
www.die-trueffelfee-chocolaterie.de

Vom Feinsten

Pralinés & Accessoires

Wer sich etwas Gutes tun und seinen Gaumen verwöhnen möchte, der wird am Martin-Luther-Platz in Memmingen fündig! In seinem Feinkostfachgeschäft „Vom Feinsten" ist für Harald Urban der Name Programm. Das Angebot ist sorgfältig ausgesucht: für die Premiumpralinen verwendet der Hersteller, die Confiserie Storath, ausschließlich Kakaobutter im Schokoladenanteil bei deutlich reduziertem Zuckeranteil. Edle Kaffeemischungen von Wiens Traditionskaffeerösterei Julius Meinl sind ebenfalls zu haben. Hier gibt es „Coffee to stay": Die Kaffeespezialitäten werden im gemütlichen Gastraum für den Genießer frisch zubereitet und serviert. Die hochwertige Spezialröstung verleiht dem Kaffee ein unvergleichliches Aroma bei geringem Säureanteil. Edelbrände, Schaumweine, alkoholfreie PriSecci, Weine, sowie erstklassige Schokoladen und aromatische Teesorten in Bio-Qualität runden das Angebot ab.

Neben den Gaumenfreuden können auch feine Porzellane, Gläser und Tischwäsche verschiedener Hersteller erworben werden. Eben alles vom Feinsten!

Vom Feinsten
Pralinés & Accessoires

Harald Urban
Martin-Luther-Platz 7
D-87700 Memmingen
Tel. +49 (0)83 31-9 74 02 44
info@vomfeinsten-memmingen.de
www.vomfeinsten-memmingen.de

Öffnungszeiten

Montag Ruhetag,
Di.–Fr. 10–13:30 u. 14:30–18 Uhr,
Mi. 10 –13:30 und 14:30 –19 Uhr,
Sa. von 10–14 Uhr.

Café und Dekoladen

Oafach Schea

"Das ist ein toller Dekoladen und tolles Café. Erst schön frühstücken, dann etwas Schönes mit nach Hause nehmen. Da fühlt sich jede Frau wohl..." oder "Leckere selbst gebackene Kuchen und Torten, oafach schea und g'mütlich...". So oder so ähnlich klin-

gen die Kommentare in den sozialen Medien. Und entsprechend präsentiert sich das Deko-Café "Oafach Schea" in Hohenfurch. Kunsthandwerklich hergestellte Produkte und Kunstgewerbe, das dem eigenen Heim das gewisse Extra verleiht, geben sich hier ein Stelldichein neben einer Fülle von Geschenkideen und Denkanstößen für kreatives Gestalten. Daneben können die Kunden und Gäste dem gemütlich eingerichteten Cafè einen Besuch abstatten. Dort werden sie mit Köstlichkeiten aus der eigenen Backstube und feinen Kaffee- und Teespezialitäten verwöhnt und genießen die Zeit in den stilvoll eingerichteten Räumlichkeiten.

Oafach Schea Deko-Café

Hoheneggstraße 31
D-86978 Hohenfurch
Tel. +49 (0)88 61-2 59 69 96
Oafach-Schea@gmx.de

Öffnungszeiten

Mi. bis Fr. 9-12 u.14-18 Uhr,
Sa. 9:30-12:30 Uhr .

Das Honigdorf Seeg

Ein Dorf zum Schwärmen

Direkt am Fuße der Allgäuer Alpen und in unmittelbarer Nähe zum berühmten Märchenschloss Neuschwanstein liegt das Honigdorf Seeg. Hier gibt es nicht nur die typischen Allgäuer Milchkühe, sondern auch unzählige fleißige Bienchen, die dafür sorgen, dass es in und um Seeg summt und brummt. Der Honig und die Imkerei haben in Seeg eine 100-jährige Tradition. Bereits im Jahr 1905 wurde hier der erste Bienenzuchtverein gegründet. Und wer Seeg kennt weiß: Honig und Seeg – das gehört einfach zusammen! Nicht umsonst ist Seeg das erste Honigdorf in Deutschland: 55 aktive Imker und 600 Bienenvölker leben und arbeiten hier.

Herzstück des Honigdorfes Seeg ist die liebevoll gestaltete Erlebnisimkerei mit großem Schaubienenhaus. Auf knapp 150 m^2 erhalten Interessierte hier spannende Einblicke in das Leben des Wunderwerks Biene, deren vielfältige Erzeugnisse, ihre Lebensräume und Gefahren. Sie erfahren Wissenswertes über den Beruf des Imkers und können sich dessen verschiedene Arbeitsgeräte ansehen.

Außerdem erfahren die Besucher, wie der Honig und die verschiedenen Honigprodukte hergestellt werden und können diese auch vor Ort probieren und kaufen.

Wer sich traut, kann die kleinen Bienchen hier auch hautnah erleben, z. B. im angrenzenden Schaubienenhaus, beim begehbaren Bienenvolk oder dem Wildbienenhotel. Die Erlebnisimkerei kann auf eigene Faust, aber auch im Rahmen einer der zahlrei-

Seeg
(Bilder Gemeinde Seeg)

chen spannenden Führungen entdeckt werden.

Quer durch das Dorf schlängelt sich der ganzjährig begehbare Bienen-Erlebnispfad. An zwölf Stationen gibt es für große und kleine Bienenfans einiges zu entdecken. Direkt am Erlebnispfad liegt auch der Bienchen-Spielplatz, an dem getobt und gespielt werden kann.

Öffnungszeiten Erlebnisimkerei:
Mitte April bis Mitte Oktober: jeden Donnerstag und Sonntag, 14 - 17 Uhr
Führungen mit Kostproben: jeden Donnerstag, 15 Uhr. (Anmeldung bitte bis Mittwoch, 12 Uhr in der Tourist-Information Seeg). Angeboten werden verschiedene Führungen und Vorträge, auch für (Bus-) Gruppen, Vereine, Kindergärten und Schulen. Auch Imkerschulungen finden hier statt. Termine jeweils auf Anfrage.

Informationen, Führungsanfragen und Gruppenangebote sind hier erhältlich

Wichtige Adressen und Telefonnummern

Honigdorf Seeg
Hauptstraße 33, D-87637 Seeg
Tel. +49 (0)8364 98 30 33
info@seeg.de
www.seeg.de/erlebnisimkerei-seeg

Genussmomente in der Mittagspause

Mittagstisch-Portal www.kochen-lassen.info

Von der Alp übers Allgäu bis zum Bodensee und Oberbayern bietet die Online-Plattform all jenen, die einen Blick auf den aktuellen Mittagstisch der regionalen Gastronomie werfen möchten, die passenden Lokalitäten.
Hauptsächlich von Montag bis Freitag werden auf www.kochen-lassen.info leckere und preisgünstige Tagesgerichte präsentiert. Das Portal ist sowohl auf Smartphones, Tablets und auch PC's komfortabel zu bedienen. Das Besondere dabei ist, dass alle Informationen regionen- bzw. städteweise abgerufen werden können, so dass der Interessierte mit wenigen Klicks darüber informiert wird, was es heute wo zu essen gibt – und das gleich um die Ecke. Die Leberkäs'semmel zu Mittag ist out, obwohl sie zwischendurch immer mal lecker ist. Aber für den gesunden Gaumenschmaus zur Mittagszeit, ob mit Fleisch oder vegetarisch, bietet die Onlineplattform abwechslungsreiche und frisch gekochte Gerichte.

kochen-lassen.info
Dreifaltigkeitsweg 16
D-87435 Kempten
Tel. +49 (0)831-9 60 67 48
Fax +49 (0)831-58 51 91 00
info@f-lips.de
www.kochen-lassen.info

Serviceangebote für die Gastronomie

Mittagstisch-Portal www.kochen-lassen.info

Hotellerie, Gastronomie, Metzgereien, Bio- und Feinkostgeschäfte sowie Imbissbetriebe können Ihren Gästen mit dem Mittagstisch-Portal www.kochen-lassen.info einen ganz besonderen Service bieten und ihre Mittagsgerichte von Montag bis Freitag präsentieren. Von der Alp übers Allgäu bis zum Bodensee und Oberbayern zeigen die Betriebe, was auf ihrer Karte steht und lasten damit ihre Küchen und den Service zur Mittagszeit besser aus und wecken den Appetit auf ihren Mittagstisch. Das Portal ist für den Gast sowohl auf Smartphones, Tablets und auch PC's komfortabel zu bedienen. Das Besondere dabei ist, dass alle Informationen regionen- bzw. städteweise abgerufen werden können, so dass der Interessierte mit wenigen Klicks darüber informiert wird, was es heute wo zu essen gibt – und das gleich um die Ecke.

kochen-lassen.info

Dreifaltigkeitsweg 16
D-87435 Kempten
Tel. +49 (0)831-9 60 67 48
Fax +49 (0)831-58 51 91 00
info@f-lips.de
www.kochen-lassen.info

Lebhafte Gemütlichkeit in Kempten

Fasshalle Kempten

Hier wird Allgäuer Tradition mit modernem und dynamischem Ambiente gelebt und erstklassiges Essen mit herzlicher Gastfreundschaft serviert. Ein attraktives Rahmenprogramm mit Livemusik, Konzerten und kulturellen Veranstaltungen rundet das Angebot der Fasshalle Kempten ab.

Die imposanten Räumlichkeiten der Fasshalle sind die Heimat des Allgäuer Brauhauses. Hier wurde schon im Jahr 1899 Bier gelagert und ausgeschenkt. So ist auch die große Theke das Herzstück der Gastronomie.

Natürliche, hochwertige Materialien wie Eichenholz, Kupfer und Eisen bilden mit industriell anmutendem Beton eine einzigartige Verbindung von traditionell-bayerischem Flair und zeitlosem Design. Ein Ort, an dem sich Jung und Alt wohlfühlen und wo der Schafkopf-Stammtisch auf die Studentengruppe trifft. Ein herrlicher Ort für die Familienfeier ebenso wie für eine Veranstaltung mit Livemusik.

Die Küche der Fasshalle bietet saisonale Gerichte aus regionalen Produkten in erstklassiger Qualität. Schon zum Frühstück kann man sich mit feinen Köstlichkeiten verwöhnen lassen. Auf der Speisekarte finden sich rosa gebratener Zwiebelrostbraten vom Almochsen, Hähnchen vom Allgäuer Bioland-Huhn oder gegrillte Alpengarnelen. Natürlich begleitet die kulinarischen Highlights der Fasshalle das Büble Bier, ein Allgäuer Bier vom Feinsten.

Für Geschäftsreisende und Berufstätige bietet die Fasshalle werktags von 11.30 bis 14.30 Uhr einen Businesslunch.

Am Nachmittag laden köstliche Kuchen und Eisspezialitäten zum Verwei-

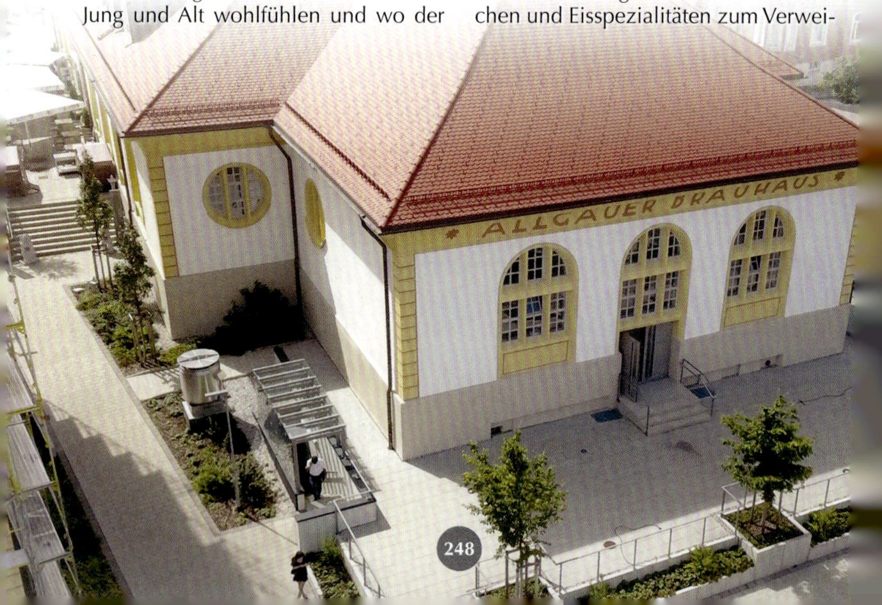

len im Gastraum oder dem Biergarten ein und am Sonntag lässt man sich beim Sonntagsbrunch von 8.30 bis 13.00 Uhr so richtig verwöhnen.
Eine breite Palette an Veranstaltungen sorgt in der Fasshalle für unterhaltsame Abwechslung. Ob Livemusik, Konzert oder Party – umrahmt werden die Events von einem Stück berühmter bayerischer Wirtshauskultur. Beim Biertasting können Interessierte eine Menge Wissenswertes über das Bier und die Braukunst kennenlernen. Zudem bietet die Fasshalle mit der Empore "BARRIQUE" eine Räumlichkeit mit Barcharakter. Dort besteht die Möglichkeit Cocktails zu trinken, zu chillen oder auch exklusive Veranstaltungen zu buchen.

Öffnungszeiten:
Mo. bis Do., 8.30 bis 24.00 Uhr,
Fr. und Sa., 8.30 bis 01.00 Uhr,
Sonntag von 8.30 bis 24.00 Uhr.

Fasshalle Kempten
Beim Sudhaus 2, D-87435 Kempten
Tel. +49 (0)831-69731110
info@fasshalle-ke.de
www.fasshalle-kempten.de

Das Kemptener Traditionsgasthaus

Meckatzer Bräu Engel

Bereits im Jahr 1819 wurde das Gasthaus Engel in Aufzeichnungen der Stadt Kempten erwähnt. Seit 1998 findet man die beliebte Gaststätte unter dem Namen „Meckatzer Bräu-Engel" in der Prälat-Götz-Straße.

Nach einem Jahr Pause hat die Gaststätte 2019 unter neuer Leitung wieder geöffnet. Die neue Betreiberfamilie Susanne Zinner und Partner Christian Scholze hat bereits zehn Jahre lang ein Brauhaus in Oberstdorf erfolgreich geführt und möchte die schmucke Gaststätte mit bayerischer Traditionsküche und Eleganz wieder zum „Wohnzimmer" der Kemptener machen und die traditionelle Stammtischkultur neu beleben. Der Bräu-Engel verfügt über 170 Sitzplätze, einen gemütlichen Biergarten und einen Saal für Veranstaltungen.

Die Speisekarte präsentiert sich mit klassischen bayerischen Gerichten, hausgemachten Spezialitäten und Speisen im leichten Bistrostil, für jeden Geschmack ist etwas dabei.

Ergänzt wird das Angebot durch saisonale Schmankerl und eine wechselnde Wochenkarte mit vergünstigten Tagesgerichten. Besonders zu empfehlen ist der Bräu-Engel Schmankerlteller mit einem Stück Schweinshaxe, einem Viertel Bauernernte, einer Scheibe Schweinebraten, Apfelblaukraut und geriebenen Kartoffelknödeln.

Zu den leckeren Speisen mundet eine der Bierspezialitäten der Meckatzer Brauerei. Hierzu gehört die beliebteste Allgäuer Biermarke, das Meckatzer Weiss-Gold, ein eigenständiger Biertyp der Premiumklasse, bei dem die Inhaltsstoffe in vollkommener Harmonie

miteinander verbunden sind. Es wird nach einem seit Generationen gehüteten Braugeheimnis hergestellt, ist feinwürzig im Geschmack und besonders bekömmlich.
Reisegruppen sind im Bräu-Engel willkommen und werden mit speziellen Angeboten bewirtet, Busparkplatz ist vorhanden.
Im Veranstaltungskalender des Gasthauses findet man zünftige Konzerte internationaler Bands und natürlich das Oktoberfest mit leckeren Spezialitäten. Der Bräu-Engel ist auch bestens gerüstet für die Ausrichtung von Feiern aller Art und berät gern bei der Festgestaltung und der Zusammenstellung des Menüs.

Öffnungszeiten:

Di. bis So. 10.00 – 1.00 Uhr,
Montag Ruhetag,
Warme Küche von 11.00 – 22.00 Uhr

Meckatzer Bräu Engel

Prälat-Götz-Str. 17, D-87439 Kempten
Tel. +49 (0)831-59039470
braeuengel@yahoo.com
www.meckatzer-braeu-engel.de

Wir geh'n Stiften!

Brauereigaststätte Zum Stift

Egal ob Einheimischer oder Besucher – wer in Kempten ist, kommt an einer Einkehr in der Brauereigaststätte Zum Stift kaum drum herum. Mitten in der Stadt, in einem imposanten, neubarocken Baudenkmal genießt der Gast im Gewölbesaal regionale Klassiker von knuspriger Haxe, über Kässpatzen bis hin zu Krautkrapfen. Darüber hinaus gibt es Leckeres vom Fisch, Tolles von der Knolle und auch vegane Gerichte. Saisonale Gerichte und ein täglich wechselnder Mittagstisch runden das vielfältige Angebot ab. Ein wahres Juwel ist der riesige Kastanien-Biergarten mit Blick auf die prächtige Basilika. Egal ob drinnen oder draußen – bei feinem Essen und einem frisch gezapften Bier lässt es sich im Stift wunderbar verweilen.

Ob Taufe, Kommunion, Firmung, runder Geburtstag, Firmenfeier oder die jährliche Weihnachtsfeier – viele Fes-

te kann oder will man gar nicht zu Hause ausrichten. Die Brauereigaststätte Zum Stift bietet zu diesem Zweck nicht nur die perfekten Räumlichkeiten, sondern auch langjährige Erfahrung und professionelle Organisation für die Ausrichtung der Feste. Auch Bus- und Gruppenreisende von Nah und Fern werden gerne empfangen.

Zudem ziehen sich zahlreiche Veranstaltungen durch das Jahr im Stift. Das Highlight des Jahres ist natürlich die Allgäuer Festwoche. Im Stift-Festzelt auf dem Gelände der Allgäuer Festwoche ist zehn Tage lang Feierlaune garantiert!

Brauereigaststätte Zum Stift

Stiftsplatz 1
D-87439 Kempten
info@zum-stift.de
www.zum-stift.de
Tel. +49 (0)8 31-2 23 88
Fax +49 (0)8 31-5 12 15 54

Öffnungszeiten:

Mo-So: 10-24 Uhr (kein Ruhetag!)
warme Küche: 11-21:30 Uhr

Herzliche Gastlichkeit in traditioneller Allgäuer Atmosphäre

Zum Kohlenschieber Bad Grönenbach

Wer seine freien Tage mit der frischen, guten Luft des Allgäus inmitten der vielfältigen Natur in vollen Zügen genießen möchte, der sollte auch unbedingt in Bad Grönenbach im Café-Bistro-Restaurant „Zum Kohlenschieber" vorbeischauen. Ein Kleinod, um den Stress und die Hektik des Alltags abzuschütteln und neue Energie zu tanken. Der Geburtsname und der Stammbaum der Familie Schieber reichen zurück bis ins Jahr 1400. Damals lebten die Gebrüder Schieber, einer genannt Maurerschieber, der andere Grabenschieber und zuletzt der Kohlenschieber, der am Marktplatz die erwähnte

Kohlenhandlung an seine Tochter Kathi weitergab. Der Kohlenschieber war bis 1971 bei allen Grönenbachern und in der weiteren Umgebung bekannt. Aus Altersgründen wurde die Kohlenhandlung damals geschlossen. Die Wiedergeburt erfolgte im Februar 1998 mit dem Umbau des alternden Gebäudes durch die Familie Tobias und Monika Einsiedler und mit der Erweiterung in 2018 zum heutigen Café-Bistro-Restaurant „Zum Kohlenschieber".

Familie Einsiedler und ihr Kohlenschieber-Team lieben es, die Gäste kulinarisch zu verwöhnen und servieren mit der umfangreichen Speisekarte sowohl Allgäuer Spezialitäten, als auch leckere Gerichte der mediterranen Küche – alles frisch zubereitet für Groß und Klein. Die Chefin selbst backt jeden Tag fantastische Streuselkuchen und serviert einen feinen Kaffee dazu. Herrlich entspannen lässt es sich auch bei einem frisch gezapften Bier oder einem Glas Wein auf der großzügigen Terrasse oder in einem der gemütlichen Innenräume. Auch für Geburtstage, Familienfeste oder Weihnachtsfeiern ist dort genug Platz. Zusammen mit der atemberaubenden Umgebung des Allgäus und der herzlichen Gastfreundschaft des Hauses ergibt das ein kleines Ferienparadies, zu dem jeder gerne zurückkehrt.

Öffnungszeiten

Mo. – Sa. 11 – 24 Uhr, So. Ruhetag.
Durchgehend sehr gute warme Küche

Zum Kohlenschieber

Inh. Monika Einsiedler
Marktplatz 4 b
87730 Bad Grönenbach
Tel. +49 (0)83 34-78 37
Facebook „Zum Kohlenschieber"
kohlenschieber@web.de
www.kohlenschieber.de

Vielseitige Angebote für Bierliebhaber

Brauerei-Gasthof Hotel Post***S

Nach dem bayerischen Reinheitsgebot von 1516 gehören ins Bier nur Gerste, Hopfen und Wasser. Allein die Braukunst vermag, dass aus diesen Zutaten ein hervorragendes Bier entsteht. Die bekannten Bier-Spezialitäten der Post-Brauerei Nesselwang werden im dazugehörigen traditionsreichen Brauerei-Gasthof Hotel Post ausgeschenkt, der sich seit 1883 im Besitz von Familie Meyer befindet. Tochter Stephanie weiß als ausgebildete Braumeisterin und Bier-Sommelière, wie ein gutes Bier schmecken soll.

Den köstlichen Gerstensaft genießen Gäste bei einer Brotzeit im Bayerischen Biergarten oder in einer der vier gemütlichen Gaststuben.

Ein grüner Kachelofen verleiht der traditionellen Adler-Stube ein ganz besonderes Ambiente. Hier können bis zu 50 Personen gemütlich beisammensitzen.

In der eleganten Blauen Stube ist der Kachelofen mit handbemalten Motiven geschmückt. Von bis zu 40 Gästen wird die Blaue Stube als Frühstücksraum, Tagungsraum oder für kleinere Familienfeiern genutzt.

Die Posthorn-Stube lädt mit Interieur aus heimischem Lärchenholz, wertvollen Bildhauerarbeiten und einem Deckengemälde zum gemütlichen Schlemmen ein. Auch hier verleiht ein eleganter Ofen der Stube ein besonderes Flair. Sie bietet den passenden Rahmen für Reisegruppen oder Familienfeiern bis 70 Personen. Zu den frisch gezapften Bier-Spezialitäten aus der familieneigenen Brauerei genießt man echte Allgäu-Bayerische Küche, was im Restaurantführer "Der Feinschmecker" besonders hervorgehoben wird und der „Ausgezeichnete Bayerische Küche" mit drei Rauten klassifiziert wurde. Küchenchefin Hilde Straubinger und ihre Mitarbeiter zaubern feine Klassiker wie Allgäuer Kässpätzle, ofenfrischer Schweinsbraten, geschmorten Hirschbraten oder Rinder-Bier-Braten auf den Tisch.

Sehr beliebt sind die kulinarischen Veranstaltungen zu allen Jahreszeiten. Das Bier-Kulinarium, ein 5-Gänge-Menü mit sieben korrespondierenden Biersorten

gibt es wohl nirgendwo sonst. Vergnügliche Highlights sind unter anderem die Bierverkostungen inklusive Nesselwanger-Dunkel-Haxe, der Mittagstisch für Senioren und die Schnitzelparade mit hauseigenen Craft-Bieren.
In der Post-Stallung mit Tagungstechnik stehen 40 Plätze zur Verfügung.
Freitags und samstags kann die Post-Brauerei nebenan besichtigt werden. Zum echten Bierkenner wird man beim selber Bier-Brauen inklusive Verkostung. Musikalische Veranstaltungen sowie verschiedene Jahreszeiten-Feste und Märkte runden das vielfältige Programm ab.

Wer das wunderschöne Ostallgäu mit seiner herrlichen Seenlandschaft und den weltbekannten Sehenswürdigkeiten Schloss Neuschwanstein und Schloss Hohenschwangau ausgiebig genießen möchte, ist im Brauerei-Gasthof Hotel Postgut aufgehoben. Die 22 schönen Doppel-, Familien- und Einzelzimmer sind alle komfortabel mit Dusche/WC, Flachbild-TV, WLAN, Telefon und Fön ausgestattet. Zur Begrüßung gibt es eine frische Bierspezialität, eine Flasche Mineralwasser und die KönigsCard für freien Eintritt in über 250 Freizeiteinrichtungen im ganzen Allgäu.

Öffnungszeiten

Restaurant ganzjährig geöffnet, warme Küche täglich von 11:45 bis 14:00 und 18:00 bis 21:30 Uhr; nachmittags kleine Speisekarte; Wochenende und Feiertage durchgehend warme Küche.

Brauerei-Gasthof Hotel Post ***S

Hauptstr. 25, D-87484 Nesselwang
Tel. +49 (0)8361 30910
Fax +49 (0)8361 30973
info@hotel-post-nesselwang.de
www.hotel-post-nesselwang.de

Wohlfühlen und genießen

Gasthof Engel

Der Gasthof Engel kann auf eine langjährige Tradition zurückblicken. Schon im 16. Jahrhundert fand dieser Gastronomiebetrieb als Tavernwirtschaft erstmals urkundliche Erwähnung. Um 1820 wurde das Gebäude neu erbaut und ab 1831 als Schankwirtschaft betrieben. Am 22. Juni 1881 erwarb Ulrich Martin das Gasthaus nebst Hofstelle. Im Laufe der Jahre hat sich der Gasthof Engel kontinuierlich weiterentwickelt, ohne jedoch die traditionsreiche Vergangenheit in Vergessenheit geraten zu lassen. Grundlage für alle leckeren Gerichte, die heute auf der Karte zu finden sind, bilden die traditionellen Rezepte der regionalen Küche.

In diesem Gasthof wird Tradition mit Moderne geschickt verbunden, was nicht nur auf den Tellern deutlich sichtbar ist.

Für Ausflüge aller Art, für Wanderungen und Radtouren ist der Gasthof Engel in Oberbeuren der optimale Ausgangspunkt. Von hier aus kann die idyllische Umgebung wunderbar erkundet werden. Im Gasthof stehen Urlaubern 18 komfortable Zimmer zur Verfügung. Die Einrichtung verspricht ein absolutes Wohlgefühl vom ersten Moment an.

Die freundliche Atmosphäre im ganzen Haus lässt den Urlaub zu einem ganz besonderen Erlebnis werden. Auch an die Kleinsten haben die Wirtsleute gedacht. Der schöne Spielplatz, der sich direkt hinter dem Biergarten befindet, ist der perfekte Ort, um sich mal wieder so richtig auszutoben.
Für das leibliche Wohl der Gäste sorgt das engagierte Küchenteam. Dieses hat sich auf die typische regionale Küche spezialisiert und kocht vorwiegend mit saisonalen, regionalen Produkten. Die kreativen Ideen der Mitarbeiter bereichern die traditionellen Rezepte auf einzigartige Weise. Auch für Feierlichkeiten bietet der Gasthof Engel die perfekten Räumlichkeiten. Insgesamt drei Räume unterschiedlicher Größe können bei Bedarf gebucht werden.
Besonders beliebt sind auch die regelmäßigen Aktionen, die die Wirtsleute des Gasthofes Engel für ihre Gäste planen. So gibt es einen Schnitzeltag, mittwochs knusprige Schweinshaxen, Steakwochen, Wild- und Fischspezialitäten, sowie Engelwirts Metzgerwochen mit Schlachtplatten und Innereien. In den Sommermonaten finden die Gäste auch im Biergarten ein schattiges Plätzchen, wo sie ihr kühles Bier zu einem deftigen Gericht genießen können.

Gasthof Engel
Wirtshaus und Hotel

Hauptstraße 10
D-87600 Kaufbeuren-Oberbeuren
Tel. +49 (0)8341-21 24
Fax +49 (0)8341-84 12
info@engel-kaufbeuren.de
www.engel-kaufbeuren.de

Regionale Küche für den anspruchsvollen Gaumen

Landgasthof Königswirt

Das Allgäuer Landgasthaus Königswirt in Marktoberdorf-Bertoldshofen macht seinem Namen alle Ehre. Hier ist der Gast König und wird nach allen Regeln der Kunst mit kulinarischen Köstlichkeiten verwöhnt. Gleichzeitig findet er sich in einem rustikalen Ambiente mit ausdrucksstarkem Charakter wieder. Das Gasthaus selbst kann auf eine bewegende Geschichte zurückblicken. Bereits im 18. Jahrhundert fand es erste urkundliche Erwähnung und erstrahlt nach vielen Turbulenzen heute wieder in neuem Glanz. Damit wird die schwäbische Tradition der Dorfwirtschaften erfolgreich fortgeführt.

Der Königswirt bietet seinen Gästen regionale Küche, die mit viel Kreativität angereichert ist. Das Küchenteam lässt sich bei der Zubereitung gern auch von internationalen Einflüssen inspirieren. Dennoch erleben die Gäste hier vor allem traditionelle Kochkunst, die den Gaumen kitzelt.

Frische Produkte aus der Region bilden die Basis für die Speisekarte.

Gäste finden auf der Karte verschiedene Fisch- und Fleischgerichte, sowie kulinarische Genüsse für Vegetarier und Veganer. Ein besonders aufmerksamer Service ist selbstverständlich. Die familiäre Atmosphäre ist deutlich spürbar.

Im Königswirt gibt es verschiedene Räumlichkeiten, die auch für Feierlichkeiten reserviert werden können. In der wunderschön gestalteten Königsstube finden kleinere Gesellschaften ein gemütliches Ambiente vor. Der größere Restaurantbereich lässt sich bei Bedarf auch in zwei Bereiche teilen.

Hier wurde ein modern-rustikales Ambiente geschaffen, das zum gemütlichen Verweilen einlädt.

Für die wärmeren Monate des Jahres stehen zwei Biergarten-Bereiche zur Verfügung. Beleuchtete Kastanienbäume sorgen für entsprechende Stimmung.

Neben dem Restaurantbetrieb bietet der Königswirt auch Gästezimmer an. Für die Gäste stehen 5 Zimmer bereit, die über eine sehr moderne und komfortable Ausstattung verfügen. Wer im Ostallgäu Urlaub macht, findet hier ein gemütliches Urlaubsdomizil, das gleichzeitig ein hervorragender Ausgangspunkt für verschiedene Ausflüge in die Umgebung ist.

Landgasthof Königswirt

Schongauer Str. 13
87616 Marktoberdorf-Bertoldshofen
Tel. +49 (0)8342 70 51 102
info@koenigswirt.de
www.koenigswirt.de

Ausgezeichnete, regionale Küche

Traditionsreicher Gasthof „Zum Burger"

Inmitten der Ostallgäuer Kreisstadt sind Tradition und kulinarische Vielfalt zuhause. Im Gasthof „Zum Burger" erleben die Gäste beides und können sich davon überzeugen, wie Familientradition gelebt wird. Die Wirtsleute blicken auf über 100 erfolgreiche Jahre in der Gastronomie zurück. Der Gasthof wird bereits in 3. Generation von der Familie Burger geführt. Dass hier echte Leidenschaft und Liebe zum Beruf den Arbeitsalltag bestimmen, ist schon beim Betreten des Gasthofes deutlich zu spüren. Das Gasthaus „Zum Burger" verfügt über mehrere Räume, in denen auch Gesellschaften und größere Gruppen herzlich willkommen sind. Auch für familiäre Feierlichkeiten ist der Gasthof die perfekte Wahl. Das uriggemütliche Ambiente unterstreicht das überwältigende kulinarische Angebot. Liebevoll eingerichtete Gasträume zeigen deutlich, mit wie viel Herz Familie Burger ihren Gasthof betreibt. Ein ganz besonderes Highlight ist in den Sommermonaten der Biergarten. Dieser liegt geschützt im Hinterhöfle und lädt bis zu 80 Personen zum gemütlichen Verweilen ein. Für ihren schönen Biergarten wurde Familie Burger bereits ausgezeichnet. Er zählt zu den schönsten Biergärten und erhielt dafür einen Preis vom Landkreis Ostallgäu.

Kulinarischer Genuss

Die reichhaltige und abwechslungsreiche Speisekarte bietet kulinarischen Genuss für Jedermann. In den leckeren Gerichten spiegelt sich die hervorragende Zusammenarbeit mit

den Unternehmen der näheren Umgebung wieder. Die Zutaten werden ausschließlich von regionalen Lieferanten bezogen. Das Gasthaus „Zum Burger“ hat sich auf schwäbische Küche spezialisiert. Typische altbayerische Gerichte ergänzen das leckere Speisenangebot. Mit der ausgezeichneten Allgäuer Küche konnten die Burgers bereits den Ehrenpreis „Regionale Küche des Landes Bayern“ gewinnen.

Spezielles Mittagsangebot

Zusätzlich zur umfangreichen Speisekarte hält der Gasthof „Zum Burger“ auch ein ganz spezielles Mittagsangebot bereit. So gibt es werktags „Bayerische Küche zum Mitnehmen“, was vor allem Berufstätigen zugutekommt, denen nur eine kurze Mittagspause zur Verfügung steht.
Wer die leckere Allgäuer Küche in ihrer schönsten Form erleben will, sollte unbedingt im Gasthaus „Zum Burger“ speisen. Hier kitzelt kulinarische Leidenschaft den Gaumen.

Gasthof Zum Burger

Georg-Fischer-Str. 23
D-87616 Marktoberdorf
Tel. +49 (0)8342 2674
info@zum-burger.de
www.zum-burger.de

Heimatliebe, die man spüren und schmecken kann

Theresas Landbistro

Einen Ort, an dem sich Jung und Alt wohlfühlt und gerne zum Essen und Trinken vorbeikommt: Dieses Ziel hat

Theresa Schuster mit ihrem Landbistro voll und ganz erreicht. Seit April 2018 bewirtet sie ihre Gäste in einer ehemaligen Bäckerei mitten in Leeder im Landkreis Landsberg am Lech. Von mittags bis abends gibt es warme Küche mit regionalen Schmankerln und saisonalen Speisen. Jeden Tag gibt es zur Mittagszeit ein anderes Gericht zur normalen Speisekarte, um für Abwechslung zu sorgen. Nachmittags gibt es zum Kaffee hausgemachten Kuchen wie von der Oma und im Sommer erfrischendes Eis.

Gerade mal 23 Jahre alt war die Gründerin, als sie ihren sicheren Arbeitsplatz kündigte und sich für ihr eigenes Bistro entschieden hat. Damit erfüllte sie sich nicht nur einen Lebenstraum, sondern sorgte auch wieder für mehr Leben in der Mitte ihres Heimatdorfs. Kein Wunder: In einem liebevoll dekorierten Gastraum mit freundlicher Bedienung lässt es sich eben gut aushalten.

Die frischen Zutaten und die Getränke kommen zu einem großen Anteil aus der direkten Umgebung und dem Allgäu. So stammen zum Beispiel die Kartoffeln für die selbstgemachten und heißgeliebten Landbistro-Pommes vom Bauernhof der Eltern. In der umfangreichen saisonalen Speisekarte mit bayrischen und modernen Gerichten findet sich für jeden Hunger etwas. Die Köchinnen lassen sich immer wieder neue Kreationen für die Gäste einfallen. Aber selbst wer nur sein Feierabendbier auf der Sonnenterrasse genießen will, wird sich hier wohlfühlen. Durch die Nähe zur romantischen „Via Claudia" können hier auch Radlfahrer bei einer langen Tour gut eine kleine Pause einlegen.

Mittlerweile stemmt das junge Team aber nicht nur den normalen Bistro-Alltag. Jeden Monat gibt es eine Spezialveranstaltung wie den beliebten Burgerabend. Auch der Sonntagsbrunch findet monatlich statt und lädt zum sonntäglichen Schlemmen mit Familie und Freunden ein. Außerdem wird das Lokal immer wieder für Feierlichkeiten gemietet. Bis zu 50 Personen finden im Innenraum Platz.

Und als ob das noch nicht genug wäre, bietet Theresas Landbistro auch einen Cateringservice für bis zu 120 Personen an. Ganz nach dem Motto: Hier ist quasi nichts unmöglich.

Theresas Landbistro

Hauptstraße 37
D - 86925 Fuchstal-Leeder
Tel. +49 (0)8243-9 93 22 41
info@theresas-landbistro.de
www.facebook.com/
theresaslandbistro
www.theresas-landbistro.de

Kulinarisches Erbe nach Allgäuer Art

Gasthof zum Hirsch Görisried

Aus dem 18. Jahrhundert stammt das urige Wirtshaus, das seit 1973 im Familienbesitz ist und nun vom gelernten Koch und Hotelbetriebswirt Florian Knüsli zu neuen Höhen geführt wird.

So hat er beispielsweise beim Klassifizierungswettbewerb "Ausgezeichnete Bayerische Küche" des Bayerischen Staatsministeriums für Ernährung, Landwirtschaft und Forsten und des DEHOGA Bayern e.V. (Bayerischer Hotel- und Gaststättenverband) die höchste Auszeichnung mit drei Rauten und dem Titel "Ausgezeichnete Bayerische Küche in Bestform" erlangt. Vom Verein "Kulinarisches Erbe Bayern" wurde der Görisrieder Hirsch als eines von nur 14 Gasthäusern in ganz Bayern ausgewählt.

Tradition als Herzensangelegenheit und dynamischer Prozess

Die lukullische Tradition der Heimat liegt Florian Knüsli ganz besonders am Herzen. Vor allem, weil er darin sowohl Entwicklungsräume als auch den Erhalt des Althergebrachten sieht. So manche Leckerei – wie etwa die Griesschnitten von d´r Uroma müssen einfach bleiben wie sie immer waren. Doch bei anderen Gerichten gibt es viele Möglichkeiten zu experimentieren und so die ursprünglichen Gerichte zu verfeinern, zu veredeln oder einfach neue, dem Zeitgeist angepasste Varianten zu erfinden. Ein Beispiel hierfür wäre der feine Schweinebraten mit

Heunote. Hergestellt werden die oft saisonalen Köstlichkeiten aus besten, regionalen Zutaten. Denn hervorragende Qualität anzubieten und dabei auf nachhaltiges, umweltverträgliches Wirtschaften zu achten, gehört ganz selbstverständlich zur Philosophie von Florian Knüsli.

Ein Gasthof mit vielen Möglichkeiten

Das Traditionshaus bietet für jeden Geschmack etwas: ob man die Allgäuer Wirtshauskultur in der urigen Wirtsstube erlebt, im Restaurant ein großartiges 5-Gänge-Menü genießt oder es sich an der Bar oder im Biergarten direkt am Kirchplatz des idyllischen Ortes gemütlich macht – das Ambiente überzeugt und die ausgezeichnete Küchenkunst begeistert. Wer den Besuch gleich ausdehnen, oder aber ein paar unbeschwerte Urlaubstage im schönen Allgäu verbringen möchte, kann sich eines der komfortabel und freundlich eingerichteten Zimmer mieten. Zu guter Letzt werden in den Nebenzimmern auch größere Feiern professionell ausgerichtet oder die Leckereien vom Catering-Service nach Hause geliefert.

Gasthof zum Hirsch

Familie Knüsli
Kirchplatz 6, D-87657 Görisried
Tel. +49 (0)83 02-2 49
Fax +49 (0)83 02-92 10 84
info@hirsch-goerisried.de
www.hirsch-goerisried.de

Allgäuer Schmankerl und selbst gebrautes Bier

Gasthof Kirnach Stuben

Gastlichkeit und Kinderfreundlichkeit stehen im Gasthof Kirnach Stuben in Ruderatshofen an erster Stelle. Traditionelle und selbstgemachte Allgäuer Köstlichkeiten finden sich auf der Speisekarte, die der Gast in verschiedenen Räumlichkeiten oder im Biergarten direkt am Bach genießen kann.
Zum Essen in den Kirnach Stuben gehört unbedingt auch ein „Kirnachtaler Bier"! Das naturtrübe, süffige Bier wird von der Familie Sauter in Ihrer kleinen Brauerei selbst gebraut und nach einer Reifezeit frisch vom Faß im Gasthof ausgeschenkt.
Im Gasthof Kirnach Stuben bietet die Familie auch drei helle und komfortable Ferienwohnungen an. Die Wohnung für sechs Personen und die beiden Wohnungen für zwei Personen sind der perfekte Ausgangspunkt für Ausflüge im Allgäu!

Gasthof Kirnach Stuben
Hauptstraße 38
D-87674 Ruderatshofen
Tel. +49(0)83 43-3 40
www.kirnachstuben.de
info@kirnachstuben.de

Öffnungszeiten
Mittwoch bis Sonntag
11–14 Uhr, 17–23 Uhr
Montag und Dienstag
geschlossen.

Urgemütliche Gastlichkeit seit über 300 Jahren

Brauereigasthof Hirsch in Sonthofen

In zentraler Lage in der Fußgängerzone von Sonthofen lädt der Brauereigasthof Hirsch während oder nach dem Stadtbummel zur Einkehr ein. In den gemütlichen und rustikalen Restaurantstuben oder im sonnigen Biergarten findet der Gast von der Allgäuer Käserahmsuppe über eine große Auswahl frischer Salate bis hin zur ofenknusprigen Schweinshaxen alles, was das Herz begehrt. Die heimische Küche verwendet marktfrische Zutaten aus regionaler, saisonaler und artgerechter Landwirtschaft.
Dazu passt eines der herausragenden eigenen Biersorten, die schon mehrfach ausgezeichnet wurden.
Für den längeren Aufenthalt stehen auch Zimmer zur Verfügung. Nach einem reichhaltigen Frühstücksbuffet kann man gestärkt das Urlaubsparadies Allgäu vor der Haustür erkunden. Sei es Wandern, Radeln, Bergsteigen oder Baden im Sommer, oder ein ausgedehnter Schneespaziergang, Schneeschuhwanderung oder Pistengaudi in traumhafter Winterlandschaft.

Hotel und Brauereigasthof Hirsch
Birgit Steinberger
Hirschstraße 2
D-87527 Sonthofen
Tel. +49 (0)83 21-67 28-0
info@brauereigasthof-hirsch.com
www.brauereigasthof-hirsch.com

Ein Paradies für Bier-Liebhaber

Der Bergbauernwirt

Am Rande der Nagelfluhkette, mit einem traumhaften Blick auf Grünten, Nebelhorn und Hörnerkette, empfängt der freundliche und gemütliche Gasthof „Der Bergbauernwirt“ seine Gäste. Vor allem Liebhaber des Bieres befinden sich dort im Paradies. Gastgeber Manuela und Wolfgang Semet sind beide Biersommeliers und brauen im Haus ihr eigenes Bier.

In der reichhaltigen Bierkarte kann der Gast zwischen dem hauseigenen und einer Vielzahl anderer Biere von süddeutschen und österreichischen Brauereien auswählen.

Jeden Donnerstag gibt es den Brautag und eine Bierverkostung mit den beiden Biersommeliers (Anmeldung erforderlich, Mindestteilnehmerzahl jeweils sechs Personen). Außerdem kann jeder auch in einem exklusiven Braukurs sein eigenes Bier brauen – für viele geht damit ein Traum in Erfüllung – das eigene Bier!

Die Bierverkostungsabende werden mit neu aufgelegten alten Rezepten der Allgäuer Küche gekrönt. Beim kulinarischen Genuss im Restaurant oder im Biergarten braucht sich der Gast keine Sorgen um den Heimweg machen. Der Bergbauernwirt bietet Übernachtungen in behaglichen Zimmern, die mit viel Holz im Allgäuer Stil eingerichtet sind. Die meisten Zimmer haben einen Balkon, entweder mit Blick zum Allgäuer Hauptkamm oder zu den „Hörnern".

Nach einem reichhaltigen Frühstück kann man gestärkt die Gegend erkunden. Denn alles, was das Freizeit-Herz begehrt liegt direkt vor der Haustür: Wandern, Bergsteigen und Klettern, Radeln, Mountainbiken, Baden in den Allgäuer Seen – oder vielleicht einfach auch mal nur faulenzen! Im Winter ruft die Skipiste um die Ecke. Zu den Bolsterlanger Skischulen und dem Dorflift sind es nur 250m. Die Hörnerbahn ist von dort direkt zu erreichen.

Der Bergbauernwirt

Sonderdorf 18, D-87538 Bolsterlang
Tel. +49 (0)83 26-74 44
Fax +49 (0)83 26-36 65 19
info@DerBergbauernwirt.de
www.DerBergbauernwirt.de

Brutzeleck und Zapfwinkel – da liegt Besonderes in der Luft

Brauereigasthof und Brauhotel Schäffler

Der Mittelpunkt des Dorfes, das war der Brauereigasthof Schäffler in Missen sicher schon bei seiner Gründung vor über 550 Jahren. Und noch heute bildet das schmucke, wunderschön renovierte Haus eine zentrale Anlaufstelle für Einheimische wie Urlauber gleichermaßen.

Der gemütliche, mit viel Holz einladend eingerichtete Gastraum und das überaus freundliche Personal sorgen vom ersten Moment an dafür, dass sich der Gast willkommen und rundum wohl fühlt. Und die Speisekarte lässt einem das Wasser im Mund zusammen laufen. Erlesene Fleisch- und Fischgerichte, Allgäuer Schmankerl (auch vegetarische) oder aber zünftige Brotzeiten, im Brauereigasthof Schäffler bleiben keine Wünsche offen.

Dazu gibt es natürlich selbst gebrautes Bier oder die naturreinen Limonaden und Schorlen der angrenzenden Brauerei. Auch wer etwas Außergewöhnliches erleben möchte, ist hier richtig: Einmal pro Monat findet ein Sudabend statt, bei dem Bierbrauen mit der kleinsten Mobilbrauerei der Welt zum Live-Event wird.

Mit Spezialitäten von der "Sudkarte" und Live-Musik bleibt so ein Abend natürlich in bester Erinnerung. Doch damit nicht genug, bietet der Brauereigasthof zwei weitere Attraktionen: das Brutzeleck und den Zapfwinkel. Im Brutzeleck können 6 bis 12 Personen sich auf 2 heißen Steinen mit viel Zeit für fröhliches Beisammensein ihr Essen aus den vielfältigen Zutaten, die aufgetischt werden, im wahrsten Sinne des Wortes selbst zusammen brutzeln. Und der Zapfwinkel bietet an einem großen Tisch eine eingebaute Zapfanlage, an der sich die Gäste selbst bedienen können. Da steht einer kleinen, originellen Feier nichts mehr im Wege.

Im Sommer verbringt man seine Zeit gerne draußen, im herrlichen Biergarten mit den großen Kastanien. Wer dann am liebsten gar nicht mehr weg möchte, kann sich im zugehörigen Brauhotel Schäffler einmieten.

Als Ausgangsort für einen Allgäu-Urlaub ist dieses 3-Sterne-Superior-Hotel mit unterschiedlichen Preis- und Ausstattungskategorien bestens geeignet. Die Zimmer sind allesamt neu und gemütlich-modern mit viel Liebe zum Detail ausgestattet und bieten hochmodernen Komfort. Ein reichhaltiges Frühstück ist stets inbegriffen und auf Wunsch kann bei einem Aufenthalt ab 3 Tagen eine Halbpension in Form eines erlesenen 4-Gang-Menüs dazu gebucht werden. Und dann heißt es, das Allgäu von seiner schönsten Seite genießen.

Brauereigasthof Schäffler

Familie Graßl
Hauptstr. 15, D-87547 Missen
Tel. +49 (0)8320 920 15
Fax. +49 (0)8320 920 16
info@brauereigasthof-schaeffler.de
www.brauereigasthof-schaeffler.de

Geschmack und Qualität regionaler Produkte

Gaisbock „das Wirtshaus“

Direkt an der Flaniermeile des beschaulichen Naturdorfs Fischen liegt der „Gaisbock“ – ein Wirtshaus, das Tradition und Moderne vereint. Willkommener kann sich ein Gast kaum fühlen, denn in der offenen Küche, sozusagen dem Herzen des Gaisbock´s, dürfen die Gäste den fleißigen Köchen über die Schulter schauen und erleben, wie gekocht und gebrutzelt wird. Hier werden mit Leidenschaft regionale und hochwertige Lebensmittel für die kreative Speisekarte verarbeitet, die den Spagat zwischen traditioneller Allgäuküche und moderner Kochkunst schafft.

Trendig, großzügig und geschmackvoll eingerichtet: die zehn neu renovierten Ferienwohnungen im Gaisbock bieten eine moderne Einrichtung im alpenländischen Stil.
Ob für die kompletten Ferien, ein verlängertes Wochenende oder ein paar erholsame Tage zwischendurch – hier können die Gäste ihren Urlaub unbeschwert genießen.

Gaisbock „das Wirtshaus“
Hauptstraße 11
D-87538 Fischen
Tel. +49 (0)8326 25 69 320
www.gaisbock.eu

Regionale Küche mit phänomenalem Ausblick

Wirtshaus „Zum lustigen Hirsch"

Das Oberallgäu gilt als ganz besondere Genussregion. Mitten drin, in der kleinen Gemarkung Akams, befindet sich das Wirtshaus "Zum lustigen Hirsch". Hier wird leidenschaftlich gekocht und mit Hingabe serviert. Das rustikale Ambiente unterstreicht das gastronomische Konzept des Hauses. Wer den lustigen Hirsch besucht, erlebt regionale Tradition auf ganz besondere Art.

Im Wirtshaus können Gäste zwischen vier individuellen Gasträumen wählen. Die Themen Wild, Wald, Jägerei und Heimat bestimmen das jeweilige Einrichtungsbild. Gleichzeitig erle-

ben die Gäste einen kleinen Ausflug in landwirtschaftliche Geschichte, denn neben dem rustikalen Mobiliar gibt es auch zahlreiche Arbeitsgeräte aus früheren Zeiten zu entdecken.
In den wärmeren Monaten des Jahres laden Terrasse und Biergarten mit einem phänomenalen Ausblick zum gemütlichen Verweilen ein.
Die Speisekarte lässt vor allem die Herzen von Wildliebhabern höher schlagen. Kreative Kombinationen zeigen die breite Vielfalt der Wildgerichte im lustigen Hirsch. Hier wird ausschließlich mit regionalen Produkten gekocht. Einen ganz besonderen Genuss bieten auch die Rindfleischgerichte. Das Fleisch stammt vom eigenen Hof, wodurch eine hervorragende Qualität garantiert ist. Für die kleinen Gäste hält die Karte leckere Kindergerichte bereit.
Wer ein wenig regionalen Genuss mit nach Hause nehmen möchte, sollte auch den liebevoll gestalteten Hofladen besuchen. Hier werden besondere Produkte wie ausgemachte Wurst, selbstgebackenes Brot, Marmeladen und Honig angeboten.
Außerdem gibt es hier originelle Geschenkideen, die sich hervorragend als Mitbringsel für Familie und Freunde eignen.
Für Urlauber stehen in dem idyllischen Landgasthof komfortable Zimmer und eine Ferienwohnung zur Verfügung. Zimmer und Ferienwohnung sind mit viel Liebe zum Detail eingerichtet und machen auf den ersten Blick deutlich, wie wichtig den Inhabern das Wohl ihrer Gäste ist. Hier sollen sie einfach abschalten und die traumhafte Umgebung genießen.

Wirtshaus „Zum lustigen Hirsch"
Akams 3, D-87509 Immenstadt
Tel. +49 (0)8323 4915
Fax +49 (0)8323 98 71 68
info@lustiger-hirsch.de
www.lustiger-hirsch.de

Tradition modern interpretiert

Altstaufner Einkehr

Die urgemütliche Altstaufner Einkehr mit dem baumbestandenen typischen Biergarten ist eines der traditionsreichsten Restaurants im Allgäu und befindet sich direkt im Herzen von Oberstaufen. Die alteingesessene Gastwirtfamilie Schmid bietet in dem wunderschönen, heute denkmalsgeschützten Gebäude schon seit Generationen Gastfreundschaft und Gastlichkeit der Extraklasse an. Herzstück jedes traditionellen Gebäudes ist die Küche und so wird es auch in der Altstaufner Einkehr von jeher gehandhabt – die Küche ist der Dreh- und Angelpunkt. Mit viel Einfallsreichtum, Inspiration und Mut zu Neuem werden Allgäu-typische Leibspeisen oft ganz neu und interessant interpretiert oder ergänzt. Sehr zur Freude der Gäste, die sich originelle Leckereien von Wild, Lamm oder Bio-Rind ebenso schmecken lassen können

wie hausgemachte Nudeln und feine Salatvariationen.

Gelebte Regionalität und Nachhaltigkeit

Und nicht nur der Geschmack stimmt, auch verantwortliches Handeln gehört zur Unternehmens-Philosophie der Familie Schmid. So ist sie Mitglied in der Vereinigung „Landzunge", die qualitätsorientierte Gastronomie im Allgäu fördert, sowie die Vermarktung regionaler Produkte unterstützt.

Biologisch und saisonal

Die Waren und Zutaten, die in der Altstaufner Einkehr verarbeitet und angeboten werden, sind beste Bio-Produkte, größtenteils aus der Region. So stammt das Rind-, Schweine- und Lammfleisch von Schlachtern aus dem Umland und der Berg- und Lammkäse von Allgäuer Bauern. Die wechselnde Tageskarte ist immer auf die Saison abgestimmt, damit ein naturnahes Wirtschaften möglich ist. Das Bier kommt aus dem Fass und natürlich aus dem Allgäu, die erlesene Weinkarte bietet edle Tropfen aus Deutschland und dem benachbarten Ausland. Hier kann mit bestem Gewissen geschlemmt werden – und weil deshalb die Plätze in der Altstaufner Einkehr sehr begehrt sind, empfiehlt sich eine Tischreservierung, damit dann dem Genuss in gemütlicher Runde auch wirklich nichts im Wege steht.

Altstaufner Einkehr

Bahnhofstraße 4
D-87534 Oberstaufen
Tel: +49 (0)83 86-71 93
Fax: +49 (0)83 86-76 39
www.altstaufnereinkehr.de

Eine kulinarische Rundreise durch die Speisewelt der Alpenländer

Restaurant Alpenzauber

Wer es heimatlich und urgemütlich mag, der ist im Haus Gemse in Oberstaufen beim Restaurant Alpenzauber genau richtig. In den kreativ und liebevoll eingerichteten Räumlichkeiten kann man sich alpenländische Köstlichkeiten schmecken lassen. Egal ob in kleiner Runde, oder auch bei einer Hochzeit, beim Geburtstag oder einer Tagung mit bis zu 100 Personen – in der bezaubernden Atmosphäre findet jeder Platz.

Das Restaurant hat es sich zum Ziel gesetzt, die kulinarischen Highlights genauso vielfältig zu zeigen, wie die Alpen uns Flora und Fauna zeigen. So entwickelte sich eine abwechslungsreiche und interessante Speisekarte. Neben dem weltbekannten Allgäuer Bier und Käse wird der Gast auch mit Produkten und Anregungen aus den anderen Alpenländern wie Österreich, Schweiz, Italien, Frankreich und Liechtenstein verwöhnt. Die regionale Herkunft spielt also eine große Rolle, genauso wie die Qualität: alle Speisen werden frisch und ohne Geschmacksverstärker zubereitet.

Im Café Gemsle im oberen Stockwerk kann man in behaglicher Atmosphäre frischen Kaffee und Kuchen oder auch hausgemachten Kaiserschmarren oder Apfelstrudel mit Vanillesoße oder Vanilleeis genießen. Bei schönem Wetter lockt die Sonnenterrasse mitten im Zentrum von Oberstaufen nach draußen. Auch das Café Gemsle steht für Veranstaltungen zur Verfügung und bietet bis zu 100 Personen Platz.

Restaurant Alpenzauber

Im Haus Gemse
Rainwaldstraße 3
D-87534 Oberstaufen
Tel. +49 (0)83 86-99 14 88
info@alpenzauber-oberstaufen.de
www.alpenzauber-oberstaufen.de

Bilder: neunBLICKWINKEL

Öffnungszeiten

Dienstag bis Samstag, ab 17:00 Uhr
Sonntag, 12:00 – 14:00 Uhr,
und ab 17:00 Uhr. Warme Küche bis 22 Uhr.

"Beim Kräuterwirt" in Stiefenhofen

Landgasthof Rössle

Wer morgens in aller Früh auf einer Wiese rund um Stiefenhofen Gänseblümchen oder Löwenzahn pflückt, der kredenzt zur Mittagszeit ein feines Kräutermenü.

Feines aus der Kräuterküche

Wie wäre es heute zum Beispiel mit einem Apero aus einem Glas Sekt mit hausgemachtem Rosenblütenlikör?
Danach gibt es als Vorspeise ein Carpaccio vom Heu-Tafelspitz an Wildkräutersalat mit einer Honig-Vinaigrette und altem Alpkäse. Daraufhin wird ein Bärlauchrahmsüppchen serviert, das mit einem Chili-Käsechip garniert ist.
Als Hauptspeise schließlich, kommt ein pikant gekräutertes Lammkarree auf den Tisch, das mit Lawendel-Spätburgunder-Jus, Zucchini-Kirschtomatengemüse und Brennessel-Minz-Gnocchi angerichtet ist. Zum Dessert empfiehlt der Kräuterwirt ein Heidelbeer-Tiramisu mit Zitronengras-Blutorangensorbet.

Traditionelle Gerichte

Wo gibt es denn noch Saure Kutteln, Innereien oder Kalbsbäckle nach Omas Rezepten? Feine Wildspezialitäten aus heimischer Jagd runden das vielfältige Angebot ab.

Seine Inspirationen holt Axel Kulmus, der Kräuterwirt, aber nicht nur in und um das Kräuterdorf Stiefenhofen. In seinem Kräutergarten, den auch seine Gäste gerne besuchen, entdecken sie die Wunderwelt der Kräuter. Von Lavendel über Ringelblumen bis hin zum Liebstöckel sind hier zu finden. Die Liebe zu den Kräutern begleitet Axel Kulmus schon sein ganzes Leben. Der Küchenmeister ist Mitbegründer und Initiator des Vereins „Allgäuer Kräuterland". Mit den feinen Aromen wird experimentiert und ausprobiert und schließlich landen sieh in einer bodenständigen bayerisch-schwäbischen Küche, in der größtenteils heimische Produkte Verwendung finden.

Kein Wunder, dass auch Publikationen wie Guide Michelin, Feinschmecker und Varta einen Besuch des Kräuterwirts in Stiefenhofen empfehlen, um den Gourmets die feine Küche des Axel Kulmus näher zu bringen.
Gespeist wird in den urig und gemütlichen eingerichteten Gasträumen. Aus dem historischen Anwesen aus dem 16. Jahrhundert hat der Kräuterwirt ein Kleinod geschaffen.

In dem Dorfwirtshaus lässt es sich vorzüglich speisen und genießen.

Das angenehme Ambiente in der Wirtsstube und den verschiedenen Stuben bietet eine heimelige und gemütliche Atmosphäre. Der Kräutergarten hinter dem Haus rahmt das stattliche Gebäude ein. Hier liegt auch die Gästeterrasse, auf der bei schönem Wetter die Köstlichkeiten aus Küche und Keller serviert werden.
Für Übernachtungsgäste hält das Landhotel Ferienwohnungen und Zimmer bereit, die sich in einem edlen Erscheinungsbild präsentieren. Mit viel Holz im Interieur, geschmackvoll gestalteten Designermöbeln und in angenehmen Farben bieten sie den Gästen Räumlichkeiten, in die man sich gerne zurückzieht und verweilt.

Landgasthof Rössle
Beim Kräuterwirt

Familie Kulmus
Hauptstraße 14
D-88167 Stiefenhofen
Tel. +49 (0)83 83-9 20 90
info@roessle.net
www.roessle.net

Familiäre Gastlichkeit und kulinarische Genüsse

Zum Hirschen Hotel & Gasthaus beim Stöckeler

Im „Hirschen, dem Hotel & Gasthaus beim Stöckeler" im idyllischen Scheidegg erleben die Gäste das Allgäu von seiner schönsten Seite. Hier wird Gastfreundschaft mit Leib und Seele zelebriert. Inzwischen kann der Gasthof auf eine 300-jährige Geschichte zurückblicken. Vor fast 90 Jahren hat die Familie Stöckeler ihn dann übernommen und lebt seitdem für das Wohl ihrer Gäste. Wer in Scheidegg zu Gast ist, kehrt im „Hirschen" ein. Das Wohl der Gäste hat hier oberste Priorität.

Genießer wissen vor allem die kulinarische Vielfalt im Gasthaus „Zum Hirschen" zu schätzen. Das Küchenteam um Markus Stöckeler begeistert mit kreativen Kompositionen, die vor allem aus saisonalen regionalen Zutaten zubereitet werden. Die abwechslungsreiche Karte bietet jedem Gast ein ganz besonderes Geschmackserlebnis. Das gemütliche Ambiente und die familiäre Gastlichkeit unterstreichen das Genusskonzept.

Rustikales, uriges Ambiente

Im „Hirschen" stehen den Gästen verschiedene Gasträume zur Verfügung, die für Feierlichkeiten aller Art vorab gebucht werden können. Obwohl sich die Räume optisch voneinander unterscheiden, dominiert ein rustikales, uriges Ambiente, in dem die gelebte Gastlichkeit schon beim Betreten deutlich spürbar ist. In den Sommermonaten lädt der Garten zum gemütlichen Verweilen ein.

Zum Gasthaus „Zum Hirschen" gehört auch seit 2015 ein Hotel, das bis zu 27 Betten bietet. Alle Zimmer begeistern durch einen ganz besonderen Charme, der traditionelle Einrichtung mit modernem Komfort geschickt kombiniert. Auch kulinarisch hat das Hotel „Zum Hirschen" seinen Gästen Einiges zu

Wer seinen Urlaub im Dreiländereck plant, findet in Scheidegg das optimale Urlaubsdomizil. Vor allem die typische Küche des Allgäus wird den Gästen noch lange nach dem Urlaub in Erinnerung bleiben.

bieten. Die einladende Sonnenterrasse ist der ideale Ort, um bei einem leckeren, reichhaltigen Frühstück Energie für den Tag zu tanken. Zum Abendessen lädt dann die Hirschen-Gaststube ein. Durch den angegliederten Hotelbetrieb wird das Gesamtkonzept des „Hirschen“ wunderbar abgerundet.

Zum Hirschen
Hotel & Gasthaus beim Stöckeler
Kirchstraße 1, D-88175 Scheidegg
Tel. +49 (0)83 81-21 19
Fax +49 (0)83 81-21 16
info@zumhirschenscheidegg.de
www.zumhirschenscheidegg.de

Ein Landgasthof lädt zum Verweilen und Genießen ein

Post Röthenbach

Im Westen des wunderschönen Allgäus, in der kleinen Gemeinde Röthenbach befindet sich der idyllische Landgasthof Post. Hier treffen Touristen auf ein mit viel Liebe zum Detail eingerichtetes Urlaubsdomizil in traumhaft schöner Umgebung. Die familiäre Atmosphäre verleiht dem Haus sein ganz besonderes Flair. Das Gasthaus ist ein Ort, der zum gemütlichen Verweilen einlädt. Bei leckerer Hausmannskost können die Gäste die regionale Küche für sich entdecken und den vergangenen Tag Revue passieren lassen.

Im Landgasthof Post in Röthenbach stehen den Gästen verschiedene Einzel- und Doppelzimmer zur Verfügung, die hell und freundlich eingerichtet sind. Urlauber, die gern mit dem Rad unterwegs sind, finden hier den idealen Ausgangspunkt für ihre Touren. Das Gasthaus befindet sich direkt am bekannten Bodensee-Königsseeradweg. Von hier aus kann die idyllische Natur auf dem Rad oder zu Fuß erkundet werden. Auch Einkaufszentren und interessante Städte befinden sich ganz in der Nähe und sind in wenigen Autominuten schnell erreichbar.

Besonders einladend ist auch der uriggemütliche Gastraum, in dem leckere Gerichte der regionalen Küche serviert werden. Das Küchenteam legt besonderen Wert auf frische saisonale Produkte, die mit Leidenschaft und Hingabe zubereitet werden.

Auch für Feierlichkeiten hält der Landgasthof Post entsprechende Räumlichkeiten bereit. Bis zu 70 Personen können hier ausgelassen feiern.
Vor allem in den wärmeren Monaten des Jahres lädt der schöne Biergarten zum gemütlichen Verweilen ein. Er bietet Platz für 50 Personen, die hier die Spezialitäten des Hauses bei einem kühlen Bier genießen können.
Das Gasthaus Post veranstaltet mehrmals im Jahr Grillevents, zu denen sich Einheimische und Gäste treffen und gemeinsam feiern. Dann darf das Spanferkel auf dem Grill nicht fehlen. Auch für musikalische Unterhaltung ist zu diesen Anlässen stets gesorgt. Dadurch wird jedes Grillfest zu einem unvergesslichen Erlebnis für Jung und Alt. Ob Bockbierfest oder traditionelle Schlachtpartie – im Gasthof Post werden die regionalen Köstlichkeiten ausgiebig zelebriert.

Landgasthof Post

Lindauer Str. 1
D-88167 Röthenbach
Tel. +49 (0)8384-3 04
Fax +49 (0)8384-13 67
landgasthof-post@t-online.de
www.post-roethenbach.de

Idylle pur und das Beste aus der Region

Rössle Haselburg

Qualität und Tradition sind die Werte, die für die Gastwirtsfamilie des Rössle Haselburg wichtig sind – und zwar in vielerlei Hinsicht. Da wäre zum einen das ausgesuchte Angebot an traditionellen Köstlichkeiten. Die Zutaten für den ofenfrischen Schweinebraten, die Kässpätzle, und die Rouladen, für das Gute aus der kalten und warmen Küche tragen fast alle das LandZunge-Siegel. Dieses Siegel garantiert beste, regionale Qualität, traditionelle, handwerkliche Herstellung, Einhaltung aller Hygiene- und Tierwohlvorschriften, sowie exquisiten Geschmack.

Die Biere werden von 5 regionalen Brauereien geliefert. Da bleiben keine Wünsche offen und auch hohe Ansprüche werden gerne erfüllt.

Liebevoller Erhalt statt Totalabriss

Die Wertetreue macht sich auch im Umgang mit der Bausubstanz der einstigen alten Bauernwirtschaft bemerkbar. Obwohl ein Abriss und Neubau billiger gewesen wäre, wurde das alte Haus behutsam renoviert und präsentiert sich heute als gelungenes Beispiel moderner Gastronomie, wo Altes und Neues sich perfekt ergänzen. Die schöne, holzgetäfelte Wirtsstube bietet Platz für 80 Personen, das neue LandZunge-Stüble kann 22 Personen aufnehmen. Hier können, im kleineren oder größeren Rahmen, wunderbare private wie auch geschäftliche Feste gefeiert werden. Reisegruppen sind ebenfalls herzlich willkommen.

**Der Biergarten –
ein ganz besonderer Platz**

Der große, baumbestandene Biergarten ist mit seiner grün-blühenden Idylle und dem urigen Holzstadel wirklich ein phantastischer Ort, um in Ruhe ein leckeres Essen oder ein gemütliches Bier mit Freunden zu genießen. Auch größere Gruppen finden hier Platz.
Im Sommer steht der Bierbrunnen für zünftige Feiern bereit, im Winter kann die Eisstockbahn genutzt werden.
Und für die Kleinen gibt es nicht nur in der Speisekarte extra Angebote, sondern auch in diesem wunderbaren Garten, wo sie sich auf dem Spielplatz mit "Sandeln", Schaukeln und Plantschen im klaren Wasser der Eschach vergnügen können. So dürfen die Großen hier ganz entspannt genießen und zum gelungenen Abschluss noch ein paar regionale Köstlichkeiten aus dem Laden-Haselburg mitnehmen.

Rössle Haselburg

Haselburg 1
D-88299 Leutkirch im Allgäu
Tel. +49 (0)75 61-9 83 45 01
info@roessle-haselburg.de
www.roessle-haselburg.de

Allgäuer Wirtshaushistorie wie sie im Buche steht

Brauerei- und Dorfgasthof Hirsch

Schlemmen, genießen und feiern im Ambiente des 19. Jahrhunderts – das bietet der historische Brauerei- und Dorfgasthof Hirsch in Leutkirch-Urlau direkt neben der Kirche. Nachdem die Schankwirtschaft viele Jahre in einem Dornröschenschlaf lag, erstrahlt sie heute in neuem, alten Glanz.

Dunkle Holztäfer an den Wänden, durchgelaufene Holzdielenböden, auf denen schon viele Gäste ein- und ausgegangen sind und massive Holztische tragen zum urigen Ambiente in der Wirtschaft bei. Historische Fotografien, Emailleschilder an den Wänden und viele weitere Devotionalien verführen

die Gäste in eine längst vergessene Zeit der bayerischen Wirtshauskultur.

In der Schauküche sticht der 100 Jahre alte Holzbackofen hervor und die Küche des Hauses verwöhnt die Gäste mit frischen Produkten und regionaler Vielfalt.

So finden sich auf der Speisekarte Kässpätzle und Maultaschen, fangfrischer Bachsaibling und Fleischspezialitäten, die die Bauern der Region anliefern. Zu den Speisen wird das süffige Urlauer-Genussbier gereicht, das gleich nebenan, in der Allgäuer Genussmanufaktur, gebraut wird. Mit Apfelsaft vom Obst der heimischen Streuobstwiesen können die Gäste ihren Durst genussvoll stillen. In dem Tante-Emma-Laden, der sich im Stil der 1920er Jahre präsentiert, finden die Besucher originelle Allgäuer Präsentideen und Mitbringsel. Gespeist wird in der urigen Atmosphäre des Wirtshauses oder bei schönem Wetter im Bauern-Biergarten. Kinder haben ihre Freude an dem Spielplatz und den Tieren des nachbarlichen Bauernhofes. Und der "Allgäuer Hochzeitsstadl" ist genau die richtige Location für Feste und Feiern.

Übernachtung hinter historischem Gemäuer

Die Gästezimmer im Brauerei- und Dorfgasthof Hirsch versprechen Übernachtungskomfort vom Feinsten. Moderne Betten, neue Bäder mit Dusche und komfortable Ausstattungen tragen zum Wohlgefühl bei.

Und die Atmosphäre hinter den historischen Gemäuern, in denen große und kleine Zimmer oder Appartements untergebracht sind, lässt die Herzen der Gäste höher schlagen: Kein Zimmer gleicht dem anderen, alle zeigen sie ihren eigenen Charme und Charakter. So gibt es Räume mit historischen Stuckbordüren oder freigelegten Holzbalken. Und auch die liebevoll restaurierten Türen sind über 100 Jahre alt und schlossen sich schon hinter so manchem Gast, der die Gastfreundschaft des Hauses genießen durfte.

Historischer Dorfgasthof Hirsch GmbH

Unterer Dorfweg 4
D-88299 Leutkirch-Urlau
Tel. +49 (0)75 67-18 23 30
gastgeber@dorfgasthof-hirsch.de
www.dorfgasthof-hirsch.de

Die kulinarische Vielfalt des Allgäus auf einer Speisekarte

Gasthaus Lamm

Auf der Suche nach den Köstlichkeiten der Allgäuer Küche stoßen Genießer unweigerlich auf das Gasthaus „Lamm" im schönen Städtchen Wangen. Hier wird leidenschaftlich gekocht und die regionale Küche mit Herzblut präsentiert.

Das Gasthaus begeistert auf den ersten Blick vor allem durch seine urige Atmosphäre. Die Innenausstattung ist durch rustikales Mobiliar geprägt und vermittelt eine angenehme Wärme. Die freundlichen Servicekräfte unterstreichen das wohlige Ambiente mit ihrer herzlichen Art. Hier im Gasthaus „Lamm" wurde längst erkannt, dass kulinarischer Genuss bereits beim Betreten des Hauses beginnt. Die Gäste erwartet eine reichhaltige Speisekarte gefüllt mit typischen Gerichten der Allgäuer Küche. Alle Gerichte werden mit frischen Zutaten nach Jahreszeit zubereitet und kommen vorzugsweise aus der Region. Der Küchenchef bietet den Gästen eine gelungene Mischung aus traditioneller Kochkunst und kreativen Ideen moderner Küche. Auch verschiedene vegetarische Spezialitäten hält das Gasthaus „Lamm" für seine Gäste bereit.

Zu Recht wurde die hervorragende Kochkunst in diesem Gasthaus bereits mehrfach ausgezeichnet. Maultaschen, Schupfnudeln, Krautkrapfen und Geschnetzeltes sind nur einige der leckeren Köstlichkeiten, die die Küche des „Lamms" für seine Gäste bereithält. Die Speisekarte, die über www.speisekarte.de abrufbar ist, überzeugt durch eine kreative

Vielfalt, die den Geschmack eines jeden Gastes trifft.
Reisegruppen sind dem Team des Gasthauses „Lamm“ jederzeit eine willkommene Herausforderung. Entsprechend große Gasträume sind vorhanden, sodass auch größere Gästezahlen in angenehmer Atmosphäre bewirtet werden können. In den warmen Monaten des Jahres steht neben den Gasträumen auch ein Terrassenbereich zur Verfügung, der von den Gästen gern genutzt wird.
Wer eine Familien- oder Firmenfeier plant, findet im Gasthaus „Lamm“ das optimale Ambiente dafür. Die Anmeldung kann telefonisch oder ganz bequem per Online-Formular vorgenommen werden. Auch sehr spezielle Wünsche erfüllt das engagierte Personal gern. So wird jede Feierlichkeit zu einem kulinarischen Hochgenuss.

Gasthaus Lamm
Bindstr. 60, D-88239 Wangen
Tel. +49 (0)7522 6675
Fax +49 (0)7522 3507
christberger-lamm@t-online.de
www.lamm-wangen.de
https://www.facebook.com/Lammfans/

Spezialist für Allgäuer Küche

Hotel-Gasthof „Ochsen“

Der traditionsreiche Gasthof „Ochsen“ befindet sich in der malerischen Gemeinde Kißlegg, mitten im schönen Allgäu, ganz in der Nähe vom Bodensee. Hier treffen sich Genießer, die die regionale Küche für sich entdeckt haben. Seit Mitte des 19. Jahrhunderts gibt es das Gasthaus bereits. Damals hieß es „Roter Ochsen“. Wer sich die Einrichtung des heutigen, modernen Gasthofes genauer anschaut, wird einen entsprechenden Bezug dazu entdecken. Denn die Farbe Ochsenblutrot spielt eine wichtige Rolle im Gestaltungskonzept des Gastronomiebetriebes.

Die Speisekarte hält typische Spezialitäten der Region für die Gäste bereit. Dabei werden traditionelle Gerichte geschickt mit den Elementen der modernen Avantgarde-Küche kombiniert. Dadurch wird jeder Besuch im Gasthof „Ochsen“ zu einem außergewöhnlichen kulinarischen Erlebnis. Selbstverständlich setzt der Küchenchef mit seinem Team auf saisonale und regionale Produkte bei der Zubereitung seiner Gerichte.

Begleitend zu den Köstlichkeiten aus der Küche, empfiehlt sich das hauseigen gebraute Bier aus dem „Kißlegger Kellerbräu"

Im „Ochsen“ gibt es einen rustikalmodern eingerichteten Gastraum und einen Restaurantbereich, der mit liebevoll restaurierten Möbeln ausgestattet ist. Außerdem bietet das Gasthaus einen Extraraum für geschlossene Gesellschaften, der zu den verschiedensten Anlässen angemietet werden kann.

Im Biergarten entspannen die Gäste des „Ochsen“ in den wärmeren Monaten des Jahres bei einem kühlen Getränk in angenehmer Atmosphäre. Gäste von außerhalb finden im zugehörigen Hotel 71 modern und komfortabel eingerichtete Zimmer zur Übernachtung. Im zugehörigen 400 m² großen Karuun-SPA können sie die Seele baumeln lassen. Verschiedene Saunen, Dampfbäder und diverse Anwendungen laden ebenso dazu ein, die Hektik und den Stress des Alltags einfach einmal abzustreifen wie das Kißlegger Bierbad zu genießen, das in der Region Bodensee-Allgäu-Oberschwaben einzigartig ist.

Hotel-Gasthof Ochsen

Karrer Hotelbetriebsgesellschaft mbH
Herrenstraße 21
D-88353 Kißlegg
Tel. +49 (0)7563-91 09-0
Fax +49 (0)7563-91 09-60
info@ochsen-kisslegg.de
www.ochsen-kisslegg.de

Rezepte

Inka-Salat

fürs Picknick, mit Quinoa und Avocadodressing, für 4 Personen (4 Gläser)

Zutaten:
Für den Salat:
4 Karotten (nehmen Sie rote oder lilane für eine tolle Farbe im Salat), komplett mit Gemüseschäler in hübsche Späne hobeln
1 Glas Zuckermais (250g), waschen und abtropfen lassen
3 Strauchtomaten, in große Würfel schneiden
100g Erbsen (z.B. TK, unaufgetaut eine super Kühlung)
150g Quinoa nach Packungsanleitung zubereiten, abkühlen lassen
1 Dose Kidneybohnen (250g), waschen und abtropfen lassen
3 Gekochte Eier, in Scheiben schneiden
2 TL Chiasamen und ½ Bund frischer Koriander (grob Blätter zupfen) als Dekoration

Für das Dressing
½ weiche Avocado
½ Glas Sonnenblumenöl
1 TL Limettensaft
1 Prise Chili
¾ Glas Voelkel „Kokos-Mango Mix" Saft (geht auch mit anderem exotischen Fruchtsaft, z.B. Maracujasaft) mit Salz abschmecken, und mit Zauberstab (sehr) kurz durchpürieren und in Flasche füllen.

Zubereitung im Glas:
Nehmen Sie ein 500ml-Weckglas (wahlweise anderes Behältnis), und schichten Sie die Zutaten der Reihe nach hinein. Karotten, Mais, Tomaten, Erbsen, Quinoa und Kidneybohnen - Chiasamen und Korianderblätter zuletzt dekorativ auf das Ei setzen und Deckel zu. Salat vor Genuss mit Avocadosoße dressen. Fertig - am besten im Sonnenschein genießen!

Guten Appetit wünscht
Die Bio Oase in Bad Wörishofen

Bio Oase
Biomarkt & Café
Fidel-Kreuzer-Straße 13
86825 Bad Wörishofen
Tel. +49 (0)8247 9924714

Margot und Bernadette Reithmayer mit Team

Weißbierstangerl

Zutaten:
Eine Flasche DEIN BIER Weizen (0,33l)
170 g Weizenmehl
170 g backstarkes Weizenmehl (Typ 505)
160 g Dinkelmehl
Drei TL Salz
1 Packung Trockenhefe

Guten Appetit wünscht:
Dein Bier Team Team

DEIN BIER GbR
Hausen 3, 87665 Mauerstetten
Tel: 0151 28776077
info@deinbier-allgäu.de
www.deinbier-allgäu.de

Zubereitung:
Alle trockenen Zutaten vermischen und mit dem zimmerwarmen Bier zu einem glatten Teig verkneten.
Den Teig in eine große Schüssel mit Deckel geben und mindestens fünf Stunden im Kühlschrank gehen lassen (oder auch über Nacht).
Den Backofen auf 250° C vorheizen, aus dem gegangenen Teig Portionen abstechen, zu Stangen ziehen und auf das Backblech setzen.
Die Teiglinge mit groben Salz bestreuen und in den heißen Ofen einschießen.
Nach ca. 10 Minuten die Hitze auf 200° C reduzieren und weitere 15-20 Minuten hellbraun backen.

Tipp: Die Weißbierstangerl schmecken frisch aus dem Ofen mit pikanten Dips oder Butter am Besten.

Zupfbrot mit Pesto

für 2 Personen

Zubereitungszeit 15 min
Gehzeit 30 min
Backzeit 25 min

Zutaten:
Für den Teig
1 Würfel Rapunzel Hefe
250 ml warmes Wasser
500 g Dinkelmehl
1 gestrich. TL Rapunzel Meersalz
1 EL Rapunzel Olivenöl nativ extra

für die Füllung
1 Glas Rapunzel Pesto Rosso
oder Pesto Verde oder Pesto Siciliano

Einen Guten Appetit wünscht Ihnen Rapunzel-Küchenchef Ben Scheller.

Rapunzel Naturkost
Rapunzelstraße 1, D-87764 Legau
Tel. +49 (0)8330 529-0
www.rapunzel.de

Zubereitung:
Die Hefe im lauwarmen Wasser auflösen. Die restlichen Zutaten mischen, das Hefewasser mit dem Knethaken des Handrührgerätes unterrühren und einen mittelfesten Teig herstellen, zugedeckt ca. 30 Minuten gehen lassen.

1. Schritt: Aus dem Hefeteig ein Rechteck dünn ausrollen und mit Pesto bestreichen, anschließend Streifen schneiden und im Zickzack zusammenlegen.

2. Schritt: Mit der Seitenkante nach oben in eine runde Kuchenform oder höhere Auflaufform stellen und nochmals gehen lassen (während der Backofen vorheizt). Bei 220 °C ca. 25 Minuten backen.

Tipp: Schmeckt lecker zum Grillen und zu Salaten. Das Brot wird nicht geschnitten, die Stücke können einfach „abgezupft“ werden.

Avocado-Ziegenkäsesalat mit Parmesansegel

für 2 Personen

Zutaten:
1 reife Avocado
Saft von 1er Limette
1 Tomate
Ca. 200 g Ziegenkäse
80g frischen Parmesan
Schnittlauchhalme für die Deko
Salz, weißer Pfeffer aus der Mühle,
Olivenöl, Avocadoöl

Viel Spaß beim Kochen und gutes Gelingen wünscht Ihnen Ihr Küchenchef vom Kneipp-Kurhotel Eichinger

Kurhotel Eichinger
Hartenthaler Str. 22-24, D-86825
Bad Wörishofen
Tel. +49 (0)8247 39 03
www. kurhotel-eichinger.de

Zubereitung:
Die Avocado in 2 Teile der Länge nach schneiden, den Kern Entfernen und das Fruchtfleisch mit dem Löffel entnehmen. Das Fruchtfleisch sowie die Tomate und den Ziegenkäse in Würfel schneiden.
Alles zusammen in eine Schüsselgeben und mit Salz, Pfeffer und dem Limettensaft vermischen.
Mit Olivenöl und Avocadoöl abschmecken und in die Avocado schalen füllen.

Parmesansegel:
Parmesan fein reiben und mit dem Löffel in kleine dünne Formen (Dreiecke, Kreise je nach Belieben) auf Backpapier aufbringen. Bei 200°C ca. 2-3 Minuten im vorgeheizten Ofen bis er eine goldbraune Farbe hat backen.
Das Parmesansegel auf die Avocadomasse stecken und mit Schnittlauchhalmen verzieren.

Braumeister-Zwiebelsuppe

für 4 Personen

Zutaten:
500 g Zwiebeln
2 EL Öl
1 EL Tomatenmark
½ L Fleischbrühe
½ L dunkles Bier
Je 1 TL Majoran, Kümmel, Salz
1 EL gekörnte Brühe
1 Semmel vom Vortag
4 EL geriebenen Käse (z.B. Emmentaler/Bergkäse)

Zubereitung:
Zwiebeln in Öl goldgelb anrösten, Tomatenmark unterrühren, mit Fleischbrühe und Bier aufgießen. Gewürze und gekörnte Brühe zufügen und 20 Min. köcheln lassen. Währenddessen den Semmel in 1 cm dicke Scheiben schneiden, mit Käse bestreuen und im Ofen leicht überbacken. Die Suppe in eine Steingutform füllen, die Semmelscheiben drauflegen und knusprig überbacken. Mit Zwiebelrohr dekorieren.

Einen guten Appetit wünscht Ihnen

Michl Bräu
Wiggensbacher Str. 52
87439 Kempten

Birnen-Radicchio-Salat mit Ziegenkäse aus dem Rohr

für 4 Personen

Zubereitung:
Toastbrot in Runde Scheiben ausstechen (Ausstecher rund)
Ziegenkäse in Scheiben schneiden (Rolle)
Thymianspitzen fein schneiden
Toastbrot in einer Pfanne goldgelb mit Olivenöl anbraten
Käsescheiben auflegen und mit etwas Honig einstreichen, Pfeffer und Thymian bestreuenund im Ofen bei Oberhitze (Grill) goldgelb backen oder gratinieren

Radicchio waschen und putzen, dann Radicchio grob zupfen.
Birne waschen und vierteln, danach entkernen und in feine Spalten schneiden.
Butter in einer Pfanne kurz aufschäumen lassen.
1 EL Honig mit etwas Salz und Pfeffer zur Butter geben.
Birnenspalten kurz darin an schwenken, einen Spritzer Zitronensaft zugeben.
Pfanne mit Birnenspalten auf die Seite stellen.
Schalotten schälen und in feine Würfel schneiden.
Honig, Senf, etwas Salz und Pfeffer und die Schalotten Würfel in einer Schüssel vermengen, das Olivenöl kräftig unterrühren und mit Zitronensaft abschmecken. Radicchio Salat auf Teller anrichten, mit Marinade beträufeln und Birnen zugeben.

Zutaten:
4 Scheiben Toastbrot
4 Scheiben Ziegenfrischkäse in Rolle
etwas Thymian
etwas Pfeffer
etwas Honig/ Olivenöl extra Vergine

1 Stück Birne (Spalierbirne – alte Sorte)
½ Stück Radicchio Kopf
2-3 EL Honig
5 EL Olivenöl extra Vergine
½ Stück Schalotte
1 EL Dijon Senf
etwas Butter
etwas Salz, Pfeffer, Zitronensaft (von einer ½ Zitrone)

Einen guten Appetit wünscht Ihnen
Küchenchef Marcus Müller

Kneippkurhaus St. Josef
Adolf-Scholz-Allee 3
D- 86825 Bad Wörishofen
TeL. +49 (0) 8247 308-0
www.kneippkurhaus-st-josef.de

Brennessel-Wildkräutersüppchen mit Lachsforellennockerln und Wildkräutern

Für 4 Personen

Zutaten:

150 g junge Brennesselspitzen
100 g Wildkräuter (wie Spitzwegerich, Wiesenknöpfle, Quendel, Dost, Wiesenknöterich etc.)
50 g Butter
100 g Pastinaken
1 TL Schalotten
300 ml Sahne
300 ml Brühe
300 ml Brennessel-Wildkräuterfond
1/8 l Weißwein
Salz Pfeffer
Essbare Blüten wie Ringelblumen, Gänseblümle, Malven, Salbeiblüten, Dost zum Garnieren

Für die Nockerln:

150 g Lachsforellenfilet
150 g Sahne, Salz Pfeffer
Frische Wild- und Gartenkräuter wie Spitzwegerich, Löwenzahn, Wiesenknöterich, Ringelblumen, Giersch usw.

Zubereitung:

Die Brennesselspitzen und Wildkräuter kurz blanchieren und den Fond bei Seite stellen.
Schalotten mit Butter andünsten, die gewürfelten geschälten Pastinaken dazugeben. Mit Weißwein ablöschen und mit Brühe und Brennessel-Wildkräuterfond aufgießen.
Alles zusammen so lange köcheln bis die Pastinaken gar sind.
Anschließend die blanchierten Brennesseln und Wildkräuter dazugeben und pürieren. Die Sahne zugießen kurz aufkochen. Mit Pfeffer, Salz, Creme fraiche und etwas Zitrone abschmecken.
Aus Lachsforellenfilet, Sahne und Kräutern eine Farce herstellen, abschmecken, kleine Nockerln abstechen und in Salzwasser gar ziehen.

Guten Appetit wünscht
Ihr Kräuterwirt Axel Kulmus

Landgasthof Rössle Beim Kräuterwirt
Familie Axel Kulmus
Hauptstr. 14, D-88167 Stiefenhofen
Tel. +49 (0)8383 92 090
www.roessle.net

Blattsalate mit Apfel-Limonen-Dressing

für 4 Personen

Zubereitung:

1. Den Apfel Balsam-Essig mit dem Senf, Salz, Pfeffer und Honig verrühren.
2. Das Traubenkernöl und das Limonenöl nach und nach unterrühren und gut miteinander vermischen.
3. Die Blattsalate putzen, waschen und zerkleinern, in eine Schüssel geben und gut vermischen.
4. Das Dressing darüber träufeln.

Zutaten:

3 EL Apfel Balsam-Essig vomFASS
1-2 TL Ingwer-Orangen-Senf vomFASS
Salz
Bunter Pfeffer mit rosa Beeren vomFASS
2 TL Blütenhonig vomFASS
4 EL Traubenkernöl vomFASS
1 EL Limonenöl vomFASS
Blattsalate nach Wahl (z. B. Römersalat, Rauke, Kopfsalat, Frisée, Radicchio, etc.)

Guten Appetit wünscht Ihnen

VOM FASS AKTIENGESELLSCHAFT
Handelsgesellschaft für Wein und Spirituosen
Am Langholz 17
D-88289 Waldburg
Tel. +49 (0)7529 97 45 - 0
box@vomfass.de
www.vomfass.de

Spargelsalat

in Kräuter-Vinaigrette mit Erdbeeren und Rucola
für etwa 4 Personen

Zutaten:
1 kg weißer Spargel
200 ml Spargelsud
1 TL Salz
2 TL Zucker
1 Prise Pfeffer
4 EL weißer Balsamicoessig
6 EL Olivenöl
getrocknete italienische Kräuter
300 g frische Erdbeeren
100 g Rucola
nach Belieben Balsamico Creme

Zubereitung:
1. Spargel schälen, in kochendes Salzwasser geben und ca. 15 Min. (je nach Dicke der Stangen) ziehen lassen. Danach die Spargelstangen herausnehmen und abkühlen lassen.
2. Den gekochten Spargel in ca. 1 cm lange Stücke schneiden und in eine Schüssel geben. Mit Salz, Pfeffer, Zucker und den getrockneten Kräutern würzen.
3. Weißen Balsamicoessig und Olivenöl hinzugeben und mit etwas Spargelsud aufgießen.
4. Nach kurzer Ziehzeit den Spargelsalat erneut abschmecken.
5. Den fertigen Spargelsalat mit etwas Sud auf einen Teller geben, Erdbeeren vierteln und darüber verteilen. Rucola waschen, abtropfen und auf den Spargelsalat drapieren. Zu guter Letzt etwas Balsamico Creme darübergeben. – Fertig!

Tipp: Frisches Baguette schmeckt hervorragend dazu.

Guten Appetit wünschen
Theresa und die Landbistro-Mädels

Theresas Landbistro
Hauptstraße 37
D - 86925 Fuchstal-Leeder
Tel. +49 (0) 8243 99 32 241

Fruchtiger Käse-Birnensalat

für 2 Personen

Zutaten:
200g Bergkäse
1 Birne
1 kleine Zwiebel
2 EL Granatapfelessig
2 EL Sonnenblumenkernöl
Salz
Pfeffer
Schnittlauch

Zubereitung:
1. Die Birne und den Käse in Würfel schneiden.
2. Anschließend die Zwiebel in feine Ringe schneiden.
3. Aus Granatapfelessig, Sonnenblumenkernöl, Salz und Pfeffer das Dressing herstellen.
4. Zum Schluss alles miteinander vermischen und den gehackten Schnittlauch über den Salat streuen.

Guten Appetit wünscht die Allgäuer Ölmühle

Xaver Dopfer

Allgäuer Ölmühle e.K.
Albisried 9
87663 Lengenwang
Tel. +49 (0)831 96 09 86 11

Scharfe Tomaten-Gazpacho mit geräucherter Forelle

für 4 Personen

Zutaten:
GEFRO Tomatensoße und -Suppe
GEFRO Natives Olivenöl Extra
GEFRO Paprika Chili Würzmischung
500 ml Wasser
2 Salatgurken
2 rote Spitzpaprika
1 gelbe Paprika
2 Knoblauchzehen
2 EL Balsamico-Essig, Bianco
Meersalz
1 Avocado
1 EL Zitronensaft
2 geräucherte Forellenfilets

Guten Appetit wünscht

GEFRO KG
Rudolf-Diesel-Straße 21
D-87700 Memmingen
Tel. +49 (0)8331 9595-0
www.gefro.de

Zubereitung:
(ca. 45 Min. + Kühlzeit)

60 g GEFRO Tomatensoße und -Suppe in 500 ml warmes Wasser einrühren, aufkochen und abkühlen lassen.
2 Salatgurken schälen, entkernen und fein würfeln und ein Viertel als Beilage zur Seite stellen. 2 rote und 1 gelbe Paprika entkernen und fein würfeln, die gelbe Paprika als Einlage zur Seite stellen. 2 Knoblauchzehen schälen und fein hacken.
Die Salatgurken, rote Paprika und den fein gehackten Knoblauch mit der GEFRO Tomatensoße, 2 EL GEFRO Nativem Olivenöl Extra, 3 TL GEFRO Paprika Chili Würzmischung, 2 EL Balsamico-Essig Bianco und Meersalz fein pürieren und kalt stellen.
1 Avocado schälen, den Kern entfernen, fein würfeln und mit 1 EL Zitronensaft beträufeln. 2 geräucherte Forellenfilets in Stücke zupfen.
Die gut gekühlte Suppe nochmals aufmixen, Gurken-, Paprika-, Avocadowürfel und die geräucherte Forelle dazu reichen.

Tipp: Da die Suppeneinlagen extra serviert werden, kann die Suppe ohne Forelle auch als veganes Gericht serviert werden.

Salattorte

mit Schönegger Almwiesenkäse für ca. 4 Personen

Zutaten:

1 Eisbergsalat
1 Salatgurke
1 Bund Frühlingszwiebeln
1 Paprika
4 Tomaten
1 Dose Mais
1 Bund Radieschen
200 g gekochten Schinken und / oder Thunfisch
200 g geriebenen Schönegger Almwiesenkäse
Salatsoße je nach Belieben

Zubereitung:

Als Erstes einen Tortenring auf eine Kuchenplatte setzten. Anschließend den Eisbergsalat in Blätter zupfen und waschen. Den Mais abtropfen lassen. Danach alle anderen Zutaten in Scheiben oder Würfel schneiden. Den Boden der Kuchenplatte mit Salatblättern belegen. Dann die restlichen Zutaten darauf schichten. Zwischendurch nochmals Salat einschichten. Mit dem geriebenen Almwiesenkäse abschließen. Anschließend die Torte abgedeckt für mindestens 2 Stunden kalt stellen. Als letztes den Tortenring entfernen und wie eine Torte anschneiden und mit Soße nach Wahl servieren.

Guten Appetit wünscht
Familie Haas

Yvonne und Andreas Haas
Laden Schönegger Käse-Alm in Immenstadt

Schönegger Käse-Alm
Sonthofener Straße 46
D-87509 Immenstadt
Tel. +49 (0)8323 9896647

Käsesuppe

für 4 Personen

Zutaten:
100 g. Allgäuer Bergkäse (9 Monate alt) grob gerieben oder Stücke
60 g Butter, zimmerwarm
50 g Mehl
½ l Rinderbrühe
½ l Milch
1 Eigelb
100 ml Sahne
nach Geschmack: Pfeffer, Muskat frisch gemahlen, Petersilie frisch gehackt

Team Dorfladen, Weissensee
Sennerei Lehern

Zubereitung:
Die Butter erhitzen, das Mehl beigeben und das Ganze 5 Minuten schwitzen lassen (nicht braun werden lassen).
Mit Brühe und Milch (alles auf einmal!) aufgießen und sofort mit einem Schneebesen glatt rühren.
Das Ganze ca. 10 Minuten köcheln lassen; dabei immer wieder umrühren.
Den Käse dazugeben und unter ständigem Rühren die Suppe so lange leicht kochen lassen, bis sie eine glatte Konsistenz hat.
Eigelb und Sahne miteinander verquirlen und unterrühren, wobei die Suppe nun nicht mehr kochen darf, weil sie ansonsten gerinnt und „ausflockt".
Mit Salz, Pfeffer und Muskat abschmecken.

TIPP: Die Suppe kann mit fein geschnittenem Bärlauch und etwas geschlagener Sahne verfeinert werden

Guten Appetit wünscht
Sennerei Lehern

Dorfladen Sennerei Lehern
Seeweg 4
D-87629 Weissensee
Tel. +49 (0)8362 9297959

Melissen-Spaghetti

mit Gurkensalat aus der wilden Weiberküche

Zutaten:
500 g Spaghetti
etwas Kräutersalz
1 unbehandelte Zitrone
1 Bund Zitronenmelisse
4 EL Olivenöl
1 Prise Zucker
Pfeffer aus der Mühle

Zutaten Gurkensalat:
1 Salatgurke
2 Äpfel
1 Zwiebel
Hand voll junge Gierschblätter
5 g Gundermannblättchen
3 EL Sahne
3 EL Apfelsaft
1 TL Zitronensaft

Team Kräuterhof

Akademie Rückenwind
Kräuterhof Bertlies Adler
Kirchweg 8, D-87666 Pforzen
Tel. Akademie +49 (0)8346 9821868

Zubereitung:
Spaghetti in gesalzenem Wasser bissfest kochen. Die Schale der Zitrone abreiben und den Saft auspressen. Die Melisse abbrausen, trocken schütteln und die Blätter abzupfen und fein hacken.
Einige Blätter für die Garnitur beiseitelegen. Die Melisse kurz mit Zitronenabrieb in heißen Öl schwenken. Mit dem Zitronensaft und etwas Nudelwasser ablöschen und mit Salz, Zucker und Pfeffer abschmecken. Die abgetropften Spaghetti untermengen und mit dem Gurkensalat servieren.

Gurke, Äpfel und Zwiebeln in kleine Würfel schneiden und mischen. Giersch klein zupfen und Stengel entfernen. Gundermann sehr fein schneiden. Sahne, Apfel- und Zitronensaft verquirlen, Gundermann hinzugeben und mit Sahne und Zucker oder Honig abschmecken. Giersch zu der Gurken-Apfel-Zwiebel-Mischung geben und mit der Soße übergießen.

Einen Guten Appetit wünscht Ihnen Akademie Rückenwind in Pforzen

Gaisbock´s Bärlauch Taschen

für 2 Personen

Bild Fotolia

Zutaten:

RAVIOLI-TEIG
160 Gramm Spätzlemehl oder doppelgriffiges Mehl
40 Gramm Hartweizengrieß
½ Teel. Salz
2 Teel. Olivenöl
2 Eier
eventuell etwas Wasser oder Mehl

FÜLLUNG
1 -2 Handvoll Bärlauch
1 Zitrone; nur die Schale
1 -2 große weiße Spargelstangen
100 Gramm Frischkäse, Ziegenfrischkäse oder Ricotta
1 Ei; getrennt
50 Gramm Parmesan
Salz, Pfeffer, Muskat, Paprikapulver

CONFIERTE TOMATEN
250 Gramm Cherry-Tomaten
ca. 2 Esslöffel Olivenöl
Salz, gemahlene Vanille, Puderzucker

Zubereitung:

Für die confierten Tomaten den Backofen auf 130°C vorheizen. Tomaten halbieren, die Schnittflächen in Olivenöl tauchen und die Tomatenhälften in eine backofenfeste Form legen. Leicht salzen, mit etwas gemahlener Vanille und einem Hauch Puderzucker bestreuen. Im Backofen für 1,5 bis 2 Stunden garen lassen.
Aus den Zutaten für den Nudelteig einen Teig kneten, das geht gut mit dem Knethaken der Küchenmaschine. Zu einer Kugel formen und 1 Stunde im Kühlschrank ruhen lassen.

Für die Füllung Bärlauch fein hacken, Zitronenschale abreiben oder

mit dem Zestenreißer lösen und fein hacken. Spargelstange(n) grob reiben oder mit dem Messer fein hacken. Bis auf Eiweiß alles in eine Schüssel geben und verrühren, so dass eine halbwegs homogene Masse entsteht. Wer mag, kann ein wenig vom Bärlauch und den Zitronenzesten beiseite legen und am Schluss über das Gericht streuen.
Das Eiweiß leicht mit einer Gabel zerschlagen und in einem kleinen Schüsselchen mit einem Backpinsel bereit stellen.

Den Teig nochmal mit den Händen etwas durchkneten und dann entweder mit einem Wellholz, einer sauberen Flasche oder mit einer Nudelmaschine dünn ausrollen. Bei meiner Nudelmaschine schmecken die Ravioli am besten, wenn ich Stufe 4 als Endstufe einstelle; zuvor geht der Teig einige Male durch Stufe 0, 1, 2 und 3. Falls er etwas auseinander fällt, mehr Mehl zugeben.

Einen großen Topf mit Wasser aufsetzen und leicht zum Kochen bringen, salzen.

Den Teig entweder auf der Arbeitsplatte auslegen, Füllung darauf streichen, zusammenklappen und mit einem Teigroller o.ä. teilen. Oder man macht es wie ich mit diesen Teigformern (Ravioliformen o.ä. geht auch), dahinein legt man etwas Teig, gibt jeweils ca. einen Teelöffel der Bärlauch-Spargel-Füllung hinein, pinselt die Ränder mit Eiweiß ein und klappt die Form zusammen. Darauf achten, dass man die Ränder gut zusammen drückt, sonst gehen die Ravioli beim Kochen auf. Restlichen Teig zusammen kneten und wieder ausrollen. So verfahren, bis alles aufgebraucht ist.

Die Ravioli in das siedende (nicht sprudelnd kochende!) Salzwasser legen und ein paar Minuten garen, bis sie oben schwimmen und noch Biss haben. Herausfischen und in der Form mit den confierten Tomatenhälften schwenken.

Guten Apettit wünscht Ihnen Anton Schöll – Der Genuss Manager vom Gaisbock in Fischen

Anton Schöll

Gaisbock „das Wirtshaus“
Hauptstr. 11
D-87538 Fischen
Tel. +49 (0)8326 25 69 320

Friedi´s Käsestrudel

für 4 Personen

Zutaten:
Für den Teig:
300 g Mehl
1 Ei
2 Prisen Salz
15 g flüssige Butter
1 El. Essig
8 - 10 El. lauwarmes Wasser

Für die Füllung:
300 g Scheiben Hinterschinken
300 g Friedi´s Bio-Schabzigerkleekäse

Für das Dünstgemüse:
1 rote u. gelbe Paprika
2 Gelberüben
1 Zuchini / Zwiebel
1 kl. Stange Lauch
½ Teel. Ingwer Lemon Pfeffer (Sonnentor)
1 Teel. Kräutersalz
Etwas Öl

Zubereitung:
Aus Mehl, Salz, zerl. Butter, Ei und Flüssigkeit einen weichen Teig herstellen. Tüchtig schlagen und kneten. In ein bemehltes Tuch legen und ½ Stunde ruhen lassen.

Gemüse kleinraspeln und in Öl andünsten. Mit den Gewürzen abschmecken. Das Gemüse auskühlen lassen.

Strudelteig ausziehen, auf ein Küchentuch legen. Den Bio-Schabzigerkleekäse auf den Strudelteig legen. Schinken genauso gleichmäßig verteilen. Jetzt das gedünstete Gemüse ebenfalls gleichmäßig verteilen. Das Ganze nun zu einem Strudel aufrollen und auf ein gefettetes Blech legen. Bei ca. 200 Grad, ca. 30 – 40 Minuten backen. Aus dem Backrohr nehmen, ca. 10 Minuten abkühlen lassen und aufschneiden.

Mit einem frischen Salat den Friedi´s Käsestrudel genießen.

Einen Guten Appetit wünscht Ihnen Friedi´s Käsewerkstatt.

Friedis Käswerkstatt
Hauptstraße 65, D-87662 Kaltental
Tel. +49 (0)8345 22 69 919

Ofenfrischer Schweinebraten in Dunkelbiersoße

für 6 Personen

Zutaten:
1,5 kg Schweinenacken
Salz, Pfeffer, Knoblauch
Kümmel (ganz) Majoran, Thymian
Senf, Karotte, Sellerie, Zwiebel
2 Lorbeerblätter,
6 Wacholderkörner
6 Pimentkörner
10 Pfefferkörner
Öl zum Braten
FARNY Alt Dürrener Weiße
etwas Olivenöl,
½ l Brühe oder Wasser

Guten Appetit,
wir sehen uns in der Brauereiwirtschaft des Hofgut Farny in Dürren
Ihr Manfred Oswald

Hofgut Farny
Dürren 1, D-88353 Kißlegg
Tel. +49 (0)7522 97 288 0
info@hofgut-farny.de
www.hofgut-farny.de

Zubereitung:
Den Braten am Vortag mit Senf, Salz, Pfeffer, zerdrücktem Knoblauch, Kümmel, Majoran und Thymian einreiben. Karotten, Sellerie, Zwiebel würfeln und mit dem Braten in eine Kasserolle legen. Lorbeer, Wacholder, Pfeffer, Piment zugeben. Mit Olivenöl übergießen und über Nacht zugedeckt im Kühlschrank ziehen lassen.
Am Morgen den Schweinebraten scharf von allen Seiten anbraten. Herausnehmen. Wurzelwerk im Bratenfett anrösten, mit mit 0,2 l FARNY Alt Dürrener Weiße ablöschen und mit Brühe oder Wasser aufgießen. Braten auf das Gemüse geben, mit etwas Bratensaft übergießen, im vorgeheizten Ofen bei 120°C schmoren. Immer wieder übergießen und so viel aufgießen, dass genügend Bratensaft entsteht. Nach ca. 3,5 Std. Temperatur auf 160°C erhöhen und ca. 30 Minuten weiter schmoren, dabei öfter wenden. Gemüse passieren, Fleisch aufschneiden und servieren.

Dazu passen Spätzle und Kartoffelsalat, aber auch Semmelknödel.

Hähnchenbrustfilets

Für 4 Personen

Zutaten:
4 Hähnchenbrustfilets
1 EL Curryöl (zum Anbraten)
1 Zwiebel
2 Knoblauchzehen
2 Zweige Rosmarin
1 TL Fenchelsamen
Salz
Pfeffer
2 EL Currypulver
4 EL Quittenbalsamessig Adrian
2 EL Olivenöl
1 TL Kurkuma
2 TL flüssiger Honig
200 ml Apfelsaft
500 g Kartoffeln Drillinge

Einen guten Appetit wünscht Ihnen

Adrian Genuss GmbH
Am Langholz 17
D-88289 Waldburg
Tel. +49 (0)75 29 97 45
info@adrian-manufaktur.de
www.adrian-manufaktur.de

Zubereitung:
Backofen auf 180 Grad Umluft vorheizen. Hähnchenbrustfilets kalt abbrausen und trockentupfen. In eine heiße Pfanne etwas Curryöl geben und die Hähnchenbrustfilets kurz von beiden Seiten anbraten. Zwiebel und Knoblauch schälen und feinwürfeln. Rosmarin waschen und die Nadeln abzupfen. Fenchelsamen in einem Möser zerstoßen. Danach die Hähnchenbrustfilets in eine ofenfeste Form geben und die Zwiebel, Knoblauch, Rosmarin und Fenchelsamen dazugeben. Mit Salz und Pfeffer würzen.

Für die Marinade Currypulver in eine Schüssel geben. Quitten Balsamessig, Olivenöl, Kurkuma, Honig, Salz und Pfeffer hinzufügen und gut verrühren. Die Hähnchenbrustfilets damit bepinseln und für 20 Minuten in den Ofen geben. Nach 20 Minuten einmal drehen und erneut einpinseln. Den Apfelsaft da zugießen. Für weitere 20 Minuten in den Ofen geben.

Währenddessen das Wasser für die Kartoffeln aufsetzen und die Kartoffeln hineingeben. Kochen lassen bis sie gar sind. Danach abgießen und etwas abkühlen lassen.
Das Hähnchen aus dem Ofen nehmen und zusammen mit den Kartoffeln servieren. Dazu passt außerdem ein großer bunter Salat.

Hochalpine, herzhafte Brotzeit

für 2 Personen

Carsten Hell

Allgäuer Gebirgskellerei
Grüntenseestraße12
D-87497 Wertach
Tel. +49 (0)8366 98 85 15
www.allgaeuer-gebirgskellerei.de

Zutaten:
300 g Südtiroler Schüttelbrot
100 g Sauerrahmbutter
200 g Luftgetrockneter, geräucherter Schinken
1 Flasche Zirbenzapfenwein

Zubereitung:
Den gut gereiften Schinken in dünne Scheiben schneiden, das Schüttelbrot mit Butter bestreichen und mit einem Glas Zirbenzapfenwein geniessen.

Augen schliessen, die Aromen schmecken und an die Berge denken...

Guten Genuss und schöne Träume!

Semmelkratzat mit Apfelkompott

für 4 Personen

Zutaten:
200g Mehl
6 Eier
1/8l Milch
50gr Zucker
4 Semmel
1 Prise Salz

Für das Kompott:
6 bis 8 Äpfel, nach Belieben
Zucker oder Zimt

Ruth Rebstock und Jörg Haug

ALLGÄUER KERAMIK
Töpferweg 16
D-87527 Sonthofen-Altstädten
Tel. +49 (0)8321 3454
www.allgaeuer-keramik.de

Zubereitung:
Für diese Rezept kann man altbackene Semmel verwenden. Diese in feine Scheiben schneiden. Aus Milch, Eier, Zucker, Mehl und einer Prise Salz einen Teig zubereiten. Die Semmelscheiben in diesen Teig legen, unterheben und ziehen lassen.

In der Zwischenzeit die Äpfel schälen, entkernen und achteln. Mit etwas Wasser dämpfen. Sehr lecker ist auch etwas Zimt zu den Äpfeln, statt Zucker.

Den Semmelteig in einer Pfanne mit heißem Butterschmalz wie ein Kratzat rösten. Nach dem Anrichten mit Puderzucker bestreuen und mit dem Kompott genießen.

An Guaten!

„Mill-Nudla“ mit Apfelmus

für 4 Personen

Zutaten:
500g Arche-Hof Dinkelbandnudeln mit Ei
1¼l Arche-Hof Milch
evtl. etwas geriebene Schale einer Bio-Zitrone
Zimt und Zucker
Apfelmus

Viel Spaß beim Genießen wünscht das Team vom Arche-Hof Birk

Arche-Hof Birk
Familie Barbara und Wolfgang Birk
Helingerstraße 9, D-87480 Weitnau-Hellengerst
Tel. +49 (0)8378 93 26 69
archehof@bio-birk.de
www.bio-birk.de

Zubereitung:
Die Nudeln mit der kalten Milch in einen Topf geben. Jetzt den Herd einschalten und so lange köcheln lassen, bis die Nudeln die Milch aufgesogen haben. Dabei bleiben und immer wieder umrühren, damit sie nicht anbrennen. Wer mag kann noch etwas Zitronenabrieb dazu geben.

Die fertigen Nudeln werden mit Zimt und Zucker bestreut. Als Beilage empfehlen wir Apfelmus.

Krautkrapfentörtchen auf Bockbiersoße

für 5 Personen

Zutaten:
Teig: 250 g gesiebtes Mehl, 2 EL Öl, 1 Priese Salz, ca. 1/8l lauwarmes Wasser
Füllung: 500 g mildes Sauerkraut 200 g geräuchertes Wammerl, fein gewürfelt, 50 g Butterschmalz ½ große Speisezwiebel in feinen Würfeln, 2 EL Zucker, Pfeffer aus der Mühle 1 TL Kümmel ganz, 2 Lorbeerblätter 5 Wacholderbeeren ganz Butterschmalz zum Fritieren
Bockbiersoße: 1 Schalotte, Butter zum Andünsten, 100 ml Jus,, ¼ l Klare Brühe, ¼ l Kronburger (!) Bockbier Salz, Pfeffer, 2 EL Creme fraiche
Beilagen: 4 große Karotten, 10 Frühlingszwiebeln, Butter, Salz, Zucker

Guten Appetit wünscht:

Brauerei Kronburg
Hauptstr. 2, D-87758 Kronburg
Tel. +49 (0)8394 237
www.brauerei-kronburg.de

Zubereitung:
Aus den Zutaten für den Teig einen festen Nudelteig kneten und 1 Std. ruhen lassen. Für die Füllung feine Zwiebelwürfel und in Würfel geschnittenes Wammerl in Butterschmalz andünsten, den Zucker dazugeben und etwas karamelisieren lassen. Das Sauerkraut und die Gewürze zugeben und mitdünsten, bis die Flüssigkeit ganz einreduziert ist. Die Füllung auskühlen lassen. Den Teig sehr dünn ausziehen, 15 runde Teigstücke mit ca. 12 cm Durchmesser ausstechen, den restlichen Teig nochmals verkneten, dünn ausziehen auf einen Teigstreifen von ca. 15 cm Breite und ca. 30 cm Länge. Die ausgekühlte Füllung auf dem Teigstreifen verteilen und zu einer Rolle aufrollen. Die runden Teigstücke mit Wasser bestreichen, von der Rolle Scheiben von je 2 cm schneiden und die Scheiben in die Mitte der runden Teigstücke setzen. Die Ränder hochziehen, auf die gleiche Höhe umschlagen und andrücken.
Für die Bockbiersoße 1 Schalotte schälen, in feine Würfel schneiden und in etwas Butter andünsten. Mit dem Bockbier und klarer Brühe ablöschen, Jus dazugeben, mit Creme fraiche und den Gewürzen abschmecken. Die Karotten tournieren, in wenig Salzwasser bissfest kochen. Anschließend in etwas Butter und Zucker schwenken. Die Frühlingszwiebeln putzen, waschen, halbieren und auf ca. 7 cm. kürzen. In Butter andünsten, mit Salz würzen und mit etwas Wasser ablöschen. Die Krautkrapfen mit der Oberseite nach unten im heißen Butterschmalz fritieren, dabei ständig das heiße Butterschmalz über die Krapfen gießen, bis die Krapfen goldbraun sind. Zum Anrichten je 3 Krautkrapfen in die Tellermitte setzen, mit Bockbiersoße umgießen und das Gemüse sternförmig um die Krautkrapfen legen.

Geschmorte Ochsenbacken in Rotweinsoße

für 2 Personen

Zutaten:
2 Ochsenbacken (ca. 600-700g)
2 Zwiebeln
3 Karotten
½ Stange Lauch
100 g Knollensellerie
2 Knoblauchzehen
1 Flasche Portwein
500 ml Hagnauer Rotwein
500 ml Gemüsebrühe, wenn vorhanden auch Rinderfond
3 EL Tomatenmark
1 Thymianzweig
1 Lorbeerblatt
8 Pfefferkörner
Salz, Pfeffer, Prise Zucker
Öl zum braten

Guten Appetit
wünscht die Ochsen-Küche

Hotel-Gasthof Ochsen
Herrenstr. 21
D-88353 Kißlegg
Tel. +49 (0)7563 91 090
www.ochsen-kisslegg.de

Zubereitung:
Den Backofen auf 150°C (Ober- Unterhitze) vorheizen.
Die Ochsenbacken gut salzen und etwas Pfeffern.
Zwiebeln, Karotten, Lauch, Knollensellerie, Knoblauchzehenschälen oder waschen und in Würfel schneiden. Öl in einem Bräter erhitzen und die Ochsenbacken scharf anbraten, anschließend die Ochsenbacken wieder herausnehmen, das Gemüse anbraten und mit dem Tomatenmark tomatisieren. Anschließend mit dem Rotwein und dem Portwein ablöschen und reduzieren lassen. Diesen Vorgang wiederholen Sie 2 - 3 Mal. Achten Sie darauf, dass nichts anbrennt!
Mit dem Gemüsefond auffüllen und die Ochsenbacken wieder einsetzen. Lorbeerblätter, Pfefferkörner und Thymianzweig mit in den Bräter geben. Anschließend das Ganze für 2 ½ bis 3 Stunden im Ofen zugedeckt schmoren.
Stichprobe machen ob das Fleisch schon mürbe ist. Wenn das Fleisch mürbe ist die Soße durch ein Haarsieb passieren. Danach die Soße auf die gewünschte Konsistenz reduzieren lassen und abschmecken.

Die Ochsenbacken servieren wir mit Grillgemüse und Spätzle.

Weißbier-Roulade aus der Schweineoberschale

mit Kartoffelnocken, Bergkäs & Hopfenspargel für 4 Personen

Zutaten:
300g Schweineoberschale, Salz, Mehl, 0,5l Büble Edelweissbier, Bergkäs

200g Füllung: Karotten, Pastinaken, Sellerie, Lauch, Petersilie, Hopfenspargel, Butter, Kräutersalz

Kartoffelnocken: ca. 600g Kartoffel, 2 Eier, 65g Hartweizengrieß, 65g Mehl, Prise Salz

Einen Guten Appetit wünscht Ihnen Gasthof zum Hirsch, Florian Knüsli und Küchenchefin Karin Knüsli

Gasthof zum Hirsch
Kirchplatz 6, D-87657 Görisried
Tel. +49 (0)8302 249
www.hirsch-goerisried.de

Zubereitung:
Weizenbierroulade: Aus der Schweineoberschale dünne Scheiben schneiden, klopfen, mit Kräutersalz würzen, mit Füllung bestreichen, aufrollen und mit Zahnstocher fixieren. In Mehl wenden, im heißen Fett die Zwiebel und Rouladen schön braun anbraten, mit Büble-Edelweissbier aufgießen, zugedeckt eine halbe Stunde köcheln lassen. Die Rouladen herausnehmen die Bratensoße durch passieren, fertig.

200g Füllung: Karotten, Pastinaken, Sellerie, Lauch, Petersilie durch den Fleischwolf lassen mit Meersalz würzen. Hopfenspargel in etwas Butter mit einer kl. Prise Kräutersalz andünsten.

Kartoffelnocken: ca. 600g Kartoffel, 2 Eier, 65g Hartweizengrieß, 65g Mehl, Prise Salz. Die geschälten Kartoffeln im Salzwasser kochen , ausdampfen lassen oder vom Vortag gekochte Kartoffeln nehmen, durch die Kartoffelpresse drücken, alles miteinander zu einem glatten geschmeidigen Teig kneten. Reichlich Salzwasser zum Kochen bringen, die Kartoffelnocken formen und ins Wasser hineinlegen. So lange köcheln lassen, bis sie an der Oberfläche schwimmen, etwas ziehen lassen, fertig.

Braumeister Rumpsteak vom Angus

Rumpsteak (200 g) mit einer Braumalzkruste

Zutaten
für die Kruste ca. 10 Portionen:
250g Butter
75 g Semmelbrösel
125 g geschrotetes Malz gemahlen
165 g geriebener Bergkäse
1 Knoblauchzehe
3 Eßl Pflanzenöl
Salz, Pfeffer, Wildkräuter

Einen Guten Appetit wünscht Ihnen
Birgit Steinberger

Hotel und Brauereigasthof Hirsch
Hirschstraße 2
D-87527 Sonthofen
Tel. +49 (0)8321 67 28-0
www.brauereigasthof-hirsch.com

Zubereitung:
Für die Malzkruste zunächst die Butter schaumig schlagen, geschrotetes gemahlenes Malz, Semmelbrösel und geriebenen Bergkäse, Knoblauch und Wildkräuter zugeben und mit Salz und Pfeffer abschmecken. Die Masse durchkneten, zu einer Rolle formen und im Kühlschrank ruhen lassen.

Das argentinische Roastbeef in zugeschnittenen Steaks vor dem Anbraten mit etwas Salz und Pfeffer würzen. Die Steaks von beiden Seiten in der Pfanne oder auf dem Grill anbraten.

Von der Malzkrustenmasse 2 oder 3 Scheiben auf jedes Steak legen und im heißen Backofen bei 200 °C Oberhitze ca. 5 bis 6 Minuten hellbraun überbacken.

Als Beilage empfehlen wir Bratkartoffeln und Blattsalate mit Kürbiskernöl und natürlich ein leckeres Festbier von der Hirsch-Brauerei.

WILDBURGER

mit Preiselbeersauce auf Blaukrautbett, für 4 Personen

Zutaten:
4 Burgerbrötchen
4 Wild-Pattys vom Hofgut Ratzenberg
1 Kopfsalat, 2 Tomaten, 1 Zwiebel
1 Kopf Blaukraut, Rotwein, Apfelsaft
Salz, Pfeffer, Essig, etwas Öl
Für die Burgersauce:
1 Glas Wildpreiselbeeren
100 ml Rotwein
Rosmarin, Salz

Hofgut Ratzenberg
Sedanstraße 55
D-88161 Lindenberg im Allgäu
Tel. +49 (0)8381 912 35-10

Zubereitung:
Preiselbeersauce: Die Wildpreiselbeeren mit dem Rotwein, Rosmarin und Salz vermischen und pürieren. Je nach Geschmack mit Salz nachwürzen. Tipp: etwas Thymian dazu.
Blaukrautbett: Das Blaukraut hobeln und etwa 10 - 15 Minuten dämpfen. Mit Rotwein, Apfelsaft, frischen Apfelstücken, Salz Essig und Öl abschmecken.
Burger: Die Wild-Pattys grillen (je nach Geschmack medium oder welldone). Die Burgerbrötchen teilen und kurz vorgrillen. Danach die fertige Preiselbeersauce darauf verteilen. Mit Salatblättern, Tomatenscheiben und kurz angerösteten Zwiebelringen belegen. Die gegrillten Pattys darüberlegen. Das fertige Blaukraut (je nach Geschmack lauwarm oder kalt) als Bett auf dem Teller anrichten und den Burger auflegen. Mit Rosmarinzweig oder Thymian und der Preiselbeersauce garnieren.

Einen Guten Appetit wünscht Ihnen das Team vom Hofgut Ratzenberg

Kohlenschiebers Kässpatzen

für 4 Personen

Zutaten:
500 g Spätzlemehl
6 Eier
200 g Bergkäse gerieben
200 g Emmentaler gerieben
100 g Romadur gewürfelt
Salz und frisch gemahlener Pfeffer
2 große Zwiebeln
500 ml Rapsöl

Guten Appetit wünscht Ihnen

Zum Kohlenschieber
Marktplatz 4B
87730 Bad Grönenbach
Tel. +49 (0)8334 78 37
Facebook „Zum Kohlenschieber"
kohlenschieber@web.de
www.kohlenschieber.de

Zubereitung:
Für die Spätzle die Eier mit 1 TL Salz verquirlen. Das Mehl hinzugeben und kräftig schlagen, bis ein zäher Teig entsteht, der Blasen wirft. Einen weiten Topf mit Salzwasser aufstellen, den Teig mit dem Spätzlehobel in das sprudelnd kochende Wasser hobeln. Nach einer Minute herausnehmen und heiß unter die Käsemischung heben. Gegebenenfalls etwas Kochwasser hinzugeben.

Für die Röstzwiebel die Zwiebeln schälen und in feine Ringe hobeln. Das Öl erhitzen, bis Blasen hochsteigen, wenn man ein kleines Stück Zwiebel hineingibt. Die Zwiebeln goldbraun ausbacken und auf einem Küchentuch gut abtropfen lassen.

Die Käspätzle großzügig mit grob gemahlenem Pfeffer und den Röstzwiebeln garnieren.

Steak mit Schwammerl und Knöpfle

Zutaten :
Rindersteaks
Schwammerl (Pilze)
Butter
Mehl
Salz

Einen Guten Appetit wünscht Ihnen
Küchenchef Christian Pieper

Zur Post - Hotel & Gasthof
Fridolin-Holzer-Straße 4
D-88171 Weiler im allgäu
Tel. +49 (0)8387 10 70
www.postinweiler.de

Zubereitung:

Knöpfle:
Eier, Mehl und Salz in eine Schüssel geben und mit dem Kochlöffel zuerst verrühren und dann schlagen bis er „Blasen" wirft. Der Teig soll „zäh" vom Löffel fallen. Den Teig ca. 20 min. ruhen lassen. Nach der Ruhezeit den Teig ins kochende Salzwasser mit einem Knöpfle-Hobel hobeln. Knöpfle im Wasser kurz aufkochen lassen und mit dem Schaumlöffel herausnehmen und in ein Sieb geben. Kurz abschrecken. Vor dem Anrichten die Köpfle noch in der Pfanne in Butter schwenken.

Soße:
Braten Soße in einen kleinen Topf geben, mit der Sahne, Cognac und dem Pfeffer zusammen aufkochen lassen und eventuell mit Salz abschmecken. Wenn die Soße etwas cremiger sein soll, dann noch mit Stärke abbinden.

Schwammerl (Pilze):
Die Schwammerl(Pilze) säubern und in einer sehr heißen Pfanne unter Schwenken in heißem Öl anbraten. Die Schalottenwürfel und die gehackte Petersilie zugeben. Mit Salz und frisch gemahlenem Pfeffer würzen und unter ständigem Hin- und Herschwenken ca. 3 Min. weiterbraten. Die gebratenen Schwammerl(Pilze) mit einem Stück Butter verfeinern.

Rindersteak
Die Steaks in heißem Öl oder auf dem Grill von jeder Seite kurz, aber scharf anbraten. Anschließend im vorgeheizten Ofen bei 80 Grad Celsius bis zum gewünschten Garpunkt ca. 15 min. ziehen lassen.

Brennesselschnitzel mit Wildziki

für ca. 3 Personen

Zutaten:
150 g Grober Dinkelschrot
300 g Gemüsebrühe
1 Zwiebel
2 Eier
250 g Junge Brennnesselblätter
Salz, Pfeffer, Muskat
Ca. 80 g Sonnenblumenkerne
80 g Butter

Wildziki:
500 g Quark
200 g Naturjoghurt
1 Salatgurke
Ca. 100 g Frische Wild- oder Gartenkräuter
Meersalz, Weißer Pfeffer

Guten Appetit wünscht Ihnen
Gerti Epp

Allgäuer Kräuterland e.V.
Geschäftsstelle Nadenbergstraße 13
D-88161 Lindenberg
Tel. +49 (0)08381 94 85 81
www.allgaeuer-krauterland.de

Zubereitung:
Dinkelschrot in Gemüsebrühe im Topf einmal aufkochen, anschließend ca. 20 Min. auf dem Herd zugedeckt ausquellen lassen. Brennnesseln mit Handschuhen klein schneiden und 10 Min. vor Ende der Garzeit zum Dinkelschrot geben. Dann Zwiebeln, Ei und Gewürze dazugeben und alles gut vermengen. Ist die Masse zu weich, evtl. Semmelbrösel oder Haferflocken zugeben.
Aus der Masse kleine Küchle formen, in Sonnenblumenkernen wenden und im Butter knusprig rausbacken.

Wildziki: Wild- oder Gartenkräuter verlesen und fein hacken. Quark mit Joghurt in einer Schüssel glatt rühren und mit Salz, Pfeffer würzen. Die Salatgurke in die Masse raspeln. Alles verrühren und pikant abschmecken. Noch etwa 20 Min. durchziehen lassen. Zu den Brennnessel-Schnitzel servieren.

Meckatzer Kässpätzle

mit Röstzwiebeln, für 4 Personen

Zutaten:

250 g Spätzle-Mehl
250 g Kässpätzle-Käse vom Hofgut Ratzenberg in Lindenberg (alternativ eine Mischung aus Bergkäse und Emmentaler)
30 g Weißlacker von der Käserei Stich in Ruderatshofen (alternativ Limburger oder Romadur)
100 g Butter
4 Eier
8 g Salz
5 g Paprikapulver edelsüß
1-2 Zwiebel (je nach Größe)
Prise Muskat

Einen Guten Appetit wünscht Ihnen Ihr Meckatzer Bräustüble Team.

Meckatzer Bräustüble Betriebs GmbH
Meckatz 8, D-88178 Heimenkirch
Tel. +49 (0) 8381 1573
www.meckatzer-braeustueble.de

Zubereitung:

Topf mit Wasser und Salz aufsetzen. Mehl, Salz, Muskat und Eier in einer großen Schüssel gut vermengen, Teig mit einem Kochlöffel aufschlagen bis er Blasen wirft. Falls der Spätzleteig zu fest ist, Wasser hinzugeben.
Nun den Teig in das kochende Salzwasser durch eine Spätzlepresse pressen. Wenn die Spätzle an der Oberfläche schwimmen und durchgekocht sind herausnehmen.
In eine Auflaufform geben und etwas Käse hinzugeben. Vorgang wiederholen. Tipp: etwas Spätzle-Wasser dazu, damit die Kässpätzle saftig werden und der Käse Fäden zieht. Zum Schluss Weißlacker in feinen Würfeln darüber geben. Für die Röstzwiebel: Zwiebel schälen, in Ringe schneiden, mehlieren und mit Paprikapulver würzen. In einem Topf mit heißem Öl ausbacken und abtropfen lassen. Die fertigen Kässpätzle mit den Röstzwiebeln anrichten.

Dazu passt ein grüner Blattsalat mit leichter Vinaigrette und ein MECKATZER Weiss-Gold.

Brauergulasch mit Brezen-Gugelhupf

für 4 Personen

Zutaten:
1,5 kg Rindfleisch von der flachen Schulter oder Wade
1 Ltr. Meckatzer Weiss-Gold
Salz, Pfeffer, 1 Essl. Paprika, edelsüß
750 g Zwiebeln, 50 g Butterschmalz
150 g Tomatenmark
Zum Aufgießen 1,5 Ltr. Rinderbrühe
1 TL Kümmel, 2 TL Majoran
1 Lorbeerblatt, 4 Wacholderbeeren
2 Knoblauchzehen
Schalenabrieb einer Zitrone
Salz u. Pfeffer aus der Mühle

Für den Brezen-Gugelhupf:
200 g Brezen vom Vortag,
150 ml Milch, ½ Zwiebel, 2 Eier
1 EL zerlassene Butter, gehackte Petersilie, frisch geriebene Muskatnuss
Salz und Pfeffer aus der Mühle

Zubereitung:
Fleisch in ca. 40-50 g Würfel schneiden und 2 Stunden in Urbayrisch Dunkel marinieren. Nach knapp 2 Stunden die Fleischwürfel auf einem Sieb gut abtropfen lassen und mit einer Küchenrolle trocken tupfen. Mit Salz, Pfeffer und edelsüßem Paprika würzen und vermengen. Zwiebeln schälen und in Streifen schneiden. Zwiebeln in Butterschmalz goldgelb anbraten. Gewürztes Fleisch so lange anbraten bis der austretende Fleischsaft verdunstet ist und der Röstvorgang beginnt, Tomatenmark kurz mitrösten und danach mit etwa der Hälfte der Rinderbrühe und etwas Meckatzer Weiss-Gold auffüllen.
Gulaschgewürz zugeben und alles schön weich (aber nicht zu weich) kochen (Garzeit beträgt zwei bis drei Stunden, etwa 40-60 Minuten im Schnellkochtopf). Dabei immer wieder Flüssigkeit nach Bedarf nachgeben. Das Fleisch dann mit einer Schaumkelle herausholen und die Soße auf die gewünschte Konsistenz einkochen, abpassieren und anschließend Fleisch wieder zugeben. Zuletzt Zitronenschale hinein reiben und gegebenenfalls nachwürzen.

Das Salz von den Brezen entfernen. Die Brezen in ½ bis 1 cm große Würfel schneiden. Die Milch lauwarm erhitzen und die Brezen damit übergießen. Zwiebelwürfel leicht anschwitzen und mit allen Zutaten gut vermengen. Das Ganze in eine ausgebutterte, mit Semmelbrösel ausgestreute Gugelhupfform. Ca. ½ Std. bei 160 Grad in den Backofen stellen.

Einen Guten Appetit wünscht Ihnen

Meckatzer Bräu-Engel
Prälat-Götz-Str. 17, 87439 Kempten
Tel. +49 (0)831590 394 70
www.meckatzer-braeu-engel.de

Kurzbraten

Garstufen beim Steak

Daumenmethode:
Handfläche nach oben, Daumen berührt ohne Druck verschiedene Fingerkuppen. Gegendruck am Handballen mit dem des Steaks vergleichen. „Well done“: Daumen und kleinen Finger mit Kraft zusammendrücken.

Stirnmethode:
Mit dem Zeigefinger auf Oberlippe, Nasenspitze oder Stirnmitte (gekräuselter Stirn) drücken. Gegendruck mit dem des Steaks vergleichen. „Well done“: Stirnmitte.

	Rare	**Medium**	**Reverse Medium**	**Medium well**
Steak im Anschnitt	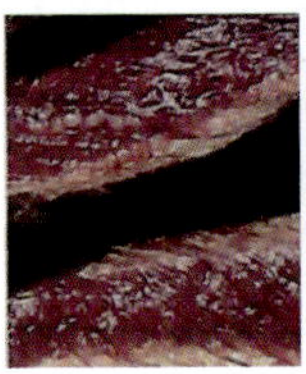	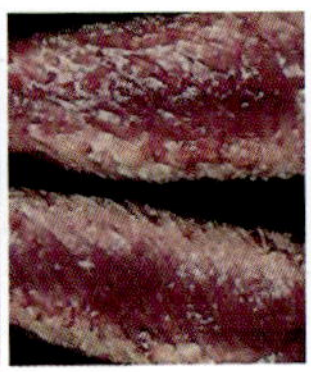		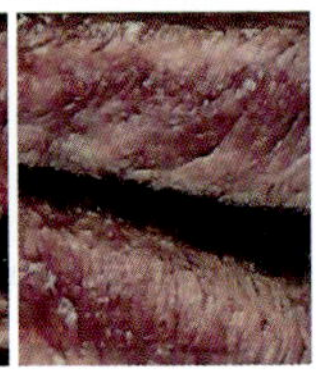
Kerntemperatur bei ca. 3,5 cm Dicke	46 - 52 Grad	54 - 55 Grad	58 Grad	60 - 65 Grad
Daumenmethode	Daumen/Zeigefinger	Daumen/Mittelfinger	Daumen/Ringfinger	Daumen/kl. Finger
Stirnmethode	Oberlippe entspannt	Nasenspitze	Oberlippe/Kussmund	Stirnmitte bei gekräuselter Stirn
Garzeit bei Ausgangstemp. 20 Grad	5 Minuten	7 Minuten	100 Minuten Bei 58 Grad Wassertemp., dann 30 Sek. je Seite in sehr heißer Pfanne (220 Grad) anbraten, ohne Ruhezeit servieren	9 Minuten

Einen guten Appetit wünscht:

Metzgerei Göppel
Lindenstr. 50, D-87648 Aitrang
Tel. +49 (0)8343 9793
www.metzgerei-goeppel.de

Entrecote mit spanischen Bratkartoffeln und Pfeffersauce

für 2 Personen

Zutaten:
2 Entrecotes ca. 4-5 cm dick vom heimischen Rind
300 g vorw. festkochende Kartoffeln
Echter Roter Kampot Pfeffer
Echter frischer Grüner Kampot Pfeffer in Fleur de Sel eingelegt
Pimenton de La Vera dulce (süß) oder Pimenton de La Vera picante (scharf)
Guerande Meersalz
Kampong Speu Palmblütenzucker
Öl zum Braten, 1 Knoblauchzehe
1 Rosmarinzweig, Sahne
Rotwein trocken, Sojasauce

Zubereitung:
Kartoffeln schälen und in kleine Würfel (ca. 1 cm) schneiden. Pfanne für die Kartoffeln heiß werden lassen und ca. 4 El Öl hinzufügen. Die rohen Kartoffeln in die heiße Pfanne geben und kross braten.
Pfanne für das Fleisch heiß werden lassen und 1 El. Öl hinzufügen Knoblauchzehe und Rosmarinzweig hinzugeben und das Öl etwas aromatisieren. Das Entrecote von jeder Seite 3 min. scharf anbraten. Dann aus der Pfanne nehmen und in einen vorgeheizten Backofen (ca. 130 Grad) für ca. 10 min geben um die Kerntemperatur zu erreichen.
Den Bratensatz mit 1 Tl. Palmblütenzucker und 100 ml Rotwein lösen. Den Rotwein einkochen lassen. Diesen Vorgang ohne den Palmblütenzucker 2 x wiederholen. 250 ml Sahne hinzufügen und etwas einkochen lassen. Mit Salz, Echtem Roten Kampot Pfeffer und Sojasauce abschmecken. In die eingedickte Sauce in Fleur de Sel eingelegten grünen Kampot Pfeffer hinzugeben (ca. 1 El).
Die kross gebratenen Kartoffeln mit Guerande Meersalz und Pimenton de La Vera dulce oder nach Belieben Pimenton de la Vera picante bestreuen und ein paar Mal durch schwenken.
Dazu passt ein frischer grüner Salat und einer feinen Marinade mit echtem weißen Kampot Pfeffer und etwas Kampong Speu Palmtlütenzucker.

Als Drink empfehlen wir einen Gin Tonic mit unserem Fahnenbauer No. 61 Dry Gin aus Schwaben:
40 ml Fahnenbauer GIN
160 ml Tonic Water, 1-2 Eiswürfel
1 Gurkenscheibe

Guten Appetit wünscht
Christian Bauer

Piaba Edle Gewürze
Fahnenbauer No. 61 GIN
Säntisweg 14
88161 Lindenberg im Allgäu

Bio-Rinderroulade, Jus, Honig-Perlzwiebeln, Petersilien-Kartoffel-Püree

für 4 Personen

Zutaten:
4 Scheiben Rinderroulade
in Bioqualität (á 180 g)
Wurzelgemüse (½ Knollensellerie,
2 Karotten, 1 Lauch), Öl
Kaminwurz (alternativ Debreziner)
200 g Kalbsbrät in Bioqualität
4 EL Sahne, Salz und schwarzer
Pfeffer aus der Mühle

Jus:
1 Zwiebel, ¼ Knollensellerie
1 Karotte, Öl, 1 TL brauner Zucker
2 EL Tomatenmark
200 ml kräftiger Rotwein
1 Lorbeerblatt, 3 Pimentkörner
½ TL schwarze Pfefferkörner
1 Knoblauchzehe
400 ml Rinderbrühe, 30g Mehl
Eventuell Salz und schwarzer Pfeffer
aus der Mühle

Petersilien-Kartoffel-Püree:
1 kg mehligkochende Kartoffeln
Salz, 8 EL Distelöl, ¼ Bund Petersilie
300 ml Milch, 4 EL Butter
frisch geriebene Muskatnuss

Honig-Perlzwiebeln:
300 g Perlzwiebeln, 2 EL Olivenöl
2 EL Butter, 4 EL Honig
2 EL Weißweinessig
100 ml Gemüsebrühe
100 ml weißer Portwein
Salz und schwarzer Pfeffer aus der
Mühle

Zubereitung:
Rouladen:
1. Das Wurzelgemüse putzen, in feine Würfelchen schneiden, in einer Pfanne bei mittlerer Temperatur in wenig Öl andünsten und auskühlen lassen. Die Kaminwurz vierteln.
2. Das Kalbsbrät mit Sahne glattrühren und die Wurzelgemüsewürfel unterheben.
3. Die Fleischscheiben dünn ausklopfen. Mit Salz und Pfeffer würzen, die Brät-Wurzelgemüsemischung darauf streichen, dabei die Ränder frei lassen und Kaminwurzenstück quer darauflegen. Die Fleischränder nach innen schlagen und von der schmalen Seite her aufrollen und mit Rouladennadeln oder Küchengarn fixieren.

Sauce:
1. Wurzelgemüse putzen und in 1 cm große Würfel schneiden.
2. Die Rouladen in einem Schmortopf mit etwas Öl von allen Seiten

kurz rundherum anbraten. Die Rouladen aus dem Topf herausnehmen und das Wurzelgemüse darin anrösten, etwas braunen Zucker zugeben und hell karamellisieren. Anschließend Tomatenmark unterrühren, hellbraun anrösten und mit 150ml Rotwein ablöschen und sämig einköcheln lassen. Lorbeerblatt, Piment, schwarzer Pfeffer und Knoblauch hinzugeben. Mit der Rinderbrühe aufgießen und die Rouladen einlegen, mit Backpapier abdecken und 2½ Stunden leicht köcheln lassen. Die Rouladen aus der Sauce nehmen, Rouladennadeln bzw. Küchengarn entfernen und warmstellen.
3. Den restlichen Rotwein mit dem Mehl glattrühren und in die leicht köchelnde Sauce rühren, bis diese leicht bindet. Nach Belieben mit Salz und Pfeffer abschmecken. Für weitere 5-10 Minuten köcheln lassen. Danach die Sauce durch ein feines Sieb abpassieren und die Rouladen wieder einlegen.

Petersilien-Kartoffel-Püree:
1. Die Kartoffeln schälen und in reichlich Salzwasser weichkochen. Kartoffeln abgießen, und durch die Kartoffelpresse drücken.
2. Das Öl und die Petersilie mit einem Pürierstab emulgieren.
3. Die Milch erhitzen und unter die durchgepressten Kartoffeln rühren, die Butter untermischen. Das Püree mit Salz und Muskatnuss würzen.
4. Das Kräuteröl in das Püree unterrühren.

Honig-Perlzwiebeln:
1. Die Perlzwiebeln überbrühen, 10 Minuten ziehen lassen, anschließend kalt abspülen und schälen.
2. Danach die Perlzwiebeln in einer Pfanne mit Öl und Butter glasig anschwitzen.
3. Honig hinzugeben und kurz karamellisieren lassen.
4. Mit dem Weißweinessig ablöschen, die Gemüsebrühe und den weißen Portwein zugeben und zugedeckt bei mittlerer Hitze 15 Minuten schmoren lassen.
5. Danach den Sud (ohne Deckel) dickflüssig einreduzieren lassen.
6. Mit Salz und Pfeffer würzen und lauwarm servieren.

Anrichtetipp:
Mit einem Dressierbeutel und Lochtülle zwei Türmchen Petersilien-Kartoffel-Püree auf dem vorgewärmten Teller aufspritzen. Die Rouladen dritteln und dazwischensetzen. Die Honig-Perlzwiebeln rundherum verteilen. Die Jus in ein Saucenkännchen abfüllen und erst bei Tisch angießen.

Viel Spaß beim Nachkochen!

Die Gastgeber: Matthias Dornach mit seiner Schwester Christine Dornach

Kutteln

für 8 - 10 Personen

Zutaten:
1 kg. Kutteln
200 g Mehl
1 Zwiebel
4 Wacholderbeeren
2 Lorbeerblätter
¼ l Rotwein
¼ l Brühe
Essig
1 Tl. Zucker
Paprika
Salz
Pfeffer
1 l kaltes Wasser

Zubereitung:
Mehl in einem großen Topf anschwitzen bis die gewünschte Bräune erreicht ist. Dann mit kaltem Wasser oder Brühe und Rotwein ablöschen. Zwiebel, Kutteln und die Gewürze zugeben und ca. 30 Min. unter ständigem Rühren aufkochen lassen

Einen guten Apettit wünscht Ihnen

Landgasthof Post
Lindauer Str. 1
D-88167 Röthenbach
Tel. +49 (0)8384 304
www.post-roethenbach.de

Allgäuer Kässpatzn

für 5 Portionen

Zutaten:
500g Weizen-Spätzlemehl
der Spielberger Mühle
200-250 ml Wasser
5 Eier, 3 TL Salz
500g Wiggensbacher Bioland Käse gerieben (1/3 Glücksmoment würzig, 1/3 Sonntagskäse und 1/3 Wiggensbacher Bergkäse)
3 große Zwiebeln

Bio-Schaukäserei Wiggensbach eG
Kempter Str. 9, D-87487 Wiggensbach
Tel. +49 (0)8370 92 10 10

Zubereitung:
Mehl, Eier, Salz und Wasser vermischen und so lange kräftig rühren bis der Teig Blasen schlägt.

Je nachdem ob Sie die Spätzle vom Brett schaben möchten oder einen Hobel verwenden, benötigen Sie eventuell etwas mehr oder weniger Wasser.

Reichlich Salzwasser in einem großen Topf zum Kochen bringen.
Den Teig portionsweise vom Brett hineinschaben oder hobeln. Die Spätzle sind gar, wenn sie an die Oberfläche steigen. Spätzle mit einer Schaumkelle herausnehmen, in eine Schüssel mit Deckel geben und mit geriebenem Käse bestreuen. Den Vorgang wiederholen, bis der gesamte Teig verbraucht ist.

Die Zwiebeln schälen, in Ringe schneiden und goldbraun in Butterschmalz anbraten. Anschließend auf den Spätzle verteilen und mit frischem Schnittlauch garnieren.

Dazu passt ein grüner Blattsalat und ein Glas frische Bio Heumilch.

Guten Appetit wünscht
das Team der Bio-Schaukäserei

Ente mit „dunklem Storch“

für 2 Personen

Zubereitung:

1. Ente waschen, und restliche Federn, Lunge und Bürzel entfernen und die Ente mit 4 - 5 TL Salz und 2 TL Pfeffer einreiben.
2. Die Möhren schälen und in 2 mm Julienne schneiden. Die Backpflaumen klein schneiden. Die Orangen und die Äpfel schälen, achteln und in 3 mm dicke Scheibchen schneiden, mischen und einen Teil in die Ente füllen.
3. Die Ente in einen Bräter bzw. ein tiefes Blech legen, das Bier dazugeben und um die Ente die restlichen Orangen, Äpfel, Möhren, Backpflaume und das Stufentenfutter geben. Mit Pfeffer, Salz und Honig würzen. Etwa 60 Minuten kochen.
4. Danach die Ente auf einen Rost legen und bei 200 °C knusprig dunkelbraun backen. Gelegentlich mit Honig-Salz-Wasser bepinseln. Den Bräter darunter stellen, damit das Fett als Geschmacksträger aufgefangen wird.
5. Je nach Geschmack Fett von der Soße entfernen, das geht am besten, wenn die Soße einmal richtig erkaltet, abseihen und etwas abbinden. Als Beilage passen Rotkohl und Knödel.

Zutaten:

1 Ente
2 Orangen
2 Äpfel
3 Möhren
8 Backpflaumen
1 Tüte Trockenfrüchte (Studentenfutter)
1 Liter Dunkles Bier (Storchen Dunkel)
Salz, Pfeffer
Honig

Guten Apettit wünscht Ihnen

Storchenbräu
Kirchplatz 5, D-87772 Pfaffenhausen
Tel. +49 (0)8265 70 22
www.storchenbraeu.de

Info: „Storchen Dunkel“
Das Malzaromatische
Die Ursprünge des Storchen-Dunkel gehen vermutlich bis auf die Anfangszeit der Storchenbrauerei zurück.

Lupinen-Tempeh mit Zwiebelschmelz dazu Schupfnudeln mit Sauerkraut

Für 4 Personen

Zutaten:
500g Sauerkraut,
1 rote Zwiebel
1 Bund Schnittlauch
320g Lupinen-Tempeh Natur
Wachholderbeeren, Lorbeerblätter,
Salz, Pfeffer

Für die Schupfnudeln
800g Kartoffeln (mehlig)
ca. 200g Mehl
1 EL Sojamehl
1 Prise Muskatnuss, Salz

Zubereitung:
Etwas Bratöl in einer Pfanne erhitzen. 500g Sauerkraut mit Wachholderbeeren und Lorbeerblättern anbraten bis das Kraut eine leicht braune Färbung annimmt, dann mit Salz und Pfeffer abschmecken.
Den Bio Lupinen-Tempeh in Würfel schneiden und in einer anderen Pfanne in Bratöl goldbraun braten. Fein geschnittene Zwiebelstückchen mit in die Pfanne geben, je nach Geschmack glasig bis braun braten und mit Salz und Pfeffer abschmecken.

Selbst gemachte oder gekaufte Schupfnudeln in einer Pfanne anbraten, dann mit dem Sauerkraut vermischen und auf Tellern anrichten. Die Zwiebel-Tempeh-Mischung darüber geben und mit fein geschnittenem Schnittlauch garnieren.

Schupfnudeln selbst machen:
Für die Kartoffelgrundmasse Kartoffeln schälen, gar kochen und zerstampfen. Die Grundmasse am besten am Tag zuvor vorbereiten, ansonsten die Masse gut auskühlen lassen.

150g Mehl, das Sojamehl, Muskatnuss und eine Prise Salz mischen und nach und nach in die abgekühlte Kartoffelmasse einkneten. Der Teig sollte nicht kleben. Dazu einfach die restlichen 50g Mehl oder je nach dem auch mehr, nach und nach einarbeiten bis die Konsistenz stimmt.

Den Teig dann zu Würsten von 3-4cm Stärke rollen. Die Würste in 1cm große Stücke schneiden. Aus den einzelnen Stückchen die Nudeln formen, dabei am besten die Handinnenflächen bemehlen und locker gegeneinander reiben.

Salzwasser aufsetzen und aufkochen lassen, danach die Nudeln im heißen (nicht mehr kochenden) Wasser ziehen lassen. Die Nudeln, die an der Oberfläche schwimmen, mit einem Sieb oder Schaumkelle abseihen und auf ein Küchentuch legen.

Demeterhof Stümpfl
Talstr. 13
D-87719 Mindelheim-Unggenried
Tel. +49 (0)8261 90 961-0
www.stuempflhof.de

Schinkennudeln mit Steinpilzen und Waldburger Kochschinken

für 4 Personen

Zutaten:

400 g hausgemachte Bandnudeln oder hochwertige Pasta nach Wahl
150 g gekochter Hinterschinken, in dünne Scheiben geschnitten
150 g frische Steinpilze geputzt
3-4 Lauchzwiebeln in feine Ringe geschnitten
ca. 60 g Gemüsestreifen aus Sellerie, Karotten, Petersilienwurzel knackig blanchiert
150 ml Kartoffelfond
Salz, frisch gemahlener schwarzer Pfeffer Koriander und Fenchelsaat aus der Mühle
Schnittlauch, Blattpetersilie
Olivenöl für die Pilze
80 g kalte Butterwürfelchen

Zubereitung:

Steinpilze in nicht zu feine Scheiben schneiden und in einer entsprechenden Pfanne in etwas Olivenöl anbraten. Lauchzwiebel und etwas Butter zugeben, behutsam mit Salz, Koriander und Fenchel würzen.
In der Zwischenzeit die Nudeln in leicht gesalzenem Wasser mit Biss kochen und direkt aus dem Topf zu den Pilzen geben. Schinken in Streifen schneiden und mit geschnittener Petersilie und den Gemüsestreifen unterheben, abschmecken.
Den Kartoffelfond in einem kleinen Topf aufkochen und mit einem Stabmixer die kalten Butterwürfelchen einmixen. auf vorgewärmten Tellern anrichten und die Fischfilets darauf verteilen. Nach Belieben mit gehackten Kräutern verfeinern. Etwas Kartoffelfond in vorgewärmte tiefe Teller verteilen und die Schinkennudel darauf anrichten. Mit frisch gemahlenem schwarzem Pfeffer und Schnittlauch vollenden.

Guten Appetit wünscht Anita Boos

Waldburger Schinken Boos GmbH
Edensbach 193
D-88289 Waldburg
Tel. +49 (0)7529 97 19-0
www.waldburger-schinken.de

Allgäuer Wildkräuter-Capuns (Mangold-Wickel)

für 4 Personen

Zutaten:
250 g Mehl
1 Ei
100 ml Milch, 100 ml Wasser
Pfeffer, Muskatnuss
4 Handvoll Wildkräuter
(z. B. Brennnessel, Giersch,
Guter Heinrich, Baumspinat)
16 Mangoldblätter
1 EL Butterschmalz, 1 EL Rapsöl
evtl. 50 g Speckwürfel
300 ml Bouillon (oder Weißwein)
200 ml Sahne
1 EL Gewürze, z.B. Paprika, Pfeffer,
Muskat, Salz nach Bedarf
50g Butter

Guten Appetit wünscht:

Heidi Prinz
Allgäuer Wildkräuter-Führerin
Stockenweiler 3
D-88138 Hergensweiler
Tel. +49 (0)8388 98 19 0
www.heidiskraeuterwelt.tumblr.com

Zubereitung:
Aus Mehl, Ei, Milch und Wasser einen zähflüssigen Teig (Spätzleteig) herstellen. Mit Pfeffer und Muskatnuss würzen. Kräuter feingeschnitten beigeben und untermischen.
Teig ca. 20 Minuten ruhen lassen.
Mangoldblätter blanchieren, abschrecken und trocken tupfen.
Die Stiele wegschneiden und pro Blatt ca. 1 Esslöffel Teig in der Mitte platzieren, Längsseiten einschlagen und einrollen.
Capuns portionenweise beidseitig im Butterschmalz kurz anbraten und danach in eine ofenfeste Form legen.
Im heißen Öl den Speck anbraten, Bouillon dazu gießen und einkochen lassen. Rahm beigeben, aufkochen, ca. 5 Min. köcheln lassen und würzen. Sauce über die Capuns gießen, in der Mitte des auf 200 Grad vorgeheizten Ofens ca. 15 Min. überbacken.
Dazu passen Salat und Wildkräuterquark, sowie Baguette

Einkorn-Kräuter-schnecken

für 20 Schnecken

Zubereitungszeit: 25 Minuten
Backzeit: 15-20 Minuten

Zutaten:
500g Einkorn-Vollkornmehl
1 Teel. Salz, 20g Backpulver
250g Magerquark, 1 Ei
6 Essl. Sonnenblumenöl
etwas Milch nach Bedarf
Frische Kräuter (Giersch, Brennnessel, Spitzwegerich, Rosmarin, Salbei, Thymian,...)
250 g Frischkäse
etwas Salz und Pfeffer
100 g geriebener Käse

Zubereitung:
1. Den Quark, das Ei und das Öl gut verrühren. Mehl, Salz und Backpulver hinzugeben und je nach Bedarf mit etwas Milch zu einem festen Teig vermengen. Den Teig von Hand auf der Arbeitsfläche kurz durchkneten und rasch weiterverarbeiten.
2. Die frisch gepflückten Kräuter mit einem Keramikmesser klein hacken. (So bleibt der Geschmack der Kräuter am besten erhalten, da sie dadurch nicht bitter werden)
3. Die Arbeitsfläche mit etwas Mehl bestreuen und den Teig darauf mit einem Nudelholz ca. 0,5-1 cm dick ausrollen. Den Frischkäse je nach Belieben mit etwas Salz und Pfeffer würzen und auf den ausgerollten Teig streichen. Dann mit den gehackten Kräutern und dem geriebenen Käse belegen.
4. Danach vorsichtig aufrollen. Die Rolle mit einem Messer in ca. 2 cm dicke Scheiben schneiden und auf ein mit Backpapier ausgelegtes Blech legen.
5. Bei ca. 180° C für ca. 15-20 Minuten backen, bis die Schnecken goldbraun sind.
6. Kurz abkühlen lassen und ofenfrisch genießen.

Einen Guten Appetit wünscht Ihnen Ingeborg Schedel

Bio-Kräuterhof Schedel
Türkheimer Str.1
D-86874 Tussenhausen
Tel. +49 (0)8268 16 34
kraeuterhof-schedel.info@gmx.de
www.bio-kraeuterhof-schedel.jimdo.com

Krautkrapfen

für ca. 5 Personen

Zubereitung:
Am Vortag: Das Kraut in einem Topf mit etwas Rapsöl goldbraun anbraten.
Zwiebel, Speck und Gewürze darunter mengen. Abkühlen lassen

Dann Nudelteig ausrollen das Krautgemisch auf dem Teig verteilen, Ränder mit Eigelb bestreichen.
Dann vorsichtig zu einer Rolle formen und in Stücke schneiden.
Dies wiederum mit Rapsöl von allen Seiten goldgelb anbraten.
Mit zusätzlichen Speck- und Zwiebelwürfeln anrichten.

Guten Appetit wünscht
Gasthaus Lamm in Wangen

Zutaten:
500 g Sauerkraut gekocht
250 g Nudelteig dazu 2 Eigelb
1 Zwiebel in Würfel
nach Geschmack Speckwürfel
Rapsöl zum Anbraten
Salz, Pfeffer, Koriander gemahlen,
Kümmel ganz oder gemahlen,
Prise Zucker

Franz Christberger

Gasthaus Lamm
Bindstraße 60
D-88239 Wangen im Allgäu
Tel. +49 (0)7522 66 75

Königliche Kässpatzen

für ca. 4 Personen

Zutaten:
500 g Mehl
5 Eier
1/8 L Mineralwasser
Prise Salz
Prise Muskat
1 Zwiebel
150 g Emmentaler
150 g Bergkäse
50 Weißlacker (Romadur)
Butter
etwas Gemüsebrühe

Zubereitung:
Mehl, Eier, Mineralwasser, Salz und etwas Muskat in einer Schüssel vermengen. Traditionell wird der Teig von Hand geschlagen. Sobald der Teig „Blasen schlägt" ist der Teig fertig. Danach den Teig ruhen lassen.
Jetzt den Käse reiben.
Zwiebeln schneiden und mit Butter in der Pfanne andünsten bis diese gold-braun gefärbt sind und mit einer frischen Gemüsebrühe aufgießen.
Nun den Teig mit einem Spätzlehobel in kochendes Salzwasser hobeln und kurz aufkochen lassen.
Die Spätzle und der Käse kommen dann schichtweise in eine Schüssel.
Die Brühe mit Zwiebeln dazugeben, gut vermengen und kurz ziehen lassen.
Zum Abschluss werden geröstete Zwiebeln darüber gegeben.

Passend dazu ein saftiges Rinderfilet!

Guten Appetit wünscht Landgasthof Königswirt in Marktoberdorf

Daniel Endras

Landgasthof Königswirt
Schongauer Str. 13
87616 Marktoberdorf-Bertoldshofen
Tel. +49 (0)8342 70 51 102

Rustikales Kesselgulasch

für 4 Personen

Zutaten:
750 g Fleisch vom Mangalica-Wollschwein in Würfeln von 2-5 cm (Schulter - Keule - Haxenfleisch, da die Teilstücke unterschiedliche Garzeiten benötigen, das Fleisch nur von einem Teilstück schneiden)
300 g Zwiebel rot u. weiß gewürfelt
500 g Fleischbrühe
150 g Rotwein
125 g Tomatenmark
150 g Karotten gewürfelt
75 g Lauchzwiebel fein geschnitten
3 g grober Pfeffer aus der Mühle
10 g Zucker
15 g Salz
3 g Paprikapulver süß
3 g Kümmel gemahlen

Christian Maischberger

Metzgerei Maischberger
Angerstraße 1
D-86807 Buchloe
Tel. +49 (0)8241 4523

Zubereitung:
Gulasch-Würfel bis zur gewünschten Bräunung anbraten - der anhaftende Speck macht eine Hinzunahme von weiterem Fett nicht nötig.
Fleisch herausnehmen und im verbleibenden Fond, Zwiebel und Karotten glasig anbraten.
Fleischwürfel wieder dazugeben und mit Rotwein und Fleischbrühe aufgießen.
Lauchzwiebel, Salz und Gewürze zugeben.
Je nach Fleischteilstück mit geschlossenem Deckel bei niederer Temperatur ca. 90 -120 min – je nach Größe der Fleischwürfel – schmoren.

Guten Appetit wünscht
Metzgerei Maischberger in Buchloe

Zwiebelrostbraten

für 1 Person

Zutaten:
240g Roastbeef
200g Kartoffeln
160g Bohnen
60g Zwiebel
Salz und Pfeffer beim Steak
und für die Bartkartoffeln
Salz, Pfeffer, Paprika, Kümmel und
Majoran

Florian Krappweis und Andreas Müller

Brauereigasthof Schäffler
Hauptstraße 15
D-87547 Missen
Tel. +49 (0) 8320-92015

Zubereitung:
Kartoffeln für Bratkartoffeln kochen, schälen und dann in Scheiben schneiden anschließend in der Pfanne anbraten. Zwiebeln schälen und in feine Scheiben schneiden, bei mittlerer Temperatur in Butter goldbraun werden lassen.
Bohnen zu putzen und kurz in kochendem Wasser blanchieren und direkt in der heißen Pfanne mit Speckwürfel kurz durchschwenken, mit Salz, Pfeffer und Bohnenkraut würzen.
Rumpsteak portionieren und mit Rosmarin vakuumieren. Bei 54 Grad für 45 Minuten Sous vide Baden, Fleisch herausnehmen und von beiden Seiten scharf anbraten.
Mit Bratensauce anrichten.

Einen Guten Appetit wünscht Ihnen
Brauereigasthof Schäffler in Missen

Mini-Käse-Calzone

für ca. 4 Personen

Zubereitung:
Mehl, Salz, Hefe und das kalte Wasser mit den Gewürzen verkneten, bis der Teig nicht mehr klebt. Den Teig zu einer Kugel formen, mit Mehl bestäuben und zugedeckt etwa 2 Stunden bei Zimmertemperatur gehen lassen, bis sich das Teigvolumen verdoppelt hat. Für die Füllung den Holunderkäse reiben und die Kirschtomaten waschen und halbieren. Lauchzwiebeln in feine Ringe schneiden. Knoblauch schälen und nach Belieben mit den Gewürzen abschmecken. Den Ofen auf 250°C vorheizen (220°C Umluft). Den Teig in 8 Stücke teilen, zu Kugeln formen und auf einer bemehlten Arbeitsfläche dünn ausrollen. Jeweils 2-3 EL der Füllung auf eine Hälfte der Teigkreise verteilen, die Ränder mit etwas Wasser bepinseln. Die Teigkreise zusammen klappen und an den Rändern andrücken, ca. 10 Min. backen.

Guten Appetit wünscht das Team vom Laden Schwangau

Schönegger Käse-Alm
Unterdorf 1, D-87645 Schwangau
Tel. +49 (0)8362 9395483

Zutaten:
400 g Weizenmehl und
Mehl zum Ausrollen
270 ml kaltes Wasser
1 TL Salz
½ Hefewürfel
½ TL Koriander
½ TL Oregano

Für die Füllung:
250 g Schönegger Holunderkäse
250 g Kirschtomaten
1 Bund Lauchzwiebeln
1 Knoblauchzehe
etwas Oregano, Salz, Pfeffer und
Rosmarin (je nach Belieben)

Team Schönegger Käse-Alm,
Laden Schwangau

Grüne Knöpfle

mit Möhren, für 4 Personen

Zutaten Grüne Knöpfle:
500g Mehl, 3 Eier
100g Rauchfleisch
Schnittlauch
und/oder
Zwiebelröhrchen
Salz/Gewürzsalz
Ca. 1 Tasse
kochendes Wasser
Frische Kräuter
Fett für die Zubereitung

Zutaten Glasierte Möhren:
8 bis 10 Möhren
2 EL Butter
2 TL Zucker

Zubereitung:
Die Möhren mit dem Sparschäler schälen bzw. putzen und in ca. 6 -8 Minuten bissfest garen. Abgießen und abtropfen lassen.
In einer Pfanne die Butter schmelzen und anschließend den Zucker dazugeben und unter ständigem umrühren leicht karamellisieren.
Die Möhren dazugeben und von allen Seiten anbraten.

Guten Appetit wünschen Ihnen die Allgäuer Landfrauen im:

Bauernhaus-Museum
Allgäu-Oberschwaben
Vogter Straße 4, D-88364 Wolfegg
Tel. +49 (0)7527 9550 0
www.bauernhaus-museum.de

Zubereitung:
Das Rauchfleisch in kleine Würfle schneiden. Ein Ei, das Rauchfleisch, der geschnittene Schnittlauch bzw. die Zwiebelröhrchen und Salz zum Mehl geben. Alles zusammen mit kochendem Wasser zu einem Teig verarbeiten (festerer Spätzlesteig).

Mit einem Kaffeelöffel kleine Knöpfle (Knödel) stechen und in das heiße Salzwasser geben. Fünf bis zehn Minuten ziehen lassen. Mit einem Schaumlöffel herausnehmen und gut abtropfen lassen.

Die Knöpfle portionsweise in heißem Fett gut anbraten. Nach dem Anbraten alle Knöpfle in die Pfanne zurückgeben. Mit frischen Kräutern würzen. Die restlichen zwei Eier verquirlen und über die Knöpfle verteilen. Alles noch einmal kurz anbraten.
Dazu passen glasierte Möhren und ein gemischter Salat.

Glutenfreie und vegane Zucchini-Schokoladen-Muffins

Zubereitung:
In einer Schüssel die trockenen Zutaten mischen. In einer anderen Schüssel die feuchten Zutaten gut verrühren. Danach beide Schüsseln vorsichtig mit der Hand miteinander vermengen.
Den Teig in eine Muffins Form einfüllen und bei 180 Grad auf mittlerer Schiebeleiste 20 - 25 Minuten backen.
Nach dem Abkühlen mit Zartbitterglasur bestreichen und beliebig verzieren.

Gutes Gelingen wünscht
Gabriele Bodenstein-Rasch

Zutaten:
1. Trockene Zutaten:
260g glutenfreies Mehl
3 Teel. Backpulver
½ Teel. Natron
3 Essl. Kakao
½ Tasse geriebene Zartbitterschokolade

2. Feuchte Zutaten:
1 Eiersatz
120g brauner Zucker
80ml Pflanzenöl
1 Teel. Vanille
250g veganer Joghurt
1 Tasse fein geriebene Zucchini

Allgäuerin
Wassertorstraße 47
88316 Isny
Tel. +49(0)7562 9389922
info@allgaeuerin-bioladen.de

Walnuss-Muffin mit Blauschimmel

für 8 Muffins

Zutaten:
75 g Walnusskerne
200 g Blauschimmelkäse (mild)
280 g Dinkelmehl
2 TL Backpulver
1 TL Zucker
1 TL Salz
1 TL schwarzer grob gemahlener Pfeffer
125 g kalte Butter
200 g kalte Sahne

Zubereitung:
Backofen auf 200°C Umluft/ Gasherd auf 175°C vorheizen.
Walnüsse grob hacken.
Dinkelmehl mit Salz, Zucker, Backpulver, Pfeffer und Nüsse mischen.
Butter in Würfel zur Mehlmischung geben und dies miteinander verkneten und zum Schluss die Sahne untermischen.
Den Blauschimmel in kleine Würfel schneiden.
Den Teig auf eine Menge/Kugel von 180 – 190 g aufteilen (8 Stück).
Jede Kugel halbieren – die untere Hälfte in die Muffinform drücken – in die Mitte 3-4 kleine Stücke Blauschimmel verteilen und mit der zweiten Hälfte abdecken und ein Muffin formen.
Im heißen Ofen 15 – 18 Minuten backen bis sie leichte bräunliche Farbe annehmen. Evtl. nach10 Minuten Backzeit mit Küchenpapier abdecken. Herausnehmen und 10 Minuten auskühlen lassen und servieren.

Ideal zum Muffin schmeckt ein großer Löffel Kräuterfrischkäse.

Kaas-Fee
Lindauer Straße 20
D-87534 Oberstaufen
Tel. +49 (0)8386 96 97 137
www.kaas-fee.de

Holunder-Kartoffelkuchen

für 4 Personen

Zutaten:
Teig:
500g gekochte Kartoffen
2 Eier
5 EL Mehl
½ TL Salz

Belag:
2 Eier
250g Schmand
2 EL Zucker
2 EL Gries
200g Holunderbeeren
100g Zucker
50g Butter

Guten Appetit wünscht:

Holderhex
Katharina Liebenstein
Unterschwarzenberg 14
D-87466 Oy-Mittelberg
Tel. +49 (0)8366 98 49 20
www.holderhex.de

Zubereitung:
Die gekochten Kartoffeln stampfen und mit Eiern, Mehl und Salz zu einem formbaren Teigklos verkneten. Falls dieser noch zu weich ist, mehr Mehl einarbeiten. Einen Auflaufform mit einem Teil der Butter reichlich ausfetten, den Teig hinein drücken.

Für den Belag die Eier mit dem Schmand, dem Zucker und dem Gries verquirlen und auf den Teig gießen. Die abgezupften und gewaschenen Holunderbeeren darüber verteilen, mit Zucker bestreuen und die restliche Butter als Flöckchen darauf setzten.

Bei 180°C ca 30min backen.
Schmeckt am besten noch lauwarm!

Zimtnudeln mit Zwetschgenröster

für 3 Personen

Zutaten:
250g Zimtnudeln
500g reife, süße Zwetschgen
100g brauner Zucker
½ TL Zimt
½ Stamperl Cognac
oder Zwetschgenbrand

Zubereitung:
Die Zwetschgen halbieren, den Kern entfernen und in einen Topf geben. Zimt und Zucker darüber streuen und vermengen. Ca. 2 Std. ziehen lassen. Alles zusammen erhitzen, bis der austretende Saft zu einem göttlichen Sirup wird. Den Röster ca. 5 Minuten sprudelnd kochen lassen, dabei gelegentlich umrühren, damit sich nix anlegt. Nicht zu lange kochen, dass die Früchte stückig bleiben und nicht zu Brei werden.

In der Zwischenzeit die Nudeln 5 Minuten in sprudelndem Wasser kochen lassen - **(NICHT SALZEN)**! Anschließend etwas Butter in einer Pfanne erhitzen und die Nudeln kurz schwenken.

Ganz zum Schluss den Alkohol über den Röster kippen und ordentlich umrühren.

Alles auf einen Teller anrichten und genießen.

Ein gutes Gelingen wünscht Ihnen

Michaela Wolf – Nudelmanufaktur Wolf, Wiedergeltingen
Gabi Steppmair – Steppmair Hof, Tussenhausen

Seebienes süßer Honig-Früchtetraum

für 4 Personen

Zutaten:

2 EL Seeger Bienenhonig
200 g frisches Obst (nach Belieben)
500 g Natur-Vollmilchjoghurt
Etwas Vanille
2 - 3 Eis-Waffeln
Minzblätter

Einen Guten Appetit wünscht Ihnen Simon Nuschele.

Zubereitung:

Früchte waschen und in kleine Stückchen schneiden. Ein paar Früchte zur Dekoration zur Seite legen. Den Rest in einer großen Schüssel vermischen und in kleine Gläschen geben.
Den Joghurt mit dem Honig und etwas Vanille in eine Schüssel geben und verrühren, bis eine cremige Masse entsteht. Je nach Belieben noch mehr mit dem Honig süßen.
Die Joghurtmasse über die Früchte in die Gläschen geben. Die Eis-Waffeln in kleine Stückchen zerbröseln.
Nach Belieben mit den Früchten, den zerbröselten Eis-Waffeln und den Minzblättern dekorieren.

Honigdorf Seeg
Hauptstraße 33, D-87637 Seeg
Tel. +49 (0)8364 98 30 33
info@seeg.de
www.seeg.de/erlebnisimkerei-seeg

Aprikosen-Topfenstrudel

für ca. 4 Personen

Zutaten:
Strudelteig:
250 g Mehl, 1 Prise Salz
1 Prise Zucker, 1 Ei, 2 EL neutrales Öl, 1 EL Essig, 125 ml Wasser

Füllung:
500 g Schönegger Heumilch-Topfen
150 g Zucker, 2 Eier
2 Pck. Vanillepuddingpulver
1 Dose Aprikosen (á 480 g)

Zum Bestreichen:
500 g geschmolzene Schönegger Almbutter

Von l. nach r.: Bettina Eder, Christine Schilcher und Silvia Schlögel von der Hauswirtschafterei

Zubereitung:
Zuerst aus allen Zutaten einen Strudelteig herstellen und zu einer Kugel formen. Danach eine Schüssel mit heißem Wasser ausspülen und darin die Teigkugel ca. 20 Minuten ruhen lassen.
Als nächstes für die Füllung den Heumilch-Topfen, Zucker, Eier und das Puddingpulver miteinander verrühren. Anschließend die Aprikosen abtropfen lassen und klein schneiden. Zum Schluss den Strudelteig ausrollen und die Füllung darauf verstreichen. Dann die Aprikosen darüber verteilen und den Strudel aufrollen. Danach noch den Strudel mit der geschmolzenen Almbutter bestreichen und auf einem Backpapier ca. 30 bis 40 Minuten bei 180 °C backen. Während des Backens immer wieder mit Almbutter bestreichen.

Guten Appetit wünscht
Die Hauswirtschafterei

Schönegger Käse-Alm GmbH
Steinwies 20
D-86984 Prem
Tel. +49 (0)8862 9801-0

Marktoberdorfer Quark-Grießauflauf mit Kirschen

für 4 Personen

Zutaten:
250 g Butter
125 g Zucker
75 g Grieß
700 g Quark
4 Eigelb
1 EL Milch
echte Vanille, Zitronenabrieb, eine Prise Salz
Kirschen

Guten Appetit wünscht:

Café Hotel Greinwald
Georg-Fischer-Straße 22
D-87616 Marktoberdorf
Tel. +49 (0)8342 42 04 60
www.hotel-greinwald.de

Zubereitung:
Zuerst einmal den Backofen auf 180°C vorheizen, denn es geht alles ziemlich schnell. Nun zur Zubereitung: als erstes die Eier trennen und dann mit den restlichen Zutaten bis auf die Kirschen gut vermengen. Jetzt wird das Eiweiß aufgeschlagen und vorsichtig mit einem Teigschaber unter die Masse gehoben. Nachdem alles gleichmäßig verteilt ist, wird die Hälfte des Teigs in die Auflaufform gegeben. Jetzt werden die Kirschen gleichmäßig auf den Teig verteilt und im Anschluss die zweite Hälfte des Teigs darüber gegeben, so dass die Kirschen gut abgedeckt sind.
Nun geht es ab in den Ofen bei 180°C. Nach ca. 35 Minuten ist der Auflauf fertig und kann mit etwas Puderzucker serviert werden.

Tipp:
Als krönenden Abschluss empfehlen wir eine selbstgemachte Vanillesoße.

Zitronenkuchen mit Rosmarin

Ergibt ca. 12 Stücke

Zutaten:

abgeriebene Schale von 3 Bio-Zitronen
Zitronensaft von einer Zitrone
3 EL frisch geriebener Ingwer
3 EL frisch gehackte Rosmarinnadeln
200ml Buttermilch
50ml Wasser
250g Mehl
100g Mandelmehl (Ölmühle Sailer)
1 TL Natron
1 Prise Salz
120g weiche Butter
140g Zucker
2 Eier
4 EL Puderzucker

Lisa Sailer

Zubereitung:

Ofen auf 170 Grad Umluft vorheizen. Zitronenschale, Zitronensaft, Ingwer, Rosmarin mit Buttermilch und Wasser verrühren. Mehl, Natron und Salz mischen.
Butter mit Zucker ca. 3 Min. schaumig schlagen. Eier einzeln hinzugeben und weitere 2 Min. schlagen. Mehlmischung abwechselnd mit Buttermilch-Mix auf niedriger Stufe unterrühren. Teig in eine mit Backpapier ausgelegte Kastenform (Länge ca. 28cm) füllen, glatt streichen und 50-60 Min. backen (Stäbchenprobe). Kuchen abkühlen lassen und den Puderzucker mit einem Schuss Zitronensaft zu einem Guss verrühren und über den Kuchen gießen. Nach belieben mit Rosmarinnadeln garnieren.

Guten Appetit wünscht
Ölmühle Sailer

Ölmühle Sailer
Landstraße 3, 6911 Lochau
+43(0)664/1237004
und
Eselberg 5, 88239 Wangen
+49(0)7522/7090785
www.oelmuehle-sailer.at
www.facebook.com/oelmuehlesailer

Argentaler Harmonie

für 1 Glas

Zutaten:
Erdbeer-Sirup oder Blue Curacao-Sirup
Jubiläumslikör (Kirschwasser mit Vanille und Sahne)
Schokoladenlikör

Argental Brennerei Martin Prinz
Eglofstal 9, D-88260 Argenbühl
Tel. +49 (0)7566 703
brennerei-prinz@web.de

Zubereitung:
1) Das erste Drittel vom Schnapsglas mit Sirup füllen.

2) Das zweite Drittel vom Glas den Jubiläumslikör vorsichtig am Glasrand einlaufen lassen.

3) Den Rest vom Glas langsam mit dem Schokoladenlikör auffüllen und dabei beachten dass es sich nicht vermischt.

4) Glas für ca 15 Min in den Kühlschrank stellen.

5) Kalt genießen

Benötigtes Zubehör:
Schnapsglas oder Reagenzglas

Petersilienhonigwein nach Hildegard von Bingen

Bei Müdigkeit, Kraftlosigkeit, Herzschwäche und Kreislaufstabilisierung während einer Fastenkur!

Zutaten:
1 l Kabinettwein
2 EL Weinessig
80-150 g Honig
10 Stängel frische Petersilie

Zubereitung:
Die Petersilie und der Honig werden 5 Minuten lang geköchelt. Anschließend gibt man den Weinessig hinzu und lässt nochmals alles aufkochen. Er muss aufgekocht werden, nur in der Siedehitze entsteht die herzwirksame Verbindung.
Der Herzwein wird abgeschäumt, abgesiebt und in sterile Flaschen abgefüllt.

Anwendung:
3x täglich 1 Likörglas nach dem Essen

Naturheilpraxis Breitenthal & Kräuterschmiede ErdenFeuer
Birgit Lecheler
Am Kirchenweg 14
D-86488 Breitenthal
Tel. +49 (0)8282 82 93 38
www.naturheilpraxis-breitenthal.de

Vital Körperöl

Weckt neue Lebensgeister und erfrischt die Sinne

Gerade nach ermüdenden Phasen haben wir den Wunsch, unsere Akkus wieder aufzuladen.
Neben Bewegung schenkt auch eine belebende Massage neue Lebensenergie.
Ätherisches Grapefruit- und Lärchenöl stimulieren die Sinne, schenken gute Laune und vitalisieren Körper, Geist und Seele.

Zutaten:
50 ml Mandelöl bio
5 Tropfen ätherisches Öl Lärche bio
2 Tropfen ätherisches Öl Grapefruit bio

Zubereitung:
Die ätherischen Öle direkt in das Mandelöl bio tropfen und gut vermischen.

Anwendung:
Nach dem Duschen das belebende Körperöl in die noch feuchte Haut einmassieren.

Tipp:
Eine liebevolle Fußmassage macht müde Füße wieder munter! Die Durchblutung wird angeregt, Selbstheilungskräfte werden aktiviert und die Beweglichkeit gefördert.

Weitere DIY Rezepte unter www.primaveralife.com

PRIMAVERA
Duft- & Naturkosmetikshop
Naturparadies 1, D-87466 Oy-Mittelberg
Tel. +49 (0)8366 8988 880
www.primaveralife.com

Nussgranola mit Leinsamenöl

Für 2 Portionen

Zutaten:
150 g Haselnüsse
150 g Walnüsse
150 g Mandeln
2 EL Leinsamen
4 EL Rosinen
4 TL Blütenhonig
2 TL Salz
4 EL Leinsamenöl vom Rösslerhof
200 ml Wasser

Einen guten Appetit wünscht Ihnen

Rösslerhof-Bioland-Produkte GbR
Güldenberg und Weber
Rösslerhof, D-88281 Schlier
Tel. +49 (0)751-45619
mail@roesslerhof.de

Zubereitung:
Alle Nüsse, die Leinsamen, die Rosinen, den Honig und das Salz in einen Mixer geben und solange mixen, bis sämtliche Nüsse klein gemahlen sind. Alles in eine Schüssel geben, das Leinsamenöl und das Wasser hinzu gießen und verrühren.
Den Backofen auf 150 °C vorheizen. Die Nussmischung auf ein mit Backpapier ausgelegtes Backblech geben und alles schön verteilen. Das Blech in den Ofen schieben und für ca. 15–20 Min. backen.
Gut auskühlen lassen und in ein Glas füllen. Die Nussgranola im Kühlschrank aufbewahren, so hält sie sich für mehrere Wochen.

Schwangau Gin Fizz

für 1 Glas

Zutaten:
5 cl Schwangau Dry Gin
3 cl Zitronensaft
2 cl Rosmarinsirup (selbstgemacht)
1 cl Orangensaft
8 cl Mineralwasser / Soda
Eiswürfel
Rosmarinzweig als Garnish

Brennerei Schroll
Gipsmühlweg 5
D-87645 Schwangau
www.brennerei-schroll.de

Zubereitung:
1) Schwangau Dry Gin, Zitronensaft, Rosmarinsirup und Orangensaft sowie einige Eiswürfel in einen Shaker geben.

2) Alles gemeinsam gut schütteln bis sich Reif am Shaker bildet.

3) Durch ein Barsieb oder ein feines Küchensieb ins Glas gießen.

4) Den Drink mit Mineralwasser / Soda auffüllen, nach Belieben Eiswürfel dazugeben.

5) Abschließend mit einem Zweig Rosmarin garnieren und genießen.

Benötigtes Zubehör:
Cocktailshaker, Barsieb

Die Welt der Weine

Weinempfehlungen für das Menü

Weinempfehlung für Vorspeisen:
Ich empfehle für die Vorspeise unseren frisch-fruchtigen Grünen Veltliner aus dem Weinviertel. Der Veltliner Nr. 11 trocken vom Weingut Pass ist die ideale Eröffnung für ein schmackhaftes Menü.

Weinempfehlung für Fisch und Fleisch:
Meine Empfehlung zu einem Fischgericht ist der Pfälzer Weißburgunder trocken vom Weingut Gies. Der filigrane Weißwein passt auch sehr gut als Begleiter für helles Fleisch. Der Teroldego Rotwein aus dem Trentin ist eine besondere Empfelung, es ist eine autochthone Rebsorte und kommt vom Bio Weingut Pisoni. Egal ob gegrilltes und gegartes, er ist der ideale Begleiter für dunkles Fleisch.

Weinempfehlung für Desserts:
Zum Dessert empfehle in meinen Sasbacher Müller-Thurgau Spätlese aus dem Kaiserstuhl. Die elegante Süße und die spritzige Zitrusnote ergänzen das Dessert auf schmackhafte

Ich möchte Ihnen die Welt der Weine gerne näher bringen. Es gibt leider noch so viele gute Weine, die den Markt noch nicht erorbert haben, deshalb biete ich in meiner Vinothek gerne immer wieder was neues an. Ich versuche meine Kunden immer wieder für neue Geschmäcker zu begeistern. In der IHK Wein- und Sommelier-Schule in München habe ich meinen Weinfachberater abgeschlossen und kann nun somit mein Wissen an die Kunden mit Begeisterung weiter geben.

Simone Waltner, IHK Weinfachberaterin
Waltner-Weine, Groß- und Einzelhandel , Inh. Simone Waltner
Tel. +49 (0)831 69 72 277,
Mobil +49 (0)170 7882228
www.waltner-weine.de

Nähanleitung für ein duftendes Kräuterkissen

Material :
Baumwollstoff ,weiches Leinen oder ein Stück von „Omas Weißwäsche für die Außenhülle.
Einen einfachen Baumwollstoff oder dünner Leinen für das Innenkissen. Außerdem deine Nähmaschine , Faden und eine Schere.

Füllung:
Kräuter oder eine Kräutermischung deiner Wahl.

Nähanleitung
Zuschnitt Außenhülle:
für ein Kissen 20 cm x 20 cm (ihr könnt das natürlich für jede Größe anpassen) brauchst du ein rechteckiges Stück Stoff, das 22 cm breit und 60 cm lang ist. 1 cm Nahtzugabe und 20cm für die Überlappung sind mit eingerechnet.

Innenkissen:
für das Innenkissen brauchst du ein rechteckiges Stück Stoff , das 20cm breit und 40 cm lang ist.
1cm Nahtzugabe ist enthalten

Nähen:
1. Das Innenkissen rechts auf rechts legen und zusammennähen, dabei eine Seite zum Einfüllen der Kräuter offen lassen. Das Kissen wenden.
2. Kräuter/Kräutermischung in das Kissen füllen und Öffnung zunähen.
3. An der Außenhülle die beiden schmalen Seiten doppelt Einschlagen (ca. 2 cm) und absteppen.
4. Den Stoff rechts auf rechts so zusammenlegen das die Kissenmitte mit den Maß 20 cm x 20 cm auf eurer Unterlage liegt und die beiden Seiten oben , zusammengeschlagen sind. Diese müssen sich nun jeweils um ca. 8cm überlappen. Die Seite die auf der Kissenrückseite später zu sehen ist, muss zuerst umgeschlagen werden.
5. Das Kissen jetzt 1 cm breit absteppen.
6. Die Ecken kannst du etwas zurückschneiden und die Kissenhülle durch die Öffnung wenden.
7. Die Kissenhülle bügeln.
8. Wenn du möchtest kannst du das Kissen noch 1cm breit absteppen.
9. Das Innenkissen in die Kissenhülle stecken und fertig ist dein duftendes Kräuterkissen.

Viel Freude beim Nähen wünscht
Judith Wößner

Schneiderei Wiesenstern
St.- Antonius- Str.16, D-86860 Jengen
Tel. +49 (0)8246 96 98 233
j.wiesenstern@web.de

Der Natur nah

Entdecken Sie die Allgäuer Kräuterwelt hautnah

Allgäuer Kräuterland e.V.

Der Verein steht für erd- und naturverbundene Menschen, die sich mit der Ganzheit der Kräuter und Pflanzen verbündet haben. Die Anfangsvision, das blühende Allgäu in der farbenreichen Artenvielfalt zu erhalten, verband sich mit dem alten Wissen um die Heil-, Schutz- und Nutzkräfte der heimischen Kräuter. Das fast verloren geglaubte Wissen der alten Kräuterheilkundigen soll zurückkehren, damit wir uns mit Achtung und Respekt mit der Natur verbünden und ihren segensreichen Einfluss auf Körper und Geist wieder für uns entdecken können.
Der im Jahre 2000 gegründete Allgäuer Kräuterland e.V. mit seinen ca. 1000 Mitgliedern, sieht sich als Ver-Mittler und Bewahrer der alten, traditionellen Kräuterheilkunde und bildet eine Brücke zum modernen Kräuterwissen. Allgäuer Wildkräuterfrauen und Wildkräuterführer/innen weben diesen „roten Faden" weiter in unsere heutige Zeit für all diejenigen, die dieses traditionelle Kräuterwissen wieder erlernen und auch anwenden möchten.

2014 hat der Verein die „Akademie für traditionelles KräuterWissen" in Weitnau gegründet.

Hier finden Ausbildungen, Seminare und Workshops zu Kräuter-, Heilpflanzen- und Outdoor-Themen statt. So gibt es die Jahresausbildung zum/zur Allgäuer Wildkräuterführer/in.
Diese Grundausbildung beinhaltet ein intensives Studium unserer heimischen Wildkräuter mit Schwerpunkt in der traditionellen volksheilkundlichen Anwendung. Die Vermittlung von botanischen Grundkenntnissen und auch Lehrinhalte wie Pädagogik und Rhetorik ergänzen diese 15 tägige Ausbildung zur/m zertifizierten Wildkräuterführer/in.
Eine große Bandbreite rund um die Selbstversorgung, in Theorie und Praxis wurde 2014 in der Fachausbildung für Selbstversorgung von Gerti Epple, Vorsitzende des Vereins, in's Leben gerufen. Gemüseanbau im eigenen Garten, das Wissen um essbare Wildpflanzen, Methoden der Haltbarmachung, die Kräuter-Hausapotheke mit traditionellen, volksheilkundlichen Heilmitteln, Grundkenntnisse des Seifensiedens und der nichtalkoholischen Destillation sind Inhalt dieser Ausbildung.
Im vielseitigen Seminarprogramm werden natürlich auch Tages- und Wochenendseminare zu spannendsten Themen rund um's Kräuterwissen, wie z. B. die Herstellung von Heilmitteln,

Foto: © Frederik Sams

Pflanzenkunde und Permakultur angeboten. Wechselnde Kurse über Fermentation, Räuchern, Brotbacken und die Herstellung von Graskörben runden das Programm ab.
Speziell für „Kräuterlehrlinge“ bieten wir zum Einstieg monatlich von April bis Oktober Wildkräuterführungen in Kempten und Weitnau an.

Alle zwei Jahre veranstaltet der Allgäuer Kräuterland e.V. einen großen Wildkräuter-Kongress mit Kräutermarkt und vielen Vorträgen und Workshops zum Thema Heilpflanzenwissen, Nachhaltigkeit und Umweltschutz. Hochrangige Dozenten, ein spannendes Rahmenprogramm und der „Markt der Möglichkeiten“ machen diesen Kongress für alle Teil-

nehmenden zu einem unvergesslichen und intensiven Erlebnis.

In der Vereinszeitschrift „Kräuterblatt“ informiert der Allgäuer Kräuterland e.V. ausführlich über Aktivitäten und Interessantes rund um den Verein und unsere unglaublich schöne und hoffentlich auch weiterhin artenreiche Pflanzenwelt.

Ein weiteres Anliegen des Vereins ist es Menschen, Betriebe, Vereine und Organisationen mit ähnlichen Schwerpunkten zu vernetzen und zu unterstützen. Die so ausgezeichneten Kräuterkundigen, Kräuterlandhöfe, Kräuterwirte und Kräuterdörfer legen ein großes Augenmerk auf Nachhaltigkeit und eine naturgemäße Wirtschaftsweise.

Allgäuer Kräuterland e.V.
Geschäftsstelle
Nadenberg 13, D-88161 Lindenberg
Tel. 0 83 81-94 85 81
info@allgaeuer-kraeuterland.de

Akademie für
traditionelles KräuterWissen
Marktstr. 7, D-87480 Weitnau
Tel. 0 83 75-9 29 81 18
akademie@allgaeuer-kraeuterland.de

www.allgaeuer-kraeuterland.de

Foto: © Frederik Sams

Superfood aus dem eigenen Garten

Wildkräuterführungen – Superfood Heidi Prinz

Schon als Kind lernte Heidi Prinz die heilende Wirkung von Wildkräutern kennen. Ihre Eltern bewirtschafteten im Allgäu eine Alpweide mit Berghütte auf über 1.000 Metern. Die vorbeiziehenden Wanderer bekamen zur Linderung ihrer Kreislaufschwäche oder Magenverstimmung zumindest einen Kräuterschnaps oder eine selbst hergestellte Tinktur. Bei verstauchten Beinen oder wundgelaufenen Füßen halfen z. B. Bergwurz-Umschläge oder Arnikaauflagen. Auch für die verschiedenen Leiden der zu hütenden Schumpen (Jungvieh) wusste ihre Mutter heilende Bergkräuter. Da ist es nur selbstverständlich, dass Wildkräuter für die Hergensweilerin auch im eigenen Garten schon immer sehr wichtig waren. In imposanten Beeten und Kräuterspiralen gedeihen unzählige selbst angesiedelte heimische Kräuter sowie Heil- & Würzpflanzen aus dem Mittelmeerraum.

Um ihre bevorstehende Rente sinnvoll zu nutzen, zertifizierte Heidi Prinz sich bei der Akademie des Allgäuer Kräuterlandes e. V. in Weitnau als Allgäuer Wildkräuterführerin und belegte unterschiedliche Fortbildungen bei verschiedenen Kräuterkundigen der Region. Ihren immensen Kräuter-Wissensschatz, den sie über all die Jahre angesammelt hat, gibt sie nun in Kursen weiter. So können Interessierte lernen, dass Superfood gar nicht immer vom anderen Ende der Welt kommen muss, sondern bei uns direkt vor der Haustür wächst! Die Wildkräuterführerin sucht dafür im eigenen Garten nach den dort wachsenden Heil- und Wildkräutern und ihrer vielseitigen Verwendung. In zahlreichen Workshops kann man außerdem bei ihr lernen, mit heimischen Kräutern am offenen Feuer zu kochen oder wie man Tinkturen, Heilöle, Salben, Cremes und Teemischungen sel-

ber herstellt. Sie hat ihre Kräutergarage so eingerichtet, dass die Workshops bei (fast) jedem Wetter stattfinden können. Auf der Homepage gibt es weiterhin Angebote für Outdoor-Festle und sogar den eigenen Junggesellenabschied kann man in ihrem Kräutergarten feiern. Auf Wunsch lässt sie sich auch in andere Gärten einladen, um dort die Wildkräuter zu bestimmen und die Eigentümer über die Verwendungszwecke zu informieren.

Nach den Workshops oder nach Absprache ist es möglich, von Heidi Prinz selbst hergestellte Teemischungen, Kräuter-Sirupe, Kräutersalz-Mischungen, Badezusätze, Räuchermischungen etc. zu erwerben.

In der Kräuterwelt von Heidi Prinz ist jede und jeder herzlich willkommen!

Wildkräuterworkshops – Superfood aus meinem Garten

Heidi Prinz, Stockenweiler 3
D-88138 Hergensweiler
Tel. +49 (0)83 88-9 81 90
Mobil: 0170-1 76 01 36
heidi@online-prinz.de
www.heidiskraeuterwelt.tumblr.com

Kräutergarten Landgasthof Rössle
Bild Landgasthof Rössle

Wo die Natur zu Hause ist

Zaunkönig

Mitten im Herzen von Ottobeuren, in einem historischen alten Gebäude, finden wir den „Zaunkönig" – eine Naturwerkstatt mit Wohnaccessoires, ausgefallenen Präsenten, kulinarischen Besonderheiten und Floristik-Ideen.

Mit viel Herzblut und Leidenschaft überrascht Inhaber Michael Schmitt seit seiner Gründung 2014 seine Kunden immer wieder mit neuen Ideen.

Im „Zaunkönig" wird ganz besonderen Wert auf Natürlichkeit, Nachhaltigkeit und die Zufriedenheit der Kunden gelegt. Dabei ist es für den „Vogel mit der Krone auf dem Kopf" selbstverständlich mit den jeweiligen Jahreszeiten zu leben und das, was die Natur uns gerade bietet, direkt in seinen Laden zu holen, um damit kreativ zu arbeiten. Auf Wunsch werden Geschenke individuell von Michael Schmitt mit Naturmaterialien veredelt.

Neuerdings wird der „Zaunkönig" durch den benachbarten Krautgarten ergänzt – einem liebevoll gestalteten Außenbereich. In dieser grünen Oase können Kunden allerhand entdecken, die Seele baumeln lassen und sich vom Café nebenan mit hausgemachten Kuchen verwöhnen lassen. Auch hier sind die Jahreszeiten fester Bestandteil. Leben mit der Natur – da, wo sie zu Hause ist!

Zaunkönig
Bahnhofstraße 13
D-87724 Ottobeuren
Tel. +49 (0)83 32-9 36 75 05

Öffnungszeiten
Werktags von morgens bis 18 Uhr
Mittwoch von morgens bis 13 Uhr
Samstag von morgens bis 13 Uhr
Die Öffnungszeiten können variieren, deswegen ist ein kurzer Anruf vorher sinnvoll.

Wild auf Natur

Wildkräuterführerin Christine Mühler

Am Lagerfeuer sitzen und kochen, Sternschnuppen beobachten und anschließend ins kuschelige Tipi kriechen... – nur ein Traum? Nicht bei Christine Mühler: Wer richtig wild auf Natur ist und sich mal Zeit für sich selbst nehmen will, der findet bei ihr die idealen Möglichkeiten: Eine Tipi-Übernachtung im „Wild"-Westallgäu ist ein besonderes Erlebnis für romantische Zweisamkeit ebenso wie für naturverbundene Gruppen. Bei Kräuterführungen durch Wald und Wiese kann jeder die heimische Kräuterwelt entdecken. Die Kräuter werden gesammelt und anschließend gibt es ein Kräutermenü am Lagerfeuer.

Für Kräuterwanderungen in den Bergen hat Christine Mühler spezielle Angebote – auch über mehrere Tage. Und im Winter kann man bei einer geführten Schneeschuhwanderung die Allgäuer Bergwelt entdecken und dabei Lebensfreude und Entschleunigung pur genießen. Wild auf Natur – in jeder Jahreszeit!

Christine Mühler

In den Weidäckern 13
D-88171 Ellhofen
Tel. +49 (0)83 84-13 31
Mobil +49 (0)1 71-2 92 67 88
christine@muehler.de
www.wildaufnatur.de

Naturheilpraxis Breitenthal

Eine ganzheitliche Heilkunde, die im Einklang mit der Natur und deren Rhythmen steht – das steht im Vordergrund der Heilpraktikerin Birgit Lecheler. In ihrer Naturheilpraxis ist ein Schwerpunkt die Rücken- und Wirbelsäulentherapie. Dafür bietet die Heilpraktikerin verschiedene körperorientierte, manuelle Behandlungsformen an, wie z.B. die Cranio-Sakral-Therapie oder auch die Dorn-Osteopathie.

Frauen mit jeglicher Art von Frauenerkrankungen ist ein weiterer Schwerpunkt ihrer Arbeit. Dabei unterstützt sie vor Allem mit Kräuterheilkunde und Therapeutischer Frauenmassage, die beide u.a. bei Kinderwunsch, bei Wechseljahrsbeschwerden und bei Myomen angewendet werden. Birgit Lecheler ist zudem ausgebildete Hildegard von Bingen-Therapeutin. Um seinen Körper nachhaltig zu entgiften, werden in der Naturheilpraxis Breitenthal Fasten-Kuren nach Hildegard von Bingen angeboten. In der 10-tägigen Kur leitet die Breitenthalerin bis zu 8 Personen fachkundig zum gesunden Fasten und sorgt bei regelmäßigen Treffen für Austausch und anregende Gespräche unter den Teilnehmern.

Darüber hinaus ist Birgit Lecheler auch ausgebildete Allgäuer Wildkräuterführerin. In ihrer „Kräuterschmiede Erden Feuer" kann man in verschiedenen Workshops Pflanzen, Brauchtum und Hintergründe zu den Jahreskreis festen lernen, außerdem wie man Salben, Cremes, Deo oder auch Lippenpflege selber macht.

Damit nicht genug, seit 2015 doziert Lecheler im "Allgäuer Kräuterlandverein e.V.". Dabei begleitet sie Frauen, die ihre Seele ins Gleichgewicht bringen wollen – vor allem auch in den Wechseljahren – durch den Seminartag und hat wertvolle Kräutertipps bereit.

Ferner bildet sie in Wochenend-Seminaren Allgäuer Wildkräuterführer/-innen aus.

Naturheilpraxis Breitenthal
Birgit Lecheler
Am Kirchenweg 14
D-86488 Breitenthal
Tel. +49 (0)82 82-82 93 38
kraeuter@birgitlecheler.de
www.naturheilpraxis-breitenthal.de

Entschleunigen im Paradies

Kräutergarten Artemisia

Im Einklang leben mit der Natur, in Achtsamkeit und Respekt der Schöpfung und der einzigartigen Kulturlandschaft der Allgäuer Heimat gegenüber handeln und arbeiten – das sind die Maximen, die Artemisia zu dem machen, was es ist. Ein ganz und gar zauberhafter, ja bezaubernder Platz, der einen großen Beitrag leistet zur Artenvielfalt von Pflanzen und Tieren und somit zum Natur- Kultur- und Landschaftsschutz. Hier findet man, was so selten geworden ist in unserer heutigen Zeit: Wirtschaften mit Maß und Ziel, mit der Natur leben und arbeiten, ohne sie gewinnmaximiert auszunutzen, einen echten Beitrag leisten zum Gemeinwohl, ohne dafür horrende Eintrittspreise zu verlangen. Zu schön, um wahr zu sein?

Nicht in Stiefenhofen, denn hier bietet der Kräutergarten Artemisia genau das und noch viel mehr. Drei Höhenzüge vom Hochgrat entfernt werden hier insgesamt 13 Hektar Land, darunter eine Streuwiese, eine Streuobstwiese, eine Waldweide und eine 2 Hektar große Gartenanlage gehegt und gepflegt. Selten gewordene einheimische Pflanzen, sowie eine Vielzahl an Gemüse- Heil- und Teepflanzen werden hier bewahrt – nicht zuletzt für die Nachwelt. Direkt auf dem Hof werden dann die geernteten Kostbarkeiten zu Tees, Gewürzen, Salzen, Sirupen, Marmeladen und leckeren Speisen verarbeitet. Diese können vor Ort oder über den Online-Shop gekauft werden. Mit zum Hof gehört eine kunterbunte Mischung verschie-

denster Tiere, vom Almesel über indische Laufenten bis hin zu "wunderbar nutzlosen" Pfauen ist, natürlich neben dem Allgäuer Braunvieh, allerlei anzutreffen. Teil des genialen Konzeptes von Artemisia ist es, dass die Anlage jederzeit frei zugänglich ist - ein echtes Geschenk, denn die urig-originellen Hütten und idyllischen Plätze laden die Besucher ein zu wirklichen Begegnungen mit der Natur, zu Besinnung und Verlangsamung. Doch auch die Geselligkeit kommt nicht zu kurz, denn in der zugehörigen Gaststube wird Brunch, Kaffee und Kuchen sowie Abendbrot angeboten – natürlich mit besten Bio-Produkten. Ein Blick in den Veranstaltungskalender auf der Webseite lohnt sich in jedem Fall, denn auch Seminare und Tagesevents wie "Pflanzenbegegnungen", Yoga, Gartenführungen oder Klangmeditationen, um nur einige zu nennen, können hier genossen werden.

Öffnungszeiten Hofladen/Gaststube

Mi. bis Fr. 14 - 18 Uhr; Sa 10-18 Uhr
Tischreservierung +49(0)83 86-96 15 30
oder info@artemisia.de
Gärtnerei März bis Oktober wie oben.
Außerhalb der Öffnungszeiten
Selbstbedienung

Artemisia

Hopfen 29
D-88167 Stiefenhofen im Allgäu
Tel. +49 (0)8386-96 05 10
Fax: +49 (0)8386-96 15 20
info@artemisia.de
www.artemisia.de

Kräuter mit allen Sinnen genießen

ProKräuter

Eine kleine Auszeit vom Alltag der besonderen Art kann man auf dem Allgäuer Kräuter-Erlebnishof „ProKräuter" erleben. In der gemütlichen Hofwirt-

schaft oder auf der sonnendurchfluteten Terrasse genießt der Gast hausgemachten Kuchen und Speisen aus regionalen Produkten, die mit den hauseigenen Kräutern verfeinert werden. Eines darf man sich bei einem Besuch auf keinen Fall entgehen lassen: die Wildkräuter-Kässpatzen sind die Hofspezialität schlechthin, die gibt es wirklich nur bei ProKräuter. Wer mehr Zeit auf dem Kräuter-Erlebnishof verbringen will um seine Philosophie zu erleben der gönnt sich den sonntäglichen Wohlfühl-Genießer-Brunch. Er findet jeden ersten und letzten Sonntag im Monat statt.

Im liebevoll dekorierten Hofladen finden die Besucher in sorgfältiger Handarbeit gefertigte Kräuterprodukte, wie feine Kräutertees, Kräutermischungen und -salze für die Küche zuhause, köstliche Sirupe mit Namen wie „Roter Drache" und Salatdressings. Darüber hinaus gibt es ausgesuchte Produkte anderer Hersteller, sowie Dekoartikel rund um Haus und Garten.

Wer noch mehr über Kräuter erfahren möchte, der wird bei einem der Seminare und Workshops fündig, welche ebenfalls von „ProKräuter" angeboten werden. So zum Beispiel ein Wildkräuter-Kochkurs, indem man alles über die richtige Verwendung der heimischen Kräuter beim Kochen erfährt. In einem anderen Workshop kann man seine eigenen Cremes und Tinkturen herstellen. Und bei einer Kräuterwanderung bekommt man einen Einblick auf die heimischen Pflanzen am Wegesrand. Eben Kräuter mit allen Sinnen genießen!

ProKräuter

Brigitte Dinser und Peter Greulich
Widmannsried 1b
D-87480 Weitnau-Wengen
Tel. +49 (0)83 75-97 46 23
info@prokraeuter.de
www.prokraeuter.de

Der Hofladen ist ganzjährig geöffnet:

Freitag und Samstag:
11.30 Uhr bis 18.00 Uhr

Außerhalb dieser Zeiten mit Terminvereinbarung!

Achtsam im Einklang mit der Natur

Bio-Kräuterhof Schedel

Das ist die Philosophie der Familie von Manfred und Ingeborg Schedel seit beinahe 20 Jahren, als sie Ihren landwirtschaftlichen Betrieb auf biologische Erzeugung umgestellt haben. Die Entwicklung des Zeitgeistes zu einem bewussten Umgang mit der Natur gibt Ihnen Recht, ist mittlerweile ökologisches Handeln und biologisch-regionale Ernährung doch in aller Munde. Beim Anbau aller Produkte wird auf die Prinzipien der Nachhaltigkeit und Umweltschonung geachtet und so die Biodiversität gefördert. Dadurch sind bereits selten gewordene Pflanzen und Tiere auf den bewirtschafteten Feldern wieder heimisch geworden.

Bio-Landwirtschaft

Ökologisch erzeugtes, hochwertiges Urgetreide wie Dinkel, Einkorn, Emmer und Gelbweizen, sowie Roggen und Weizen werden hier angebaut und als ganzes Korn oder auch in unterschiedlichen Mehltypen im eigenen Hofladen zum Kauf angeboten. Das Sortiment reicht dabei vom feinsten Weißmehl, über kostbares Vollkornmehl bis hin zum griffigen Spätzlemehl, einer sehr beliebten Spezialität. Außerdem werden schmackhafte Kartoffeln mit verschiedenen Kocheigenschaften erzeugt.

Hauseigene Schnapsbrennerei

Seit einigen Jahren werden darüber hinaus edle Obst- und Kräuterdestillate sowie Liköre aus der eigenen Schnapsbrennerei vermarktet. Die originellen Rezepte sowie ausgewählte Rohstoffe aus dem eigenen Kräutergarten und von eigenen Obstbäumen garantieren höchsten Genuss, speziell die exklusiven Kräuterbrände suchen ihres gleichen. Zusätzlich gewährt Christoph Schedel interessante Einblicke in die Herstellung hochwertiger Destillate in der hofeigenen Brennerei mit anschließender Verkostung der hochprozentigen Schätze.

Traditionelles Kräuterwissen und Brauchtum

Wer sich tiefer einlassen will in die Welt des Kräuterhofes, der kann zum einen eine der fachkundigen Kräuter- und Räucherberatungen von Ingeborg Schedel in Anspruch nehmen. Zum anderen gibt die Hauswirtschaftsmeisterin, Allgäuer Wildkräuterführerin und Phytotherapeutin wunderschöne und lehrreiche Kurse. Die Termine im Veranstaltungskalender reichen von Kräuterwanderungen, Räucherabenden, Jahreskreisfesten, über die Herstellung von Pflanzenverreibungen und Kräutertinkturen hin zu weiteren Verwendungsmöglichkeiten für Körper, Geist und Seele. Es ist also für jeden etwas dabei und der idyllische Garten des Kräuterhofs lädt während der Veranstaltungen vor allem an lauen Sommerabenden zum gemeinsamen Lernen und Genießen ein.

Bio-Kräuterhof Schedel

Türkheimer Straße 1
D-86874 Tussenhausen
Tel. +49 (0)82 68-16 34
Fax +49 (0)8268-9 08 96 93
kraeuterhof-schedel.info@gmx.de
www.bio-kraeuterhof-schedel.jimdo.com

Alte Schätze wiederentdeckt

Akademie Rückenwind, Kräuterhof und Café

Im geschichtsträchtigen Pfarrhof von Ingenried bei Pforzen findet sich der Kräuterhof von Bertlies Adler. Im liebevoll angelegten, hauseigenen Kräutergarten lernt der Besucher die heimische Kräutervielfalt kennen.
Im Kräuterladen, kann man sich mit köstlichen Likören, Tees und Räucherwerk eindecken und die Fachliteratur bietet so manchen interessanten und lehrreichen Einblick in die Kräuterwelt des Allgäus.
Diese nimmt bei der Kräuterfrau Bertlies Adler schon seit vielen Jahren einen großen Platz ein. In der Akademie Rückenwind bietet sie neben ihren Kräuterkursen zusammen mit Amelie Zech und Monika Mayer die verschiedensten Seminare rund um die Themen: Natur, Kräuterkunde, Yoga, gesunde Ernährung und Stimme sowie Entspannung an. Vielseitige Wochenend-, Abend- und Tagesseminare lassen die Teilnehmer wieder kraftvoll im Leben stehen und zu ihrer eigenen Kraft finden. Ob es das Achtsamkeitswochenende mit Atem- und Entspannungsübungen, das Wildkräuterwochenende mit Exkursionen in die Natur oder das Waldbadenwochenende ist, an dem der Teilnehmer lernt, den Wald und die Natur wieder bewusst wahrzu-

nehmen – ständig begegnet man Themen, die den Menschen wieder zu seinen Wurzeln führen. Bei einem Blick in das Veranstaltungsprogramm von Bertlies Adler und der Akademie Rückenwind finden sich auch Tages- und Abendseminare: Von Yoga über Kräuter bis hin zum Räuchern und der Herstellung von Naturkosmetik reicht die abwechslungsreiche Palette der Lehrveranstaltungen.

Akademie Rückenwind
Kräuterhof Bertlies Adler
Kirchweg 8
D-87666 Pforzen-Ingenried

Telefon Akademie Rückenwind:
+49 (0)83 46-9 82 18 68

Telefon Kräuterhof:
+49 (0)83 46-9 82 40 86
info@akademie-rueckenwind.de
www.akademie-rueckenwind.de

Alles für den perfekten Garten

Ing. G. Beckmann KG

Immer mehr Menschen entdecken das Gärtnern für sich. Sie finden darin den dringend benötigten Ausgleich zu Hektik und Stress. Auch der Wunsch nach gesünderer Ernährung spielt dabei eine wichtige Rolle. Selbst auf kleinstem Raum werden Obst- und Gemüsesorten angebaut, um mit der Ernte in den Genuss von bester Bio-Qualität zu kommen. Die Beckmann KG gilt seit über 45 Jahren als starker Partner, wenn es um den eigenen Garten geht. Das Unternehmen unterstützt Gärtner mit hochwertigen Gewächshäusern und Gartenprodukten aller Art.

Als kompetenter Ansprechpartner für Gartenausstattung und –zubehör hat sich die Beckmann KG im Laufe der Jahre im Gartenversandhandel einen großen Namen gemacht.

Hier finden ambitionierte Gärtner hochwertige Produkte, um ihren Garten in eine ganz individuelle Wohlfühloase zu verwandeln. Im Onlineshop stehen über 2.000 verschiedene Gartenartikel zur Auswahl. Hier gibt es Gewächshäuser selbst für kleinste Flächen, Früh- und Hochbeete, Regentonnen, Pflanzenschutzdächer, Kompostbehälter und vieles mehr.

Vor allem urbanes Gärtnern ist zu einem regelrechten Trend geworden. Der Obst- und Gemüseanbau auf kleinsten Flächen, auf Balkonen und in Mini-Gärten findet immer mehr Anhänger. Die Beckmann KG hat zahlreiche Produkte im Angebot, die speziell für das urbane Gärtnern konzipiert sind. Sie bieten maximalen Nutzen auf kleinstem Raum.

Der große Ausstellungsgarten bietet viele Ideen zur individuellen Gartengestaltung. Wer mit dem Gedanken spielt, seinen Garten zu verändern, findet in den Mitarbeitern der Beckmann KG kompetente Ansprechpartner. Kunden, die keine Gelegenheit

haben, den Ausstellungsgarten zu besuchen, können den umfangreichen Gratiskatalog anfordern und sich telefonisch zur gesamten Produktpalette beraten lassen. Dieser hervorragende Service ist hier selbstverständlich und rundet das komplexe Produktportfolio wunderbar ab.

Den außergewöhnlich hohen Qualitätsanspruch, den die Beckmann KG an sich und ihre Produkte stellt, belegen ausgezeichnete Testergebnisse. TESTBILD verlieh dem Unternehmen bereits die Auszeichnung als „Top Marke Garten". In den Kategorien Gewächshäuser, Foliengewächshäuser und Hochbeete belegte die Beckmann KG mit ihren Produkten den ersten Platz.

Ing. G. Beckmann KG
Simoniusstr. 10
D-88239 Wangen
Tel. +49 (0)7522 97 450
Fax +49 (0)7522 97 45 150
info@beckmann-kg.de
www.beckmann-kg.de

Sonnenbaden mit Panoramablick auf der Hirschalpe (Oberjoch/Bad-Hindelang)

Ehrlich und ursprünglich so wie das Allgäu selbst

Der Allgäuer Alpgenuss e.V

Die ursprüngliche Natur des Allgäus ist eine Kulturlandschaft, die durch die Bewirtschaftung von Land-, Alp- und Forstwirten über mehrere Generationen ihr heutiges Gesicht erhalten hat. Naturnah und anstrengend ist die Pflege dieser Landschaft, deren reizvolle Ursprünglichkeit bis heute nicht verloren gegangen ist.

Im Allgäu wurde schon frühzeitig der harmonische Wechsel zwischen einer offenen Landschaft und Wald sowie Berg und Tal herbeigeführt. Bergbauern und Älpler schufen und erhalten noch heute mit ihrer Bewirtschaftung diese herrliche Kulturlandschaft. Sie stellt eine unverzichtbare Grundlage für den Tourismus des Allgäus dar, denn die Alpflächen bieten das ganze Jahr über den idealen Raum für Erholung und die verschiedensten sportlichen Aktivitäten: Vom Wandern und Mountainbiken im Sommer und Herbst bis hin zum Skifahren und Snowboarden, Schneeschuhwandern, Rodeln und Skitourengehen im Winter.

Hier schmeckt es einfach gut

Lebensmittel werden im Allgäu mit Liebe hergestellt und sind ein Garant für hohe Qualität. Die Milch beispielsweise, aus der Köstlichkeiten wie Butter und Käse gemacht werden, stammt von Kühen, die einen Großteil des Jahres auf den Weide- und Alpflächen des Allgäus grasen dürfen. Die Verarbeitung der reichhaltigen und feinen Milch erfolgt direkt auf Sennalpen oder ortsnah in den Berg- und Talsennereien. Dies garantiert Frische und schont durch kurze Wege die Umwelt. Darüber hinaus entstehen durch traditionelle

Glückliche Milchkühe auf der Sennalpe Ornach (Hörnerbahn/Bolsterlang)

und solide Handwerkskunst eine Vielzahl weiterer regionaler Produkte und hausgemachter Köstlichkeiten, die man einfach probiert haben muss. Besonders hervorzuheben sind die beliebten Käsevariationen wie beispielsweise der original Allgäuer Sennalpkäse gU. oder Wurstspezialitäten vom Alpschwein oder -Rind.

Allgäuer Alpgenuss Alpen

In enger Zusammenarbeit mit dem Alpwirtschaftlichen Verein setzt sich der Allgäuer Alpgenuss e.V. für die Vermarktung und Förderung regionaler Erzeugnisse aus heimischer Alpwirtschaft ein. Dadurch soll das allgemeine Bewusstsein gestärkt werden, die traditionelle Alpwirtschaft mit ihrer

Alpgenuss Brotzeit mit Bergblick auf der Sennalpe Derb (Ettensberg/Blaichach)

Die Lugenalpe (Oytal/Oberstdorf) ein uriges Ausflugsziel und nur zu Fuß erreichbar

Herstellung von regionalen Produkten zu unterstützen und zu erhalten. Die Allgäuer Alpwirtschaft mit ihren 140 bewirtschafteteten Alphütten ist schließlich ein Garant dafür, dass die Ursprünglichkeit und Schönheit der Alpenregion gewahrt wird.
Dem Allgäuer Alpgenuss e.V. haben sich bisher 66 Alpen angeschlossen, auf denen die Gäste ausschließlich mit Eigenerzeugnissen und regionalen Produkten verwöhnt werden. Dessen kann sich der Gast sicher sein, denn der Verein prüft den Warenbezug und die Lieferanten seiner Partneralpen auf ihre regionale und nachhaltige Verarbeitung.
So zählen über 100 Allgäuer Betriebe zu den Partnerlieferanten der zum Allgäuer-Alpgenuss e.V. zusammengeschlossenen Alpen. Was der Gast dann beispielsweise auf seiner Brotzeitplatte findet, ist ein frisches Brot aus der Dorfbäckerei mit der Wurst vom Metzger im Tal nebenan oder dem würzigen und direkt auf der Alpe hergestellte Sen-

Originale eigene Käseherstellung Sennalpe Topfen (Grünten/Burgberg)

Bunte Sommer-Brotzeit auf der Alpe Gschwenderberg (Bühl/Immenstadt)

Viehscheid-Vorfreude im September hier auf der Alpe Osterberg (Breitachklamm/Oberstdorf)

nalpkäse. Dazu gibt's noch ein kühles Bier aus einer der vielen heimatlichen Brauereien, einen aromatischen Kaffee von heimischen Röstereien oder ein "Verdauungsschnäpsle" aus der naheliegenden Brennerei – das ist höchste Allgäuer Qualität, Ursprünglich- und Ehrlichkeit! Denn Wertschöpfung, die in der Region erfolgt, erhält Traditionen und Handwerk, ist praktizierter Heimatschutz und ein Beitrag zum Klima- und Naturschutz. Der Allgäuer Alpgenuss e.V. setzt sich genau für diese Ziele ein und freut sich über neue unterstützende Fördermitglieder. Jetzt ganz einfach informieren unter www.alpgenuss.de oder auf unserer Facebookseite:
www.facebook.com/alpgenuss/

Allgäuer Alpgenuss e.V.

Kirchgasse 1, D-87527 Ofterschwang
Tel. +49 (0)8321 89 019
Fax +49 (0)8321 89 777
info@allgaeuer-alpgenuss.de
www.alpgenuss.de

Stolzer kleiner Älper von der Sennalpe Mitterhaus (Retterschwanger Tal/Bad-Hindelang)

Allgäu
Wetterspitze 2895
Ruitelspitze 2580
Stockach
Großer Krottenkopf 2657
Kratzer 2427
Mädelegabel 2645
Hohes Licht 2651
Biberkopf 2599
Warth
Bach
Elbigenalp
Kreuzkarsp. 2592
Haselgehr
Urbeleskarsp. 2632
Ofnerspitze 2296
Wildengundkopf 1935
Alpgundkopf 2177
Einödsbach
Kanzelwand
Fellhorn 2038
Hirsche
Birgsau
Faistenoy
Schlappoldkopf 1968
Großer Wilder 2379
Hofats 2259
Spielmannsau
Riezlern 1086 m
Hinterhornbach
Hochvogel 2592
Gerstruben
Schneck 2269
Gr. Seekopf 2085
Nebelhorn 2224
Oberstdorf 813 m
Kornau
Tiefenbach
Kastenkopf 2129
Entschenkopf 2043
Hirschsprung
Wannenkopf
Aipelekopf 2072
Großer Daumen 2280
Rubi
Langenwang
Obermaiselstein
Reichenbach
Geißhorn 2247
Schöllang
Fischen i. A. 761 m
Bolsterlang
Bolsterlang
Schnippenkopf 1833
Hinang
Hinterstein
Imberger Horn 1656
Ofterschwanger Horn
Bruck
Altstädten 750 m
Ofterschwang 864 m
Iseler 1876
Bad Oberdorf
Bad Hindelang 825 m
Vorderhindelang
Sonthofen 743 m
Sigishofen
Tannheim
Wannenjoch 1890
Einstein 1866
Zöblen
Schattwald
Hirschberg 1456
Spieser 1649
Gunzesried
Oberjoch
Burgberg i. A. 752 m
Blaichach 730 m
Schönkahler
Unterjoch
Wertacher Hörnle 1695
Grünten 1738
Sorgschrofen 1636
Immenstadt i. A. 728 m
Kienberg
Breitensteiner Berg
Rettenberg 806 m
Jungholz 1058 m
Kranzegg 862 m
Edelsberg 1630
Kappelkopf 1488
Wertach 915 m
Vorderburg
Kappel
Oberdorf
Niedersonthofen
Grüntensee
Martinszell
Nesselwang 858 m
Burgkranzegg
Wengen
Faistenoy
Petersthal
Haslach
Mittelberg
Rottach See
Oy
Maria Rain
Lachen
Moosbach
Sulzberg
Rückholz 895 m
Bachtel
Rauns
Unterschwarzenberg
Oberzollhaus
Waltenhofen
Wildberg
Ober-
Bodelsberg
Durach
Kempten 674 m
Görisried
Hasenmahd
2
3
4
9
11
19
20
21
22
25

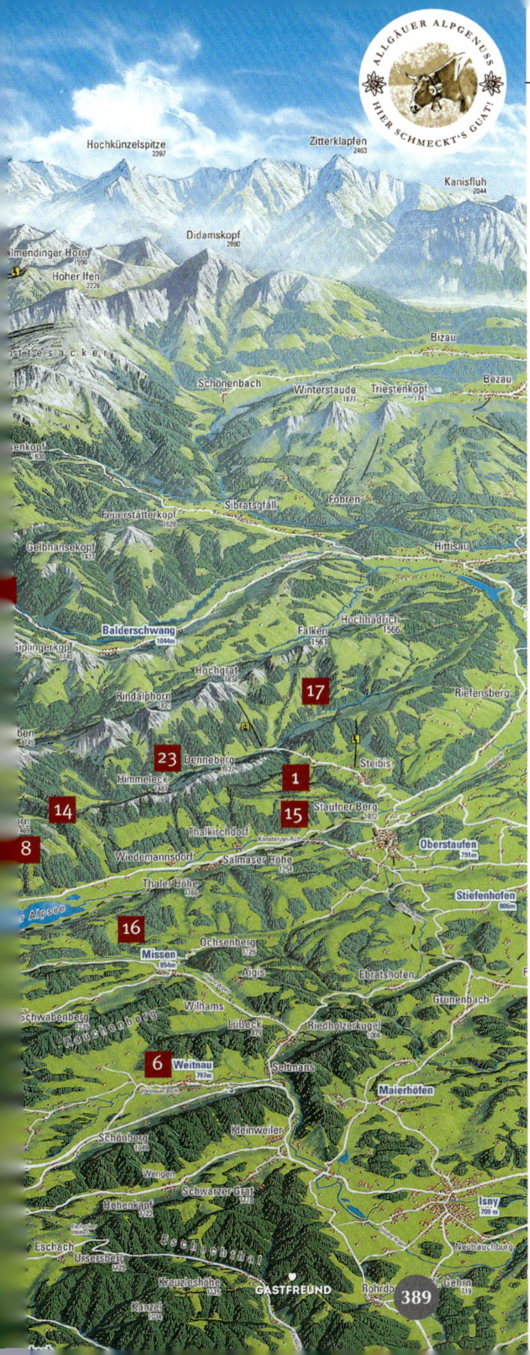

Der Natur nah/Alpgenuss

01 **Sennalpe Bärenschwand**
02 **Alpe Bärgündle**
03 **Sennalpe Breitengehren**
04 **Buchel Alpe**
05 **Alpe Fahnengehren**
06 **Frommknechtsalpe**
07 **Alpe Gerstenbrändle**
08 **Alpe Gschwenderberg im Sommer**
09 **Hirschalpe**
10 **Sennalpe Hochried**
11 **Höfle Alp**
12 **Mittelalpe im Winter**
13 **Sennalpe Mittelberg**
14 **Alpe Obere Kalle**
15 **Sennalpe Oberhündle**
16 **Pfarralpe**
17 **Alpe Remmelegg**
18 **Alpe Schwanden**
19 **Alpe Sonthofer Hof im Sommer**
20 **Alpe Stockach**
21 **Strausbergalpe**
22 **Untere Ochsensalpe**
23 **Alpe Unteregg**
24 **Alpe Vorder Krumbach**
25 **Alpe Zunkleiten**

Aktuelle Öffnungszeiten mit Ampelfunktion der Alpen siehe **www.alpgenuss.de/partneralpen**

Sennalpe Mittelberg

Am Scheitelpunkt zwischen Ehrenschwanger Tal und Steigbachtal liegt die schön gelegene Sennalpe auf einer Höhe von 1370 Metern. Eine erste urkundliche Erwähnung der Alpe findet sich im Jahr 1585. Sie gehört seit 1960 dem Fürsten Waldburg-Zeil und wird seit über 20 Jahren an die Familie Steurer verpachtet. Im Frühjahr werden die eigenen Kühe, Rinder, Schweine, Hühner und Ziegen der Familie aufgetrieben, um die saftigen Alpweiden ökologisch bewirtschaften zu können.

Im Sommer ist die familienfreundliche Alpe ein beliebtes Ausflugsziel für Wanderer und Mountainbiker, während der Wintermonate treffen sich hier Rodler, Schneeschuhwanderer und Skitourengeher. Genuss pur, heißt es für die Besucher der Sennalpe, denn die wertvolle Bio-Milch der Kühe wird frisch auf der Alpe zu Käse, Butter und Joghurt verarbeitet. Außerdem verwöhnen die Wirtsleute mit deftigen Brotzeitplatten und selbstgebackenem Kuchen ihre Gäste.

Regionalität wird auf dieser Alpe groß geschrieben. Durch die Partnerschaft mit dem Allgäuer Alpgenuss e.V. verpflichteten sich die Betreiber, nur heimische Produkte anzubieten und regionale Zutaten zu verarbeiten. So kommt z. B. der Speck und Schinken vom eigenen Alpschwein.

Eine gemütliche Einkehr ist auf der Sennalpe Mittelberg garantiert. Ob im Winter in der urigen Gaststube oder im Sommer auf der Sonnenterasse mit Ausblick auf die höchsten Gipfel der Nagelfluhkette.

Jeden Samstag Abend werden die Gäste mit frisch zubereiteten Allgäuer Kässpatzen verwöhnt.

Wer die Auszeit vom Alltag gerne verlängern möchte, kann im gemütlichen Matratzenlager der Alpe übernachten (nur mit Reservierung möglich).

Sennalpe Mittelberg

Immenstadt - Miesbachtal
Familie Steurer
Tel. +49 (0)8323-4920
info@alpe-mittelberg.de
www.alpe-mittelberg.de

Ob Wandern oder Rodeln – ein Besuch lohnt immer

Hirschalpe Bad Hindelang

Die auf 1493 m gelegene idyllische Alpe kann über leichte, wunderschöne Wanderwege ab Oberjoch, Bad Hindelang und auch Unterjoch erreicht werden. Im Sommer bietet die große Sonnenterrasse die wohl verdiente Erholung mit einem kühlen Bier der Memminger Brauerei oder auch einem Glas frischer Milch von glücklichen Alpkühen. Im Winter heißt es Aufwärmen in der urigen Gaststube, bevor es mit dem mitgebrachten Schlitten ins Tal zurück geht. Als Partneralpe des Vereins "Allgäuer Alpgenuss e. V." wird hier großer Wert darauf gelegt, die köstlichen hausgemachten Speisen zum größten Teil aus hochwertigen, regionalen Produkten zuzubereiten. Die wunderbare Lage der Alpe bietet einen grandiosen Ausblick auf das Kleinwalsertal und den Allgäuer Hauptkamm. Wem das nicht genügt, der kann nach einer halbstündigen Wanderung auf den Spieser

(1651 m) den dortigen Panoramablick vom Säntis bis zur Zugspitze genießen.

Hirschalpe
Johannes Sutter

Bad Hindelang-Oberjoch
Familie Sutter
Tel. +49 (0)83 24-4 74,
Mobil +49 (0)175-2 07 89 61
E-Mail: hirschalpe-oberjoch@web.de
www.hirschalpe.de
Facebook: Hirschalpe1493m

Untere Ochsenalpe

Wunderschön am Iseler gelegen, ist die Untere Ochsenalpe rund um das Jahr ein lohnendes Ausflugsziel für jene, die in der Natur entspannen oder sportlich aktiv sein möchten. Spaziergänge sind hier ebenso möglich wie Wandertouren und Freizeitsportler finden im Sommer ihr Erlebnis im Klettersteig und während des Winters locken die Pisten rund herum zum Skifahren.

Die bewirtschaftete Untere Ochsenalpe bietet den Gästen regionale Produkte für die Verpflegung, was durch die Mitgliedschaft im Verein Allgäuer Alpgenuss e.V. garantiert ist. Gegessen und getrunken wird in dem urigen Gastraum oder auf der Terrasse, von der die Gäste mit einer herrlichen Aussicht auf die Allgäuer Bergwelt verwöhnt werden.

Übernachten auf 1200 Meter Höhe in der Ruhe der Bergwelt – das ist auf der Unteren Ochsenalpe möglich, die Übernachtungsmöglichkeiten für 18 Personen bietet. Mehrere Zweibettzimmer und ein Sechsbettzimmer stehen den Gästen zur Verfügung.

Die Galtalpe, auf der etwa 80 Jungtiere ihren Bergsommer verbringen, ist in mehreren Varianten über leicht begehbare und familienfreundliche Alpwege oder auf dem Winterwanderweg ab Oberjoch mit Gehzeiten zwischen 30 und 60 Minuten erreichbar.

Untere Ochsenalpe

Familie Haas, Bad Hindelang-Oberjoch
Tel. +49 (0)83 24-76 23
info@ochsenalpe.de
www.ochsenalpe.de

Gemütlichkeit & Wohlbehagen

Buchel Alpe Unterjoch

Die auf 1290 m mitten in der Allgäuer Bergwelt gelegene ganzjährig bewirtschaftete Alpe ist in etwa 45 Minuten bequem vom Parkplatz Obergschwend aus, auch über den Kinderzwergenweg, erreichbar. Belohnt wird der Wanderer mit einem unvergesslichen Blick in die Tiroler und Allgäuer Berge sowie mit deftigen Brotzeiten, heimischen Käsespezialitäten, selbstgekochten Suppen und hausgemachtem Kuchen aus dem Hüttenholzherd. Als Mitglied des Vereins Allgäuer Alpgenuss e. V. gilt: Keine Discounterwaren auf der Alpe! Hier gibt es regionale, qualitativ hochwertige Produkte.

Buchel Alpe
Familie Gehring
Steinebergweg 2, D-87541 Unterjoch
Tel. +49 (0)171 45 28 000
info@buchelalpe.de
www.buchelalpe.de

Gemütliche Einkehr mit Bergpanorama

Alpe Bärgündle bei Hinterstein

Das schöne Hintersteiner Tal ist immer eine Wanderung oder Mountainbike-Tour wert und wenn am Ende eine gemütliche Einkehr in eine urige Hütte steht, umso besser. Nach etwa einer Stunde Wanderzeit ist die beliebte Alpe Bärgündle vom Giebelhaus aus auf wild-romantischen Wegen erreichbar. Auf der im Sommer bewirtschafteten Hütte ist man bestens versorgt mit zünftigen Brotzeiten, selbstgebackenem Kuchen und einer guten Auswahl an Durstlöschern. Als Mitglied des Vereins Allgäuer Alpgenuss e. V. verwendet die Familie Scheidle regionale, qualitativ hochwertige Produkte.

Alpe Bärgündle
Bad Hindelang-Hinterstein
Familie Scheidle
Tel. +49 (0)152-2 99 63 20
au.scheidle@web.de
www.alpgenuss.de/alpe-baerguendle

Denkmalgeschützte Alpe in idyllischer Lage

Alpe Fahnengehren

Von Juni bis September dürfen die Jungtiere hier oben auf über 1300 Meter die Sommerfrische genießen. Die Bergluft und die Kräuter der Almwiesen tragen zum Wohlergehen der Tiere bei. Auf der Alpe, die auf dem Rundwanderweg Ofterschwanger Horn liegt und einen beliebten Abstecher von der Hörnertour darstellt, werden die Gäste in den Sommermonaten mit Brotzeiten und Getränken verwöhnt. Als Mitglied der Allgäuer Alpgenuss e.V. erhalten die Gäste Produkte aus heimischer Herstellung und bei der Zubereitung von Speisen werden nur Allgäuer Zutaten verwendet.

Alpe Fahnengehren

Ofterschwang - Ofterschwanger Horn
Familie Gabriele Eberhardt
Öffungszeiten und Kontakt:
Tel. +49 (0)151 54 43 24 06
www.alpgenuss.de/alpe-fahnengehren

300 Jahre alte Sennalpe

Alpe Gschwenderberg im Sommer

Ein Erlebnis für die ganze Familie ist der Ausflug auf die Alpe hoch über dem Großen Alpsee. Auf über 1075 m Meereshöhe plätschern vor der Hütte zwei Brunnen, die auch heute noch als Kühlschrank dienen. Überhaupt atmet der Wirtschaftsbereich noch viel von der Vergangenheit auch wenn dort oben heutzutage kein Käse mehr hergestellt wird. Schließlich ist diese Alpe eine der ältesten im Oberallgäu.

Frische Brotzeiten, hausgemachte Kuchen und natürlich erfrischende Getränke von regionalen Erzeugern sind der Lohn für den Aufstieg, den

man auch mit dem Kinderwagen bewerkstelligen kann. In der Hütte geht es urig zu und vor dem Haus können die kleinen Gästen sich in der frischen Bergluft austoben.

Alpe Gschwenderberg im Sommer

Fam. Baldauf, Immenstadt-Bühl
www.alpegschwenderberg.de/sommer

Alpe Vorder Krumbach

Unterhalb des Bärenkopfes liegt diese Alpe, die während des Sommers bewirtschaftet ist. Auf einer Höhe von 1322 Metern inmitten des Naturpark Nagelfluhkette gelegen, ist sie zu Fuss oder mit dem Fahrrad von Gunzesried aus, oder über die Mittag-Bahn, bequem erreichbar. Hier werden die Gäste mit deftigen Brotzeiten und hausgemachtem Kuchen verwöhnt. Und das Schöne daran ist, dass sich die Alpe als Partneralpe der Allgäuer Alpgenuss e.V. bei der Zubereitung von Speisen und Getränken zur Verwendung ausschließlich regionaler Produkte und Zutaten verpflichtet hat.

Hier wird Genuss groß geschrieben, denn während der Gast sich die Köstlichkeiten aus der Küche munden lässt, hat er die Allgäuer Bergwelt im Blick.

Alpe Vorder Krumbach
German Berchtold und Sofia Schmid
Tel. +49 (0)151-28 93 19 63
sofia-schmid96@web.de
www.alpgenuss.de/alpe-vorder-Krumbach

Denkmalgeschützte Alpe in idyllischer Lage

Sennalpe Breitengehren

Aus dem 17. Jahrhundert stammt die urige Alpe, die ruhig und idyllisch auf 1151 m eingebettet liegt in das wunderschöne Rappenalptal bei Oberstdorf. Entlang des Rappenalpbaches kann man die Sennalpe über eine gesperrte Fahrstraße erreichen - bequem also auch mit Kinderwagen oder Fahrrad. Entsprechend der Philosophie des Vereins Allgäuer Alpgenuss e. V. besteht das Angebot aus deftigen Brotzeiten und Kuchen ausschließlich aus regionaler oder eigener Produktion. Lassen Sie sich die auf der Alpe hergestellten Käsesorten und die Bergbutter für den Genuss daheim nicht entgehen.

Sennalpe Breitengehren
Familie Roman & Maria Jäckle
Oberstdorf-Rappenalptal
Tel: +49 (0)151/11583839
heider-maria@t-online.de
www.sennalpe-breitengehren.de

Alpe Schwanden

Zwischen der Mittel- und der Bergstation der Mittagbahn bei Immenstadt liegt die Alpe Schwanden auf einer Höhe von 1258 Metern. Die sehr baufällige Alphütte wurde abgerissen und 2019 wieder neu errichtet. Ab dem Frühjahr 2020 wird die Alpe Schwanden erstmals für Wanderer und Mountainbiker wieder geöffnet sein. Von der Mittelstation zur Alpe sind es nur 25 min. Fußweg oder über das idyllische Steigbachtal in einer etwa 1,5-stündigen Tour. Die Gäste werden auf der Alphütte mit verschiedenen warmen und kalten Getränken, sowie Brotzeiten, Kaffee und hausgemachten Kuchen belohnt. Hier wird man mit heimischen Produkten verwöhnt, ist die Alpe doch Mitglied im Verein Allgäuer Alpgenuss e.V., der sich der Vermarktung regionaler Köstlichkeiten verschrieben hat. Die Milchkühe tragen noch Hörner. Der Bergsommer beginnt Ende Mai und endet Mitte Oktober.

Alpe Schwanden

Rosi und Gerlinde Lackner
D-87509 Immenstadt
Tel. +49 (0)1 51-52 08 61 54
alpenindianer@googlemail.com
www.alpgenuss.de/alpe-schwanden

www.oekolandbau.de / Copyright BLE

Ruhe – Natur – Genuss...

Alpe Unteregg

...dazu eine ganze Portion Traditionsbewusstsein und ein hoher Anspruch an Qualität, das zeichnet die Alpe Unteregg bei Oberstaufen aus. Sehr idyllisch auf 1150 m im Ehrenschwanger Tal zwischen Steibis und Immenstadt gelegen, verzaubert der wunderbare Ort nicht nur mit dem sensationellen Ausblick auf die Nagelfluhkette. Auch die freundliche, familiäre Atmosphäre in der Alpe sowie das leckere Angebot an Brotzeiten und selbstgebackenen Kuchen tragen zum Wohlfühlcharakter bei. Und himmlische Ruhe herrscht nicht zuletzt, weil es hier kein Telefon und keinen Handyempfang gibt.
Als Mitglied des Vereins Alpgenuss e.V. verwenden Agnes und Julian Dornach Wurstwaren, Milchprodukte, Getränke und Brot aus eigener Produktion bzw. von ausgewählten heimischen Betrieben. Um den eigenen Ansprüchen gerecht zu werden, kauft das Ehepaar alle restlichen Waren in bester Bioqualität. Genuss ist garantiert auf der Alpe Unteregg, doch bereits der Weg dorthin bietet viel Freude.

Ob zu Fuß oder mit (E-)Bike, auf vielen Wegen mit unterschiedlichsten Schwierigkeitsgraden kann man bereits von Beginn an die herrliche Landschaft des Allgäus genießen. Vom Parkplatz der Hochgratbahn in Oberstaufen-Steibis aus gibt es beispielsweise zwei sehr schöne Touren: Die eine mit 1,5 bis 2 Stunden bei leicht-mittlerem Schwierigkeitsgrad auch für nicht so geübte Wanderer gut zu bewältigen, die andere etwas anspruchsvoller mit 3,5 bis 4 Stunden Wanderzeit. Die Tourenbeschreibungen sind auf der Homepage der Alpe zu finden.

Alpe Unteregg

Familie Agnes & Julian Dornach
Oberstaufen-Steibis
Tel. +49 (0)160 94 65 56 91
oder +49 (0)8322 60 63 55
alpe.unteregg@yahoo.de
www.alpe-unteregg.de
www.schneesport-tiefenbach.de

In einem traumhaften Hochtal

Strausbergalpe

Auf einer Höhe von 1227 Metern liegt die Strausbergalpe inmitten der Bergwelt von Imberger Horn, Strausberg, und dem Gerenkopf, wunderschön über dem Strausberg-Hochmoor. Sie wurde bereits im 17. Jahrhundert erstmals geschichtlich erwähnt.

Bewirtschaftet wird die Alpe seit fünf Generationen von Familie Buhl, die auch heuer wieder mit rund 30 Stück Jungvieh, Kühen, Schweinen, Schafen und Eseln den Alpsommer in diesem traumhaften Hochtal verbringt. Die Strausbergalpe folgt den strengen Bioland-Richtlinien und ist Teil des Allgäuer Alpgenuss Vereins.

Auf der sonnigen Terrasse, von wo aus man einen herrlichen Blick auf den Hindelanger Klettersteig und die Rotspitze hat, werden die Gäste mit allerlei herzhaften regionalen Brotzeiten und Erfrischungsgetränken von heimischen Lieferanten verwöhnt. Besonders empfehlenswert sind die hochwertigen Wurstwaren vom Bio-Angusrind und dem Alpschwein, die eigene Bioheumilch oder der täglich selbstgebackene Kuchen aus dem Holzofen mit einer Tasse handgebrühtem Fairtrade-Kaffee.

Die Strausbergalpe ist ein ideales Ausflugsziel für Groß und Klein, bietet sie zahlreiche Wander- und Mountainbiketouren für Genießer als auch für ambitionierte Sportler. Der Weg zur Alpe lohnt sich zudem auch bei schlechtem Wetter, lädt die urige Stube jeden zum Verweilen ein.

Für Kinder ist die Alpe ein besonderes kleines Paradies. Hier können sie die Alptiere hautnah kennenlernen und sich auf dem liebevoll gestalteten Spielplatz so richtig austoben.

Strausbergalpe

Familie Peter und Andrea Buhl
Sonthofen - Imberg
Tel +49 (0)1 75-5 59 67 52
www. alpgenuss.de/strausbergalpe

Neubeginn auf alten Pfaden

Sennalpe Bärenschwand

Erst 2013 wurde die Sennalpe Bärenschwand wieder aufgebaut und nimmt so nach 50 Jahren die Traditionen des Butterns und Käsens wieder auf. Die 20 glücklichen Kühe sorgen für den täglichen Milchnachschub, mit dabei sind auch 2 Ziegen, 6 Alpschweine und einige Hühner.

Die gemütliche Sennalpe mit wunderbarem Bergblick liegt am Wanderweg zwischen dem Hündle und den Wasserfällen und ist allemal eine Wanderung wert. Die Alpe ist auch vom Buchenegger Kapellenparkplatz aus in ca. 45 Minuten erreichbar. Zum Einkehren bietet sich die schöne Terrasse an, angeboten werden neben dem eigenen Bergkäse, der darüber hinaus zum Mitnahmeverkauf steht, deftige Brotzeiten und selbstgemachte Kuchen. Auch der ungewöhnliche Geschmack frischer Ziegenmilch kann hier probiert werden. Unter dem Siegel des Vereins "Allgäuer Alpgenuss e.V." wird alles aus regionalen Qualitätszutaten hergestellt – hier darf man also Genuss pur erwarten.

Sennalpe Bärenschwand
Familie Reinhold Höchenberger
Oberstaufen-Buchenegg
Tel. +49(0)8321-8 61 59 (Winter)
+49 (0)8386-72 20 (Sommer)
alpe.baerenschwand@gmx.de
www.alpgenuss.de/
sennalpe-baerenschwand

Mit Winterwanderweg und Sonnenterrasse

Obere Mittelalpe im Winter

Im wunderschönen Schönbergtal bei Obermaiselstein gelegen, bietet diese Alpe alles, was sich ein naturliebender Wanderer wünschen kann und dazu eine Besonderheit: sie ist eine der wenigen Alpen im Allgäu die auch im Winter geöffnet haben. Ein gut präparierter Winterwanderweg führt vom Parkplatz Grasgehren mit geringem Anstieg direkt zur oberen Mittelalpe.
Der Weg ist leicht begehbar und auch für Kinderwagen bzw. Schlitten geeignet. So steht einem gelungenen Familienausflug nichts mehr im Weg. Oben angekommen, kann man sich die auf der Südterrasse die Sonne ins Gesicht scheinen lassen und dabei das wunderschöne Alpenpanorama genießen oder sich bei Schlechtwetter in der urigen Stube aufwärmen.
Durch den baldigen Schnee im Herbst kommen auch Tourengeher und Schneeschuhwanderer voll auf ihre Kosten. Es führen tolle Touren direkt zur Einkehr an der Hütte vorbei. Als Partneralpe des Vereins Allgäuer Alpgenuss e. V. bietet das Team der Alpe beste regionale Produkte an, auf deren hohe Qualität man sich verlassen kann. Egal ob deftige Brotzeit, Kaffee und Kuchen oder hausgemachte Suppen – Genuss ist garantiert. Wer eine Feier im originellen Rahmen begehen möchte, kann die Mittelalpe mieten. Bis 30 Personen werden hier gerne auch abends bewirtet. Auf Vorbestellung mit einem leckeren original Allgäuer Kässpatzenessen. Ein Einstieg ist nicht nur über den Parkplatz Grasgehren sondern auch über den Parkplatz Mittelalpe möglich.

Obere Mittelalpe im Winter
Familie Müller
Obermeiselstein-Grasgehren
Tel. +49 (0)83 28-2 49 oder
Handy: +49 (0)176-28 96 48 22
www.alpgenuss.de/mittelalpe-winter

Alpe Zunkleiten

Auf einer Höhe von 1.172 Metern liegt im Bolgental die Alpe Zunkleiten. Sie ist die unterste von drei Alpen und liegt auf dem einzigen Flachstück des Tals. Der Aufstieg ist gut von Obermaiselstein oder Bolsterlang zu bewältigen oder ganz bequem im Abstieg von der Hörnerbahn. Auch mit Kinderwagen oder Mountainbike ist die Alpe gut erreichbar. Ein Kinderspielplatz steht auch zur Verfügung. Bei allen Wanderungen durch das Bolgental lohnt sich die Einkehr in Alpe.

Die Familie Herz bewirtschaftet die Alpe seit 35 Jahren und ist Partneralpe der "Allgäuer Alpgenuss e.V." Die Gäste dürfen sicher sein, dass nur regionale Produkte auf den Tisch kommen. Hier erhält man nur Getränke aus heimischer Herstellung und bei der Zubereitung von Brotzeiten werden ausschließlich Zutaten aus dem Allgäu verwendet.

Auf der Jungviehalpe mit Milchkühen werden Milch und Buttermilch hergestellt. Neben den kulinarischen Leckereien werden die Gäste hier oben mit einer Ruhe verwöhnt, die in der heutigen Zeit selten geworden ist. Ein Abstecher auf die familienfreundliche Alpe lohnt sich von Anfang Mai bis Mitte Oktober immer.

Alpe Zunkleiten

Bolsterlang-Bolgental, Familie Herz
Tel. +49 (0)1 60-90 94 30 13
info@fewo-herz-sonderdorf.de
www.fewo-herz-sonderdorf.de
www.alpgenuss.de/alpe-zunkleiten

Gutes für Leib und Seele

Sennalpe Gerstenbrändle

Inmitten des Naturparks Nagelfluhkette liegt die Sennalpe, die schon seit sieben Generationen von der Familie Endreß bewirtschaftet wird. Gemütlich ist es hier und die Alpe, die bequem mit dem Auto erreichbar ist, hat neben der Ruhe der Bergwelt so manche kulinarische Köstlichkeit zu bieten.

Auf der Sennalpe, die im Jahr etwa 60.000 Liter Rohmilch in traditioneller Handwerkskunst zu feinen Käsespezialitäten verarbeitet, wird der Gast verwöhnt. Neben deftigen Brotzeiten, die aus Zutaten aus eigener Herstellung zusammengestellt werden, gibt es leckere hausgebackene Kuchen und während man sich die feinen Sachen auf der Zunge zergehen lässt, genießt man das urige Ambiente in der Gaststube oder auf der Sonnenterrasse und fühlt sich dem Himmel ein Stückchen näher zu sein.

Hier, im Gunzesrieder Tal, erschließt sich ein vielfältiges Wanderangebot. Direkt am bekannten K-L-Fernwanderweg vom Bodensee an die Adria gelegen, bietet sich eine gemütliche Unterkunft. Die Zimmer sind geschmackvoll im rustikalen Bauernstil eingerichtet und garantieren eine wohlige Nachtruhe. Und für die kleinen Besucher der Alpe steht ein kleiner Spielplatz zur Verfügung, auf dem sie sich so richtig austoben können.

Sennalpe Gerstenbrändle
Blaichach-Gunzesried
Familie Endres
Tel. Sommer: +49 (0)83 21-8 98 71
Tel. Winter: +49 (0)83 21-8 36 39
info@gerstenbrändle.de
www.gerstenbrändle.de

Ursprünglichkeit für die ganze Familie

Alpe Sonthofer Hof im Sommer

Ein gemütlicher Rundweg führt direkt an der 1.147 m hoch gelegenen Alpe vorbei, der auch mit Kinderwagen oder Fahrrad gut zu machen ist. Oben lädt dann eine Wiese mit Spielplatz die Kleinen zum Toben ein. Und wer nicht so gut zu Fuß ist, kann die Fahrstraße gegen Gebühr mit dem Auto benutzen.

Unterwegs kann man bereits die Idylle der Weideflächen unterhalb des Sonthofer Hörnle genießen. Bei der Alpe Sonthofer Hof angekommen, lässt man sich auf der Sonnenterrasse oder in der gemütlichen Gaststube mit deftigen Brotzeiten oder hausgemachtem Kuchen sowie Durstlöschern aus Allgäu-Schwäbischen Familienbrauereien verwöhnen.

Als Mitglied des Vereins Allgäuer Alpgenuss wird hier nur serviert, was von heimischen Bergsennereien, Sennalpen, Bäckern oder Metzgereien hergestellt wird und das garantiert dem Gast regionale Qualität vom Besten.

Alpe Sonthofer Hof im Sommer
Familie Soyer-Wagner
Tel. +49(0)160-8946965
info@alpe-sonthofer-hof.de
www.alpe-sonthofer-hof.de

Sennalpe Hochried

Eine famillienfreundliche Wanderung durch das schöne Steigbachtal führt in einer Gehzeit von etwa 30 Minuten hinauf auf die Alpe, die unterhalb der Mittelstation der Mittagbahn liegt. Während des Sommers dürfen Kühe, die noch Hörner tragen, Schweine, Ziegen und ein Pferd die frische Bergluft auf 910 m Höhe genießen. Genußvoll ist der Aufenthalt auch für den Besucher, der von den Gastgebern mit Brotzeiten verwöhnt wird, die aus eigener Produktion stammen. Neben dem Allgäuer Sennalpkäse erhält man hier frisch geschlagene Butter, Buttermilch und Molke. Der Speck und die Wurstwaren die auf den Teller kommen, stammen von den eigenen Alpschweinen. Und als Partneralpe des Allgäuer Alpgenussvereins kommen sogar die Erfrischungsgetränke und der Kaffee, der zu hausgemachtem Kuchen gereicht wird, von heimischen Herstellern aus der Region.

Sennalpe Hochried
Immenstadt-Mittagbahn
Familie Zweng
Tel. +49 (0)83 23-5 18 50
e.zweng@gmx.de
www.alpgenuss.de/sennalpe-hochried

Bio-Alpe Stockach

Zu Füßen des Grünten liegt die Bio-Alpe Stockach auf einer Höhe von 980 Metern Höhe. Dem Besucher bietet sich hier ein traumhafter Panoramablick auf den Grünten, über das obere Illertal bis weit hinein in die Allgäuer Hochalpen.

Mit heimischen und hausgemachten Produkten werden die Gäste hier oben verwöhnt, ist die Alpe doch Mitglied im Verein Allgäuer Alpgenuss e.V., der sich der Vermarktung regionaler Köstlichkeiten verschrieben hat. Deftige Brotzeiten und erfrischende Getränke sowie hausgemachter Kuchen bestimmen hier die kulinarischen Genüsse, die von der frischen Milch und den leckeren Milchprodukten der Hornkühe stammt, die hier oben gehalten werden.

Problemlos ist der Weg hinauf, der nur etwa 30 Minuten Zeit von Rettenberg aus in Anspruch nimmt. Genau das Richtige, um mal schnell die Alp zu besuchen, auf der die urige Gaststube und die kleine Terrasse mit Blick auf den Grünten lockt. Für Kinder ist die Alpe ein wahres Paradies, sind sie doch hier von Kühen, dem Wald und der Natur umgeben. Ein kleiner Spielplatz lädt dazu ein, sich richtig auszutoben.

Öffnungszeiten

Die Alpe ist von Mitte Mai bis Mitte Oktober geöffnet.

Bio-Alpe Stockach

Familie Dengel
Kranzegger Str. 1
Rettenberg - Rottachberg - Falkenstein
Tel. +49 (0)1 60-5 50 69 46
anna.zobel@t-online.de
www.alpgenuss.de/
www.facebook.com/ bio.alpe.stockach

Frommknechts Alpe

Wer für eine kurze Auszeit einen Rückzugsort sucht, ist auf der Frommknechts Alpe bestens aufgehoben. Nur etwa 15 Minuten vom Ortskern Weitnaus entfernt, liegt diese Naturoase, die auf kinderwagenfreundlichen Wegen erreichbar ist. Umgeben von Weiden und Kräutergärten finden sich hier Schumpen und Schweine in purer idylle.
In der Alpe werden die Gäste mit Brotzeiten und Köstlichkeiten aus heimischer Produktion verwöhnt. So kommen die Biere aus Leutkirch, der Wein aus einem deutschen Weingut und das Fleisch aus stressfreier Schlachtung vom Biohof Siegel in Missen. Neben dem Käse, der aus der Bio-Schaukäserei aus Wiggensbach stammt, können sich die Gäste darauf verlassen, Gemüse und Kräuter aus dem eigenen Anbau zu genießen. Schließlich ist man als Vereinsmitglied des Allgäuer Alpgenuss e.V. verpflichtet, bei der Verköstigung der Gäste nur auf regionale und heimische Lieferanten zu setzen. Der selbstgebackene Kuchen gilt unter Feinschmeckern mittlerweile
als Geheimtipp der Frommknrechts Alpe, die erst 2016 eröfffnet worden ist.
Eine bunte Vielfalt von Veranstaltungen findet rund um das Jahr auf der Alpe statt. Neben dem Sonnwendfeuer, das zur Sommer- und Wintersonnenwende gefeiert wird, finden Kräuterwanderungen statt und Imker, und solche die es werden wollen, fachsimpeln beim Bienenkistenstammstisch. Während des Sommers, zwischen April und Oktober, legen Interessierte Hand an, wenn es darum geht, beim Alpgarten-Projekt mit einer Natur- und Landschaftsführerin Biogemüse anzubauen und einen Kräutergarten anzulegen.
Die Alpe ist von Mai bis Oktober jeweils Freitag bis Sonntag und an Feiertagen von 12 bis 19 Uhr geöffnet.

Frommknechts Alpe, Weitnau, Hirnbeinweg
Hubert Frommknecht, Tel. +49 (0)8375-97457
alpe@frommknecht.de, www.frommknechts-alpe.de

Familienfreundlich und entspannend

Pfarralpe Missen

In der Mitte des 19. Jahrhunderts wurde die urige Pfarralpe auf einem kleinen Hügel am Nordhang der Thaler Höhe auf 1050 m erbaut. Die Alpe ist über eine wenig genutzte Mautstraße auch mit dem Kinderwagen in etwa 1,5 Stunden gemütlicher Gehzeit von Missen aus erreichbar. Außerdem gibt es abwechslungsreiche Wege, die von Wiederhofen, Zaumberg und Schlettermoos aus oder über die Thaler/Salmaser Höhe direkt zur Pfarralpe führen.

Regionale Schmankerl unter altem Baumbestand

Ein idyllisches Plätzchen unter dem alten, wunderbaren Baumbestand lädt dort zum Verweilen ein und zum Genuss der sanften Allgäuer Wiesenlandschaft rund um die Alpe.

Auch die Sonnenterrasse und der gemütliche Gastraum laden dazu ein, die Schmankerl der Alpe zu genießen. Als Mitgliedsalpe des Vereins "Allgäuer Alpgenuss e.V." kommen hier nur allerbeste, regionale und selbst gemachte Produkte auf den Tisch. Das ist Qualität, die man schmeckt – egal ob Brotzeit, selbst gebackener Kuchen oder erfrischende Getränke. Und nicht nur zum Erholen eignet sich die Pfarralpe hervorragend, auch zum Toben für den Nachwuchs ist ein Plätzchen geschaffen – gleich neben der Terrasse

befindet sich ein kleiner Spielplatz, der Kinderherzen höher schlagen lässt. Und gleich für doppelte Entspannung bei den Großen sorgt.

Panoramablick über das Oberallgäu

Ganz nah, nämlich nur ca. 15 Minuten entfernt findet man einen der schönsten Aussichtspunkte des Allgäus, den Aussichtspunkt "Alpseeblick". Von hier aus kann man, wie der Name schon sagt, die ursprüngliche Schönheit sowohl des großen als auch des kleinen Alpsees bei Immenstadt bewundern, sowie sich im weitläufigen Panoramablick ins Oberallgäu und die Nagelfluhkette verlieren. Im Allgäu ist das Paradies immer nur einen Steinwurf entfernt.

Pfarralpe

Robert Müller, Missen-Wilhams
Tel. +49 (0)1 60-6 33 89 04
pfarralpe-missen@gmx.de
www.alpgenuss.de/pfarralpe

Höfle Alp

Auf einer leichten Wanderroute erreicht man von Kranzegg aus zu allen Jahreszeiten in etwa 45 Minuten die Höfle Alp. Hier, auf 1200 Metern Höhe am Grünten, werden die Gäste in traumhafter Lage mit herrlichem Ausblick mit kulinarischen Köstlichkeiten verwöhnt. Für den großen und kleinen Hunger ist hier oben bestens gesorgt, hat man sich doch mit der Mitgliedschaft im Verein Alpgenuss e.V. den heimischen Produkten verschrieben. Kalte und warme Speisen, erfrischende Getränke und die Hüttenschmankerl sind weit über die Region hinaus bekannt und der Gast kann sich darauf verlassen, dass alles von regionalen Herstellern und Produzenten kommt. Samstags ist Knödeltag – genießen Sie hausgemachte Knödel in verschiedenen Variationen. Ein besonderes Hightlight bieten die hausgemachten Kuchen und Torten: Für die Konditormeisterin Vreni ist es eine Selbstverständlichkeit die Gaumenfreuden täglich frisch herzustellen und die Gäste damit zu verwöhnen. Nicht umsonst sind die Backkünste des Hauses weit über das Allgäu hinaus bekannt.
Für Übernachtungsgäste bietet die Alp gemütlichen Komfort in Doppel- und Mehrbettzimmern. Wanderer, die ihre Mehrtagestour planen und Winterwanderer, die in der Hütte Schneeschuhe leihen können, erleben hier, hoch über Kranzegg, echtes Allgäuer Hütten- und Alpenflair.

Höfle Alp, Kranzegg
Alpweg 30, D-87549 Rettenberg
Tel. +49 (0)1 71-7 50 66 63
info@hoefle-alp.de
www.hoefle-alp.de

Inmitten der Alpsee Bergwelt

Alpe Obere Kalle

Die bewirtschaftete Alphütte auf einer Höhe von 1201 Metern hoch über dem Großen Alpsee ist bequem mit der Sesselbahn und einem Fußweg von 15 Minuten oder zu Fuß und mit dem Mountainbike auf geschotterten Alpwirtschaftswegen erreichbar.
In der Alpe, die Mitglied im Verein Allgäuer Alpgenuss e.V. ist, wird Gastlichkeit groß geschrieben. Der gemütliche Gastraum lädt zur zünftigen Einkehr ein und auf der großen Sonnenterrasse genießen die Gäste eine herrliche Aussicht und die Stille der Berge, während sie sich mit den kulinarischen Köstlichkeiten aus der Küche verwöhnen lassen. Die Produkte, die für die Zubereitung verwendet werden, stammen aus der heimischen Landwirtschaft sowie von regionalen Erzeugern und Produ-

zenten. Die feinen Kuchen sind selbst gemacht und als Spezialität wird die "Käsepfanne" gereicht, für die eigene Produkte die Grundlage bilden.
Die Familie Gomm bewirtschaftet die Hütte mit 70 Jungrindern, mit Esel, Pferden und Ziegen sowie Hasen und Schweinen, die den Alpsommer von Juni bis September hier oben genießen dürfen. Allein schon wegen der Vielzahl der Tiere ist die Alpe Obere

Kalle das reinste Kinderparadies, das auch mit einem Spielplatz direkt an der Hütte ausgestattet ist. Auf der Alpe Obere Kalle, die in einer der reizvollsten Wandergebiete des Oberallgäus liegt, bestehen für Gäste auch Übernachtungsmöglichkeiten. Zimmer in verschiedenen Größen mit Stockbetten stehen hier zur Verfügung, um sich von den Strapazen einer Wanderung zu erholen oder die Nachtruhe in der Stille der Berge zu verbringen. Am nächsten Morgen erwartet die Gäste ein reichhaltiges Frühstück, mit dem sie gut gestärkt den kommenden Erlebnissen des Tages begegnen können.

Alpe Obere Kalle
Familie Gomm
Immenstadt - Ratholz
Tel. +49 (0)83 25-4 87
Fax +49 (0)83 25-92 72 12
www.obere-kalle.de

Sennalpe Oberhündle

Dort, wo sich während des Winters die Skifahrer tummeln, weiden im Sommer zwischen Mai und September etwa 35 Milchkühe und 10 Kälber auf den Weiden. Ab April, wenn die Krokusse auf den Bergwiesen blühen, können sich die Wanderer auf der Sennalpe Oberhündle mit leckeren Brotzeiten verwöhnen lassen. Schließlich verarbeitet die Alpe während der Sommersaison etwa 50.000 Liter Milch zu Bergkäse und frischer Butter.

Während sich die Gäste die Köstlichkeiten schmecken lassen, genießen sie einen atemberaubenden Ausblick auf den Alpsee. Und die feinen Brotzeiten, die frische Milch und die Erfrischungsgetränke, kann man mit gutem Gewissen verköstigen. Als Partneralpe der Allgäuer Alpgenuss e.V. kann man sicher sein, dass nur Hausgemachtes auf den Tisch kommt und die Lebensmittel von regionalen Herstellern und Produzenten stammen.

Sennalpe Oberhündle
Familie Haser
Oberstaufen - Hündle
Winter: Tel. +49 (0)83 86-96 29 31
Sommer: Tel. +49 (0)83 86-96 24 02
www.alpgenuss.de/sennalpe-oberhuendle

Über 400 Jahre alte Alpgeschichte

Alpe Remmelegg

Ein gigantisches Alpenpanorama begleitet den Wanderer, der auf der Alpe Remmelegg verweilt. Bereits im Jahr 1579 erstmals urkundllich erwähnt, beherbergt die Alpe, die der Weidegenossenschaft Scheidegg gehört, während des Sommer etwa 80 bis 90 Jungtiere.

Für die Familie Milz, die die Alpe auf einer Höhe von 1050 Metern seit etwa 10 Jahren bewirtschaftet, ist nicht nur die Pflege der Alpe mit ihren Weiden ein Anliegen. Sie bemüht sich auch um die Gäste, die die Alpe besuchen und bewirtet sie mit ausgesuchten Speisen und Getränken. Da die Alpe ein Mitgliedsbetrieb der Allgäuer Alpgenuss ist, können sich die Gäste darauf verlassen, nur mit Speisen und Getränken bewirtet zu werden, deren Zutaten und Produkte nur aus eigener und heimischer Erzeugung stammt. Für die kleinen Gäste steht ein Spielplatz zur Verfügung, auf dem sie sich austoben können.

Damit steht einer erholsamen Rast auf der Alpe Remmelegg nichts im Wege.

Alpe Remmelegg

Familie Milz
Oberstaufen-Steibis
Tel. +49 (0)83 86-1 26
www.alpgenuss.de/alpe-remmelegg

Naturpark Nagelfluhkette

Freiraum und Lebensraum

Kaum ein Naturliebhaber kann sich der atemberaubenden Landschaft des Naturparks Nagelfluhkette entziehen. Nagelfluh – dieses betonartig feste Gestein, auch „Herrgottsbeton" genannt, besteht aus größeren und kleineren rundlichen Flusskieseln, die in Jahrmillionen auf natürliche Weise verkittet worden sind. Damit hat sich ein poriger, aber recht fester Stein bilden können, der im Naturpark sogar ein Gebirge formt. Die Nagelfluhkette zieht sich als verbindendes Element vom Allgäu bis in den Vorderen Bregenzerwald.

Seit 2008 besteht der grenzüberschreitende Naturpark zwischen Deutschland und Österreich, der 15 Gemeinden vereint. Auf einer Fläche von 405 Quadratkilometern breitet sich eine wertvolle und abwechslungsreiche Landschaft aus, die es zu schützen gilt. Die „Nagelfluhkette" stellt mit einer Länge von 24 Kilometern ein gewaltige Naturerscheinung dar. Höhenunterschiede von fast 1.400 Metern auf engstem Raum und der berühmte Hochgrat mit einer Höhe von 1.834 m ü.M. unterstreichen den Wert dieser schützenswerten Region.

Der Naturpark Nagelfluhkette ist der einzige grenzübergreifende Naturpark zwischen Deutschland und Österreich. Mit seinem Projekt „Bewegende Natur – Geschützte Lebensvielfalt" verwirklicht der Naturpark den Schutz, die Pflege und die Entwicklung von Natur und Kulturlandschaft. Eine nachhaltige

(Bild Jürgen Mainka)

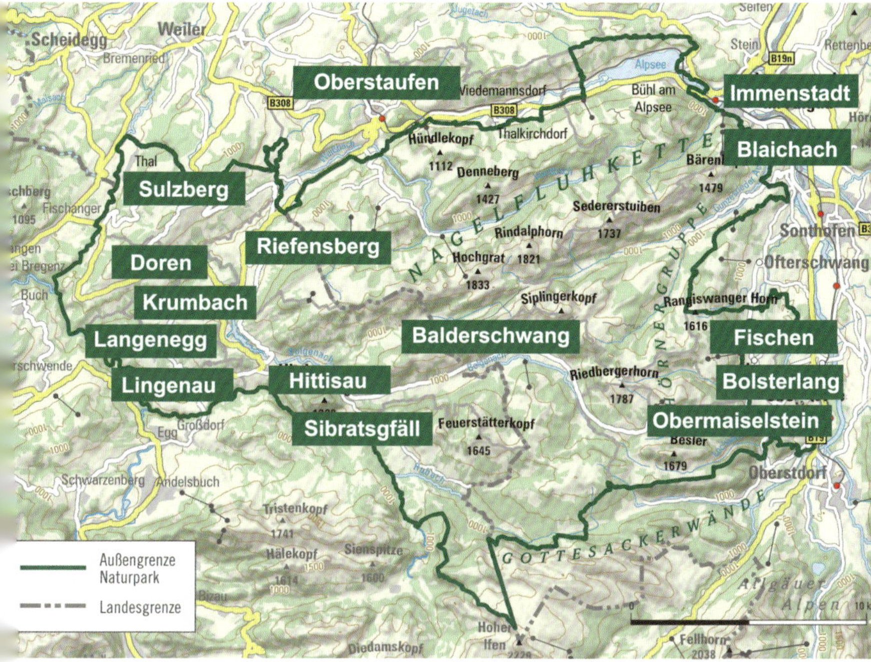

Land-, Alp- und Forstwirtschaft sind dabei ein Schlüsselbeitrag zur Erhaltung dieses einmaligen Fleckchens Erde. Daneben wird im Naturpark auf schonenden, hochwertigen Tourismus gesetzt sowie auf eine nachhaltige regionale Entwicklung.Die Nutzung nach den Richtlinien des Naturparks machten es möglich, dass hier eine Tier- und Pflanzenwelt beheimatet ist, die inzwischen selten geworden ist. Circa 1200 verschiedene Gefäßpflanzen haben hier ihren Lebensraum. Und viele andere Arten wie das Birkhuhn oder der Steinadler können mit etwas Glück beobachtet werden.

Entdeckungstouren in einer einmaligen Kulturlandschaft

Wandern, Biken, Skilauf … der Naturpark bietet zahlreiche Aktivitäten zu jeder Jahreszeit, um entdeckt zu werden. Fast 1000 abwechslungsreiche Wanderungen laden dazu ein,

(Bild Benedikt Reichert)

gefördert durch
Bayerisches Staatsministerium für
Umwelt und Verbraucherschutz

Interreg
Österreich-Bayern 2014-2020

diese unverwechselbare Landschaft in den Alpen mit ihren Bergwäldern und Alpflächen, mit Mooren und Feuchtwiesen, Schluchten und Bächen kennen- und liebenzulernen. Wer naturverträglich im Gebiet unterwegs sein möchte kann sich an zahlreichen Informationstafeln der Kampagne „Dein Freiraum. Mein Lebensraum." über die sensiblen Arten informieren.

Naturpark-Ranger begleiten das Projekt

(Bild Thomas Gretler)

Zu einem guten Mit- und Nebeneinander tragen Naturpark-Ranger bei, dic regelmäßig draußen unterwegs sind und die Besucher informieren und wertvolle Tipps geben. Außerdem helfen sie bei der Umsetzung der Naturparkschulen und führen Sommercamps für die jungen Bewohner des Schutzgebietes durch. Dadurch sensibilisieren sie bei der Jugend den sorgsamen Umgang mit der Natur.

Für die Besucher bieten die Naturpark-Ranger geführte Touren „Mit dem Ranger unterwegs" an. Hier erfahren Interessierte vieles über die Arbeit der Ranger und erhalten so einen Blick hinter die Kulissen dieses einmaligen Kulturraums.

Genusstouren im Naturpark

Qualität und Kreativität zeichnen die Gastronomiebetriebe im Naturpark Nagelfluhkette aus.Daneben wird streng auf die Herkunft der Zutaten geachtet.

Bei den Mitgliedsbetrieben des Allgäuer Alpgenusses, der LandZunge,

(Bild Max Löther)

(Bild Wolfram Ehl)

Naturpark Nagelfluhkette e.V.
Seestr. 10
D-87509 Immenstadt
Tel. +49 (0)8323 99 88 750
info@naturpark-nagelfluhkette.eu
www.nagelfluhkette.info

der MundArt, der Käsewirte oder von „So schmecken die Berge des Deutschen Alpenvereins" werden nach Möglichkeit die Produkte der Region verwendet. Kurze Wege und damit frische Erzeugnisse sind bei Äpfeln vom Bodensee, Käsespezialitäten aus dem Naturpark oder dem Bier aus einer heimischen Brauerei garantiert.

Und alle Erzeuger haben eines gemein: sie lieben ihre Heimat und das was sie tun und leben die Idee einer kurzen und damit umweltfreundlichen Lieferkette.

Urlaub mitten in der Natur

Baumhaushotel Allgäu

Urlaub machen im Einklang mit der Natur – ist das überhaupt möglich? Ja, im Baumhaushotel Allgäu. Hier wird der Kindheitstraum vieler Menschen zur Wirklichkeit. Übernachten und Wohnen in den Bäumen. Komfortabel und luxuriös ausgestattet sind die Räume, die über eine sichere Holztreppe erreichbar sind. Heimisches, helles Holz bildet die urgemütliche Atmosphäre in den Räumen. Eine große Veranda und eine Dachterrasse machen das Outdoor-Vergnügen perfekt, wenn man hoch droben dem Gezwitscher der Vögel lauscht und die Ruhe inmitten des Waldes genießt.

Damit nicht genug, in den sogenannten „Landeiern" kann man sogar hoch über dem Boden schweben! Die Landeier sind mit traditionellen Allgäuer Baumaterialien gebaut, an der Außenseite voll geschindelt und von oben nach unten komplett rund. Baumhausurlaub der Luxusklasse mit Fußbodenheizung und voll ausgestatteter Küche. Das Doppelbett in der Luxuskuppel ermöglicht den direkten Blick in den funkelnden Sternenhimmel.

Das perfekte Outdoor-Vergnügen

Das Baumhaushotel Allgäu wird mit eigenem Solarstrom versorgt und für kühle Tage und Nächte kann man mit der Heizung die Temperatur regulieren. So ist es immer angenehm warm. Morgens verwöhnt der Frühstücksservice die Gäste, die sich damit für einen erlebnisreichen neuen Urlaubstag stärken können.

Abenteuerurlaub für Groß und Klein

Umgeben von Feldern und Wiesen liegt der Hof der Familie Bechteler. Der echte Milchviehbetrieb mit 70 Milchkühen und Kälbchen hat alles zu bieten, was sich die Gäste von einem Bauernhof erwarten. Pferde, Katzen, Hasen, Gänse und Hühner entdeckt man überall und der Hof darf erkundet und entdeckt werden, was gerade die kleinen Gäste zu wahren Abenteurern macht. Natürlich darf auch geholfen werden. Das Melken der Kühe, das Füttern und Versorgen der Tiere lässt viele neue Erfahrungen zu. Auf den beiden Haflinger Pferden des Hofes dürfen auch die ersten Reiterfahrungen auf dem eigenen Reitplatz gemacht oder Ausritte in den nahegelegenen Kemptner Wald unternommen werden. Eine ausgebildete Reittherapeutin begleitet die Pferdefreunde.

Die über 120 Quadratmeter große Ferienwohnung auf dem Hof ist gemütlich und komfortabel eingerichtet. Kachelofen, heimisches Holz in den Räumen und massive Holzmöbel zaubern eine urige Atmosphäre in die Wohnung, die über eine geräumige Küche mit allem Komfort, Wohn- und Schlafraum sowie hingebungsvoll eingerichtetem Kinderzimmer verfügt. Im Außenbereich runden eine Grillhütte, eine Feuerstelle sowie ein großer Spielplatz, Spielhaus und Sandkasten den familienfreundlichen Komfort auf dem Hof ab.

Ferienhof und Baumhaus
Hotel Allgäu GbR

Familie Bechteler
Kaisersmad 6, D-87488 Betzigau
Tel. +49 (0)8304 51 02
info@baumhaushotel-allgaeu.de
www.baumhaushotel-allgaeu.de

Urlaub wie im Bilderbuch

Mir Allgäuer – Urlaub auf dem Bauernhof

Immer mehr stressgeplagte Menschen suchen heutzutage Ruhe und Erholung auf dem Land, weitab von der Hektik in den Städten. Der Verein „Mir Allgäuer" – Urlaub auf dem Bauernhof e.V. bündelt rund 500 Ferienhöfe mit liebevoll eingerichteten Ferienwohnungen und herzlichen Gastgebern im schönen Allgäuer Voralpenland.

Urlaub auf dem Bauernhof ist vor allem bei Familien beliebt, weil sich dabei die Gelegenheit bietet, gemeinsam den landwirtschaftlichen Alltag im dörflichen Umfeld mitzuerleben. Vor allem Kinder sind Feuer und Flamme. Was fressen Schweine? Wie kommt die Milch aus der Kuh? Wo schlafen Hühner? Sie lernen Tiere aus nächster Nähe kennen, gewinnen einen Einblick in die Herstellung von Lebensmitteln und erleben „aus erster Hand" die Arbeit auf dem Land. Nicht nur für Kinder eine eindrucksvolle Erfahrung!

Mit jeder Menge Spaß und Abenteuer, neuen zwei- und vierbeinigen Freunden für die Kinder und herrlicher Luft, Ruhe und Entspannung pur für die Eltern, verspricht Bauernhofurlaub den perfekten Urlaub. Echt und ursprünglich, natürlich, mit Tradition und Allgäuer Gemütlichkeit. Einfach mal nichts tun und die Seele baumeln lassen! Oder Neues entdecken und den eigenen Horizont erweitern. Viele Bäuerinnen kennen sich gut mit Heilkräutern aus und geben ihr Wis-sen gerne an die Urlauber weiter. Beim Kochen bekommt man einen Einblick in die Zutatenliste und kann die leckeren Speisen nach den Ferien zuhause nachkochen.

Ferienhof Felder

Ferienhof Ücker

Erkennen kann man die „Mir Allgäuer" Höfe am „Blauen Gockel". Ein Zeichen, dass sie auch alle Mitglied im Landesverband „Bauernhof und Landurlaub Bayern" sind. Ca. 75 % der Gastgeber sind nach den Kriterien des Deutschen Tourismusverbandes (DTV) mit 3 bis 5 Sternen klassifiziert und tragen größtenteils auch eines der sieben Qualitätssiegel für besondere Erlebnisqualität der „Bundesarbeitsgemeinschaft für Urlaub auf dem Bauernhof und Landtourismus in Deutschland".

Ob Bergbauern-, Kräuter-, Aktiv-, Reiter-, Kinder- oder Wellnesshof, die qualifizierten und spezialisierten Gastgeberbetriebe von „Mir Allgäuer" bieten viel mehr als nur den klassischen Urlaub auf dem Bauernhof.
Auf den Alpenwellnesshöfen genießen Feriengäste die herzliche Gastfreundschaft eines Familienbetriebes, in mit viel Liebe zum Detail gestalteten Ferienwohnungen und den kleinen fast schon privaten Wellnessbereichen. Die naturnahen, regionaltypischen An-

Ferienhof Winkler

wendungen mit Bergwiesenheu, Kräutern, Milch und Molke sorgen für wunderbares Wohlbefinden.

Die Gastgeber der Natur- & Aktiv-Höfe stellen reichlich Infomaterial für Touren in die herrliche Bergwelt zur Verfügung. Sie wissen wie lange Wanderungen dauern und für welche Konstitution die Wege geeignet sind.

Wenn es die Zeit zulässt, gehen Aktiv-Landwirte auch gerne gemeinsam mit Gästen auf Tour und zeigen Ihnen die schönsten Plätze ihrer Heimat.
Auf den Kinderbauernhöfen punkten die Gastgeber mit familiengerecht und kindersicher ausgestatteten Wohnungen, teilweise mit Spielzimmern, aber ganz sicher mit einem großen Kinderfuhrpark und einem Spielplatz, auf dem sie nach Herzenslust toben können.
In den Kräuterlandhöfen mit den liebevoll angelegten Kräutergärten sind die Gastgeber Experten in allen Fragen rund um die faszinierende Welt der Kräuter. Gäste können wildwachsende Kräuter mit allen Sinnen wahrnehmen und deren heilsame Wirkung unmittelbar erleben.
Auf den Reiterhöfen dreht sich alles ums Pferd. Pferdebegeisterte Kinder können hier mit Ihren Eltern zusammen Spaziergänge auf Ponys unternehmen oder wenn die Kinder schon reiten können auch einen Ausritt auf einem Pferd.
Die reizvolle, abwechslungsreiche Allgäuer Landschaft sorgt für den passenden Rahmen eines unvergesslichen Urlaubs auf dem Bauernhof.

Mir Allgäuer –
Urlaub auf dem Bauernhof e.V.

Adenauerring 97
D-87439 Kempten
Tel. +49 (0)831 960 661 22
Fax +49 (0)831 960 661 39
www.allgaeu-urlaubaufdembauernhof.de
info@mir-allgaeuer.de

Bauernhof mit Wellness-Oase

Ferienhof Durach

Allein der wunderbare Blick auf das Panorama der Allgäuer Berge lässt ein wohliges Urlaubsgefühl aufkommen. Für die Kleinen ist es das Größte, mit den vielen verschiedenen Hoftieren zu spielen oder noch besser – sie zu (ver-)pflegen. Im Sommer gibt es viel Platz draußen auf dem Spielplatz mit großer Rutsche, Trampolin und Tischtennis oder der Liegewiese. Und die Eltern können sich beruhigt zurück lehnen – denn sind die Kinder glücklich, können sich´s die Eltern gut gehen lassen.
Beispielsweise beim einfachen Genuss der traumhaften Natur, einem guten Buch, oder aber einem Besuch in der gut ausgestatteten Wellness-Oase. Hier findet man, was Saunafans suchen: ein Dampfbad sowie eine Trockensauna, außerdem Angebote für Massagen und Wellness-Anwendungen. Auch der nahe gelegene Niedersonthofer See bietet Entspannung oder aber Bewegungsmöglichkeiten pur, und im Winter führt die Loipe quasi am Haus vorbei. Völlig entspannt kann man dann abends noch am Grillabend teilnehmen, oder aber sich in eine der drei wunderschön eingerichteten Ferienwohnungen zurückziehen. Morgens gibt es einen Brötchenservice und – eine tolle Idee – einen Einkaufsservice vor der Anreise, damit der Urlaub schon entspannt beginnen kann.

Ferienhof Durach
Familie Durach, Rieggis 8
D-87448 Waltenhofen
Tel. +49 (0)8379 13 66
ferienhof-durach@t-online.de

Tradition und Lifestyle am Puls der Natur

Das Naturpark-Hotel Diana

Im Zentrum von Oberstaufen und gleichzeitig ruhig und erholsam, liegt das familiär geführte Naturpark Hotel Diana. Ideal gelegen, um von dort aus den Urlaub im Naturpark Nagelfluhkette zu genießen. Sei es beim Wandern, Radeln, Golfen und Skifahren.
Als kostenlose Zusatzleistung ist die freie Bergfahrt, der Skipass und das Greenfee-freie Golfen auf fünf Panoramaplätzen mit inbegriffen. Die Zimmer sind in liebevollem, modernem Design mit traditionellen Allgäuer Elementen kombiniert.

Genuss für Körper und Seele

In der gemütlichen Allgäuer Stube mit Kachelofen kann man sich nach Herzenslust mit frischen, heimischen Produkten verwöhnen lassen. Die nachhaltige Ernährung steht dabei besonders im Fokus.
Oberstaufen ist das einzige Schroth-Heilbad. Wer seiner Gesundheit Gutes tun, seinen Körper entgiften und die Selbstheilungskräfte mobilisieren möchte, findet im Hotel Diana ideale Voraussetzungen.
Für die Balance ist im Wellness-Bereich gesorgt: energetisiertes Wasser im In-Door Pool, Wasserfall, Whirlpool, finnische Sauna und römisches Dampfbad, Kosmetik- & Massageanwendungen, Yoga und Wassergymnastik.

Heimatverbundene Gastgeber seit 1970

Das Naturpark Hotel Diana wird nun schon in der 3. Generation familiär geführt. Der Name geht zurück auf die Leidenschaft zur Jagd von Seniorchef Albert Weiß. Diana ist die Göttin der Jagd. Ein besonderes Highlight für die Hotelgäste sind die geführten Wanderungen der Chefs Sylvia Ammer oder Ady Walter.

DIANA Naturpark-Hotel
Sylvia Ammer
Unterm Schloss 2
D-87534 Oberstaufen/Allgäu
Tel. +49 (0)83 86-48 80
Fax +49 (0)83 86-42 53
info@diana-oberstaufen.de
www.diana-oberstaufen.de

Urlaub wie aus dem Allgäuer Bilderbuch

Biohof Schmölz Niedersonthofen

Seit nun schon rund 50 Jahren sind Urlaubsgäste im Biohof Schmölz am Ortsrand von Niedersonthofen herzlich willkommen, um das Leben auf einem Allgäuer Bauernhof hautnah mitzuerleben. Das Bauernhaus ist ca. 230 Jahre alt und bietet in urgemütlichen und traditionell eingerichteten Ferienwohnungen Platz für 2-6 Personen. Auf dem großen Spielplatz mit Schaukeln, Baumhaus mitsamt Rutsche und Sandkasten, haben Kinder wunderbare Möglichkeiten zum Toben. Auch bei schlechtem Wetter braucht im großen Spielstadl niemand Trübsal blasen. Vor der Haustür laden im Sommer Wanderwege und der Badesee zu Aktivität oder einfach nur zur Erholung für Jung und Alt ein. Im Winter locken in nächster Umgebung zahlreiche Skigebiete zum Skifahren oder Langlauf.

Die Bioheumilch wird an die heimische Molkerei Allgäu Milch Käse eG in Kimratshofen geliefert und regional vermarktet.

Im Jahre 2014 wurde der Betrieb mit einem neuen Milchviehstall mit Melkroboter erweitert, samt Laufstall mit Laufhof und täglichem Weidegang. Damit wurde der Betrieb bereits in die 4. Generation übergeben. Mit der kleinen Leonie ist sogar schon für die 5. Generation gesorgt!

Was heute immer mehr "in Mode" kommt, ist beim Biohof Schmölz seit 70 Jahren selbstverständlich: Es ist ein traditioneller Heumilchbetrieb, der die Heumilch zur Herstellung von Rohmilchkäse produziert – seit gut 20 Jahren als Biolandbetrieb.

Biohof Schmölz
Familie Schmölz
Holzachweg 15
87448 Waltenhofen
Tel. +49 (0)83 79-75 61
ferienhof-schmoelz@t-online.de
www.biohof-schmoelz.de

Eine Wohltat für Körper und Geist

Hotel Naturhof Stillachtal

Einen Urlaub der ganz besonderen Art verspricht der Aufenthalt im Hotel Naturhof Stillachtal im idyllischen Markt Oberstdorf. Die traumhaft schöne Landschaft der Allgäuer Alpen verspricht frische Luft und maximale Erholung. Hier finden die Gäste ein Urlaubsdomizil, das von seinen Betreibern, der Familie Thaumiller, mit Hingabe und Leidenschaft geführt wird und wo rustikales Ambiente und moderner Komfort aufeinander treffen und sich in wunderbarer Harmonie ergänzen.

Die unberührte Natur der Allgäuer Alpen lädt zu ausgedehnten Aktivitäten an der frischen Luft ein. Die Landschaft bezaubert ganzjährig mit ihrem einzigartigen Charme. In den wärmeren Monaten des Jahres sorgen Wanderungen und erholsame Spaziergänge für ein abwechslungsreiches Programm. Das umfangreich ausgebaute Wegenetz bietet auch Radwanderern Gelegenheit, die traumhafte Umgebung von Oberstdorf zu entdecken.

Im Hotel erwarten herzliche Gastgeber und ein liebevoll gestaltetes Ambiente die Erholungssuchenden. Jedes Zimmer bietet einen phantastischen Ausblick auf die Berge. Das gesamte Konzept des familiären Hotelbetriebes basiert darauf, den Gästen einen unvergesslichen Urlaub zu bieten. Dabei stehen die individuellen Wünsche stets im Vordergrund. Ein gemütliches Urlaubsdomizil, die Möglichkeit, ganzheitlich gesunden Aktivitäten nachzugehen und eine ausgewogene, kulinarische Vielfalt lassen den Aufenthalt im Hotel Naturhof Stillachtal zu einem ganz besonderen Erlebnis werden.

Die Familie Thaumiller hat es sich zur Aufgabe gemacht, ihren Gästen eine Auszeit von Hektik und Alltagsstress zu bieten. Mit speziellen Yogakursen und wohltuenden Ayurveda-Anwendungen

genießen sie absolute Erholung während ihres Aufenthaltes. Wer seinen Körper reinigen und neue Energien freisetzen möchte, kann hier auch am gemeinschaftlichen Fastenwandern teilnehmen. Beim Basenfasten bringen die Teilnehmer Körper und Geist in Einklang. Basische Ernährung und viel Bewegung an der frischen Luft unter fachkundiger Anleitung sorgen dafür, dass dem Körper überschüssige Säuren entzogen werden. Dies führt zu Gewichtsabnahme und einem neuen Körperbewusstsein.
Besucher des Hotels Naturhof Stillachtal können außerdem auch geführte Wanderungen unternehmen und auf diese Weise die atemberaubende Natur der Allgäuer Alpen in all ihrer Vielfalt kennenlernen. Johannes Thaumiller gibt sein Wissen um Flora und Fauna gern an seine Gäste weiter.

Naturhotel Stillachtal

Faistenoy 1
D-87561 Oberstdorf
Tel. +49 (0)83 22-43 88
Fax +49 (0)83 22-9 85 47
wohnen@stillachtal.de

Urlaub der besonderen Art

Beim Hummelbaur

Feriengäste sind Beim Hummelbaur schon lange willkommen! Bereits vor 1900 kamen die ersten Sommerfrischler zur Erholung ins Haus. Damit alle genug Platz hatten, zog der Vater mit den Buben in die Werkstattkammer und die Gäste nutzten mit der Mutter gemeinsam die Küche. Heute ist in der ehemaligen Schlosser- und Schellenschmiede aber genug Platz für die Gäste, die Scheune wurde 1980 ganz abgebrochen und zu zwei Ferienwohnungen umgebaut. Mit Zugspitz-Blick vom Balkon in der einen Wohnung und mit einer kleinen Terrasse samt geschmiedeter Bank unter der großen Linde vor der anderen Wohnung, lässt sich Urlaub wie aus dem Allgäuer Bilderbuch machen. Mitten im Grünen unter Apfelbäumen gibt es auch noch ein urgemütliches Ferienholzhäuschen. Perfekt, um im Liegestuhl oder Hängematte die Seele baumeln zu lassen.

Von Zeit zu Zeit gibt es in der Nachsaison die Rosenwochen Beim Hummelbaur. Unter Anleitung eines erfahrenen Schmiedemeisters schmieden die Gäste in der alten Schmiede direkt am Haus selbst eine eiserne oder eine Messing-Rose. Ein Andenken aus dem Allgäu-Urlaub der besonderen Art!

Beim Hummelbaur

Heidelies & Phillipp Trenkle
Obweg 44, D-87459 Pfronten
Tel. +49 (0)8363 85 94
info@beimhummelbaur.de
www.beimhummelbaur.de

Stylisch mit Tradition

ibis Styles Kaufbeuren/Allgäu

Der Aufenthalt in dem zentral gelegenen Haus in Kaufbeuren wird zu einem Erlebnis inmitten der Natur. Die Zimmer präsentieren sich mit Motiven vom Blumenwiesenteppich bis zum Gipfelstürmerbild. So genießen die Gäste das Allgäu bereits vor ihrem ersten Ausflug. In den Räumen herrscht eine einladende, moderne und in warmen Farben gestaltete Atmosphäre, die den Aufenthalt zu einem Erlebnis macht. Wie in allen ibis-Hotels, wurde auch in der Kaufbeurer Dependance großer Wert auf den Übernachtungskomfort gelegt, der durch bequeme Betten garantiert wird. In den funktionell eingerichteten Bädern finden die Gäste alles, was benötigt wird. Das Frühstücksbuffet präsentiert sich reichhaltig und abwechslungsreich.

Abgerundet wird der Aufenthalt durch die hauseigene Bar. Hier genießt man in stylischem Ambiente einen coolen Drink, zu dem man einen ereignisreichen Ferientag Revue passieren lässt.

ibis Styles Kaufbeuren/Allgäu
Ganghoferstr. 8
D-87600 Kaufbeuren
Tel. +49 (0)83 41-9 55 20
ha036@accor.com
www.ibis.com

Kneipp

Allgegenwärtig im Allgäu

Bad Grönenbach
(Bild Jan Greune)

Mitte des 19. Jahrhunderts, als Sebastian Kneipp seine sanfte, wirkstarke Naturheilmethode in Bad Wörishofen entwickelte, hat wohl niemand damit gerechnet, dass eben jener Pfarrer damit weltberühmt werden würde. Im Gegenteil, zeitlebens war er Anfeindungen und Angriffen ausgesetzt. Und doch konnte sich sein Lebens- und Gesundheitskonzept durchsetzen, denn wie heißt es so schön - wer heilt hat Recht. Kneipp war ein Visionär und richtungsweisender Vorreiter für eine ganzheitliche, natürliche Gesundheitskultur, die heute sogar als immaterielles Kulturerbe anerkannt ist und perfekt in unsere Zeit passt. Kneipp legte schon damals großen Wert darauf, das Augenmerk auf die Gesundheit statt auf die Krankheit zu legen, das sensible Wechselspiel von Körper, Geist und Seele mit einzubeziehen und so schuf er seine fünf Therapiesäulen, die diesen Ansätzen Rechnung tragen.

Lebensordnung als Behandlungsprinzip

Sie ist die Basis für die nachfolgenden Aspekte der Kneipp´schen Behandlungsmethode und umfasst die gesamte Lebensführung. In seinem Buch „So sollt ihr leben" hat Sebastian Kneipp seine profunden Beobachtungen und Interpretationen zur Entstehung von Krankheiten bzw. der Vermeidung derselben zusammengefasst und herausgestellt, dass eine gesunde, ausgeglichene Seele die Voraussetzung ist für körperliche Gesundheit. Es sind darin viele Ideen und Anleitungen zu finden für ein ausgeglichenes, in natürlichen Lebensstrukturen und -rhythmen geborgenes

Ottobeuren
(Bild Jan Greune)

Leben, die helfen, den steigenden Anforderungen des modernen Lebens und dem zunehmenden Alltagsstress gerecht zu werden.

Hydrotherapie - die Heilkraft des Wassers

Wasser als Ursprung des Lebens ist aus sich heraus ein besonderes, lebensnotwendiges Elixier. Die heilende Wirkung des Wassers hat „der Wasserdoktor" Kneipp an sich selbst erfahren, als er sich durch Baden in der eiskalten Donau, Halbbäder und die Anwendung von Wassergüssen nach Siegfried Hahn im Jahr 1849 selbst von Tuberkulose heilte. Aus dieser Erfahrung heraus entwickelte Sebastian Kneipp seine differenzierte, die Konstitution und Bedürfnisse des einzelnen berücksichtigende Wassertherapie, die mittlerweile über 120 Anwendungen umfasst. Dazu zählen

Bad Wörishofen
(Bild Jan Greune)

Bad Wörishofen
(Bild Jan Greune)

das bekannte Wasser- und Tautreten, kalte und warme Bäder und Güsse, Dampfbehandlungen, Wickel, Auflagen und Kompressen, die zahlreich und hochprofessionell in den Allgäuer Kneippkurorten angeboten werden.

Durch Bewegung zu Lebensfreude und Gesundheit

Im Ursprung war die Bewegungstherapie nur als Aufwärmmethode zur Vorbereitung für die Wasseranwendungen gedacht, doch mittlerweile ist sie ein wichtiger, umfangreicher Pfeiler der Kneipp-Methodik geworden. Geschuldet ist dies wohl unserer modernen, bewegungsarmen Lebensart und so gehören zu jeder Kneippkur ausgeklügelte Sport- und Bewegungsangebote wie Sportgymnastik, Heilgymnastik, Wandern, Terrainkuren, Bewegungsparcour, Rad fahren, Schwimmen, Bewegungsbäder, Gehtraining, Joggen u.s.w.

Gesund mit Heilkräutern

Besondere Aufmerksamkeit widmete Kneipp auch den Heilpflanzen, über deren Wirksamkeit und Anwendungen er viel von der damals bäuerlichen Bevölkerung lernte. Über Jahre

Benningen
(Bild Jan Greune)

hinweg verfeinerte und komplettierte er sein Wissen über die Kraft der Pflanzen. Daraus entwickelte sich die heute immer mehr an Einfluss gewinnende Phytotherapie, die Pflanzenheilkunde. Aus seinen Rezepten für Badezusätze, Tinkturen, Salben, Säfte und Tees hat sich mittlerweile eine beliebte Gesundheits- und Kosmetiklinie entwickelt, die weltweit, aber eben auch besonders gern hier im Kneippland z. B. im Kneipp-Shop Bad Wörishofen vertrieben wird.

Vollwertige Ernährung

Schon damals wusste Pfarrer Kneipp, was heute Ernährungstrend ist: frische, naturbelassene Vollwertkost, schonend zubereitet und bewusst genossen ist dem Körper zuträglich. Dass dabei auch kulinarische Ansprüche nicht zu kurz kommen, beweisen hier im Allgäu stattfindende Kneipp-Kochkurse sowie die hervorragende Bewirtung und Verpflegung in den Kneipp-Kurorten.

Unsere Allgäuer Kneipp-Kurorte

Bad Wörishofen. . . . . Seite 436
Ottobeuren . . . . Seite 462
Bad Grönenbach . . . . Seite 464

Die Gesundheitsstadt mit Wellnessfaktor

Kneipp-Kurort Bad Wörishofen

In Sachen Gesundheit ist die kleine Stadt im sanften Allgäu ganz groß, dürfte sie doch einer der bekanntesten Kurorte Deutschlands sein. Und damit nicht genug, ist sie zudem der älteste Kneipp-Kurort des Landes. Bereits aus dem Jahr 1890 datiert der kluge Entschluss, den Ort zum Kurort auszubauen und schon seit 1920 darf das idyllisch gelegene Städtchen seinem Namen das Prädikat „Bad" voranstellen. Zu verdanken hat der Ort seinen hohen Grad an Bekanntheit und Beliebtheit Sebastian Kneipp. Der rührige Pfarrer und Naturheilkundler entwickelte Mitte bis Ende des 19. Jahrhunderts sein heutzutage weltweit bekanntes, ganzheitliches Lebens-und Heilkonzept genau hier, in Bad Wörishofen.

Doch auch wer hier einen genussvollen Urlaub mit großem Freizeit-, Wellness- und Sportangebot verbringen möchte, ist genau richtig in dem schmucken Städtchen im Unterallgäu.

Umfangreiches Gesundheitsangebot

Die 5 Säulen des Kneipp'schen Naturheilverfahrens, das seit 2015 zum immateriellen Kulturerbe gehört, sind Hydro- und Ernährungstherapie, Pflanzenheilkunde, Bewegung und Balance. Und so verwundert es nicht, dass dies auch die Schwerpunkte der vielfältigen Gesundheitsangebote des Kneipp-Ortes Bad Wörishofen sind. Diese erstrecken sich von Achtsamkeitstraining bis hin zu Yoga, Tai-Chi und Qi-Gong. Und natürlich Ernährungsberatungen und -seminare sowie eine ganze Palette Kneipp-Anwendungen wie Schnee- oder Tautreten, Wassergüsse und Wickeltherapien. Wöchentliche Gesundheitsangebote, Präventionsveranstaltungen oder mehrwöchige Kneipp-Kur - hier ist alles möglich, was Körper, Seele und Geist gut tut.

Freizeit, Sport und Spaß

Wer unabhängig von Gruppen und Terminen seinen eigenen Rhythmus leben möchte, kann sich beispielsweise in den wunderbaren Parks der Stadt vergnügen, entspannen oder sportlich betätigen. Der Kurpark ist ein weitläufiges Gelände, in dem ein Barfußweg, ein Duft- und Aromagarten sowie ein Rosengarten zum Verweilen einladen. Interessant sind die Heilkräutergärten, die die Lehren des Sebastian Kneipp ebenso widerspiegeln wie die der Hildegard von Bingen. Neben idyllischer, harmonisierender Natur gibt es also eine Menge Lehrreiches und Außergewöhnliches zu entdecken. Kneipp-Anlagen sind selbstverständlich einige in der Stadt und auch zahlreiche Sportmöglichkeiten, hier seien stellvertretend eine kneipp-zertifizierter Golfplatz genannt, Tennisplätze, mehrere Nordic-Walking-Parcours sowie für die kältere Jahreszeit das Eisstadion. Um Bad Wörishofen herum gibt es ein ausgezeichnet ausgebautes Rad- und Wanderwegenetz, das unterschiedliche Strecken- und Schwierigkeitsgrade bietet. Eine originelle Besonderheit hier ist der „Ort der Wald- und Naturwesen“, an dem sich zahlreiche mystische Geschöpfe wie Elfen, Trolle und Nymphen tum-

meln und zu fantastischen Begegnungen einladen. Eine Auszeit der Extraklasse verspricht ein Besuch im Südseeparadies, der Therme Bad Wörishofen. Dort lässt sich das Leben so richtig genießen unter echten Palmen, exotischem Ambiente und einer Auswahl an Saunen, Thermalbädern und Verwöhn-Angeboten. Samstags ist Familientag und die Therme auch für die Kleinen geöffnet. Während der restlichen Tage können sich Familien wunderbar im Sport- und Familienbad der Therme, dem „blueFUN“ tummeln. Spaß, Spannung, Adrenalin und ganz viel Glückseligkeit erwarten den Besucher im Allgäu Skyline Park. Bayerns größter Freizeitpark lädt Groß und Klein ein, mit unzähligen Attraktionen wie Achterbahnen, Wildwasserrutschen und dem Sky Dragster, dem stärksten Motorbike-Coaster der Welt, einen aufregenden, abenteuerlichen Tag zu erleben.

Führungen, Sehenswürdigkeiten und Kultur

Geruhsamer geht es bei den zahlreichen Führungen zu, die in der Kurstadt angeboten werden: Geschichts- und Kulturführungen, Themenführungen, saisonale Führungen und viele mehr bieten für jeden Geschmack etwas. Bei Regen oder Schnee könnte ein Museumsbesuch auf dem Programm stehen.

Das Sebastian-Kneipp-Museum steht hier natürlich an erster Stelle. Auch interessant ist das Fliegermuseum, denn hier kann man eine echte MIG 21 nicht nur von außen bewundern, sondern im Inneren des Cockpit eine Ahnung davon erhaschen, wie es sich anfühlt, mit diesem Geschoß durch die Lüfte zu sausen. Das süddeutsche Fotomuseum lädt ebenso ein wie das Kutschen-, oder das Puppenmuseum. Zudem gibt es noch zwei sehenswerte Kirchen in Bad Wörishofen, die katholische Stadtpfarrkirche und die Klosterkirche mit der kostbaren Raumgestaltung durch die Brüder Zimmermann. Das Filmhaus im Ort zeigt ausgewählte, kulturell hochwertige und unterhaltsame Arthaus-Filme.

Ausflugsziele

Die verkehrstechnisch günstige Lage Bad Wörishofens lädt zu Ausflügen an den Ammersee, nach Augsburg, in die Schlösserregion Ostallgäu oder auch bis hin zum Bodensee ein.

Tourist-Information im Kurhaus

Hautptstraße 16
D-86825 Bad Wörishofen
Tel. +49 (0)8247 99 33 55 oder -56
info@bad-woerishofen.de
www.bad-woerishofen.de

(Bilder Touristinformation Bad Wörishofen)

Das Leben von Sebastian Kneipp

Sebastian-Kneipp-Museum Bad Wörishofen

Wer hätte das Mitte des 19. Jahrhunderts gedacht? Die ganzheitliche Naturheilmethode, die Sebastian Kneipp, seinerzeit Pfarrer in Bad Wörishofen, erdacht, erprobt und entwickelt hat, ist weltbekannt geworden. Und seit 2015 sogar immaterielles Kulturerbe der UNESCO. Dieser Erfolg basiert auf der Einfachheit und der Naturverbundenheit, besonders aber auf der Wirksamkeit der fünf Säulen umfassenden Heilmethode. So ist Kneipps Gesundheitslehre heutzutage aktueller denn je zuvor.

Kneipps Leben zum Anfassen
Aufgrund dieses hohen Bekanntheitsgrades wurde 1986 das Sebastian-Kneipp-Museum in Bad Wörishofen

eingerichtet, das im Kloster der Dominikanerinnen untergebracht ist. Perfekt passen die historischen Räume zu den Ausstellungsstücken aus der Zeit des "Wasserdoktors" und setzen diese eindrucksvoll in Szene. Greifbar wird Sebastian Kneipps Leben, wenn man seine originalgetreu aufgebauten Wohn-, Schlaf- und Arbeitsräume betritt und hochinteressant ist die Lektüre seines Werdegangs und Wirkens.

Die Wirkprinzipien der Kneippmethode im Klostergarten

Der ehemalige Novizinnengarten wurde liebevoll gestaltet und in 5 Bereiche eingeteilt, von denen ein jeder eine der Säulen des Kneipp'schen Naturheilverfahrens präsentiert: Wasseranwendungen, gesunde Ernährung, Kräuterkunde, Ordnung und Bewegung. Der Aufenthalt in diesem Garten ist eine Wohltat und garantiert eine entspannende und dabei lehrreiche Auszeit.

Vorträge, Bücher und Veranstaltungen

Abgerundet wird das Angebot des Museums mit Vorträgen zu verschiedenen Gesundheitsthemen, den Originalbüchern von Sebastian Kneipp und wechselnden Veranstaltungen, die sich ebenfalls um die Themen Körper, Geist und Seele drehen.

Sebastian-Kneipp-Museum Bad Wörishofen

Klosterhof 1, Eingang Schulstraße
D-86825 Bad Wörishofen
Tel. +49 (0)8247-395613
kneippmuseum@bad-woerishofen.de
www.kneippmuseum.de

Gesundheit lernt man in Bad Wörishofen

Sebastian-Kneipp-Schule

Die 5-Säulen-Therapie von Sebastian Kneipp ist heutzutage weltbekannt. In Bad Wörishofen ist seine Heilkunde allgegenwärtig und so ist es nur natürlich, dass sich am Ort die Berufsfachschule des Kneipp-Bund e.V. niedergelassen hat.

Synergien statt Gegensätze

Die Schule bietet in den Bereichen Physiotherapie und Physikalische Therapie Berufsausbildungen an, die Lern- und Lehrziele orientieren sich am staatlichen bzw. vom Träger vorgegebenen Bildungsauftrag. Jungen Leuten wird hier die Möglichkeit gegeben, sich umfassend ausbilden zu lassen in Berufen der kurativen und rehabilitativen Medizin, aber auch der Gesundheitsvorsorge und Gesunderhaltung. Diese beiden Gegensätze zusammenzuführen und daraus entstehende Synergien für ein zukunftsweisendes Gesundheitssystem zu nutzen, ist das ehrgeizige Ziel der Kneippschule. Das Kneipp´sche Gedankengut dient hierfür als unverzichtbarer Leitfaden.

Schule mit hohem Anspruch

In ihren umfassenden Ausbildungsgängen legt die Berufsfachschule besonderen Wert auf Qualität, Praxisnähe und zukunftsweisende Unterrichtsinhalte.
Hohes fachliches Niveau, pädagogische Kompetenz und fachübergreifende Teamarbeit der Lehrer sind selbstverständlich. Den Vergleich mit ähnlichen nationalen und internationalen Einrichtungen besteht die Schule mit diesen hohen Ansprüchen an sich

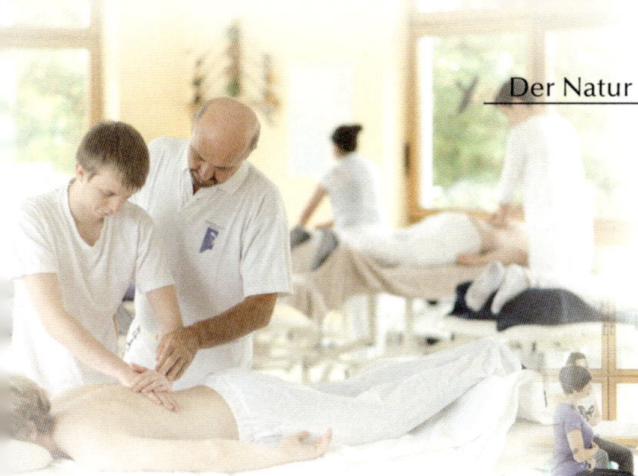

selbst glänzend. Die praktische Ausbildung am Patienten findet in unterschiedlichen Einrichtungen und an unterschiedlichen Orten statt, so dass die Schülerinnen und Schüler schon frühzeitig eine Orientierungshilfe für das späteres Berufsleben erhalten, auch bei der späteren Arbeitsplatzsuche bietet die Schule Unterstützung an.
Nicht zuletzt wird großer Wert auf gegenseitigen Respekt, Toleranz und Verständnis zwischen Lehrenden und Lernenden gelegt, damit der Beruf von Anfang an Spaß macht.

Sebastian-Kneipp-Schule
Berufsfachschule für Massage und Physiotherapie des Kneipp-Bund e.V.
Brucknerstraße 1
D-86825 Bad Wörishofen
Tel. +49 (0)82 47-96 76-0
Fax: +49 (0)82 47-96 76-44
info@kneippschule.de
www.kneippschule.de

Die Kneipp'sche Gesundheitsidee weitergeben

Sebastian-Kneipp-Akademie

Die Sebastian-Kneipp-Akademie (SKA) wurde 1977 als Bildungszentrum des Kneipp-Bund e.V., Bundesverband für Gesundheitsförderung und Prävention, gegründet, um Übungsleiter*innen für die Arbeit in den Kneipp-Vereinen zu qualifizieren. Die SKA hat ihren Sitz in Bad Wörishofen, wo moderne Seminarräume und eine landschaftlich reizvolle Umgebung zu einem entspannten Lernen einladen.

Gesundheitsförderung mit Methode

Gemäß dem Motto „Unser Ziel: gesunde Menschen!" setzt die SKA auf ein breites Spektrum an Kursen, das Menschen für die Arbeit im Bereich der Gesundheitsförderung in unterschiedlichen Settings qualifiziert.

Ob pädagogisches Personal oder in der Pflege Beschäftigte, die SKA schult Multiplikatoren, die das Kneipp'sche Gesundheitskonzept in den Alltag vieler Menschen, ob jung oder alt, transportieren. Darüber hinaus gilt die SKA als eine der renommiertesten Ausbildungsbetriebe deutschlandweit für die aktuellen fernöstlichen Trendthemen, wie z. B. Yoga oder Qigong.

Kneipp: aktueller denn je

In den Bereichen Lebensordnung und Stressprävention vermitteln aktuelle und gesellschaftlich hochrelevante Ausbildungen gefragte Kompetenzen, die auch in der Unternehmenswelt Anwendung finden. Im Breiten- und Gesundheitssport, sowie den weiteren Kneipp'schen Elementen Ernährung und Heilpflanzen, qualifizieren die Lehrgänge der SKA, wertvolles Wissen als Kursleiter*in weiterzugeben und Gruppen kompetent anzuleiten.

Sebastian-Kneipp-Akademie
Adolf-Scholz-Allee 6 - 8
D-86825 Bad Wörishofen
Tel. +49 (0)82 47-30 02-132 o. -133
Fax +49 (0)82 47-30 02-198
www.kneippakademie.de
ska@kneippbund.de

Oase zum Durchatmen

Salzgrotte Bad Wörishofen

Menschen mit Atemwegserkrankungen wird gern eine Kur am Meer empfohlen, früher waren die einzigen Alternativen hierzu Salzheilstollen unter Tage wie z. B. die in Berchtesgaden, die für die Halotherapie genutzt wurden und heute noch werden. Mittlerweile gibt es aber in Deutschland etwa 300 Salzgrotten, die ebenfalls das von großen Mengen Salz erzeugte heilsame Mikroklima nutzen, unkompliziert und wohnortnah. Salz wirkt entzündungshemmend, antibakteriell und abschwellend. Mithilfe von über 20 Tonnen des „weißen Goldes" aus dem Himalaya und dem Toten Meer wurde eine besonders schöne dieser Entspannungsoasen in der Kneipp-Stadt Bad Wörishofen errichtet.

In direkter Nähe zur Fußgängerzone gelegen und mit einigen Parkplätzen vor der Tür ist die Grotte sowohl zu Fuß als auch mit dem Auto jederzeit leicht erreichbar.

Entspannung, Entschleunigung, Pause vom Alltag

Auch das sind wichtige Faktoren, die das Wohlbefinden und die Gesund-

heit positiv beeinflussen. Sich einmal Ruhe gönnen, sich ausklinken und nicht ständig verfügbar sein – wunderbar. Ganz einfach erreicht man dieses Wunschziel mit einem Besuch in der Salzgrotte Bad Wörishofen, eingemummelt in wärmenden Decken bei samtener Beleuchtung und wohltuenden Klängen, umrahmt von Meeresrauschen. In der KlangOase (aktuelle Termine siehe Website) werden im heilsamen Ambiente der Grotte die Sinne zusätzlich mit Klangschalen und verschiedenen Klanginstrumenten verwöhnt. Ein Besuch lohnt auf jeden Fall.

Besondere Salze für zu Hause

Weil Salz nicht gleich Salz ist, werden im Shop der Salzgrotte Bad Wörishofen ausschließlich naturbelassene, hochwertige, und zertifizierte Salze und Salzprodukte verkauft, u. a. von der Firma KönigsSalz.

Das Angebot reicht von Sole-Salzbonbons über Speisesalz mit und ohne Kräuter- oder Gewürzbeigaben bis hin zu Salzkosmetik, Sauna- und Badesalzen sowie Kristallen oder auch Edelsteinen und Salzlampen. Damit sich auch zu Hause die wohltuende Wirkung entfalten kann.

Salzgrotte Bad Wörishofen

Fidel-Kreuzer-Straße 6
D-86825 Bad Wörishofen
Tel. +49 (0)82 47-99 28 88
info@salzgrotte-badwoerishofen.de
www.salzgrotte-badwoerishofen.de

Das Kneipp-Original

SEBASTIANEUM Kneipp- & Gesundheitsresort****

Vor über 125 Jahren gründete Pfarrer Sebastian Kneipp höchstpersönlich das SEBASTIANEUM in Bad Wörishofen. Er hatte bereits zu Lebzeiten den Orden der Barmherzigen Brüder dazu berufen, seine Methode zu erlernen und seine „Anstalten" weiterzuführen.

Die Trägerschaft des Hauses obliegt seit seinem Tod bis zum heutigen Tag dem Orden. Mittlerweile gilt das 4-Sterne-Kneipp- & Gesundheitsresort als führendes Kompetenzzentrum für Kneipptherapie und naturheilkundlich orientierte Rehabilitation sowie Prävention. Die Auszeichnung „Kneipp Premium Class" spiegelt die Qualität und Exklusivität des Hauses wider.

Einzigartig beispielsweise ist, dass die nach Kneipps Methodik heilfastenden Gäste im früheren Sprechzimmer des berühmten Heilkundlers speisen und so einen ganz besonderen Bezug zu Pfarrer Kneipp und seiner Lehre herstellen können.

Therapeutische Behandlungen – wirksam und nachhaltig

Zur Einzigartigkeit des SEBASTIANEUM gehören die 120 verschiedenen Kneipp-Anwendungen in Form von Wechselgüssen, Waschungen, Wickeln, Auflagen und vielem mehr, die von professionellen Kneipp-Bademeistern verabreicht werden.

Die Verordnung des individuellen Kurplans erfolgt durch die in Naturheilkunde und Ernährungsmedizin ausgebildeten Ärzte im Haus.

Von traditionellen Anwendungen wie der Krankengymnastik oder der manuellen Therapie bis hin zu etwas ausgefalleneren Methoden wie die Cranio-Sacrale-Therapie, Kinesiotaping oder die Colon-Hydro-Therapie ist vieles geboten.

Daneben gibt es noch das Verwöhnprogramm in Form von wunderbar entspannenden Kräutermassagen – ganz nach Geschmack gibt es auch hier die unterschiedlichsten Varianten, zum Beispiel Anti-Stress-Massage mit hochwertigen Aromaölen auf der Schwebeliege.

Klare Linien entspannen den Geist

Eine der fünf Behandlungssäulen von Pfarrer Kneipp ist das Ordnungsprinzip, laut dem äußere Ordnung und Klarheit den Geist entspannen und Heilung fördern. Diesem Ansatz ist die klare, helle, schnörkellose Ausstattung der gelungenen Zimmer geschuldet, die sofort Ruhe und Klarheit ins Denken bringen. So kann man den Aufenthalt im SEBASTIANEUM von der ersten bis zur letzten Minute genießen und spüren, wie sich die heilsamen Wirkungen der verschiedenen hier integrierten Therapiebereiche ergänzen.

Sebastianeum
Kneipp- & Gesundheitsresort****

Kneippstraße 8
D-86825 Bad Wörishofen
Tel. +49 (0)82 47-3 55-0
reservierung@barmherzige-bad-woerishofen.de
www.sebastianeum.de

Am Ursprung der Kneipp-Therapie

KurOase im Kloster

Genau hier, im Dominikanerinnenkloster Bad Wörishofen lebte und wirkte von 1855 bis 1897 Pfarrer Sebastian Kneipp höchstpersönlich. In dieser Zeit entwickelte er an diesem geschichtsträchtigen Ort seine mittlerweile von der UNESCO zum Weltkulturerbe erhobene 5-Säulen-Heilkunde.
Die Kneipp´sche Lebens- und Heilphilosophie wird in der KurOase im Kloster in bester Tradition weitergeführt.

Die fünf Kneipp-Elemente hautnah erleben

Die Heilkunde von Pfarrer Kneipp umfasst die Säulen Wassertherapie, Kräuterkunde, Ernährung, Bewegung und innere Ordnung. Alle fünf Bereiche sind heute selbstverständlich Bestandteile der tiefgreifenden Kurangebote der KurOase im Kloster. Professionell, sorgfältig und mit liebevoller Zuwendung kümmern sich die Mitarbeiterinnen und Mitarbeiter der KurOase im Kloster und in manchen Bereichen auch die Dominikanerinnen um die Gäste. Das Kneipp´sche Motto „Jede Anwendung ist auch eine Zuwendung" wird hier Realität. Es gibt ein umfassendes Angebot an Wassertherapien wie Bäder, Güsse, Dämpfe, dazu die Möglichkeit, sich im zugehörigen wunderbaren Klostergarten über die Heilkraft der Kräuter unterrichten zu lassen, die ihre Wirkung auch in der hervorragenden Küche des Hauses entfalten. Hier werden altbewährte Köstlichkeiten aus dem Klosterkochbuch mit ideenreichen, modernen Rezepten kombiniert. Die vorwiegend aus regionalen Zutaten gezauberten Wohlfühlgerichte tun Körper und Seele gut. Die an den eigenen Bedürfnissen orientierte Bewegungstherapie bietet mit frühmorgendlichem Tautreten, Frühgymnastik oder Nordic Walking im schönen Westallgäu für jeden etwas. Zu guter Letzt ist die KurOase im Kloster mit der heilsamen Stille des Klosters ge-

nau der richtige Ort, um wieder einmal zu sich zu finden und das Innenleben zu beruhigen, zu entschleunigen und zu ordnen.

Alles, was der Mensch braucht...

...ist hier geboten. Die klar strukturierten Wohlfühl-Zimmer, die reichhaltig ausgestattete Bibliothek mit Blick über die Dächer Bad Wörishofens, die Klosterschenke mit einer feinen Auswahl an Weinen und dem erlesenen Klosterlikör, sowie der Raum der Stille und der bezaubernde Klostergarten bieten wunderbaren Raum zum Entspannen, für angenehme Geselligkeit und stille Einkehr zu sich selbst. Ein Kuraufenthalt hier hält, was er verspricht.

KurOase im Kloster

Klosterhof 1
D-86825 Bad Wörishofen
Tel. +49 (0)82 47-96 23-0
Fax +49 (0)82 47-96 23-99
info@kuroase-im-kloster.de
www.kuroase-im-kloster.de

Kuren bei Freunden

Kneipp-Kurhotel Eichinger

Bereits beim Betreten des gemütlichen, familiär geführten Kurhotels im Allgäuer Landhausstil merkt man, dass es hier persönlich zugeht. Jeder Gast wird wahrgenommen mit seinen Wünschen und Bedürfnissen, die Gesundheit und das Wohlergehen der Gäste sind spürbar das wichtigste Anliegen der Familie Eichinger und ihrer gut ausgebildeten Mitarbeiterinnen und Mitarbeiter.

Auf Kneipp´schen Spuren wandeln

Gut gelegen in Bad Wörishofen, einer der Wirkungsstätten des weltbekannten Pfarrers Sebastian Kneipp, bietet das Kurhotel alles, was der Mensch braucht, um dem hektischen Alltag den Rücken zu kehren, sich auf sich selbst zu besinnen und auf seine Gesundheit. Dazu gehören hier natürlich in erster Linie vielfältige Kneipp-Anwendungen, die samt und sonders in den hoteleigenen Räumlichkeiten stattfinden. Zur Auswahl stehen verschiedene Güsse, Bäder, Wickeltherapien, Kompressen und Massagen. Die wunderbare Natur und die himmlische Ruhe des Allgäus tun ihr übriges. Auch mit im Programm sind ayurvedische und kosmetische Anwendungen. Ergänzend stehen dem Gast Schwimmbad und Sauna zur Verfügung.

Behaglichkeit wird groß geschrieben

Es kann gewählt werden zwischen komfortablen Zimmern oder eleganten, voll ausgestatteten Ferienwohnungen, damit die Erholung perfekt gelingen kann. Die Räume sind gemütlich mit hellem Holz und gemüt-

lichen Möbeln eingerichtet, bieten großzügige, komfortable Bäder und alles, was von einem modernen Hotel erwartet werden darf. Liebevolle Details zaubern eine wohlige Atmosphäre.

Erholung geht auch durch den Magen Nicht zuletzt sei das helle, schöne Restaurant mit großer Terrasse und Blick ins Grüne erwähnt. Auch die Ernährung ist ein wichtiger Baustein der Kneipp-Therapie und entsprechend wird der Gast hier nach den Empfehlungen von Sebastian Kneipp verköstigt.
Leicht, bekömmlich und hochwertig ist die Küche und auch individuelle Wünsche oder Diäten können jederzeit berücksichtigt werden.

Kurhotel Eichinger
Hartenthaler Str. 22-24
D-86825 Bad Wörishofen
Tel. +49 (0)8247-3903-0
Fax +49 (0)8247-3903-88
info@kurhotel-eichinger.de
www. kurhotel-eichinger.de

Einatmen – Ausatmen – Durchatmen

Kneipp-Kurhaus St. Josef

Das Kneippkurhaus St. Josef in Bad Wörishofen, der Heimat Sebastian Kneipps, liegt am Tor des wunderschönen Allgäus inmitten einer hoteleigenen Parklandschaft mit Kneipp'schen 5 Elemente Garten und nahe dem Kurpark von Bad Wörishofen. Ein besonderer Ort für den Urlaub.

Loslassen – Ausatmen – Entspannen, dem Körper und dem Geist einfach mal Zeit gönnen. Hier erfährt der Gast die ganzheitliche Kneippkur in Tradition und Moderne vereint.

Hier erlebt man alle 5 Elemente der Kneipp'schen Gesundheitslehre, dem einzig ganzheitlichen Naturheilverfahren. Naturheilkundliche Medizin im Wasser, gesunde Ernährung, hilfreiche Kräuterlehre, innere Ruhe und bewegende Lebensfreude.

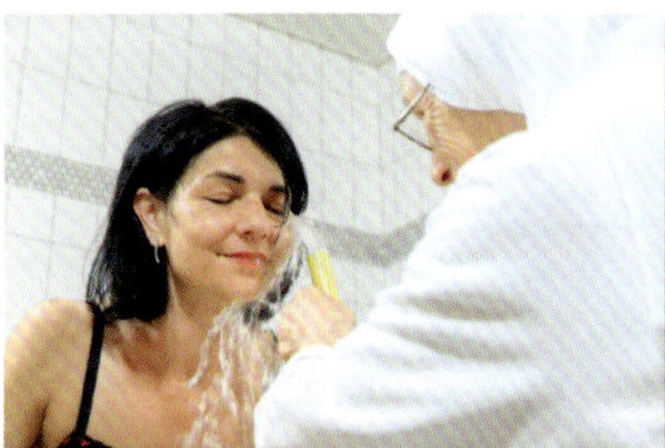

Das Kneippkurhaus St. Josef bietet neben der Bade- und Therapieabteilung des Weiteren ein Schwimmbad, Saunalandschaft, Fitness und ein Naturelle Kosmetikstudio. So erlebt man Wohlfühlen und Gesundung am eigenen Körper.

Bei den Mallersdorfer Schwestern kann der Gast eine ganz wertvolle Atmosphäre genießen: gelebte Spiritualität, Balance zwischen Körper, Geist und Seele. Jeder kann das christliche, umfangreiche, unaufdringliche Angebot im Haus nutzen, die täglichen Gottesdienste in der Hauskapelle, Meditationen mit Licht, Tanzen und Gesänge, sowie einfühlsame Gespräche. St. Josef bietet viele Möglich-

keiten die Hektik des Alltags hinter sich zu lassen, innehalten, zur Ruhe kommen und neue Kraft zu tanken. Einatmen!
Der Gast steht im Kneippkurhaus St. Josef an erster Stelle. Das Haus öffnet seine Türen und heißt den Gast zu einem ganz individuellen Urlaub, zu einem einzigartigen Kurerlebnis, zu einer Reise zu sich und dem Körper herzlich will kommen – durchatmen!

Kneipp-Kurhaus St. Josef
Adolf-Scholz-Allee 3
D-86825 Bad Wörishofen
Tel. +49 (0)82 47-3 08-0
Fax +49 (0)82 47-3 08-150
www.kneippkurhaus-st-josef.de
info@kneippkurhaus-st-josef.de

Entspannung pur für die ganze Familie

Wellness-Ferienhof Lang

Ländliche Atmosphäre, aktives Bauernhofleben und erholsame Pausen an ruhigen Plätzen: Der 5*-Wellnesshof Lang empfängt am Ortsrand von Bad Wörishofen zum Genießer-Urlaub.

Die Ferienwohnungen sind hochwertig und urgemütlich eingerichtet. Liebevoll dekoriert von Gastgeberin Michaela Lang, sind die Wohnungen der jeweiligen Jahreszeit angepasst und sorgt so für eine herzliche Wohlfühlatmosphäre.

Das Herz von kleinen und großen Tierfreunden schlägt beim Wellnesshof Lang ganz sicher höher. Hasen, Ziegen, Schafe und der heimliche König des Hofes, ein mutiger Hahn können gehegt, gepflegt und während der Stallzeiten gefüttert werden.

Auf Ponys und Pferden geht es raus in die freie Natur. Milchkühe gibt es auf dem Hof nicht, dafür aber schottische Hochlandrinder!

Wer im Frühjahr/Frühsommer auf dem Hof Urlaub macht, kann die kleinen wuscheligen Kälbchen der Hochlandrinder miterleben.

Der Wellnesshof Lang ist auch ein Kneipp Gesundheitshof. Die Gastgeber bringen ihren Besuchern die Kneippanwendungen nahe: kühle Kniegüsse, anregendes Wassertreten im Bach und Führungen durch den Aroma- und Duftgarten entspannen und regen alle Sinne an. Dazu gibt es im wunderschönen Wellnessbereich auch noch eine Kneippinsel für Arm- und Fußbäder, sowie eine Finnische Sauna, Dampf-

bad und sogar eine Heudampfsauna mit echtem Alpenheu.
In der Nachsaison bietet Michaela Lang gemeinsam mit einer Heilpraktikerin die Seminarwoche „Auszeit“ an. Vermieter, die ebenfalls sowohl Hof- als auch und Gäste betreuen und für einen schönen Urlaub sorgen, können nach einer anstrengenden Saison auf dem Wellnesshof Lang für eine Woche entspannen und auf die eigenen Bedürfnisse achten. Weg vom Handy lernen die Seminarteilnehmer in Meditationen und Traumreisen kurze effektive Möglichkeiten zur Entspannung kennen. Ankommen, Dasein und zur Ruhe kommen.

Wellness-Ferienhof Lang
Kirchdorfer Straße 7a
D-86825 Bad Wörishofen
Tel. +49 (0)8247-997300
info@wellnessferienhof-lang.de
www.wellnessferienhof-lang.de

Das Südseeparadies mitten im Allgäu

THERME Bad Wörishofen

In der THERME Bad Wörishofen erwartet Erholungsuchende ab 16 Jahren ein wahres Wohlfühl-Paradies: Echte Palmen in exotischem Südseeambiente, angenehm warme Luft- und Wassertemperaturen sowie einmalige Beauty- und Wellnessprogramme garantieren herrliche Urlaubsstunden. Absolute Ruhe und Erholung verspricht das Mindestalter von 16 Jahren. Familien erobern immer samstags von 9 bis 18 Uhr die THERME.

Einmalige Vitalangebote

Neben wunderbarer Urlaubsatmosphäre kommt in der THERME Bad Wörishofen auch die Gesundheit nicht zu kurz. Das Thermalheilwasser ist staatlich anerkannt und mit seinem hohen Gehalt an Mineralien ausgesprochen wertvoll.

Besonders wohltuend ist ein Bad in den einzigartigen Vitalbecken der golden leuchtenden Onyx-Grotte sowie im Calcium-Lithiumbad des Blütenkelchs. Ein Highlight erwartet die Besucher des Thermenparadieses mit dem weltweit einzigartigen Vital-Parcours. Das entschlackende Zink-Basenbad, die aufbauende Vitaminquelle sowie das pflegende Mineralienbad unterstützen dabei, den Körper vom täglichen Stress zu befreien und zu regenerieren.

Einzigartige Wohlfühlangebote

Für ein positives Körpergefühl lädt das Aktiv-Team mehrmals täglich zur beliebten Wassergymnastik ein. Das sanfte Training schont Rücken und Gelenke und bringt den Kreislauf in Schwung. Wer seiner Haut zusätz-

lich etwas Gutes tun möchte, gönnt sich mit Verwöhnangeboten wie der Beautymaske und dem Salzpeeling eine Extra-Pflege. Im Anschluss genießen die Gäste im Salz-Stadl das angenehme Farbenspiel natürlicher Salzsteine aus echtem Himalaya Salz sowie dem Salz des Toten Meeres und profitieren dabei vom einmaligen Klima.

Vitalbad & Saunen

Im Vitalbad und den Saunen spüren die Gäste die positiven Eigenschaften des Saunierens in traumhaftem Ambiente. Mehr als 15 thematisierte Saunaattraktionen sowie zahlreiche Aufguss- und Beauty-Extras sorgen für unvergleichliche Wohlfühlmomente. In der Meditationssauna mit japanischem Ambiente und einem Aquarium voll farbenprächtiger Kois die Seele baumeln oder sich in der im maurischen Stil gestalteten Alhambra von aromatischen Duftkompositionen verzaubern lassen – im Vitalbad und den Saunen genießen Saunaliebhaber Momente puren Wohlbefindens. Für eine erfrischende Abkühlung nach dem gesunden Schwitzen sorgen die tosenden Wasserfälle der Felsenduschen. Perfekt wird der Aufenthalt bei einem fruchtigen Cocktail an der Poolbar.

THERME Bad Wörishofen
Thermenallee 1
D-86825 Bad Wörishofen
Tel. +49 (0)8247 399 327
Fax +49 (0)8247 399 399
info@therme-badwoerishofen.de
www.therme-badwoerishofen.de

Fliegerfrühstück neben dem Rollfeld

Aero-Café Bad Wörishofen

Einen originellen Cafebesuch verspricht das Aero-Cafe direkt am kleinen Bad Wörishofener Privatflugplatz.
Man kann von der schönen Sonnenterrasse aus das rege Treiben auf dem Platz beobachten und dabei allerlei interessante Fluggeräte entdecken. Wenn den ein oder anderen dann die Sehnsucht packt, kann er gleich einen Flug in einer der Maschinen buchen. Nebenher darf man sich den hervorragenden selbst gebackenen Kuchen, ein erfrischendes Eis oder eines der leckeren Schmankerl schmecken lassen. Samstag und Sonntag gibt es das legendäre Fliegerfrühstück, das man auf jeden Fall einmal einplanen sollte. Gerne werden auch private Feiern ausgerichtet mit Platz für ca. 30 Personen.

Aero-Café
Familie Bahle-Schmid

Bahleweg 12
D-86825 Bad Wörishofen
Tel. +49 (0)82 47-52 20
Fax +49(0)82 47-99 87 21
flugplatz.bw@t-online.de
www.flugplatz-badwoerishofen.de

Biologische Heil- und Pflegemittel

HYMA-LAYA Naturprodukte

Hervorgegangen ist die Firma HYMA-LAYA bereits im Jahr 1914 aus der Stadt-Apotheke, zunächst als Versandabteilung für die eigene Heil- und Pflegemittellinie. Seit über 100 Jahren vertreibt das inzwischen eigenständige Unternehmen eine ganze Palette an wertvollen Naturprodukten mit sich stetig weiterentwickelndem Sortiment. Seien es echte Gärungsessige, Kräutertropfen, Nahrungsergänzungen, Produkte für die gesunde Küche oder Naturkosmetik und viele weitere Artikel. Das Credo der Firma liegt hauptsächlich bei Rezepturen nach Pfarrer Kneipp. Dazu gibt es in verschiedene Broschüren zusammengefasst, ein breit gefächertes Wissen über Heilkräuter und –pflanzen und weitere gesundheitsrelevante Themen.

Regelmäßig stattfindende Kräuterkurse (u.a. im Sebastianeum Bad Wörishofen) und Workshops runden das Angebot ab.

Seit 2012 können die hauptsächlich von Hand hergestellten Kostbarkeiten der Firma HYMA-LAYA in gewohnt hervorragender Qualität auch im hauseigenen Ladengeschäft „Naturwinkel" in Bad Wörishofen erworbenwerden, nahe des ehemaligen Kneippianums, gegenüber dem Kurpark.

HYMA-LAYA Naturprodukte
Biologische Heil- und Pflegemittel
(Büro und Versand)
Kaiser-Max-Str. 13
D-87600 Kaufbeuren
Tel. +49 (0)83 41-99 97 10
info@hyma-laya.de
www.hyma-laya.de

Naturwinkel (Ladengeschäft)
Dorschhauser Weg 2
D-86825 Bad Wörishofen
Tel. +49 (0)82 47-9 97 97 60
d.jungbluth@hyma-laya.de
www.hyma-laya.de/naturwinkel

Allgäu für die Sinne

Ottobeuren und der Geburtsort von Kneipp

Ottobeuren ist ein Juwel an der oberschwäbischen Barockstraße. Geprägt ist die Geschichte des Ortes von der im Jahr 764 gegründeten Benediktinerabtei. Das prachtvolle Barockensemble aus Abtei und Basilika zählt zu den größten barocken Klosteranlagen der Welt. Das Museum der Abtei kann täglich besichtigt werden. Mit 16 Altären, 1.200 Engeln und rund 11.000 Orgelpfeifen an den drei Orgeln gehört die Ottobeurer Basilika zu den größten und schönsten Barockkirchen. Im eindrucksvollen Kirchenraum der Basilika finden wunderbare klassische Konzerte statt. Noch eine weitere Besonderheit verhilft dem Ort zu weltweiter Bekanntheit: In Stephansried, einem zu Ottobeuren gehörenden Weiler wurde im Jahr 1821 Sebastian Kneipp geboren. Seine Schulzeit verbrachte er in Ottobeuren und auch seine Primiz, seine erste Messe als Pfarrer, hielt er in der altehrwürdigen Basilika Ottobeuren. Der Wasserdoktor und seine zum Weltkulturerbe zählende 5-Säulen-Heilkunde prägten und prägen die Marktgemeinde nachhaltig.

Kneipp wo man steht und geht – der Kneipp-Aktivpark

Kneippen ist viel mehr als Wassertreten, das ist mittlerweile gemeinhin bekannt. Der Kneipp-Aktivpark in Ottobeuren inszeniert gekonnt die gesamte Vielfalt der Kneipp-Heilkunde. Das Gesundheitskonzept kommt den Bedürfnissen des modernen Menschen entgegen, sich wieder mehr auf sich selbst zu besinnen und bewusster zu leben. Der Aktiv-Park eignet sich hierfür besonders gut durch seine unmittelbare Nähe zur Basilika, seinen beiden Pilgerwegen die, gesäumt von Motiven des Rosenkranzes, an einer Lourdes-Grotte und dem Kalvarienberg enden. Verschiedene informative Stationen führen in die Kneipp´sche Lehre ein und bieten auch gleich Möglichkeiten, die Wirkungen wohltuend am eigenen Körper zu erfahren.

Ottobeuren erleben

In und um Ottobeuren gibt es noch eine Vielzahl entdeckenswerter Besonderheiten wie zum Beispiel den zu allen Jahreszeiten wunderschönen Wanderweg zu Kneipp´s Geburtsort Stephansried, viele weitere einladende Wanderwege, oftmals gesäumt mit Kneippbecken oder den Kräutergarten am Pfarrheim.

Auch in Sachen Kunst und Kultur ist für jeden Geschmack etwas geboten. Die ideen- und facettenreichen Urlaubskomplettangebote in Ottobeuren bieten daher reichlich Gelegenheit, sich selbst und seine Lieben mal wieder so richtig zu verwöhnen und etwas Gutes für Körper, Geist und Seele zu tun.

Touristikamt Kur & Kultur
Marktplatz 14
D-87724 Ottobeuren
Tel. +49 (0)8332 92 19 50
Fax +49 (0)8332 92 19 82
touristikamt@ottobeuren.de
www.ottobeuren.de

(Bilder Christian Prager)

Balance mit Weitblick

Kneippheilbad Bad Grönenbach

Ein besonderer Ort ist Bad Grönenbach, mit einer „guten Stube“ wie aus dem Bilderbuch und dem wunderschönen Hohen Schloss als Wächter. Traditionell und zugleich modern und aufgeschlossen, ein Kleinod mit vielen Gesichtern. Als anerkannter Kneippkurort hat Bad Grönenbach natürlich ein breites Spektrum zu bieten in Sachen Gesundheit und Therapie. Einige Kliniken und ein Kneipp-Sanatorium bieten Hilfesuchenden Unterstützung und auch wer den gesunden Lebensstil von Pfarrer Kneipp in seinen Alltag integrieren möchte, findet hier viele Anregungen. Der schöne, neu gestaltete Kurpark bietet Platz für Spaziergänge, besinnliche Ruhe und mit den Arm- und Tretbecken optimale Voraussetzungen für Kneipp-Anwendungen in Eigenregie.

Natur und Bewegung…

…werden ebenfalls ganz im Sinne des großen Heilkundlers groß geschrieben und so findensich sommers wie winters viele Möglichkeiten, die großartige Allgäuer Natur zu genießen und seinem Körper etwas Gutes zu tun. Ob Wandern, Angeln, Kanufahren oder im kleinen, schnuckeligen Freibad die Sonne, das weiche Wasser des Natursees und den Blick zum Hohen Schloss genießen, hier findet jeder die passende Freizeitbeschäftigung. Eine besondere Attraktion ist der „Schloss-Aktiv-Park“. Hier wurde auf 5.000 qm ein Fitness-Studio im Freien installiert. Mit 17 ausführlich beschriebenen Fitness-Stationen, genügend Platz und direkter Anbindung an den „Nordic.Fitness.Park“ ist hier Spaß an der Bewegung garantiert. Im Winter locken bestens gespurte Loipen, ein Rodelberg für die Kleinen und eine Eisstockbahn zum fröhlichen Schneegenuss. Zu jeder Jahreszeit bietet ein Besuch am „Kornhofer Bänkle“, einer kleinen, über gepflegte Wanderwege gut erreichbaren Anhöhe, ein Alpenpanorama der Extraklasse. Wer der Allgäuer Berg-, Wander- und

Skiwelt noch näher sein möchte, erreicht sie durch den hervorragenden infrastrukturellen Ausbau schnell und bequem.

Gastronomie, Kunst und Kultur

Für einen gelungenen Urlaub gibt es in Bad Grönenbach ein wunderbares Angebot an erstklassigen Hotels, netten Pensionen und schönen Ferienwohnungen. Für Tagesgäste ist mit einem breiten gastronomischen Spektrum vom Restaurant mit hervorragender Küche bis zur urigen Wirtschaft bestens gesorgt. Und auch die Seele und der Sinn für Kunst und Kultur kommen nicht zu kurz im schönen Bad Grönenbach. Das Hohe Schloss wird rege genutzt für Ausstellungen, Konzerte und sogar wunderbare standesamtliche Trauungen. Regelmäßige Führungen bringen Geschichte und Details näher. Der zum Kreislehrgarten ausgebaute frühere Klostergarten ist ein Schmuckstück und bietet auf 4.000 qm bepflanzter Fläche alles, was der Gartenfreund sich vorstellen kann, darunter einige echte Exoten. Ob musikalische Veranstaltungen, Kabarettabende oder traditionsreiche Feste aus dem Vereinsleben, in Bad Grönenbach ist immer etwas geboten. Die Benefizveranstaltungsreihe „SchlossKultur" und die „Grönenbacher Sommerfrische" sind dabei besondere Höhepunkte.

Kur- und Gästeinformation

Marktplatz 5
D-87730 Bad Grönenbach
Tel. +49 (0)83 34-6 05-31
Fax +49 (0)83 34-6 05-42
gaesteinfo@bad-groenenbach.de
www.bad-groenenbach.de

AOK

Die Gesundheitskasse

Viele Menschen vertrauen der AOK. Sie schätzen den Schutz einer großen Versichertengemeinschaft und die Kompetenz der Gesundheitskasse.
Sie profitieren von vielfältigen Gesundheitsangeboten und innovativen Projekten. Darüber hinaus nutzen ihre Versicherten eine Fülle von Zusatzleistungen und Servicevorteilen. Seit über 125 Jahren steht die AOK als größte Krankenversicherung in Deutschland für größtmögliche Sicherheit und umfassende medizinische Versorgung im Krankheitsfall. Die AOK betreut knapp 25 Millionen Menschen – fast ein Drittel der Bevölkerung in Deutschland. Rund 53.000 Mitarbeiterinnen und Mitarbeiter garantieren in ca. 1.150 Geschäftsstellen einen leistungsstarken Service. In Bayern sorgen rund 10.000 Mitarbeiterinnen und Mitarbeiter in 250 Geschäftsstellen für das Wohl von über 4,6 Millionen Versicherten.

Damit betreut die AOK Bayern mehr als 40 Prozent der in Bayern lebenden Menschen. Im Oberallgäu ist die AOK an vier Standorten präsent: In Kempten, Immenstadt, Sonthofen und Oberstdorf. Mit über 90.000 Versicherten ist sie Marktführer und mit einem Umsatz von rund 300 Millionen Euro ein bedeutender Wirtschaftsfaktor in der Region.
Und: Die AOK ist mehr als eine Krankenversicherung. Sie hat ein umfassendes Gesundheitsmanagement etabliert. Das heißt: Ein konsequent umgesetztes Qualitätsmanagement geht einher mit einer erhöhten Wirtschaftlichkeit der Versorgung. Das bedeutet für die Versicherten: optimale Versorgung zu günstigen Beiträgen. Von Versicherten und Arbeitgebern gewählte Vertreter nehmen in den Selbstverwaltungen die Interessen der Mitglieder und deren Arbeitgeber wahr. Diese Selbstverwaltung garantiert eine Versicherten- und Betriebsnahe Gestaltung der Krankenversicherung.

Schnell – Zuverlässig – Kompetent – Ortsnah

Dies sind die Schlagworte, die sich die AOK – Die Gesundheitskasse auf ihre Fahnen geschrieben hat. Der Service am Kunden hat bei ihr oberste Priorität.
Umgehend und unbürokratisch beantworten Fachleute Fragen zu Gesundheit und Krankenversicherung. Hohe Ansprüche an ihre Beratungsleistungen sind für die AOK selbstverständlich.
Ein besonderes Plus der AOK sind ihre Experten zu den Bereichen Ernährung, Entspannung und Bewegung. Verbunden mit der Ortsnähe – allein im Oberallgäu ist die AOK in 4 Orten für ihre Kunden da – ergeben sich regionale Strukturen von der beide Seiten profitieren! Und im Gegensatz zu anderen Krankenkassen bleibt die AOK auch in Zukunft flächendeckend präsent.
Ein besonderes Plus der AOK ist auch ihr umfangreiches Angebot zur Prävention. Kurse zur Bewegung, Ernährung und Entspannung werden ganzjährig angeboten und sind im umfangreichen AOK-Gesundheitsprogramm zu finden. Dabei werden auch regionale Spezialitäten berücksichtigt, zum Beispiel im Kochseminar „Griaß di' Allgäu – Mein Lieblingsgericht".

AOK Bayern – Die Gesundheitskasse

Direktion Kempten-Oberallgäu
Beethovenstr. 8, 87435 Kempten
www.aok.de

Aromatherapie & Naturkosmetik

Primavera Life GmbH

Viele Naturfans kennen den Weg bereits: Von der A7, Ausfahrt 137 Oy-Mittelberg gelangt man mit dem Auto in kürzester Zeit zu PRIMAVERA, der wohl bekanntesten Marke für naturreine Wellness-Produkte aus Aromatherapie und Bio- & Naturkosmetik.

Der PRIMAVERA Duft- & Naturkosmetikshop liegt inmitten eines weitläufigen Rosen- & Heilkräutergartens und macht seiner Anschrift „Naturparadies" alle Ehre. Bereits das Betreten des von Licht durchfluteten Gebäudes der PRIMAVERA LIFE GmbH ist ein olfaktorisches Erlebnis. Naturduft liegt in der Luft und macht Laune, sich von den naturreinen Wohlfühlprodukten im weitläufigen Duft- & Naturkosmetikshop begeistern zu lassen.

Ätherische Öle, Pflanzenwässer und Pflegeöle sind die Aromatherapie-Klassiker und erfreuen sich großer Beliebtheit. Sie entfalten ihre 100 % naturreinen Pflanzenkräfte und pflegen ganzheitlich, also den Körper, Geist und unsere Emotionen. Neben den ätherischen Einzelölen mit dem typischen grünen Etikett gibt es eine große Auswahl von PRIMAVERA Duftmischungen und Bio Airsprays. Reinste Pflegeöle wie z. B. Mandel-, Aprikosenkern- oder Calendulaöl (alles in Bio-Qualität) sind ebenfalls zu finden. Ein paar wenige Tropfen ätherisches Öl dazu und schon hat man sein persönliches Körperöl gemischt. So können wir gezielt unserer Gesundheit und unserem Wohlbefinden Gutes tun. Wer mehr zum Thema „Selbermachen" wissen möchte, kann jeden Dienstagnachmittag (um 16 und 17 Uhr) zusehen, wie einfach es ist, sein eigenes Lieblingsprodukt herzustellen. Das Shop-Team zeigt den Besuchern, wie es geht. Unter dem Motto „Mehr Zeit für mich" werden jeweils am ersten Mittwoch im Monat* (um 10 und 11 Uhr) wohltuende Düfte und hautverwöhnende Produkte für Körper, Geist & Seele vorgestellt. Beide Veranstaltungen sind kostenlos, keine Anmeldung erforderlich. Darüber hinaus gibt es eine Vielzahl weiterer Angebote, vieles ohne Kosten, manches für einen kleinen Unkostenbeitrag beim PRIMAVERA Shop-Team zu buchen. Das zertifizierte Bio- & Naturkosmetik-Sortiment umfasst verschiedene Pflegelinien für die Gesichts- und Körperhaut. So findet sich für die unterschiedlichen Bedürfnisse gewiss das Richtige. Im Duft- & Naturkosmetikshop kann man sich von der Reinheit der Produkte überzeugen, vieles schnuppern und testen. Das PRIMAVERA Shop-Team berät kompetent und freundlich. Ein buntes Potpourri von Veranstaltungen übers Jahr (Workshops, Vorträge, Konzerte, Firmen- & Gartenführungen) machen den Besuch beim Allgäuer Bio-Pionier zum lohnenden Erlebnis. Hier wird Nachhaltigkeit sicht- und erlebbar. So finden regelmäßig Haus- und Gartenführungen statt, die von den Gästen mit großem Interesse wahrgenommen werden.

PRIMAVERA bezieht seine Rohstoffe vorwiegend aus biologischem Anbau. Die langjährigen Verbindungen zu derzeit 13 Bio-Anbaupartnern weltweit kennzeichnen die hohen Ansprüche an die Qualität der Pflanzenwirkstoffe. Darüber hinaus gilt PRIMAVERA als Beispiel für nachhaltiges Handeln.

Denn mit den Bio-Anbaupartnerschaften wird den Menschen in den jeweiligen Ländern die Möglichkeit gegeben, durch die Herstellung und den Export der hochwertigen Rohstoffe ein selbstbestimmtes Leben zu führen. Die ätherischen Öle von PRIMAVERA werden direkt naturbelassen aus der Ursprungspflanze gewonnen, also am besten von dort, wo die Pflanze am besten gedeiht. Für PRIMAVERA LIFE sind seit mehr als 30 Jahren die Liebe und der Respekt für Mensch und Natur die Basis des unternehmerischen Handelns. Was man der Natur nimmt, soll man auch wieder zurückgegeben, so die Vision der Unternehmensgründer Ute Leube und Kurt L. Nübling. Denn nur so bleibt die Natur im Gleichgewicht, zum Nutzen und zur Freude nachfolgender Generationen.

Dies verdeutlicht auch der Claim von PRIMAVERA „Die Liebeserklärung an Mensch & Natur".

Öffnungszeiten:

Mo. bis Fr. 9-18 Uhr, Sa. 10 bis 18 Uhr, (außer an bayerischen Feiertagen)
Firmenführungen: jeden Freitag um 16 und Samstag um 13 Uhr,
Gartenführung: jeden Fr. um 14 und Sa. um 11 Uhr (von Juni – Sept.)

PRIMAVERA
Duft- & Naturkosmetikshop

Naturparadies 1
D-87466 Oy-Mittelberg
Tel. +49 (0)83 66-8 98 88 80
erlebnis@primaveralife.com
www.primaveralife.com

Salben. Öle. Schwedenkräuter

Die Allgäuer Elefanten Manufaktur®

Von Bohns MAU-Schlaf über die fast schon weltberühmte Angustura Salbe bis hin zum Schwedenbitter: Alexander Bohn ist Apotheker aus Leidenschaft und hat aus seiner Apotheke die Allgäuer Elefanten Manufaktur® gemacht. Ob Natürliches gegen Erkältung oder kräftig-duftende Produkte aus Zirbenöl: neben der Wirksamkeit zeichnen seine Produkte die Liebe zum Detail aus.

Ein Elefant prangt auf den Etiketten der Tiegel, Flaschen und nostalgischen Tuben. Sie alle stellt Alexander Bohn in seiner Apotheke selbst her. Vor 175 Jahren wurde die Elefanten Apotheke in Memmingen gegründet. „In dieser Zeit

sind unzählige Rezepturen aus der Natur entstanden, die es wert sind, nicht in Vergessenheit zu geraten", erzählt der 54-jährige und lässt so den pharmazeutischen Geist der alten Zeit weiterleben.

Endlich wieder durchschlafen mit Bohns MAU-Schlaf

Nicht nur in Memmingen greift man bei stressbedingten Leiden wie Unruhe oder Schlaflosigkeiten gerne zu den pharmazeutischen Ölen aus der Elefanten Manufaktur®. Bohns MAU Schlaf ist ein Gemisch aus ätherischen Ölen die sorgfältig aufeinander abgestimmt sind und das Ein- und Durch-

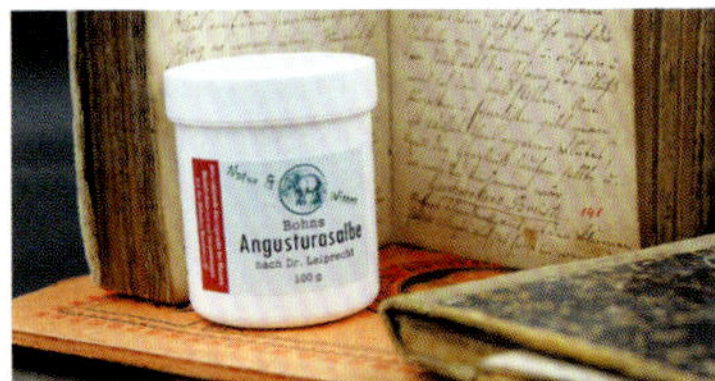

schlafen erleichtern. (Der Mau ist in Memmingen übrigens der Mond und zentrales Thema der Wichtigsten von vielen Memminger Sagen.)

Hundertausendfach bewährt – Die Angustura Salbe unterstützend bei Rheuma und Arthrose

Wie klingt das: Frischpflanzen-Extrakt aus Farn, Beinwurz und Angustura. Interessant und spannend? Diese Salben-Rezeptur ist aus dem Jahre 1955 und hat sich unterstützendhunderttausenfach bewährt bei entzündlichen Gelenkerkrankungen, Rheumatismus und Arthrose: die berühmte Angustura Salbe. Neben dem MAU Schlaf und dem Schwedenbitter – original nach Maria Treben – das meistbestellte Produkt aus der Elefanten Manufaktur®.

Elefanten Manufaktur®

Bestellhotline: 0 83 31-21 07
info@elefanten-apotheke-mm.de
www.elefanten-manufactur.de

Problemlösungen aus der Natur

VIA NOVA Naturprodukte GmbH

Der Begriff „Gesundheit" ist bei VIA NOVA hinsichtlich Körper, Seele und Geist weit gefasst. Daher setzt sich die VIA NOVA Naturprodukte GmbH das Ziel auf natürlichem Wege die Energiebereitstellung des Körpers zu verbessern und Probleme im Bewegungsapparat oder in der Haut durch die Kraft der Natur zu lösen. Außerdem soll eine höhere Leistung und größere Ausdauer bei gleichzeitiger Unterstützung der körperlichen Gesundheit ermöglicht werden und der Mensch soll sich nach Stress-Situationen, Überforderungen, Krankheiten oder Höchstleistungen rasch wieder körperlich aufbauen.

Die Produkte von VIA NOVA sind Problemlösungen, die in der Natur gefunden wurden. Schon seit 1990 bietet man gesundheitsbewussten Menschen Naturprodukte an, die allerhöchsten Ansprüchen gerecht werden: Bei der Herstellung versucht man so naturbelassen wie möglich zu verarbeiten. Außerdem lehnt das Unternehmen Tierversuche bei der Erprobung der Produkte und Präparate strikt ab. Darüber hinaus produziert und verpackt man so umweltschonend wie möglich und es stehen immer hochwertigste Naturstoffe, Qualität und Nutzen im Mittelpunkt.

Von der Natur lernen, heißt natürliche Quellen nutzen

VIA NOVA sucht die Balance zwischen Ökologie und Ökonomie und zieht entsprechende Konsequenzen, wenn es ökologische Gesichtspunkte erfordern. Dies ist in erster Linie ein Appell an ein neues schöpferisches Denken, an Ehrlichkeit und Vernunft.
Der neue Firmensitz der Via Nova Naturprodukte GmbH wurde auf dem Bühl in Kempten-Ost fertiggestellt.

Unter neuer Leitung findet man die bewährten Naturprodukte und Nahrungsergänzungsmittel in einem ökologisch gebauten Holzhaus.

VIA NOVA Naturprodukte GmbH

Reinhartser Str. 25
D-87437 Kempten/Allgäu
Tel. +49(0)831-9607 52-0
Fax +49(0)831-9607 52-50
info@via-nova-naturprodukte.de
www.via-nova-naturprodukte.de

Graveur beim Anfertigen einer Prägematritze
(Bild Staatliche Berufsfachschule für Glas und Schmuck, Neugablonz)

Kunst und Handwerk

LandHand Allgäu e.V.

Traditionelle Handwerkskunst erhalten

Blicken wir zurück in die Geschichte des Allgäus, so sehen wir, dass in fast jedem Haus eine kleine Landwirtschaft betrieben wurde. Daneben mussten auch die notwendigsten Lebensbedürfnisse befriedigt werden für Nahrung, Kleidung und Wohnung, was eben verschiedene Handwerker unentbehrlich machte. Das Handwerk war wiederum auf die Selbstversorgung durch die Landwirtschaft angewiesen. Auf relativ kleiner Fläche gab es eine Vielzahl unterschiedlicher Handwerker wie z. B. Färber, Drechsler, Holzschuhmacher, Hutmacher, Küfer, Wagner, Nagel-, Messer-, Sensen-, Waffen-, Wagen-, Huf- und Hammerschmiede, Rechenmacher, Rot- und Weißgerber, Sattler, Schlosser, Schneider, Schreiner, Schuster, Schlosser, Zimmerer, Zainschmiede, Teppichweber, Strumpfstricker, Uhrmacher, Seiler, usw. Die Rohstoffe, Holz aus den umgebenden Wäldern, Eisen aus Vorkommen am Grünten und im Ostrachtal, Wolle oder Leinen aus der Landwirtschaft, erforderten in der Regel keine langen Transportwege.

Der technische Fortschritt hat viele dieser Handwerke verändert oder sogar überflüssig gemacht.

Dennoch hat sich in unserer Gegend eine Arbeitswelt erhalten, die von traditionellen Werten wie Beständigkeit, Leben in und mit der Natur und Respekt vor dem Wissen und Können unserer Vorfahren getragen wird. In ihr stellen Menschen mit alten Werk-

zeugen unter Ausübung traditioneller Techniken und mit dem Geschick ihrer Hände einzigartige zeitlose und schöne Gegenstände von höchster Qualität her.

Im Allgäu, wie auch in den Gebirgstälern der benachbarten Alpenländer hat sich erfreulicherweise noch eine erstaunliche Vielfalt an alten Handwerken erhalten.

Der Verein LandHand allgäu e.V. hat es sich zur Aufgabe gemacht, traditionelle Handwerkskunst zu erhalten und das Wissen darum zu bewahren.

Er will das alte Handwerk jedoch nicht konservieren, sondern innovativ weiter entwickeln. Dabei hilft auch der stetige Austausch unter den Handwerkern und der Gang an die Öffentlichkeit.

Bei all seinen Aktivitäten ist es dem Verein LandHand e.V. ein Anliegen, die Menschen mitzunehmen, sie dazu zu ermutigen, wieder selbst tätig zu werden. Die Menschen der heutigen Zeit müssen wieder lernen, zur Ruhe zu kommen und zu sich selbst zu finden. Was eignet sich da besser, als die selbsttätige Auseinandersetzung mit dem Material gepaart mit Geduld und Ausdauer, in gemütlicher Runde, wo schöne Gegenstände entstehen die das Gefühl der inneren Zufriedenheit geben?

www.landhand.de

Aufleben fast vergessener Tradition

Allgäu PeKor

Traditionelles Handwerk lässt das Herz von Petra Kortmann höher schlagen. Insbesondere der fast vergessene Blaudruck spielt seit mehr als 250 Jahren eine wichtige Rolle in der Familie. Dabei handelt es sich um ein Druckverfahren, das mit Hilfe von Modeln in mühevoller Handarbeit durchgeführt wird. Das Ergebnis sind kunstvoll bedruckte und eingefärbte Stoffe für Kleidung, Tischwäsche und kleine Accessoires. Im Laufe der Zeit wurde diese Technik immer mehr durch industrielle Verfahren ersetzt. Heute gibt es in Europa nur noch 13 Blaudruckerwerkstätten und der Blaudruck wurde mittlerweile zum Unesco-Weltkulturerbe ernannt. Petra Kortmann hat das Erbe ihres Großvaters wieder zum Leben erweckt und restauriert in liebevoller Handarbeit die alten Model, um sie wieder verwenden zu können. Nach und nach ist es ihr gelungen, eine Auswahl verschiedener Muster wiederherzustellen. Petra Kortmann druckt nach alter Tradition im Direktdruck und seit kurzem auch im Blaudruck. Sie benutzt die originalen Model mit den traditionellen Mustern und bedruckt Stoffe mit Einzelmotiven oder Schmuckbordüren. Dadurch entstehen absolute Unikate. Selbstverständlich achtet sie bei der Auswahl der Farben auf umweltfreundliche Produkte.

Wer seine Stoffe zu traumhaften Hinguckern machen möchte, findet bei Petra Kortmann eine große Auswahl

unterschiedlichster Muster. Der Musterkatalog wird kontinuierlich ergänzt, da immer noch zahlreiche Model darauf warten, wiederentdeckt zu werden. Auf der Suche nach einem außergewöhnlichen Geschenk ist Allgäu PeKor eine ganz besondere Anlaufstelle.

Hier werden individuelle Ideen mit traditionellen Fertigkeiten umgesetzt. Dadurch entstehen exklusive Produkte, die zu jeder Gelegenheit ein echter Blickfang sind. Ob Kleidung, Tischwäsche oder Accessoires – bei Allgäu PeKor wird jedes Stück mit viel Liebe zum Detail und großem handwerklichen Geschick wunderbar verschönert.

Allgäu PeKor

Petra Kortmann
Schellenbergstr. 6
D-87477 Sulzberg

Tel. +49 (0)83 76-92 15 65
petra-kortmann@allgaeu-pekor.de
www.allgaeu-pekor.de

Mitglied im Landhand Allgäu e.V. siehe Seite 474

Christina Lindl Monochordia
Der Klang und die Schönheit der Natur

Naturmöbel & Wohndesign - Instrumentenbau - Workshops

1999 hat sich Christina Lindl, gelernte Schreinerin und Pädagogin, erstmals dem Monochord-Bau verschrieben. Es war der Start für die Baukurse, zu Beginn mit traditionellen Klanghölzern.
Das Monochord lädt als reines Klang- und Begleitinstrument auch Menschen ein, die kein Instrument beherrschen oder die sich bislang für unmusikalisch gehalten haben. Nur durch gleichmäßiges Anstreichen mit den Fingerkuppen entsteht ein faszinierender, obertonreicher Klangteppich, der zum Entspannen, Singen und gemeinsamen Musizieren einlädt.

Wohnen und Arbeiten mit Lebenssinn

Inzwischen werden neben Instrumenten, in partnerschaftlicher Zusammenarbeit mit einer Schreinerei, auch Möbel aus über 40 Holzarten gefertigt: neben heimischen Berghölzern stehen nun auch eine Bandbreite von Edelhölzern aus Südtirol und Sardinien zur Verfügung. Für Christina Lindl ist der ästhetische Umgang mit dem Holz

beim Bauen ein Genuss, die Ausrichtung dabei kunsthandwerklich und individuell. Einzigartig ist, wie sie bei ihren Holz- und Design Produkten die innenwohnende Schönheit des Holzes herausarbeitet. Nachdem die verschiedenen Holzarten auf das Wesen des Menschen unterschiedliche Wirkungen zeigen, können die Kunden unter den zu ihnen passenden Hölzern wählen und gerne den Produktionsprozess jederzeit mitgestalten.

Auch beim Instrumentenbau werden die Holzarten so auf den zukünftigen Spieler abgestimmt, dass sie das Instrumentalspiel und die Wirkungsweise optimal unterstützen.

In ihrem Geschäft bietet sie die Varianten Körpermonochord, Tampura, Kotamo, Alpen-Harfenzither und sogar Klangliegen und -stühle an. Diese lassen sich als fertige Instrumente ebenso kaufen wie als vorgefertigte Bausätze. Ein Schwerpunkt sind die Workshops in ihrer Werkstatt, in denen der Selbstbau von Instrumenten und Möbeln unter Anleitung gelingt.

Zu guter Letzt findet man bei Monochordia Klangworkshops und Coaching

in Bezug auf Achtsamkeit wobei die Workshopleiterin auch gerne zu den Kunden vor Ort kommt.

Christina Lindl
Monochordia

Augsburger Str. 6
D-87672 Roßhaupten
Tel. +49 (0)174-9 52 50 11
info@monochordia.de
www.monochordia.de

Mitglied im Landhand Allgäu e.V. siehe Seite 474

Das ist zum Kugeln

Steinkugelschleiferei Heinz Schubert

Die Mühle im Pfrontener Ortsteil Kappel ist die erste wassergetriebene Steinkugelmühle im Allgäu und erfreut sich großer Beliebtheit und ist

eine Bereicherung für den Tourismus. Seit 2001 stellt Heinz Schubert aus rohen Steinbrocken hochglanzpolierte Kugeln her. Der Steinkugelschleifer wird vor allem in der Region fündig, wenn er sein Rohmaterial sucht, da das südliche Allgäu und Tirol auf engstem Raum 85 Gesteinsarten zu bieten hat.

Nachdem den Pfrontener Mächler, wie sich die Tüftler des Ortes nennen, zahlreiche Steinsuchreisen in viele Länder Europas sowie nach Namibia geführt haben, finden sich in seinem Ausstellungsraum mehr als zweihundert Steinkugeln, die die ganze Schönheit der verschiedenen Gesteine zum Ausdruck bringen.

Ergänzend zu seiner Kugelfertigung bietet die Steinkugelschleiferei auch Leuchtsteine, Wasserbrunnen, Steinfische, Tischbrunnen mit wasserlaufenden Kugeln sowie Kugeln mit einem beleuchteten Glasäquator an.

Steinkugelschleiferei
Heinz Schubert

Kreuzleweg 15
D-87459 Pfronten-Kappel
Tel. +49 (0)83 63-17 50
schubert_heinz@gmx.de
www.landhand.de/heinz-schubert
Youtube: Heinz Schubert Pfronten Steinkugeln

Mitglied im Landhand Allgäu e.V. siehe Seite 474

Traditionell und modern

Allgäuer Rosenatelier

Traditionelle Klosterarbeiten werden hier mit viel Liebe nach eigenen Ideen, z.B. Fatschenkindlein, Jesukindlein in Spanschachteln, Muttergottes im Glassturz oder die beliebten Haussegen (Spanschachtel/mit Kreuz, Brot, Salz, Geld) und vieles mehr, gefertigt.

Besonders begeistert es Rita Fink, Trachten und Dirndl durch ihre Schmuckstücke aufzuwerten. So fertigt sie mit Boullionrosen aus Draht Halsschmuck, Kropfbänder (Choker), Haarnadeln, Armbänder und alles, was das Frauenherz begeistert.

In der heutigen Zeit, mit einer großen Vielfalt an Farbendraht, kann diese Volkskunst wieder richtig begeistern. Die Unikate aus ihrer Werkstatt setzen zu jedem Dirndl modische Akzente.

Immer mehr Kundinnen tragen ihren Rosenschmuck auch zu "normalem G´wand".

Sogar zum weißen Brautkleid wurde dieser Romantikschmuck bereits gefertigt.

Rita Fink geht individuell auf die Wünsche ihrer Kunden ein. Auf den Marktständen, die sie besucht, sehen die Kunden und jene die es werden wollen, wie farbenfroh und hochwertig Klosterarbeiten sind. (Auf der Homepage sind die aktuellen Ausstellungstermine zu finden.)

Allgäuer Rosenatelier

Fink Rita
Forststraße 15
D-87781 Ungerhausen
Tel. +49 (0)83 93-6 67
info@rosenatelier-fink.de
www.klosterarbeiten-fink.de

Mitglied im Landhand Allgäu e.V. siehe Seite 474

Mit dem Filzvirus infiziert

Filz und Leder Jutta Gsell

Alles begann mit dem Besuch auf einem Markt, bei dem Jutta Gsell zum ersten Mal mit Filzwichteln in Kontakt trat. Sie war sofort fasziniert von dieser filigranen und detailgetreuen Darstellung der Wichtel. Kurzerhand entschloss sie sich an einem Filzkurs teilzunehmen, um ihre eigenen Filzwichtel zu kreieren. Von diesem Moment an war sie mit dem Filzvirus infiziert.

Was mit Wichteln angefangen hat, wird schnell erweitert mit Tieren, Blumen, Kleidung, Taschen, Handpuppen.

Es wird sofort deutlich, wie begeistert Jutta Gsell von der Vielfältigkeit des Filzens ist. Allein beim Filzen bleibt es aber nicht, und Jutta Gsell kombiniert die Filzarbeiten mit ihrer zweiten Leidenschaft, dem Lederpunzieren. Dadurch entstehen z.B. einzigartige Filztaschen mit Lederapplikation.

Ihre Unikate verkauft sie auf einigen Märkten in der Region und auch nach persönlicher Absprache.

Filz und Leder, Jutta Gsell
General Moser Weg 31
D-88316 Isny
filzelfe@gmx.de
Tel. +49 (0)75 62-9 81 46 18
oder 01 74-5 70 57 27
Facebook und Instagram: Filzelfe

Mitglied im Landhand Allgäu e.V. siehe Seite 47

Jedes Webstück erzählt eine Geschichte

Handweberin Pia Ritter

Bereits seit 32.000 Jahren ist das Weben bekannt und ist somit eines der ältesten Handwerke der Menschheit. Die ältesten bekannten textilen Überreste stammen aus dem Kaukasus (Georgien). Das Weben ist auch sicher eines der wichtigsten Erfindungen der Menschheit, denn jeder braucht etwas Warmes zum Anziehen am Körper.

Pia Ritter kreiert auf einem einfachen Handwebrahmen in Stiefenhofen individuelle und handgemachte Einzelstücke. Dabei erzählt jeder Schal,

jedes Kissen, jede Tasche und Decke eine eigene Geschichte. Für ihre Unikate legt die Weberin besonderen Wert auf hochwertige Garne. Dazu gehört auch, dass die verwendeten Materialien wie Seide, Kaschmir, Merino-Wolle und Alpaka, sowie Baumwolle, Leinen, Mohair und Yak nachhaltig produziert werden. Zum Teil färbt sie ihre Garne auch selber.

Von Herbst bis Frühjahr verkauft Pia Ritter ihre handgemachten Einzelstücke auf Kunsthandwerkermärkten und Weihnachtsmärkten in der Region. Darüber hinaus hat man auch die Möglichkeit ihr beim Weben über die Schulter zu schauen. In Museen, wie z.B. im Bergbauernmuseum Diepolz führt sie ihre traditionelle Handwerkstechnik vor. Dort gibt es jeden letzten Sonntag im August den Handwerkertag, bei dem Handarbeiter aus dem ganzen Allgäu ihr Handwerk zeigen und ihre Produkte verkaufen.

Pia Ritter
Unterthalhofen 14
D-88167 Stiefenhofen
Tel. +49 (0)8383 92 97 16
argen.hof@t-online.de
www.landhand.de/pia-ritter

Mitglied im Landhand Allgäu e.V. siehe Seite 474

Leder-Handwerk

Sattlerei Bek

Leder ist ein faszinierendes Material - weich, natürlich, wohlriechend und dabei so strapazierfähig und vielfältig einsetzbar. Marlies Bek ist mit Pferden aufgewachsen und entdeckte bald ihre Liebe zu Handwerk und Leder. Erst als Hobby, dann schloss sie eine Ausbildung zur Reitsportsattlerin ab – nun ihre Leidenschaft! Als Inhaberin einer der wenigen Sattlereien im Allgäu ist Marlies Bek bekannt dafür, sämtliche Arbeiten vom Sattel über Trensen und Gurte, bis hin zu Geschirren zu meistern, beispielsweise individuelle Lösungen für verschiedene Reitstile. Diverse Sattelreparaturen und Polsterarbeiten in Leder und ähnlichen Materialien werden professionell

erledigt. Handgenähte Kuhglockenriemen und kunstvolle Punzierarbeiten können in Auftrag gegeben werden. Darüber hinaus bietet sie traditionelle, maßgefertigte Hirschlederhosen an, welche nach Wunsch handbestickt sind. Auch ein breites Sortiment von Lederartikeln, darunter schicke Taschen aller Art, Gürtel, Geldbörsen, sogar kleine Kinderschuhe aus Fell und vieles mehr ist bei ihr zu finden. Ein Besuch in der Werkstatt oder beim Verkaufsstand auf einem der regionalen Märkte lohnt sich also allemal.

Sattlerei Marlies Bek

Oberlandholz 229, D-87764 Legau
Öffnungszeiten nach Vereinbarung, gerne telefonisch.
Tel. +49 (0)83 30-10 27
mbsattlerei@gmail.com
www.landhand.de/marlies-bek

Alte Handarbeitskunst neu definiert

Klöppelkunst Lindenberg

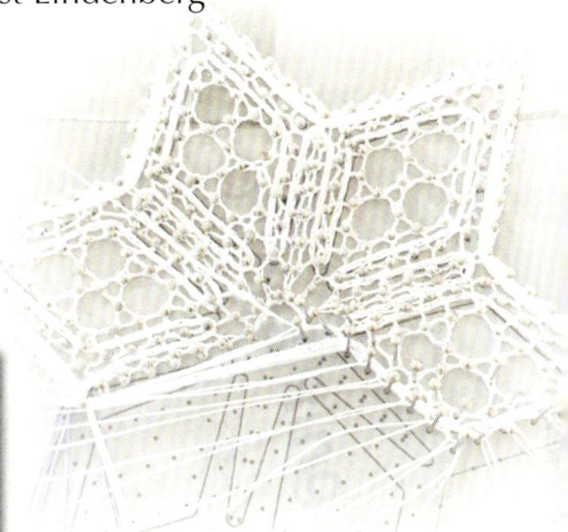

Jeder kennt sie wohl, die fein gearbeiteten Spitzendeckchen in Omas guter Stube – beste Klöppelkunst, keine Frage. Doch die Klöppelkurse von Gabi Kramer greifen weiter, denn hier soll Altes und Neues vereint werden. Die uralte Klöppelei wird quasi neu

erfunden und so entstehen mit viel Spaß wunderbare Kunstobjekte und bunte Deko-Gegenstände, die in unser modernes Leben passen. Doch um diese Kunst zu erlernen, braucht es Geduld, Leidenschaft und Freude an der Handarbeit.

Dies alles vereint Frau Kramer in sich, dazu noch die Fähigkeit, andere zu inspirieren und anzuleiten. Und so finden ihre Klöppelkurse und die ausgefallenen Ergebnisse, die da produziert werden, großen Zuspruch.

Klöppelkunst
Frau Gabi Kramer
Mühlweg 1, D-88161 Lindenberg
Tel. +49 (0)83 81-8 91 71 82
kramer_gabi@web.de
www.landhand.de/gabi-kramer

Mitglied im Landhand Allgäu e.V. siehe Seite 474

Wenn aus Bäumen Kunstwerke werden

Kunsthandwerk Andre Reichart

Erleben Sie Holzkunst auf eine ganz besondere Art. Andre Reichart gibt alten Bäumen, die weichen mussten, eine neue Form. In seiner Werkstatt in Pfronten bekommen sie eine zweite Chance und werden zu Unikaten,

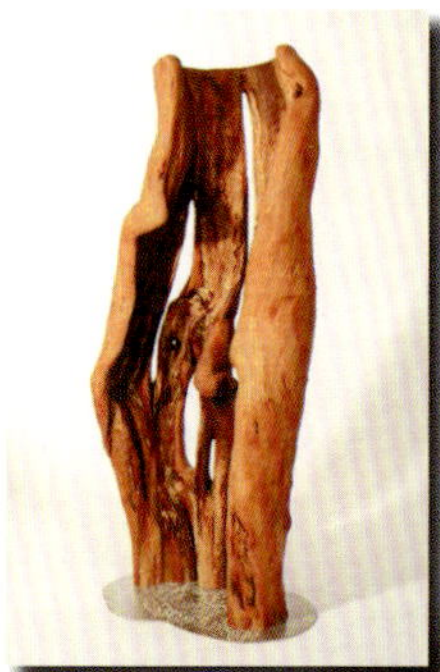

die es nur einmal auf der Welt gibt. Der gelernte Schreiner zeigt in seinen Werken seine ganze Kreativität: Holzobjekte, Skulpturen, Lampen, Tische, kleine Deko- oder Geschenkideen.

Auf der Website www.kunsthandwerk-andre-reichart.de können Sie schon mal einen kleinen Einblick in die Vielfältigkeit erleben – ein Besuch in Pfronten lohnt sich auf jeden Fall, um seine Werke nicht nur zu sehen, sondern auch live zu erleben.

Andre Reichart verwendet für seine Arbeiten nur altes Holz, das auch mal mit anderen Materialien wie Edelsteinen, Zinn oder mit einem LED-Licht einen besonderen Akzent bekommt.

Ob traditionell oder modern: Andre Reichart hat für jeden Garten, jede Wohnung oder jedes Haus etwas Passendes und wenn nicht, dann wird es passend gemacht.

Schauen Sie einfach vorbei: Im Internet oder in Pfronten – Andre Reichart freut sich über Ihren Besuch.

Kunsthandwerk
Andre Reichart

www.kunsthandwerk-andre-reichart.de
Vilstalstraße 34a
D-87459 Pfronten
Tel. +49 (0)1577-5 33 65 12
andre_reichart@freenet.de

Aussterbendes Handwerk als Meditation

Filigrandrechsler

Der gelernte Holzbildhauer, Drechsler und Schreiner Reinhart Beck entwirft und fertigt wunderschöne, unglaublich grazil und fein gearbeitete Kunstwerke wie Duftdosen, Motivkugeln, Serviettenringe u. v. m. Als einer der letzten Filigrandrechsler trägt er

viel dazu bei, dieses alte, traditionelle Handwerk am Leben zu erhalten. Und das mit spürbarer Leidenschaft, denn wenn er nach einigen Tagen, die er im Rahmen seiner zweiten Passion als Berg- und Skiführer unterwegs ist, nach Hause kommt, dann drängt es ihn zu seiner geliebten Arbeit, der Ruhe, der Konzentration, dem Erlebnis Holz.

Für ihn ist drechseln keine Arbeit, sondern Meditation. Und so ist es nur natürlich, dass er für viele Vorführungen wie z. B. beim Eurosymposium der Drechsler, bei den Drechslertagen oder auch bei Workshops für Firmen oder Schnitzschulen eingeladen wird. Zu bewundern ist seine Kunst in seiner Drechsel-Werkstatt in Pfronten nach vorheriger Terminabsprache.

Filigrandrechsler - Bildhauer

Herr Reinhart Beck
Im Oberried 32, D-87459 Pfronten
Tel. +49 (0)83 63-85 39
Mobil +49 (0)1 79-2 26 30 35
beck.bergfuehrer@freenet.de
www.beck-bergfuehrer.de

Mitglied im Landhand Allgäu e.V. siehe Seite 474

Natur in Form

"weiden - geflecht" – natürlich, regional, kreativ

Annette Rehle flechtet in ihrem bezaubernden Atelier in Blaichach-Ettensberg Körbe in allen Größen und Formen, die jeder Nische angepasst werden können. Sie verbindet dabei dieses alte traditionelle Handwerk mit neuen Ideen, und so entstehen Flechtkunststücke in traditionellen und ganz abstrakten Formen. Die Flechterin schneidet regional die Weiden für ihre Unikate selber. Sie pflegt dadurch alte Kopfweidenbestände, die auf den Bauernhöfen heute keine Verwendung mehr finden. Das ist mühevoll, garantiert aber zu 100% Handarbeit aus regionalen Materialien. Aus den selbstgeschnittenen Weiden zaubert Annette Rehle aber nicht nur Körbe, sondern auch künstlerische Flechtobjekte in Verbindung mit Keramik, geflochtene Zäune für den Garten und Sichtschutzwände für Terrasse und Balkon, als auch Möbel und Regale, sowie Recycling und Restauration. In ihrem Atelier bietet die Flechterin Kurse für Erwachsene und Kinder an, da kann jeder seine Flechtkünste ausprobieren, über anspruchsvolle Korbflechterei bis hin zu Märchenfische und dreidimensionalen Insekten für die Kleinen.

Die handgemachten Einzelstücke verkauft Annette Rehle auf Kunsthandwerkermärkten in der Region. Am letzten

Wochenende im Juni findet jedes Jahr auch eine Ausstellung in ihrem eigenen Garten statt, zusammen mit anderen regionalen Kunsthandwerkern.

Natur in Form

Annette Rehle, Reuteweg 5
D-87544 Blaichach/Ettensberg
Tel. +49 (0)83 21-8 57 46
info@natur-in-form.de
www.natur-in-form.de

Mitglied im Landhand Allgäu e.V. siehe Seite 474

Auf der Suche nach der perfekten Form

Das Drechseln, auch Drehen genannt, ist ein zerspanendes Fertigungsverfahren, das hauptsächlich bei Holz angewendet wird.

Wie durch Magie entsteht auf der Drehbank aus einem Stück Holz ein perfekter Zylinder. In seiner kleinen Drechselmanufaktur in Görisried fertigt Stefan Stork mit dem beglückenden Zusammenspiel von Idee, Werkzeug, Maschine und Material neben Brottöpfen aus Zirbenholz auch Obst- und Salatschüsseln. Ihm ist es wichtig dafür vorwiegend heimische Hölzer zu verwenden. Wenn man das „Werk der Hände" beherrscht, dann – davon ist Stefan Stork überzeugt – ist alles möglich. Dies lässt ihn immer wieder neue Maßstäbe setzen und somit zaubert er mit Kreativität, Einzigartigkeit und Exklusivität Objekte auf höchstem handwerklichem Niveau.

Holzkunst Stefan Stork
Drechsler & Schreinermeister
Am Hohenberg 10
D-87657 Görisried
Tel. +49 (0)83 02-92 26 40
Mobil +49 (0)151-15 25 83 84
raum-form@gmx.de
www.landhand.de/
stefan-stork

Mitglied im Landhand Allgäu e.V. siehe Seite 474

Willkommen beim Brunnenmichl

Einsle Holzverarbeitung

Ideen aus Holz können vielfältig sein, wie ein Besuch beim Brunnenmichl in Grünenbach beweist. Der gelernte Schreinermeister beschäftigt sich seit über 30 Jahren mit dem edlen Werkstoff, aus dem er Massivholzsitzgruppen und Brunnen, Möbel und vieles mehr anfertigt.
Immer auf der Suche nach naturgeformten, knorrigen Hölzern, um daraus kunsthandwerkliche Arbeiten, wie einzigartige Lichtobjekte und Dekorationen aller Art zu gestalten. Die Vielfalt der Projekte zeugt von der hohen Kunst der Holzbearbeitung.
Dabei beschäftigt sich Michael Einsle aber auch mit Innenausbauten, denen er durch das natürliche Baumaterial Holz, oftmals auch aus Altholz, ein einmaliges Ambiente verleiht.
Wichtig ist dem Brunnenmichl auch, dass er für Kunden, die das Besondere suchen und schätzen, Unikate nach Wunsch entwirft und fertigt.

Der Brunnenmichl – Ideen aus Holz
Michael Einsle

Hauptstr. 67 ½, D-88167 Grünenbach
Telefon: +49 (0)83 83-12 38
info@brunnenmichl.de
www.brunnenmichl.de

Original Allgäuer Kässpatzenschüssel

ALLGÄUER KERAMIK

Kulinarische Spezialitäten aus dem Allgäu wie Kässpatzen schmecken in einem traditionellen Allgäuer Geschirr noch mal so gut. Und dieses gibt es seit rund 60Jahren bei der ALLGÄUER KERAMIK in Altstädten bei Sonthofen.
Ton- und Braunkohlefunde zum Anfang des 20. Jahrhunderts begründeten den Bau eines Bergwerks im Löwenbachtobel unterhalb von Imberg, einer Seilbahn und die Errichtung der Keramik-Werkstätte nahe des Bahnhofs in dem schmucken Oberallgäuer Dorf. 1923 als ALPINA GmbH gegründet, später Aktien Gesellschaft und bis 1936 Werkstätte der Gebrüder Giessler übernahm 1936 Hans Rebstock die Firma.
Mit dem damaligen Heimatpfleger forschte der Firmen-Inhaber nach den historischen Gebrauchsgegenständen aus Ton und sie entdeckten hierbei die in fast allen Anwesen vorhandenen großen Keramikschüsseln in denen die einfachen Speisen auf den Tisch kamen. Zu besonderen Anlässen gab´s Kässpatzen, die natürlich auch in diesen aufgetragen wurden.

Auch heute noch entstehen bei der ALLGÄUER KERAMIK unter den Händen von talentierten Keramikern, einzigartige Formen und Dekore, die es nur im Allgäu gibt. Es sind etwa 200 verschiedene Artikel aus rotem, beigem und elfenbeinfarbigem Ton in Steingut-, Feinsteinzeug- und Steinzeug-Qualität im Angebot.
Zudem stellt die ALLGÄUER KERAMIK exklusiv für Firmen, Restaurants, Kommunen und Vereine Gegenstände (ab zehn Stück) mit einem kurzen Text oder Spezialdekor und Geschirr mit Namenszug her. Im Laufe der Jahre wurden zusätzlich neue Produkte entwickelt, die Qualität wurde weiter verbessert und zeitgenössische Dekore kamen hinzu. Dabei wird weiterhin großer Wert auf Tradition gelegt, denn – so sagt man in Altstädten bei Sonthofen – Tradition hat Zukunft. Jedes von Hand bemalte, im Ofen gebrannte Stück ist ein einzigartiges Kunstwerk und schafft es nicht nur, jeden Trend zu überstehen, sondern auch, selber Trend zu sein.
Die ALLGÄUER KERAMIK findet man in dem hübschen Oberallgäuer Dörfchen Altstädten zwei Kilometer südlich von Sonthofen in der Nachbarschaft einer sehenswerten Barockkirche, umgeben von der herrlichen Allgäuer Naturlandschaft. In den ansprechend dekorierten Räumen mit ca. 1.000 qm Ausstellungsfläche werden sämtliche Produkte der Manufaktur zum Verkauf angeboten, unter anderem das Harlekin-Steingut-Service, das 2015 beim

„Manufaktur-Produkt des Jahres"-Wettbewerb auf die Shortlist gewählt wurde. Beim Flanieren entdeckt man neben besonders robustem, spülmaschinenfestem Geschirr wie dem Service „Alpgenuss" und anderen keramischen Geschenkideen einmalige Traditionsschätze, zum Beispiel die sogenannte „Spatzenschüssel", die heute meist als Kässpatzenschüssel verwendet wird und als Paradeprodukt der Manufaktur gilt. Es gibt sie in flacher und tiefer Ausführung in drei verschiedenen Größen sowie unterschiedlichen, von Hand gemalten Dekoren wie Hörnle, Toni, Herz, 3-Punkt und Zenzi. Wunderschön und teilweise in Fayencetechnik dekoriert sind auch die Brottöpfe, Teekannen, Kaffeegedecke, Speiseteller und Butterdosen.

ALLGÄUER KERAMIK
Hans Rebstock GmbH & Co. KG
Töpferweg 16
87527 Sonthofen-Altstädten
Tel. +49 (0)83 21-34 54
Fax +49 (0)83 21-24 71
kontakt@allgaeuer-keramik.de
facebook.com/allgaeuer.keramik
www.allgaeuer-keramik.de

Mitglied im Landhand Allgäu e.V.. siehe Seite 474

Führungen durch die ALLGÄUER KERAMIK

Spätestens jetzt regt sich bei interessierten Besuchern die Neugier. Wie kam es zur Entdeckung der Spatzenschüssel? Woher kommen die Rohstoffe für diese wundervollen Keramik-Kreationen? Wie werden die einzelnen malerischen Elemente auf den Ton aufgebracht und was ist die Besonderheit an der Hörnlemalerei? Welche Rolle spielt die italienische Stadt Faenza bei der ALLGÄUER KERAMIK? Antworten hierauf und auf

viele Fragen mehr rund um den Keramik-Betrieb gibt es bei einer Führung, während der man auch erfährt, warum es überhaupt eine Keramik-Werkstatt im Allgäu gibt und was das mit den Bergknappen aus Penzberg zu tun hat. Die Führung wird nach vorheriger Absprache ab zehn Personen angeboten, größere Gruppen werden aufgeteilt. Der Unkostenbeitrag beträgt 3 Euro pro Person, dafür erhält jede Teilnehmerin und jeder Teilnehmer eine Keramikmünze im Wert von 2 Euro, die bei einem Einkauf im Laden gutgeschrieben werden. Während der Ladenöffnungszeiten können alle Besucher in die Werkstatt und beim Bemalen, Glasieren oder bei der Formgebung zuschauen. Ein wunderbarer, lohnender Ausflug in die Welt der Keramik-Herstellung!

Nikolausmarkt

Ein weiteres Highlight ist der jährlich stattfindende Nikolausmarkt am Samstag vor dem ersten Advent. Neben Keramik-Artikeln gibt es handgefertigte Gegenstände aus Holz, Stoff und Naturmaterialien sowie kulinarische Spezialitäten von Genuss- und Kunsthandwerkern aus der Region nach dem Motto „Von Hand, von Herzen, von hier".

Eine eigens für den Nikolausmarkt eingerichtete Cafeteria im stimmungsvoll dekorierten Glashaus sorgt mit Kaffee und leckerem Kuchen für das leibliche Wohl der begeisterten Besucher. Außerdem werden Glühwein, Apfelpunsch, Waffeln und Würstchen angeboten. Die Kleinsten werden vom Nikolaus beschenkt. Für Kinder gibt es die Kinder-Keramik-Malwerkstatt, diese Artikel werden noch vor Weihnachten glasiert und gebrannt. Oder zum gleich mit nach Hause nehmen können die Kinder Lebkuchenengel hübsch verzieren.

ALLGÄUER KERAMIK

Hans Rebstock GmbH & Co. KG
Töpferweg 16, D-87527 Sonthofen-Altstädte
Tel. +49 (0)83 21-34 54
Fax +49 (0)83 21-24 71
kontakt@allgaeuer-keramik.de
facebook.com/allgaeuer.keramik
www.allgaeuer-keramik.de

Individuelle Gebrauchskunst aus Ton

Töpferei Durach

Schöne Dinge bereichern uns und bringen die Seele zum Klingen. Wenn die Kunststücke dann noch für den täglichen Gebrauch geeignet sind, sind sie geradezu perfekt. Genau das bietet die Töpferei Durach an. Wunderschöne Töpferwaren, die ganz und gar pragmatisch sind: spülmaschinen-

fest, backofentauglich, mikrowellengeeignet und frostsicher. Vom Geschirrservice über Kässpatzenschüsseln hin zu Blumentöpfen und Vasen gibt es hier alles, gefertigt mit hoher Kunstfertigkeit und originellen Motiven wie z. B. Allgäuer Kühe oder Edelweiße. Darüber hinaus gibt es neben einer großen Auswahl an vorhandenen Mustern und Designs die grandiose Möglichkeit, der eigenen Kreativität freien Lauf zu lassen und so die Kunstwerke nach den ganz eigenen Vorstellungen und Ideen modellieren und ausarbeiten zu lassen. Das Ganze gleich selbst in die Hand nehmen kann man bei den in der Werkstatt angebotenen Töpferkursen.

Töpferei Durach
Ziegelholzweg 4
D-87471 Durach
Tel. +49 (0)8 31-57 07 32 02
Handy: 01 75-1 52 65 10
toepferei.durach@web.de
www.toepferei-durach.de

Handwerkliche Unikate mit sozialem Hintergrund

Töpferei und Handweberei im Haus Schimmelreiter

Schon beim Betreten des Geländes merkt man, dass hier kreative Menschen am Werk sind. Der Garten ist liebevoll dekoriert mit bunten, fröhlichen und ausgefallenen Kunstwerken aus der Werkstatt des Hauses Schimmelreiter. Seit 1977 betreibt das Bayerische Rote Kreuz Ostallgäu die Einrichtung der stationären und ambulanten Wiedereingliederungshilfe für Menschen mit psychischen Erkrankungen im schönen Wertach. Die Bewohnerinnen und Bewohner erhalten hier Unterstützung zum Wiederaufbau und Erhalt sozialer, persönlicher und lebenspraktischer Kompetenzen im Alltag und Arbeitsleben.

Handwerk als Therapie und Gemeinschaftserlebnis

Genau hierfür leistet die Arbeits- und Beschäftigungstherapie einen wichtigen Beitrag. Die Werkstatträume, in denen ein geschäftiges, dabei aber entspanntes Treiben herrscht, beherbergen die Töpferei sowie die Handweberei. Gemeinsam werden hier unter fachlich-therapeutischer Anleitung wunderbare, witzige, einzigartige Kunst- und Gebrauchsgegenstände gefertigt. Damit können vielfältige therapeutische Ziele umgesetzt werden, wie die Förderung von Aktivität und Antrieb sowie handwerklich-kognitiver Fähigkeiten, die Stärkung

des Selbstbewusstseins und besonders die Verbesserung der Kontakt- und Beziehungsfähigkeit, um nur einige Beispiele zu nennen.

Schönes kaufen – Gutes tun

Und die Ergebnisse können sich sehen lassen: ob kuschelige, handgefertigte Teppiche aus der Weberei oder originelle Schalen, Tassen oder Gartendekorationen der Töpfergruppe – die Produkte finden immer größeren Anklang in der Bevölkerung und auch bei Touristen. Sich etwas Schönes gönnen und dabei eine sinnvolle Sache unterstützen – das macht einfach ein gutes Gefühl.

BRK Ostallgäu

Haus Schimmelreiter
Schimmelreiterweg 7
D-87497 Wertach
Tel. +49 (0)83 65-70 38 18-0
Fax +49 (0)83 65-70 38 18-18
info@kvostallgaeu.brk.de
www.brk-ostallgaeu.de

Kunst macht Spaß

Keramikfantasien

Inmitten eines idyllischen Gartens, der bereits vom Landratsamt Ostallgäu für seinen Blumenreichtum und seiner naturnahen Vogelhecke prämiert wurde, liegt die kleine Keramik-Werkstatt der Kunsthandwerkerin Karin Schmaus.

Die examinierte Krankenschwester, die sich zur Kunsttherapeutin und Heilpraktikerin in Psychotherapie ausbilden ließ, hat sich hier ihr eigenes Reich geschaffen, um hier schöpferische kreative Stunden zu verbringen. In der ruhigen Atmosphäre des Ateliers, in dem sie für jeweils höchstens sechs Teilnehmer Seminare veranstaltet, lässt es sich angenehm lehren und lernen. Die Töpferkurse können flexibel gestaltet werden. So ist es möglich, dass sich Gruppen jeden Alters anmelden, um hier schöpferische Stunden zu verbringen. Hier wurde schon an Kindergeburtstagen fantasievoll modelliert, für Kommunion-Kinder thematisch passende Aktionen angeboten und ein etwas anderer Junggesellinnen-Abschied gefeiert. Auch Arbeitskollegen finden sich hier ein, die in ihrer Freizeit gemeinsam schöpferisch tätig werden. Außerdem veranstaltet Karin Schmaus das "Ver-rückte Töpfern – Kunst macht Spaß". In dem von ihr selbst entwickelten Töpferspiel entstehen sehenswerte originelle Kunstobjekte.

Wer einmal in die Arbeit mit dem Naturstoff Ton hineinschnuppern möchte, dem sei die Offene Werkstatt empfohlen. Jeweils am Dienstag von 9.30 bis 11.30 Uhr und Donnerstag von 19 bis 21 Uhr kann hier, mit fachmännischer Unterstützung, getöpfert werden.

an Bedeutung gewinnen. Besonders angetan haben es den Kunden die keramischen Symbiosen mit "pensionierten Küchenhelfer" wie alte Gugelhupf-Formen, Nudelhölzer, Brotbackschaufeln oder Milchkannen.
Daneben sind die märchenhaften Zimmerbrunnen, Gartenzwerge, Hühner, Gartenkugeln und vieles andere mehr Verkaufsschlager, die während der warmen Jahreszeit den heimeligen und sehenswerten Garten der Kunstschaffenden im kleinen Dorf Gutenberg zieren.

Seit mehr als 20 Jahren bietet sie ihre Töpferkurse an und unzählige Teilnehmer konnten bereits an die Kunst des Töpferns herangeführt werden.
Dabei zeigt sich Karin Schmaus beim Umgang mit den keramischen Stoffen umweltbewusst und nachhaltig. So bezieht sie ihren Ton, die Glasuren und weiteren Keramikbedarf vom "Irseer Kreis" in Kaufbeuren, einer Inklusionsfirma für psychisch kranke Menschen. Außerdem nutzt sie für den beachtlichen Strombedarf ihrer Werkstatt Naturstrom, um die Umwelt nicht unnötig zu belasten.

Kunstobjekte für Dahoim

Ihre selbst hergestellten Keramikfantasien finden im Atelier in den Verkauf oder hin und wieder auf den umliegenden Kunsthandwerkermärkten, die wegen ihrer Regionalität immer mehr

Keramikfantasien

Lindenweg 5
D-86869 Oberostendorf-Gutenberg
Tel. +49 (0)8344 1896
karin-schmaus@online.de
www.keramikfantasien-und-mehr.de

Handgewebte Kostbarkeiten mit kulturellem Anspruch

Allgäuer Teppichmanufaktur Thalkirchdorf

Mit reinster, schön gestalteter Natur lebt es sich gut. Paradestücke dafür sind die wertvollen, handgewebten Schur- und Baumwollteppiche der Allgäuer Teppichmanufaktur. Bereits seit 1927 stellt die einzige vollstufig arbeitende Handweberei Deutschlands kostbare Schafwollteppiche her. Vollkommen frei von chemischen Zusätzen sind sie, aus bester, neuseeländischer Wolle und mit einem hohen Anspruch an Qualität und Nachhaltigkeit gefertigt. Nur Wasser, Wärme und ökologisch unbedenkliche Farbstoffe gelangen an die Rohwolle, die dann kunstvoll zu wunderschönen Unikaten verarbeitet wird. Qualitätsdokumentationen, ein Zertifikat für jeden Teppich und regelmäßige Überprüfungen durch neutrale Umweltinstitutionen setzen Zeichen in Sachen Ökologie und Qualität. Nicht nur die Teppiche selbst sind Originale, auch der Ausstellungsraum, die Handweb-Tenne, ist wirklich originell. Hier können die Verkaufsstücke und einige Werkzeuge bewundert werden und auch eingehende Beratungen sind möglich. Für Gruppen, die es ganz genau wissen wollen, werden Betriebsbesichtigungen organisiert, bei denen keine Fragen mehr offen bleiben - ein anschließender Werksverkauf offeriert die kostbaren Stücke zu günstigen Preisen.

Gemütlichkeit im Webstüberl und Kultur in der Handweb-Tenne

Im rustikalen Webstüberl kann man sich nach erfolgreichem Einkauf mit Allgäuer Schmankerln, Wildspezialitäten aus dem eigenen Revier und einem frisch gezapften Zwickel Bier der Postbrauerei verwöhnen lassen.
Im Sommer bietet die Sonnenterrasse einen herrlichen Platz zur Erholung. Auch für Geburtstags-, Weihnachts-

Vereins- oder Betriebsfeiern ist das Webstüberl – in den Sommermonaten auch die Handweb-Tenne mit ihrem besonderen Ambiente bestens geeignet. Nicht zuletzt aber hat sich die Tenne in den letzten 25 Jahren als einzigartiger "Konzertsaal" und kultureller Geheimtipp etabliert. Regelmäßig finden hier kleine, feine Konzerte ausgewählter Künstler statt, die das Alltägliche vergessen lassen und wahren Genuss bieten. Einen Besuch dieses außergewöhnlichen Ortes sollte man sich nicht entgehen lassen.

Allgäuer Handwebereien GmbH & Co. KG

Salzstr. 7-11, D-87534 Oberstaufen
Tel. +49 (0)83 25-92 20
hanni.hense@aht-teppiche.de
www.allgaeuer-teppichmaufaktur.de

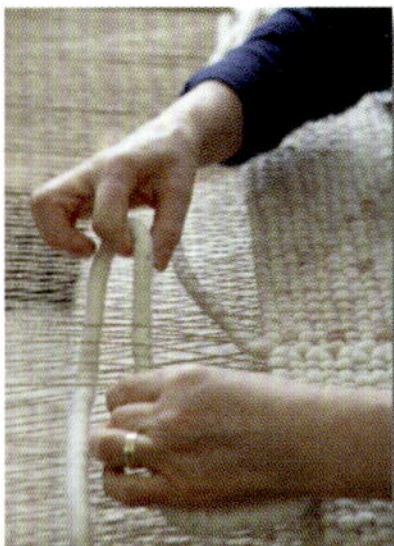

Schönheit, Handwerkskunst und Funktionalität

Handweberei Hechenberger

Das sind die drei Säulen, auf denen der Familienbetrieb Hechenberger aufgebaut ist.

Mit Leidenschaft für´s Handweben werden hier bereits in zweiter Generation wunderschöne Schafwoll- und Baumwollteppiche hergestellt. Dabei spielen auch Individualität, Qualität und Nachhaltigkeit eine große Rolle, denn die Ansprüche an sich selbst und die eigenen Produkte sind hoch in der Pfrontener Firma. Das kommt natürlich den Kunden zugute und die sind begeistert, denn hier kann man nach Lust und Laune verschiedene Farbtöne, Garnstrukturen und Designs kombinieren, damit das Schmuckstück dann auch zu 100% gefällt und in die Wohnumgebung passt.

Mit fachkundiger Beratung und jahrelanger Erfahrung werden sensibel die richtigen Zutaten zum perfekten Teppich zusammengestellt und verarbeitet. Egal ob ein wertvoller, strapazierfähiger Schurwollteppich, der das Heim ein Leben lang verschönern kann oder trendige Fleckerlteppiche, im Allgäu "Blachen" genannt, die moderne oder auch traditionelle Akzente setzen, ein Unikat von Hechenberger ist in jedem Fall ein Zugewinn.

Wohnaccessoires und Bekleidung

Wer noch das ein oder andere Wohnaccessoire erstehen möchte, ist hier ebenfalls an der richtigen Adresse.

Kuschlige Decken aus flauschigen Naturmaterialien stehen ebenso zur Aus-

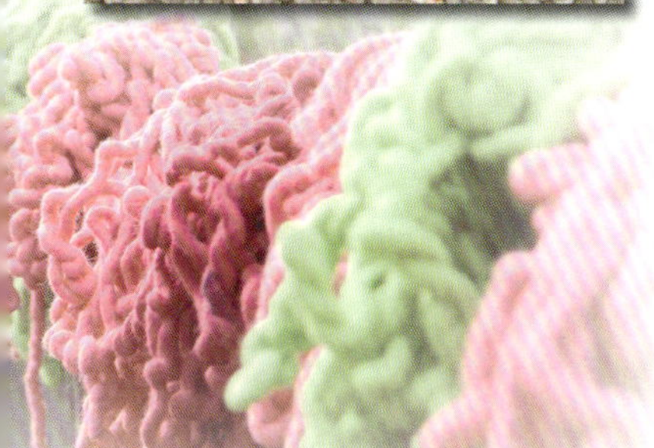

wahl wie hochwertige Schaffelle einer deutschen Gerberei und diverse Filzartikel.

Ein großes Sortiment verschiedener Kleidungsstücke aus Wolle rundet das Angebot ab. Hochwertige Babykleidung sorgt für ein Rundum-Wohlgefühl der Kleinen und auch für die größeren Kinder und Erwachsenen ist bestens gesorgt. Von Unterwäsche aus Wolle und Seide über Filzhausschuhe oder Walk- und Lodenjacken findet jeder ein Lieblingsstück.

Auch im Angebot ist Oberbekleidung aus Merinowolle, die sich nicht nur flauschig weich anfühlt, sondern darüber hinaus hervorragend isoliert, geruchsneutral und nahezu selbstreinigend ist. Modische Wärmespender wie Tücher, Schals, Handschuhe und Mützen perfektionieren das Outfit.

Handweberei Hechenberger

Achtalstraße 22
D-87459 Pfronten-Steinach
Tel. +49 (0)83 63-85 95
info@hechenberger-handweberei.de
www.hechenberger-handweberei.de

Die Kreativ-Manufaktur

Zu Besuch bei Fräulein Frida in Memmingen

"Zeit, die wir uns nehmen, ist Zeit, die uns etwas gibt." Das ist das Motto von Brigitte Großmann und Christina Ringer, die mit viel Liebe und Enthusiasmus 2016 "Fräulein Frida" gegründet haben. Sobald man den Laden in der Memminger Innenstadt betritt, ist sie sofort da, die Wohlfühl-Atmosphäre, das Gefühl, in eine andere Welt eingetreten zu sein – in Fridas Welt. Hier hat man die Möglichkeit, in Ruhe und entspannter Umgebung, originelle Kleinigkeiten zu entdecken oder auch einfach bei Freunden eine Tasse Kaffee zu genießen. Der hohe Anspruch an Qualität, Nachhaltigkeit und spielerischen Lifestyle ist deutlich spürbar. Die Auswahl ist groß und reicht von witzigen Karten über edle Schreibpapiere zu innovativ hochwertigen Taschen und Naturkosmetika. Darüber hinaus bekommt man hier die Geschenke und Mitbringsel individuell und kreativ verpackt. Kompetente Beratung, Ideenreichtum und Individualität sind den beiden Fräuleins sehr wichtig. Daneben stehen die beiden Kreativköpfe für die Planung und Durchführung kleinerer Feiern,

wie zum Beispiel Kindergeburtstage oder Weihnachtsfeiern, zur Verfügung und organisieren zahlreiche Do-It-Yourself Workshops. Das aktuelle Workshop-Programm ist auf der Homepage zu finden oder man lässt sich im Shop persönlich beraten.

Fräulein Frida
Bahnhofstr. 14a
D-87700 Memmingen
Tel. +49 (0)83 31-98 24 49
info@frauleinfrida.de
www.frauleinfrida.de

Staatliche Berufsfachschule für Glas und Schmuck

Kaufbeuren-Neugablonz

Beim Betreten der Eingangshalle des hellen, freundlich gestalteten Schulgebäudes ziehen große Vitrinen den Blick auf sich. Glänzende Schmuckstücke und Objekte aus farbigem Glas, die von Schülerinnen und Schülern hergestellt wurden, vermitteln auf schönste Weise die große Begeisterung und Leidenschaft für das gestaltende Handwerk. Seit dem 16. Jahrhundert entwickelte sich Gablonz in Nordböhmen zum Weltzentrum für Glasschmuck.

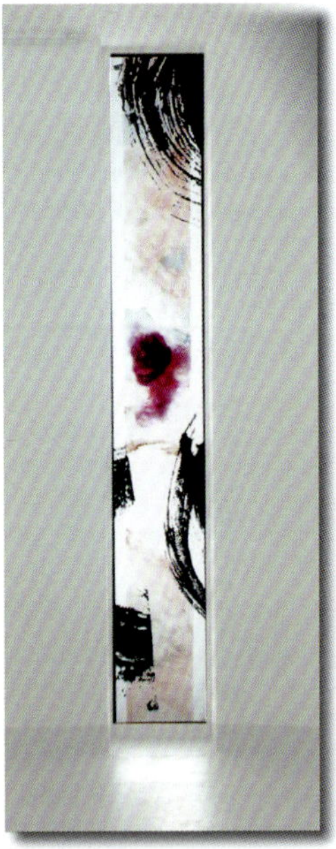

Nach der Vertreibung der deutschen Einwohner des Sudetenlandes am Ende des zweiten Weltkrieges fanden viele Gablonzer Handwerker in Kaufbeuren-Neugablonz eine neue Heimat und bauten hier die Schmuckindustrie wieder auf. Bereits in den 1950er Jahren hatte sich Neugablonz zu einem internationalen Zentrum für Modeschmuck entwickelt. Hier wurde 1947 die Staatliche Berufsfachschule für Glas und Schmuck gegründet, in der auch heute kreative, junge Menschen zum Goldschmied, Silberschmied, Graveur sowie zum Glas- und Porzellanmaler ausgebildet werden. Wer an diesem besonderen Ort arbeitet, bringt neben

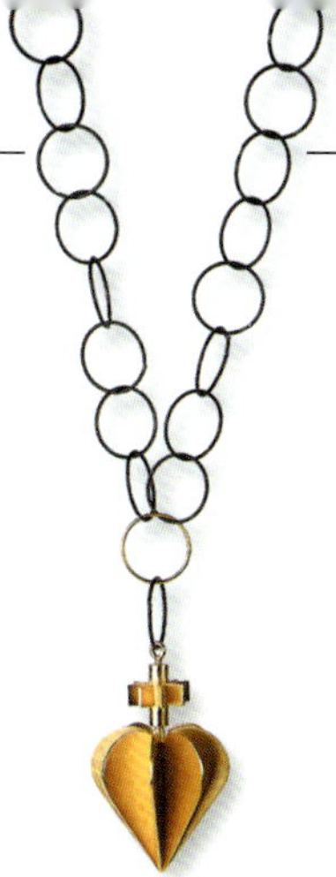

einem großen Interesse für handwerkliche Tätigkeiten auch ein ausgeprägtes gestalterisches Talent mit.
Die Schule genießt weit über Deutschland hinaus ein hohes Ansehen und bietet eine zeitgemäße und zukunftsorientierte Ausbildung. Die Besonderheit ist, dass über drei Jahre hinweg auch die fachpraktischen Fähigkeiten ausschließlich in modernen, schuleigenen Werkstätten vermittelt werden. Die Schülerinnen und Schüler werden dabei von Meistern und Künstlern begleitet und können sich entsprechend ihren persönlichen Begabungen frei entfalten. „Wir lernen das Handwerkliche mit dem Künstlerischen zu verbinden“, beschreibt die Schülerin Maia Beldner den Unterricht. Daneben wird das Spektrum von traditionellen handwerklichen Techniken durch moderne Technologien, wie CAD und 3D-Druck, erfolgreich erweitert. Am Ende der Ausbildung steht die staatliche Abschlussprüfung, die dem Gesellenbrief des Handwerks gleichgestellt ist.
Die Absolventinnen und Absolventen sind ausgezeichnet auf ihren beruflichen Weg vorbereitet. Sie gehen verantwortungsvollen Tätigkeiten in Werkstätten im In- und Ausland nach oder sie nehmen ein Studium an einer Hochschule für Design oder an einer Kunstakademie auf. Zeugnis davon legen zahlreiche Staatspreise ab, die an ehemalige Schülerinnen und Schüler vergeben wurden.

Staatliche Berufsfachschule für Glas und Schmuck

Dürerweg 5
D-87600 Kaufbeuren-Neugablonz
Tel. +49 (0)8341 96123 0
mail@berufsfachschule-neugablonz.de
www.berufsfachschule-neugablonz.de

Schmuck und mehr

Erlebnisausstellung der Gablonzer Industrie

Natürlich gilt hier der erste Gedanke dem Schmuck, der in den Gablonzer Firmen so vielfältig und weltweit erfolgreich hergestellt wird. Und nach wie vor ist die Gablonzer Industrie im Bereich Modeschmuck und Glaswarenerzeugung traditionell verankert und dementsprechend ganz vorne mit dabei. Hier werden in aufwendiger Handarbeit Schmuckwaren aus verschiedensten Schmuckkomponenten wie Glasperlen oder -steine, Fassungen, Ketten und Verschlüsse gefertigt. Ob Colliers, Ringe, Broschen, Trachten- oder Designerschmuck – hier findet sich die ganze Schmuckvielfalt.

Modernste Technik im Industrieverbund

Doch nicht nur im Ursprungsbereich ist die Gablonzer Industrie zu Hause, mittlerweile bildet sie einen industriellen Kompetenzschwerpunkt. Das Unternehmensnetzwerk besteht aus vielen, zum Teil hochgradig spezialisierten Unternehmen, die gemeinsam Komplettleistungen von der Konstruktion und Entwicklung bis hin zur Fertigung vollwertiger Systemkomponenten zur Verfügung stellen können. Die Kompetenzen reichen von Glas- über Kunststofftechnik bis hin zu Metallverarbeitung.

Dazu gehören auch hochwertige Unternehmensdienstleistungen wie Oberflächenveredelung sowie Werkzeug- und Formenbau. Die Produkte sind in der Regel Zulieferkomponenten für zahlreiche Branchen wie z. B. Auto- oder Elektronikindustrie, Sanitär- und Medizintechnik.

Erleben, informieren, anfassen

In der Erlebnisausstellung funkelt und glitzert es überall – im Hintergrund der Sternenhimmel aus faszinierenden Kristallen und in den Vitrinen die edlen Schmuckstücke der Gablonzer Industrie. Modeschmuck, Schmuckkomponenten, Accessoires und mehr – alles stammt aus den verschiedenen Werkstätten der Gablonzer Industrie. Die Erlebnisausstellung zeigt Schmuck für besondere Anlässe und Schmuck für jeden Tag. Die verschieden Entwürfe kann jeder Gast anlegen und ausprobieren. Viele der ausgestellten Schmuckstücke können in der Erlebnisausstellung erworben werden. Erlebnisstationen laden zum Mitmachen ein.

Erlebnisausstellung der Gablonzer Industrie e.V.

Neue Zeile 11
D-87600 Kaufbeuren-Neugablonz
Tel. +49 (0)83 41-9 89 03
Fax +49 (0)83 41-9 89 06
info@erlebnisausstellung.info
www.erlebnisausstellung.info

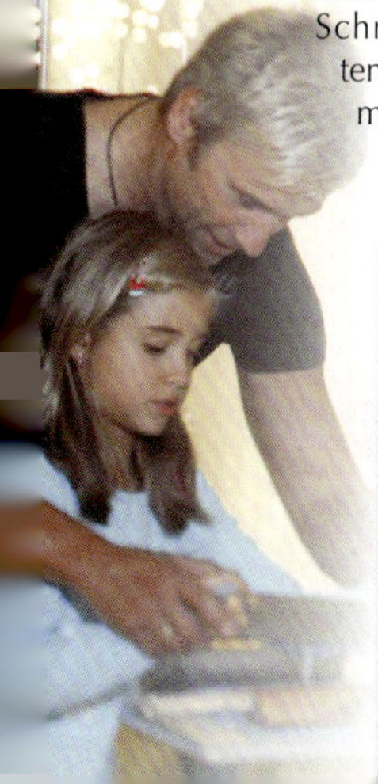

u Besuch im Glas-Paradies

Hanne Glaskunst

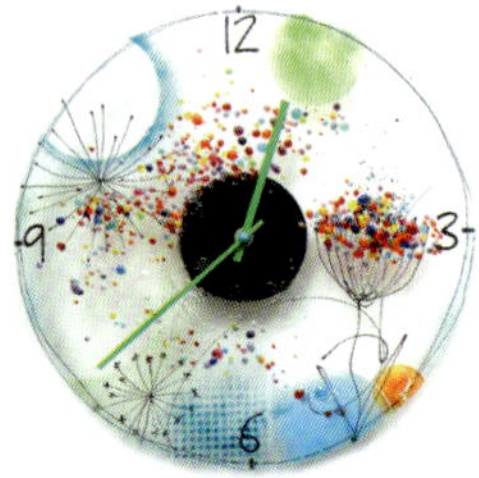

Die kreative Kraft und Energie, die Hanne Brennich versprüht, ist nahezu greifbar. Seit beinahe 30 Jahren arbeitet sie mit ihrem Lieblingsstoff Glas und beglückt mittlerweile deutschlandweit zahlreiche Kunden mit ihren ausgefallenen Glas-Kunstwerken. Man sollte Zeit mitbringen, wenn man den Laden im beschaulichen Ruderatshofen besucht. Bunt, bunt, bunt und wunderschön sind die künstlerisch-handwerklich gefertigten Glas-Unikate, die hier und darüber hinaus in dem idyllischen Garten, der zur Ausstellungsfläche gehört, dargeboten werden.

Mit einem unglaublichen Sinn für Stil, Schönheit und Ungewöhnliches zaubert Hanne Brennich zusammen mit ihrem Team eine magische Welt aus Glas. Hier werden Seele und Geist berührt und die Lust und gute Laune, mit der hier gewerkelt wird, springt direkt auf den Besucher über. Besonders spürbar ist das beim jährlichen Sommerfest im Juli und beim Winterfest im November, die man unbedingt einmal besucht haben sollte.

Hanne Glaskunst GmbH
D-87674 Ruderatshofen
Bgm.-Andreas-Müller-Str. 7
Tel. +49 (0)83 43-6 43
info@hanne-glaskunst.de
www.hanne-glaskunst.de

Jedes Püppchen ein preisverdächtiges Unikat

Textilfiguren Gabriele Lipp

Das Talent für künstlerisches Schaffen und Handarbeit wurde bei Gabriele Lipp bereits in der Mittelschule geweckt und gefördert. Aber erst als ihre drei Kinder groß sind, erinnert sie sich wieder an ihr Talent. Nach etlichen Versuchen mit Töpfern, Hinterglas- und Seidenmalerei, hat ihr eine ältere Freundin gezeigt, wie man einfache Figuren aus Draht, Watte und Strümpfen fertigt. Ein Buch über die Kärntner Puppenkünstlerin Elli Riehl weckte in Gabriele Lipp dann das Verlangen, perfekte Abbildungen von Menschen zu schaffen – mit riesigem Erfolg! 1988 nahm sie das erste Mal bei einem Wettbewerb der GDS – einer weltweiten Puppensammler und -machergesellschaft – teil und räumte auf Anhieb zwei Goldmedaillen ab. Über die Jahre folgten viele weitere Goldmedaillen und Preise.

Mittlerweile sind die Figuren von Gabriele Lipp in 11 Ländern in der ganzen Welt vertreten und sehr vielfältig: Von Allgäuern über Menschen aller Ethnien zu Elfen, Kobolden und anderen Fantasiefiguren und Tieren wie Pferd, Kamel, Esel, Ochs und Elefant, Hund und Katz, Ente, Hahn und Schwein.

Eine Spezialität, die gerne von den Kunden in Anspruch genommen wird, ist das Portrait. Von einem Foto als Vorlage zaubert die Puppenmacherin kleine dreidimensionale Figuren. Jedes Püppchen ist ein Unikat, wird liebevoll von Hand gefertigt – und jedes Mal geht ein Stück von Gabriele Lipp mit, wenn sie es verkauft.

Textilfiguren Lipp
Gabriele Lipp
Ostrachstr. 38, D-87541 Hindelang
Tel. +49 (0)83 24-5 25, www.textilfiguren.de
textilfiguren.lipp@t-online.de

Mitglied im Landhand Allgäu e.V. siehe Seite 474

Einzigartiges von bleibendem Wert

Flair Schmuck-Kreationen

Schönheit, Phantasie und Sinnlichkeit verbunden mit einzigartigem Design – dafür steht **Flair Schmuck-Kreationen** in Oberstaufen. Seit 15 Jahren werden dort Schmuckstücke aus kostbaren Edelsteinen, 925er Sterling Silber, Muranoglas und den unterschiedlichsten Naturperlen entworfen.

Alle Edelsteine, Mineralien und Silberelemente werden seit Anbeginn von den Inhabern persönlich und mit viel Leidenschaft und Liebe zum Detail zusammengetragen. So entstehen Kunstwerke, traumhafte Colliers und individueller Design-Schmuck von bleibendem Wert und vor allem maßgeschneidert für den jeweiligen Kunden. Hier hat jeder nicht nur die Möglichkeit aus einer riesigen Auswahl bereits fertiger Halsketten, Armbänder und Ohrringen auszuwählen, sondern auch sein eigenes nach persönlichen Wünschen und Bedürfnissen gestaltetes Schmuckstück anfertigen zu lassen und mitzugestalten. Der Onlineshop mit besonders aus-

gewählten Colliers und Armbändern bietet die Möglichkeit, ganz bequem von zu Hause aus zu bestellen. Wer allerdings im Allgäu ist, sollte sich auf keinen Fall einen persönlichen Besuch in dem zauberhaften Schmuckgeschäft in Oberstaufen entgehen lassen. Der ganz besondere Charme dieses liebevoll dekorierten Schmuckgeschäfts wird Sie begeistern!

Flair Schmuck-Kreationen
Rainwaldstraße 3
D-87534 Oberstaufen
info@jmschmuck.de
www.jmschmuck.de

Öffnungszeiten
Mo. bis Fr.: 10 bis 12.30 Uhr,
und 14 bis 18 Uhr
Samstag: 10 bis 13 Uhr

Faszination Glas

Forsthaus GlasAtelier öffnet seine Pforten

Außergewöhnliche Kunst erleben Besucher des Glas-Ateliers in Marktoberdorf-Sulzschneid. Hier wird Glas mundgeblasen und traditionell in wunderschöne Unikate verwandelt.

Geschmolzenes Glas übt eine enorme Faszination auf jeden Betrachter aus. Wenn anschließend daraus einzigartige Glasobjekte gefertigt werden, erscheint dies märchenhaft und auf eine gewisse Weise magisch.

In diesem Glas-Atelier haben sich die Besitzer Annette Glas und Austin Dowd auf die Fertigung von wunderbaren Glasobjekten und Gebrauchsglas spezialisiert. Im Schmelzofen wird das Glas bei etwa 1150° C weich wie Honig, um es mithilfe Glasmacherpfeife und verschiedenen Holz- und Metallwerkzeugen zu bearbeiten.

Hier steht traditionelle Handwerkskunst im Vordergrund. Ein gasbetriebener Glasschmelzofen, ein sogenanntes Böhmisches Kreuzfeuer und Flachglasöfen stehen den Glasmachern für ihre wunderbare künstlerische Arbeit zur Verfügung.

Zu bestimmten Zeiten, wenn die Öfen arbeiten, können Besucher den Handwerkern über die Schulter schauen und sich ganz individuelle Eindrücke verschaffen. Ein besonderes Highlight ist die Fertigung von Glasperlen, die am Böhmischen Kreuzfeuer entstehen. Sie werden handgewickelt und anschließend zu einzigartigem Schmuck weiterverarbeitet. Wie vielseitig die Betreiber des Glas-Ateliers tatsächlich sind, zeigen auch die wunderschönen Glasbilder, die hier auf ganz beson-

dere Weise gefertigt werden. Dazu werden farbige Glasscherben, die am Schmelzofen vorbereitet wurden, im Flachglasofen in speziellen Formen eingeschmolzen. So entstehen farbenfrohe Bilder, die vor allem im Zusammenspiel mit dem Sonnenlicht wunderbare Effekte hervorrufen.

Wer sich für das Glasmachen besonders interessiert, hat die Möglichkeit, im Glas-Atelier einen entsprechenden Kurs zu buchen. Hier gibt es Angebote, die sich speziell an Anfänger richten. Sie erlernen die Grundfertigkeiten am Glasschmelzofen und fertigen unter fachkundiger Anleitung eigene Objekte an. Wer sich mehr für die Schmuckherstellung interessiert, kann an einem Kurs zur Fertigung von handgewickelten Glasperlen teilnehmen. Dieses Erlebnis wird garantiert unvergesslich werden.

Um ein wenig in traditionelle Herstellungsmethoden hineinzuschnuppern, sollten sich Interessierte die offenen Tage des Glas-Ateliers vormerken. Die Künstler laden ihre Gäst ein, außergewöhnliche T zuerleben und kennenz viel Leidenschaft und Herzblut demonstrieren sie ihnen, wie ihre einzigartigen Glasobjekte Schritt für Schritt entstehen.

Forsthaus GlasAtelier

Hoheneggstr. 7
D-87616 Marktoberdorf
Tel. +49 (0)8349 97 61 70
kontakt@forsthaus-glas-atelier.de
www.forsthaus-glas-atelier.de

Glühendes Eisen wird zu Kunst

Hammerschmied Konrad Neßler

Das Schmieden ist eines der ältesten Handwerke der Welt. Schon vor mehr als 5000 Jahren entstanden in Ägypten und Indien geschmiedete Werkzeuge. Die Geheimnisse der Metallproduktion wurden über Generationen in den Familien weitergegeben und so waren die Schmiede wohl die ersten Handwerker, die hauptberuflich tätig waren.

Noch bis ins 20. Jahrhundert hinein gab es in jedem Dorf einen Schmied und einen Wagner.

Der Wagner machte Wägen und Schlitten, der Schmied war für den Hufbeschlag und die Beschlagteile der Fahrzeuge zuständig.

Durch die Einführung der Traktoren und Landmaschinen, fiel der Beruf des Schmieds im klassischen Sinne quasi über Nacht weg. Das hielt Konrad Neßler aber nicht davon ab, dieses alte Handwerk von der Pike auf zu lernen. Für ihn ist es eine Leidenschaft und Erfüllung pur etwas im Kopf zu kreieren und mit dieser Idee dann glühendes Eisen mit Hammerschlägen zu verformen und ihm Ge-

stalt zu geben. So entstehen Kunstschmiedeartikel höchste Güte wie Grabkreuze und Wetterfahnen, oder auch ganz praktische Gebrauchsgegenstände wie Pfannen und Werkzeuge. Konrad Neßler kann man bei seiner handwerklichen Tätigkeit auf einer uralten Hammerschmiede aus dem 14. Jahrhundert in Bad Oberdorf auch über die Schulter schauen und dort seine Kunstschmiedeartikel erwerben oder ganz individuell kreieren lassen.

Konrad Neßler

Hintersteiner Str. 23
D-87541 Bad Oberdorf
Tel./Fax +49 (0)83 24-14 78
konrad.nessler@t-online.de
www.landhand.de/konrad-nessler

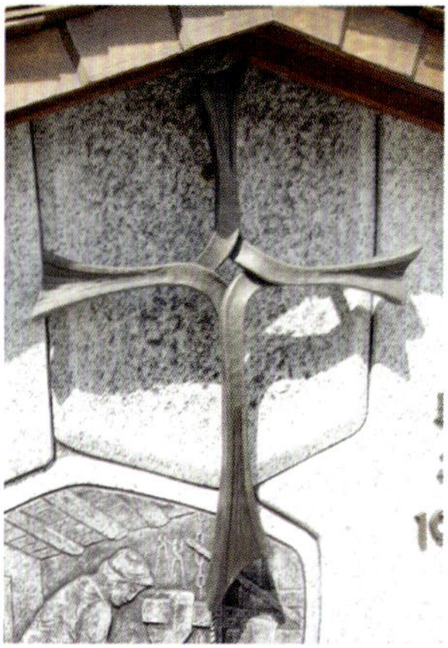

Mitglied im Landhand Allgäu e.V. siehe Seite 474

Ein Visionär im Einklang mit der Natur

Der Blecherne Alex

Nahe der Gemeinde Aitrang, im Weiler Huttenwang betreibt Alexander Schmidt seine ganz besondere Messerschmiede. Hier verschmelzen Visionen zu außergewöhnlichen Unikaten. Im völligen Einklang mit der Natur lebt der Blecherne Alex sein kreatives Handwerk Tag für Tag aus. Er nutzt Materialien aus der Natur und verarbeitet diese mit größter Achtung und Respekt hauptsächlich nach alten Methoden.

Seine Messerschmiede ist kreative Werkstatt und Quelle der Inspiration zugleich. Hier entstehen wertvolle Unikate, die bis ins kleinste Detail mit großer Leidenschaft gefertigt werden. Alexander Schmidt kombiniert verschiedene Materialien miteinander und zeigt damit, wie perfekt die Schätze der Natur zusammen harmonieren. Der Autodidakt verlässt sich bei der Beschaffung seiner Arbeitsmaterialien auf das Schicksal. Schließlich hilft dies ihm, sich für die passenden Werkstoffe zu entscheiden. Er bezieht nahezu alles aus der näheren Umgebung und achtet dabei stets darauf, dass seine Lieferanten seine Lebenseinstellung teilen. Nur tierische Produkte, von denen er sicher weiß, dass das gesamte Tier vollständig verwertet wird, passen in sein Verständnis vom ehrenvollen Umgang mit den Ressourcen.

Es gibt nur wenige Materialien, die Alexander Schmidt von außerhalb bekommt. Doch der genaue Ursprung eines jeden einzelnen ist ihm genau bekannt.

Die Produktpalette der kleinen Messerschmiede umfasst zahlreiche Unikate aus den Bereichen Schmuck, Messer und Dekoartikel. Wer das Außergewöhnliche liebt, sollte sich hier unbedingt genauer umschauen.

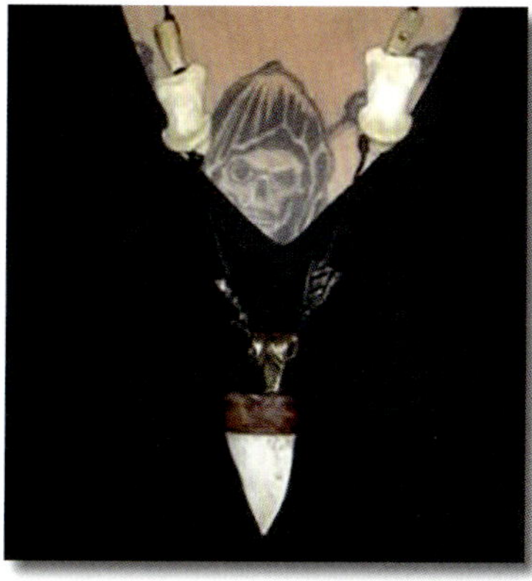

Ganz klar, dass trotz der Produktvielfalt das Messerangebot dominiert. Es gibt sie in verschiedenen Größen und aus unterschiedlichsten Materialien. Griffe aus Holz, aus Geweih oder aus Knochen lassen jedes einzelne Modell zu einem absoluten Einzelstück werden. Wer einen ganz speziellen Wunsch hat, kann den Blechernen Alex gern kontaktieren, um ein ganz individuelles Angebot einzuholen.

Eine echte Besonderheit der kleinen Messerschmiede sind die Schmiedekurse, die Alexander Schmidt auf Wunsch veranstaltet. In familiärer Atmosphäre erleben die Teilnehmer in Kleinstgruppen jeden einzelnen Schritt von der Materialbeschaffung bis hin zur Fertigung ihres Messers. Sie lernen die Philosophie ihres Kursleiters kennen und gehen am Ende mit einem ganz besonderen Unikat nach Hause.

Der blecherne Alex

Alexander Schmidt
Huttenwang 55
D-87648 Aitrang
Tel. +49 (0)162 98 55 002
alexander.schmidt@
messerschmiede.bayern
www.messerschmiede.bayern

Besonderes aus Holz

Möslang Sitzmöbel

Wenn mit handwerklichem Know-How und technischer Innovation Naturholzprodukte gefertigt werden, entstehen daraus Unikate auf höchstem Qualitätsniveau.
Der Schreinermeister und Geschäftsführer von Möslang Sitzmöbel, Hannes Mendler, stellt nun schon in der vierten Generation Möbel her. Vom Einzelstück über die Kleinserie bis hin zu kompletten Einrichtungen werden hier von einem 17-köpfigen Team produziert. Dabei setzt der Traditionsbetrieb vorwiegend auf Massivholz aus heimischen Beständen.
Natur, Innovation, Handwerk und Design müssen sich nicht widersprechen wie es die Ausstellung bei Möslang Sitzmöbel in Leutkirch beweist. Hier finden sich passgenaue Unikate mal schlicht oder modern, mal klassisch oder traditionell. Ganz nach Kundenwunsch arbeitet der Meisterbetrieb im privaten wie auch gewerblichen Sektor, um eine bestmögliche Individuallösung zu finden. Daher stehen Beratung, Designvorschläge und Entwürfe ganz im Vordergrund, bevor es an die Produktion in den eigenen Werkstätten geht. Dort wird mit einem modernen Maschinenpark gearbeitet, denn nur Perfektion in der Verarbeitung und jahrzehntelange Handwerkserfahrung entsprechen den hohen Qualitätsansprüchen des Unternehmens, zu denen auch die Kompetenz und Motivation des gesamten Teams beiträgt, das mit Leidenschaft etwas Besonderes anfertigen möchte.

Möslang Sitzmöbel
Winterstetten 43, D-88299 Leutkirch, Tel.: +49 (0)75 67-2 29, Fax: +49 (0)75 67-2 29
Mail: info@moeslang.de www.moeslang.de

Wir lieben Holz!

Brunnen Hippold

Brunnen Hippold ist der Spezialist für maßgefertigte Bänke für Geburtstage, Hochzeiten und sonstige Anlässe. Da Holz unsere Umwelt prägt wie kein anderer Rohstoff, hat es sich Brunnen Hippold zur Aufgabe gemacht, hochwertige und langlebige Produkte aus Holz für das Zuhause zu gestalten. Die Firma wurde im Jahr 1985 gegründet und hat seinen Sitz zwischen Weitnau und Kleinweilerhofen. Schon immer geschieht alles in traditioneller Handarbeit, vom Auswählen und Schlagen der heimischen Hölzer, bis hin zum fertigen Produkt. Jedes Stück ein Original und ein Unikat.

In der Ausstellung vor Ort gibt es eine große Auswahl an Schnitzereien, Gartenmöbeln, Blumentrögen und Holzbrunnen – im Laden findet der Kunde zudem kleine handgeschnitzte Figuren und nette Andenken. Auch Brennholz ist im Angebot: trocken oder nass wird es in verschiedenen Längen angeboten. Zu allen Holzprodukten gehört die professionelle Beratung von Hermann Hippold. Vor allem zum Thema Pflege der Holzprodukte, weil diese nun mal jeglichen Umwelteinflüssen ausgesetzt sind.

Wer begeistert davon ist mit Holz zu arbeiten, der kann bei einem Motorsägen-Schnitzkurs seine Kreativität und Ideen mit dem lebendigen Werkstoff Holz zum Ausdruck bringen. Die Kurse finden zweimal jährlich im Frühjahr und Herbst bei Brunnen Hippold statt. Zudem gibt es dort alle zwei Jahre im Juli ein einzigartiges Event: Beim Großen Allgäuer Schnitzevent sind die

weltbesten Motorsägen-Schnitzer zu Gast. Der Höhepunkt an beiden Tagen ist, wenn der Weltmeister von mehreren deutschen Meistern und weiteren erfahrenen Sägern im Speedcarving (Schnellsägen einer Figur auf Zeit) herausgefordert wird.
Näheres auf www.brunnen-hippold.de

Brunnen Hippold
Gewerbegebiet Boschensäge
Am Holzplatz 8
87480 Weitnau
Telefon: 0 83 75-87 02
Telefax: 0 83 75-9746 53
www.brunnen-hippold.de
info@Brunnen-Hippold.de

Öffnungszeiten

Mai bis Sept.: Mo. bis Fr. 8 - 12 Uhr, und 14 - 18 Uhr, Sa. 9 - 12 Uhr.

Okt. bis April: Sa. 9 - 12 Uhr
Oder nach telefonischer Absprache.

Aus Liebe zum Holz

Gartenmöbel & Zierbrunnen Caser

Jedes Stück ein handgefertigtes Unikat: bei Gartenmöbel & Zierbrunnen Caser in Obermaiselstein gibt es Gartenmöbel, Hollywoodschaukeln und Brunnen aus ausschließlich heimischem Bergfichten-Holz. Vor Ort und auch im Online-Shop hat der Kunde eine große Auswahl der Naturprodukte, die mit viel Liebe zum Detail hergestellt werden. Im kleinen Holzladen gibt es zudem noch Brotzeitbrettchen, Holzschlüsselanhänger, süße Engel aus Holz, Christbaumschmuck, Andenken für die Urlauber und viele Dekorationsartikel.

Inhaber Matthias Steiner legt Wert auf heimische Hölzer und ist sich sicher, dass wir in Deutschland genug eigenes Holz haben, das mit entsprechender Behandlung auch sehr langlebig ist. Somit muss nicht auf Tropenholz mit langen Transportwegen zurückgegriffen werden, das darüber hinaus auch nicht in jedem Fall günstiger für den Verbraucher ist. In puncto Nachhaltigkeit ist das Allgäu Vorreiter: das Holz wird nur geschlagen, wenn auch wieder nachgepflanzt wird.

Das Holz für Gartenmöbel und Zierbrunnen Caser wird vor der Verarbeitung lange Zeit luftgetrocknet und nicht kammergetrocknet. Zudem wird beim Sägen und Stapeln des Holzes auf den Mondstand geachtet. Denn Holz, das bei falschem Mondstand zur Lagerung gebracht wird, soll tatsächlich schneller faulen. Da mag jetzt manch einer schmunzeln, aber schon unsere Vorfahren vor mehreren Hundert Jahren haben beim Bau der Holzhäuser den Mondstand immer mit berücksichtigt. Und deren Häuser stehen ja bekanntlich immer noch!

Gartenmöbel & Zierbrunnen Caser

Inh. Matthias Steiner
Achweg 4
D-87538 Obermaiselstein
Tel. +49 (0)8326-3 54 76
Fax +49 (0)83 26-83 06
info@gartenmoebel-zierbrunnen.de
www.gartenmoebel-zierbrunnen.de

Gesunde Wärme & saubere Verbrennung

Holzofen-Projekte

So richtig heimelig ist eine Wohnung oder ein Haus doch eigentlich nur mit einem Holzofen. Die besondere Wärme, das Knacken der Holzscheite und der goldene Lichtschein machen einen Herbst- oder Winterabend einfach perfekt. Noch dazu richtig praktisch, sparsam und gesund sind die sogenannten Grundöfen.

Ein Grundofen ist ein handwerklich gebauter Ofen, der in der Feuerphase die vorhandene Wärmeenergie in die vielen eingebauten Schamottesteine (Schamotte-Akku) zwischenspeichert und diese dann in Form von angenehmer und gesunder Strahlungswärme gleichmäßig an den Wohnraum abgibt. Diese können mittlerweile nicht nur als wunderschönes Herzstück des Wohnraums in Form eines gemauerten Grundofens fest installiert werden, sondern auch als alleinstehende Kleinspeicheröfen, die recht schnell und ohne große Baustelle aufgebaut werden können. Als Grundofenpraktiker und Speicherofenspezialist ist Marius Dislich für den Bau solcher individueller Öfen genau der Richtige. Baubiologische Aspekte, die Verwendung natürlicher Baustoffe, Ressourcenschonung und Luftreinhaltung sind die Themen, die er in seiner Arbeit vereint.

Individueller Ofenbau und mehr

Seine Firma „Holzofen-Projekte" ging aus dem bereits 1985 von seinem Vater, ebenfalls Ofenbauer und Speicherofenspezialist, gegründeten Unternehmen hervor. In Ungarn ließ er sich in der traditionellen Art des Kachelofenbaus – in Handarbeit mit herkömmlichen, natürlichen Materialien wie z. B. (Lehm-) Ziegel, Schamottesteine, Abbruchziegel und Ofenkacheln – ausbilden.

Seinem hohen Anspruch an handwerkliche Baukunst, Qualität und Funktionalität genügen die von ihm gebauten Öfen in allen Bereichen.
Sein über die Jahre gesammeltes Wissen und die praktischen Erfahrungen im Bau dieser Ofenart gibt Marius Dislich in Form von Grundofen- und Holzbackofenkursen weiter. Auch Probewohnen mit Grundofen ist in der Ferienwohnung (in Form eines Tiny-House) von Marius Dislich möglich. Mit seinen vielfältigen Fertigkeiten aus dem Ofenbau und seinem Erstberuf als Zimmermann zaubert Marius Dislich in enger Zusammenarbeit mit den Kunden für jeden Raum den richtigen Ofen. Grundöfen haben einige unschlagbare Vorteile: Es gibt keine Staubaufwirbelung und die angenehme, gesunde Strahlungswärme hält ohne Nachfeuerung bis zu 24 Stunden an. Darüber hinaus ist der Verbrauch sparsam und die Verbrennung extrem sauber. Insgesamt also eine absolut sinnvolle, zeitgemäße Investition in die Zukunft.

Holzofen-Projekte

Herr Marius Dislich
Au 7, D-87730 Bad Grönenbach
Tel. +49 (0)8334-25 97 70
Fax +49 (0)8334-25 97 39
info@holzofen-projekte.de
www.holzofen-projekte.de

Vom Traum zur Wirklichkeit

Holzart Wagner

Holz lebt und hat eine eigene Seele. Daher bearbeitet der Holzbildhauer und Schreiner Stephan Wagner das Naturmaterial sorgfältig und mit Respekt. Aus der Liebe zur Natur entwickelte sich seine Leidenschaft zum Holz. Zunächst in einer Ausbildung zum Schreiner, in dem er sich das Wissen und Können um das Handwerk erwarb und später dann in einer Berufsausbildung zum Holzbildhauer in Oberammergau. Für ihn liegt in der Bearbeitung des Holzes Professionalität, Präzision und Leidenschaft. Denn der, der mit Liebe an eine Sache herangeht, erreicht alles, was in der Fantasie exisitiert. Und diese Fantasie ist auch der Faktor, der den Holzschnitzkünstler im Streben nach Perfektion vorantreibt.

Heute zeigen sich seine wertvollen Erfahrungen, die er sammeln konnte, in Bildhauerarbeiten, Schnitzereien und Drechselarbeiten, wenn er in seiner Werkstatt in Röthenbach Wildholzmöbel, Hutformen und Miniaturfiguren fertigt. Bei seinen Bildhauerarbeiten geht er auf individuelle Kundenwünsche ein. Die Wildholzmöbel sind garantiert Einzelstücke - schließlich folgte die Inspiration den natürlichen Formen und der Beschaffenheit der einzelnen Materialien bei der Fertigung.

Holzart Wagner
Stephan Wagner, Mühlenstr. 7
D-88167 Röthenbach
Tel. +49 (0)83 84-17 30
Fax +49 (0)83 84-17 30
info@holzart-wagner.de
www.holzart-wagner.de

Klöppeln und Filzen kunstvoll vereint

Textilkunst Siglinde Neßler

Klöppeln und Filzen sind zwei ganz unterschiedliche Techniken der Textilkunst. Beim Klöppeln zeichnen die Fäden meist einen vorgezeichneten Weg, beim Filzen herrscht wirres Durcheinander der Fasern.
Siglinde Neßler nutzt bei beiden Techniken die Möglichkeiten zum Spielen mit Farben, Formen und Materialien. So entstehen zauberhafte Handtaschen, Sitzkissen, kleine Bilder für Glückwunschkarten und zur individuellen Gestaltung von Kleidung oder Gebrauchsgegenständen sowie Dekoration fürs eigene Heim.

Siglinde Neßler filzt hauptsächlich mit Bergschafwolle von ihr persönlich bekannten Schäfern aus der Region. Ihr ist es wichtig, dass dieser wertvolle Rohstoff, der im Allgäu produziert wird, wieder mehr Wertschätzung erfährt. Ihre Produkte und Kunstwerke findet man auf ausgewählten Märkten und in Museen der Region.

Siglinde Neßler

Johann-Socher Str. 5a
D-87527 Sonthofen
Tel. +49 (0)83 21-2 63 45
siglindenessler@web.de
www.landhand.de/siglinde-nessler

Mitglied im Landhand Allgäu e.V. siehe Seite 474

Handgefertigte Unikate aus Filz

Filz und Pferd

Filz ist ein faszinierendes Material, denn es ist natürlich und erfüllt zugleich alle Ansprüche, die der moderne Mensch heute an Outdoor-Kleidung hat: Er ist elastisch, knittert nicht, ist widerstandsfähig und zudem atmungsaktiv und klimaausgleichend, also nicht nur für das Allgäuer Wetter genau richtig.

Wolle von heimischen Schafen und Pflanzenfarbe

Waltraud Epp, im Hauptberuf Huftechnikerin und mit den Pferden viel an der frischen Luft, hat vor über 10 Jahren angefangen zu filzen und damit ihre zweite Leidenschaft gefunden. Sie verwendet Wolle von heimischen Merino- und Bergschafen, färbt zum Teil die Wolle selbst mit Pflanzenfarbe und bei manchen Stücken fließt Seide mit ein. Jedes Einzelne entsteht in liebevoller, kreativer Handarbeit, mit unterschiedlich farbiger Wolle "malt" Waltraud Epp fantasie- und kunstvolle Motive in den Filz und so entstehen wunderschöne, originelle Einzelstücke.

Filz und Pferd, Waltraud Epp

Todtenberg 5
D-87463 Dietmannsried
Tel. +49 (0)83 74-23 02 02
erlebnisferien@huftechnikerin.de
www.huftechnikerin.de

Neue Besen kehren gut – handgemachte Reisigbesen noch besser

Besenbinden – traditionelle Handarbeit

Es ist ein altes Handwerk, das früher auf jedem Bauernhof zu Hause war – das Besenbinden. Heutzutage macht sich kaum noch jemand die Mühe, zu schnell ist alles gekauft im Laden um die Ecke. Für Elfriede Lerbscher aber ist es Entspannung und Traditionsbewusstsein gleichermaßen, einen richtig guten Reisigbesen zu binden. Im Winter sammelt sie das benötigte Reisig, die Stiele aus Fichte, Esche oder Buche fertigt sie größtenteils auf dem eigenen Hof an. Sorgfältig müssen die einzelnen Ästchen auf 70 cm geschnitten und mit Draht und Schnur zusammengebunden werden. Zum Festpressen nutzt sie den Apparat ihres Vaters, von dem sie das Besenbinderhandwerk gelernt hat, da auf dem Hof und Tenne ständig Besen gebraucht werden. Altes Handwerk erhalten und ihr Wissen weitergeben, das ist ihr wichtig. Umso mehr freut es sie, dass die alte Handwerkskunst heute so beliebt ist und immer mehr Menschen für die Haus- und Hofpflege auf die Reisigbesen zurückgreifen. Bei den Hexenzünften der Umgebung sowie als uriger Deko-Artikel erfreut sich der handgefertigte Reisigbesen immer mehr Beliebtheit.

Besenbinderin
Elfriede Lerbscher

Campimontweg 2
D-87474 Buchenberg
Tel. +49 (0)8378 75 60

Mitglied im Landhand Allgäu e.V. siehe Seite 474

Eine neue Sichtweise für Handwerk und Natur

Flecht- und Kräuter-Werkstatt

Berte Keller hat das alte Handwerk des Flechtens für sich neu entdeckt. In ihrer Werkstatt in Frickenhausen verleiht sie den vorgegebenen Formen der Natur mehr Ausdruck. Dafür bedient sie sich unterschiedlichster Materialien aus der Natur wie Weide, Hasel, Hartriegel, Birkenreisig, Ranken des Efeu, Waldrebe oder Wein, bis hin zu Kräutern und Fruchtstände. Diese floralen Flechtkreationen von Berte Keller stehen nie leer, sie bepflanzt und schmückt sie je nach Jahreszeit.
In ihren lebendigen Workshops gibt sie ihr Wissen weiter. Am Ende des Tages sind für die Teilnehmer Hände und Rücken durch die Handarbeit richtig spürbar. Und doch ist es wie ein Tag Urlaub, die Teilnehmer können den Alltag hinter sich lassen, der Fantasie freien Lauf lassen und voller Stolz am Abend das eigene Flecht-Objekt mit nach Hause nehmen.

Berte Keller
Flecht- & Kräuter-Werkstatt
Gässele 2
D-87761 Frickenhausen
Tel. +49 (0)83 36-80 97 69
berte-keller@web.de
www.landhand.de/berte-keller

Mitglied im Landhand Allgäu e.V. siehe Seite 474

Original Allgäuer Töpferkunst

S'Alpgfihl

Traditionelle Erinnerungsstücke ans Allgäu, wertvolle Geschenke für die Liebsten oder witzige Mitbringsel aus dem Urlaub - im Alpgfihl findet man auf jeden Fall das Passende. Die gelernte, passionierte Keramikerin Sophie Mische zaubert aus Ton originelles, traditionelles Geschirr, aber auch rustikale Lampen, die neben wohltuender Helligkeit jedem Raum Gemütlichkeit und zudem einen ganz besonderen Blickfang bescheren. Die Unikate werden samt und sonders von Hand gedreht, liebevoll bemalt und überzeugen mit bester Qualität - das Geschirr beispielsweise ist geeignet für Geschirrspüler sowie Mikrowellengeräte. Der originelle Ausstellungsraum wunderschön mit antiken Möbeln in einer alten Tenne gestaltet, ist selbst schon einen Ausflug wert.

S'Alpgfihl Sophie Mische
Panoramaweg 3
D-87527 Ofterschwang
Tel. +49 (0)15 78-4 94 23 53
alpgfihl@web.de
www.busche-berta.de/toepferei

Hier dreht sich alles um die

Holzschnitzereien Beuße

Traditionsreich wie vieles in Eisenberg im Allgäu ist auch die Holzschnitzerei Beuße im Hause Dienewald. Direkt neben der Wallfahrtskirche Maria-Hilf im Ortsteil Speiden warten fertige Schnitzereien auf ihre Liebhaber.
In der ganzjährigen Krippenausstellung präsentieren sich liebevoll gestaltete Weihnachtskrippen und für Hobbyschnitzer ist das Geschäft ein wahres Eldorado, entdeckt er hier doch Holzrohlinge zum Selberschnitzen ebenso wie Schnitzmesser und -zubehör.

Holzschnitzerei Beuße
Dolder Str. 2, D-87637 Eisenberg/Speiden
Tel. +49 (0)8364-432, Fax 8611
info@beusse.de www.beusse.de

Die Weihnachtskrippe selber bauen

Krippenbauschule und Hobbyschnitzer Kempten e.V.

Der Krippenbau hat im alpenländischen Raum eine lange Tradition. Seit vielen Jahrhunderten werden in der Adventszeit selbstgefertigte Weihnachtskrippen in Wohnungen und Kirchen aufgestellt. Der Verein Krippenbauschule und Hobbyschnitzer in Kempten erhält und fördert diese Tradition. Das Kursangebot richtet sich an alle, die den Krippenbau erlernen möchten.

Krippenbauschule und Hobbyschnitzer Kempten e.V.
Kleiner Kornhausplatz 1, D-87439 Kempten
www.krippenbauschule-hobbyschnitzer-kempten.de

Holzkunst

…Handwerkskunst …önsten Form

…schnitzereien

Handwerkskunst und manuelle Fertigung. Dadurch entstehen einzigartige Kunstwerke, die sich deutlich von denen anderer Hersteller abheben.

Die Wiege dieser holzgeschnitzten Krippenfiguren steht im Grödnertal,

im schönen Südtirol. Dort werden sie in unterschiedlichsten Größen hergestellt. Die Produktpalette umfasst Figuren mit einer Größe von 5 bis 40 Zentimetern. Auch individuelle Kundenwünsche, abweichend von dieser Größenspanne werden gern erfüllt. Bei der Fa. Dürr werden unterschiedliche Stilrichtungen angeboten. Kunden finden hier sowohl klassische Ausführungen als auch moderne Interpretationen der Weihnachtskrippe. Wer die orientalische Variante bevorzugt, wird hier ebenso fündig wie diejenigen, die es eher rustikal oder modern lieben.

Zu den Krippenfiguren fertigt die Firma Dürr auch das passende Zubehör an. Selbstverständlich wird dieses in entsprechenden Proportionen zu den Figuren und Krippen hergestellt. Besonderer Wert wird auf die möglichst originalgetreue Nachbildung der Werkzeuge gelegt. Hergestellt wird das handgefertigte Zubehör aus Holz und Metall größenteils in Oberbayern. Die große Auswahl verschiedenster Krippen und die hervorragende handwerkliche Arbeit machen deutlich, wie viel Erfahrung und Leidenschaft in diesem Unternehmen steckt.

Neben den Krippenfiguren bietet die Firma Dürr auch Heiligenfiguren und

Kreuze an, die zwischen 7 und 60 Zentimetern groß sind. Größere Statuen sind auf Kundenwunsch jederzeit möglich. Die Figuren werden liebevoll per Hand bemalt, weshalb jede einzelne ein Unikat ist.

Der umfangreiche Katalog der Firma Dürr umfasst neben Holzfiguren und Krippenzubehör auch Figuren aus Kunstharz und Polystein, die Kunden aus der ganzen Welt erfreuen.

Wer sich von dem enormen Spektrum selbst überzeugen möchte, sollte unbedingt die hauseigene Ausstellungsfläche besuchen. Diese umfasst ganze 150 Quadratmeter und bietet einen atemberaubenden Einblick in die einzigartigen Produkte des traditionellen Handwerksbetriebes. Wie viele Details tatsächlich in jeder einzelnen Figur stecken, wird hier auf eindrucksvolle Weise deutlich. Auch eine Auswahl an Hinterglasbildern sowie erzgebirgischer Volkskunst (Engel von Wendt&Kühn, Räuchermännchen und Pyramiden) sind ganzjährig ausgestellt. Schöne Geschenkideen für Haus und Garten aus Keramik und Metall runden das Programm ab.

Über Ihren persönlichen Besuch in Hohenfurch freut sich die Familie Dürr. Für alle, die zu wenig Zeit für einen Besuch haben, stehen die beiden Internetshops **www.duerr-krippen.de oder www.groedner-schnitzereien.de** zur Verfügung.

Dürr Krippen, Figuren und Zubehör

Talweg 5, D-86978 Hohenfurch
Tel. +49 (0)8861 3407
info@duerr-krippen.de

Alles unter einem Hut

Deutsches Hutmuseum Lindenberg

Deutschlandweit einmalig ist es, das Hutmuseum in Lindenberg, das auf über 1.000 qm barrierearmer Fläche Vertrautes, Interessantes und Kurioses rund um das Thema Kopfbedeckungen zeigt. Um 1900 herum trug die ganze Welt Hüte aus Lindenberg, dem „Klein-Paris“ der Hutmode. In einer der größten Hutfabriken jener Zeit, dem weitläufigen Betriebsgelände der früheren Firma Ottmar Reich, befindet sich heute das Deutsche Hutmuseum. Ausgezeichnet mit dem Bayerischen Museumspreis 2015 und nominiert für den Europäischen Museums Award 2016 präsentiert sich das Deutsche Hutmuseum als erstklassige Sammlung origineller Exponate, authentischer Geschichten, interessanter Installationen und kreativer Mitmach-Inseln.

Huttornado und Fabrikationsregal

Das begehbare Fabrikationsregal als Herz der Ausstellung lässt die Herstellungsabläufe der Hutfabrikation lebendig werden. Originales Arbeitsgerät der Hutmacherkunst sowie filmische Darstellungen auf den „intelligenten Wänden“ des Fabrikationsregales zeigen die faszinierende Welt der Hutproduktion.

Die Installation „Huttornado“ der Künstlerin Anja Luithle wirkt, als würden die auf den sechs Stahlstangen schwebenden Hüte aus dem Fabrikationskubus hinausgeschleudert werden. Die weißen Hüte aller Formen winden sich dann mit dem Kunstwerk vom Boden bis zur Decke und geben der Ausstellung ihre Dynamik. Und obwohl Schauen und Staunen zwar spannend ist, bringt doch erst das Selbermachen Erfahrung. So darf zum Beispiel am Mitmachtisch zum Thema Flechten selbst Hand angelegt werden und bei der Hutprobierstation findet jeder heraus, unter welchen Hut er passt.

Veranstaltungen und Sonderausstellungen – immer etwas Besonderes

Die originellen Veranstaltungen des Museums sind bereits weithin bekannt und begeistern Alt und Jung gleichermaßen. Hier leistet für die Kleinen die Museumspädagogik mit Mitmachaktionen, Schul- und Kindergartenveranstaltungen sowie der Organisation von Kindergeburtstagen ganze Arbeit. Regelmäßig gibt es öffentliche Familienführungen sowie öffentliche Sonntagsführungen durch die Dauerausstellung. Daneben bietet das Haus hochkarätige Kunstausstellungen an, die sich nicht vor denen anderer Kunsthäuser verstecken müssen. Wer neugierig ist und ein Interesse an Allgäuer Geschichte, sowie Kreativität und Kunst ganz allgemein hat, ist hier auf jeden Fall richtig.

Deutsches Hutmuseum

Museumsplatz 1,
D-88161 Lindenberg
Tel. +49 (0)83 81-9 28 43 20
hutmuseum@lindenberg.de
www.deutsches-hutmuseum.de

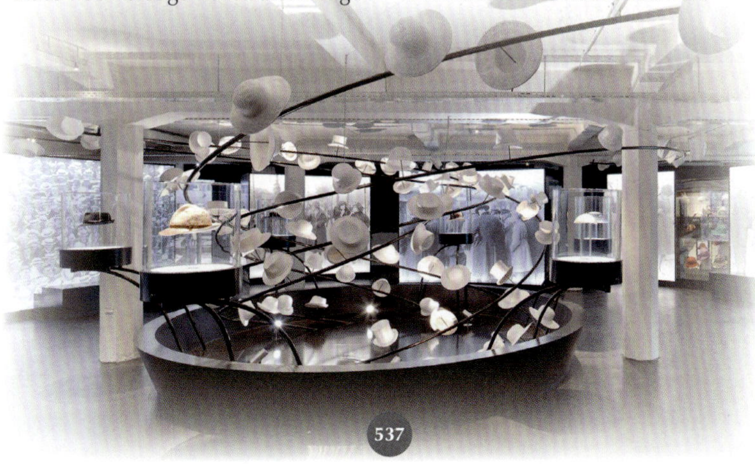

Der Hutspezialist

Mayser GmbH & Co KG, Lindenberg

Die Hutfabrik Mayser zählt zu den ältesten der Welt. Im Jahr 1800 begann die Erfolgsgeschichte mit der Produktion handgefertigter Filzhüte für Herren, Damenhüte kamen 1924 dazu und untermauerten den rasanten Aufstieg des Unternehmens. Heute, über 200 Jahre später, stellt die Hutmanufaktur Mayser noch immer mit viel Liebe für schöne Kopfbedeckungen und einem untrüglichen Sinn für Stil hochwertige Hüte her – mit dem Verkauf von 350.000 Hüten jährlich in 44 Ländern der Welt ist sie eines der führenden Unternehmen der Branche.

Höchste Qualität für jeden Kopf

Inspiriert von den Trends und Messen der Modewelt entwerfen die regelmäßig preisgekrönten Modistinnen der Mayser´schen Hutschmiede zwei Kollektionen pro Jahr mit jeweils 200 neuen Modellen. Dabei ist eines sicher: es handelt sich bei allen Hüten um handgemachte, ausschließlich in Europa gefertigte Modelle, die ihre Perfektion der Handwerkskunst und der Detailliebe der hoch qualifizierten Mitarbeiter der Firma Mayser verdanken.

Immer noch oben ohne?

Für echte Hutträger ist Mayser natürlich ein Begriff, doch was ist mit all jenen, die noch nie einen Hut besaßen und auch nicht daran denken, sich einen Hut zu kaufen? Mit der neuen Linie „MICHAEL ZECHBAUER style for men“ will Mayser-Gesellschafter und Namensgeber der Kollektion Michael Zechbauer das Tragen von Hüten wieder in alle Alters- und Gesellschaftsschichten bringen.

Das Sortiment setzt ganz bewusst auf Wertigkeit, Lässigkeit und Individualität. Sie ist wunderbar gelungen und besticht durch edle Materialien, eine maskulin-lässige Optik und raffinierte Details. In den aufwendig konzipierten Katalogen präsentieren namhafte Schauspieler wie zum Beispiel Michael Mendl, Gedeon Burkhard, John Friedmann und Christian Kohlund die Kollektion. Damit die heutige Art, Hut zu tragen Schule macht.

Mayser GmbH & Co KG

Bismarckstraße 2
D-88161 Lindenberg
Tel. +49 (0)8381-5070
Fax +49 (0) 8381-507101
kopfbedeckungen@mayser.com
www.mayser-kopfbedeckungen.de

Mayser-Outlet Öffnungszeiten:

Mo bis Fr. von 9.00-12.30 Uhr,
und von 14.00 - 18.00 Uhr,
Samstags von 9.00 - 13.00 Uhr.

Zu jedem Anlass gut behütet

Hutfabrik Seeberger

Wer sie hat, dem bleibt sie ein Leben lang. Die Rede ist hier von einer Schwäche, nein einer Leidenschaft für Hüte. Dass diese charmante Eigenheit sogar vererbt werden kann, beweist die Hutfabrik Seeberger, die in Weiler-Simmerberg mittlerweile in 4. Generation im Familienbesitz Hüte, Mützen, Schals und diverse Accessoires in hervorragender, handwerklicher Qualität herstellt.
Zuerst wurden in aufwendiger Handarbeit nur Erntehüte aus Stroh produziert. Erst einmal nur für Männer – die Damenwelt hat ganze 45 Jahre lang das Nachsehen.

Über 125 Jahre später stehen die Damen im Fokus. Mit zwei bis vier Kollektionen jährlich ist das Unternehmen heute in 40 Ländern erfolgreich – weil Handwerk, Tradition und gutes Design einfach nie aus der Mode kommen.
Guter Stil ist eben zeitlos. Genauso wie ein schöner Hut oder ein anderes Accessoire aus dem Hause Seeberger.

Eine Frage des Fingerspitzengefühls und der Erfahrung

Die Hutmacherei hat im Allgäu eine lange Tradition, kurz vor der Jahrhundertwende erlebte die Hutfertigung ihre

werden. Ist die Hutform zu heiß oder der Zeitraum zu lang, verbrennt das Material. Zu kurz oder zu kalt gezogen, behält der Hut seine Form nicht. Gute Qualität braucht eben Gefühl und Erfahrung. Anschließend werden die Nähte gesetzt und das Innenband, Ziernähte und die individuelle Garnitur aufgebracht. Fast jeder Arbeitsschritt erfolgt über eine spezielle Maschine, die schon seit über 100 Jahren dafür eingesetzt wird. Dann sanftes Bürsten, Dämpfen, Schleifen oder Streifen und die sorgfältige Verzierung mit Hutband, Stoff, Schnalle, Emblem oder Feder. Fertig ist der Hut aus der Manufaktur Seeberger. Jeder einzelne ein ganz besonderes Statement für Stil und Qualität. Seit über 125 Jahren.

erste Blütezeit, in der auch die Gebrüder Seeberger in Weiler Fuß fassten. Damals wie heute entstand ein Strohhut aus einem so genannten Rohstumpen. In der Manufaktur erhalten sie dann ihre endgültige Form – durch handgearbeitete, teilweise über 125 Jahre alte Vorlagen aus Holz und Metall. Dabei ist Fingerspitzengefühl gefragt. Denn die Formgebung über die Hutform kann nur von geübten Händen ausgeführt

Hutfabrik Seeberger GmbH & Co. KG

Alois-von-Brinz-Str. 26
D-88171 Weiler-Simmerberg
Tel. +49 (0)83 87-92 32-0
Fax +49 (0)83 87-92 32-32
info@seeberger-hats.com
www.seeberger-hats.com

Öffnungszeiten Factory-Outlet:

Mo bis Fr. 10–18 Uhr, Sa. 10–16 Uhr
Tel: +49 (0)8387-92 32 46

Zu jedem Kopf gehört ein Hut

Faustmann Hüte & Mützen e.K.

Die Hutmanufaktur Faustmann beweist, dass traditionelle Handwerkskunst von Menschen allen Alters geschätzt wird. Hier werden hochwertige Kopfbedeckungen gefertigt, die sich von der Masse abheben. Das Unternehmen setzt auf Individualität und Kreativität. Diese beiden Eigenschaften und das handwerkliche Geschick der Mitarbeiter bilden die Grundlage für den Erfolg dieser bayerischen Hutmanufaktur.

Die Produktpalette des Labels „Faustmann – Hats for life" könnte nicht umfangreicher sein. Sie umfasst vom traditionellen Filzhut über sommerliche Strohhüte bis hin zum aufwendigen Panamahut alles, was der Hutliebhaber begehrt. Das Sortiment richtet sich an Menschen aller Altersklassen.

Dass es tatsächlich für jedermann und -frau die perfekte Kopfbedeckung gibt, beweist ein Blick auf die Homepage des Unternehmens. Hier zeigt sich, mit wieviel Engagement und Leidenschaft an den Kollektionen für die Sommer- und Wintersaison gearbeitet wird und wie sich der alpine Lifestyle aktuell präsentiert.

Das aktuelle Sortiment wird ständig auf Fachbesucherausstellungen und Events vorgestellt und ist im gut sortierten Fachhandel erhältlich.

Lagerverkauf

Außerdem bietet der Outlet-Lager-Verkauf in Unteregg eine riesige Auswahl der Kollektionen zu interessanten Preisen. Der Verkauf ist von Montag bis Freitag von 8 bis 12 und von 13 bis 17 Uhr und am Samstag von 9.30 bis 12 Uhr (von März bis September jeweils nur am 1. Samstag eines Monats) geöffnet.

Faustmann Hüte & Mützen e.K.

Inh. Markus Faustmann
Mindeltalstr.23
D-87782 Unteregg
Tel. +49 (0)8269-9 6 99 29-0
Fax +49 (0)8269-96 99 29-40
info@faustmann.cc
www.hut-faustmann.de

Tragträume

Jutta Prinz

In ihrem kleinen Atelier in Altusried im Allgäu hat Jutta Prinz ihr Label „Tragträume" im Alleingang gegründet. Schon in ihrer Kindheit schaute sie in der Nähstube ihrer Mutter mit Begeisterung über die Schulter. Daraus entwikkelte sich die Idee etwas Eigenes aus besonderen Stoffen zu entwerfen. Für ihr Label „Tragträume" ist Jutta Prinz ständig auf der Suche nach den besten Schnittmustern und schönsten Stoffen aus aller Welt. Und so entstehen die einzigartigen, mit Herzblut handgefertigten Unikate. Stilvolle Dirndl und Röcke, Damenoberteile, liebevoll verarbeitet, zeichnen ihre Kollektion aus.

Kräuterstadl

Darüber hinaus ist die dreifache Mutter qualifizierte Gartenbäuerin mit dem Schwerpunkt Kräuter. Hunderttausende Jahre lang waren Heilkräuter die einzi-

gen Arzneimittel der Menschheit. Mehr denn je ist es heute notwendig, sich der heilenden Kräfte der Natur zu erinnern. Heilpflanzen sind ein Segen; der Mensch muss sie nur finden und ihre Anwendung und Wirkung kennen. Die Zubereitungen sind einfach erlernbar, haben bei richtiger Anwendung so gut wie keine Nebenwirkungen und die Wirkung ist überzeugend. Jutta Prinz bietet in ihrem bezaubernden Kräuterstadl Seminare für Gruppen ab 6 Personen an, um die Heilkraft der Pflanzen nutzen zu lernen.

Schafwolldecken aus Handarbeit

„Eine Handvoll Schafwolle ist die halbe Hausapotheke". Naturbelassene Schafschurwolle ist wegen ihrer gesundheitsfördernden und heilenden Wirkung eine der wertvollsten Materialien, die wir für eine Bettausstattung (Ober –Unterbett, Kopfkissen) verwenden können. Schafschurwolle liefert ein perfektes Mikroklima im Bett: trocken und warm = Wohlfühlklima. Bereits unsere Vorfahren wussten über die Wirkung von Schafwolle bei Leiden wie Ischias, Hexenschuss, Migräne, Nacken-Gelenkschmerzen, Rheuma, Muskel-Nervenschmerzen… Naturbelassene Schafwolle ist feuchtigkeits- und temperaturausgleichend und hat antiseptische Eigenschaften.

Jutta Prinz fertigt in Handarbeit Schafwolldecken, Kissen, sowie auch Matratzenauflagen in verschiedenen Größen und auch als Maßanfertigung an. Dieses uralte Handwerk hat sie von einer 80-jährigen Frau aus Unterammergau beigebracht bekommen. Die Wolle wird schonend von Hand gewaschen, so dass ein Teil des Wollfetts erhalten bleibt. Laugen würden den medizinischen Effekt zerstören.

Tragträume

Jutta Prinz
Figlers 2, D-87452 Altusried
Tel. +49 (0)83 73-92 19 69
Mobil: 0179-5 71 33 03
prinz.retrodesign@gmail.com
www.juttaprinz.de

Tracht und Co. von traditionell bis modern

Alpenstyle Pfronten

Die Tracht gehört natürlich zum Allgäu wie die Berge und so hat die Schneidermeisterin Andrea Geiger ihr kleines, feines Bekleidungsgeschäft "Alpenstyle" in Pfronten gegründet. Doch nicht nur traditionelle und moderne Trachten sind hier zu finden, auch brandaktuelle oder klassische Mode ist im Angebot. Auf Vielseitigkeit legt sie Wert und auf hochwertige Stoffe und Materialien. Das macht sich gleich beim ersten Anfas-

sen der Kleidung bemerkbar, denn man spürt sofort die Wertigkeit der Stücke und das Sortiment lässt auf ein sicheres Gespür für Stil und Geschmack schließen. Große Marken wie Giesswein und Heidi steuern attraktive, abwechslungsreiche Kombinationen in verschiedenen Stilrichtungen bei.

Shopping-Stress ist out

Und davon ist man im Alpenstyle wirklich sehr weit entfernt. Die gemütliche, familiäre Atmosphäre trägt zur Entspannung bei und die Beratung von Andrea Geiger und ihrem Team wischt auch die letzten Unsicherheiten beiseite. Fast fühlt man sich unter Freundinnen und bei einer guten Tasse Kaffee kann man die eigenen Vorstellungen besprechen und genau die passenden Modelle finden. Was nicht passt, wird passend gemacht

Sollte das Traumkleid nicht ganz hundertprozentig sitzen, so werden die notwendigen Änderungen direkt bei der Anprobe abgesteckt und in der zugehörigen Schneiderei in kurzer Zeit umgesetzt. Passt nicht – gibt´s nicht bei Alpenstyle und so kann schon nach kurzer Zeit der neue Blickfang für die unterschiedlichsten Anlässe nach Hause geholt werden.

Alpenstyle
Allgäuer Straße 26
D-87459 Pfronten
Tel. +49 (0)83 63-81 71
info@alpenstyle.de
www.alpenstyle.de

Trachten für Groß und Klein

s'Dirndlchen

Seit März 2011 bietet s`Dirndlchen in Kaufbeuren-Oberbeuren Trachtenmoden für Jung und Alt. Hier werden neue und gebrauchte Trachten mit Leidenschaft und Kompetenz verkauft.

Gerade in der heutigen Zeit, in der mit Rohstoffen sorgsam umgegangen

werden sollte, empfiehlt es sich, auch gebrauchte Trachten zu kaufen. Wegen ihrer hochwertigen Verarbeitung sind diese von den Neuen nicht zu unterscheiden.
Das breite Sortiment wird ständig erweitert und Kundenwünschen angepasst. Besonders ist auch, dass vieles individuell angefertigt wird. So finden sich Schürzen aus edlen Stoffen mit gegebenenfalls passenden Schals und Taschen, handgestickte Edelweißhosenträger auf Maß und Krabbelpuschen für die Kleinsten. Selbst Schmuck, der vom Rosenatelier Fink bezogen wird, ist ganz den Farben der neuen Tracht angepasst.
Viele Accessoires werden im Allgäu gefertigt – praktisch Unikate „handmade".
In dem vielfältigen Angebot findet sich Tracht von traditionell bis modern, für Klein und Groß. Auch Vereine kommen im Dirndlchen nicht zu kurz. Außerdem ist man immer auf der Suche nach dem Besonderen und bringt von Messebesuchen die neuesten Trends mit.
Vieles davon eignet sich auch gut als Geschenkartikel, und das nicht nur für Damen. Das Dirndlchen bietet spezielle Mitbringsel für Männer, wie Rehfußmesser, Charivaris, Flaschenöffner mit Horn, Schlüsselbänder oder auch Trachtenunterhosen. Für die kleinen Kunden werden Trachtenröcke und bequeme Trachtenhosen in Lederoptik angeboten.
Wer gerne in Ruhe und ohne Trubel einkaufen will, kann jederzeit einen Termin außerhalb der regulären Öffnungszeiten vereinbaren und sich individuell beraten lassen. So sind auch Änderungen an der Tracht durch die Zusammenarbeit mit einer Änderungsschneiderei kein Problem.
Bei individueller und ehrlicher Beratung findet jeder Kunde das passende Dirndl oder die richtige Lederhose – schließlich soll man sich in der neuen Tracht wohlfühlen.

s`Dirndlchen
Tracht für Groß und Klein
Sonja Steiner
St.-Cosmas-Straße 3
D-87600 Kaufbeuren-Oberbeuren
Tel. +49 (0)1 51-20 46 15 06
steiner.sonja@t-online.de
www.dirndlchen.de

Lodenkleidung für Berg und Tal

Wildfräulein Bad Grönenbach

Einmal Loden – immer Loden. Das hört man oft und wer eines der wunderbaren Lodenstücke aus der Kollektion "Wildfräulein" sein Eigen nennt, wird das gerne bestätigen.
Qualität und professionelles, handwerkliches Arbeiten sind wichtig in der Wildfräuleinwelt, ebenso wie Nachhaltigkeit und Regionalität.

Modernes Design mit hoher Funktionalität

Kräftige, gelungene Farbkombinationen stehen hier zur Auswahl und die hochwertigen Stoffe werden samt und sonders aus 100 % Schafschurwolle in Bayern und Tirol gefertigt. Kombiniert mit der Kreativität und Flexibilität des "Wildfräuleins" Sabine Manteuffel, ih-

res Zeichens Bühnen- und Kostümbildnerin, entstehen traditionell-moderne Kunstwerke, die so vielen Ansprüchen genügen können wie kaum ein anderes Kleidungsstück: sie sind bequem, wind- und wasserabweisend, temperaturregulierend, atmungsaktiv, "dreckeln" nicht, nehmen keine Gerüche an, sind alltags- und outdoortauglich, gleichzeitig aber auch schick, dazu noch sind sie wunderbar weich und angenehm zu tragen.

Und das Beste: kein Stück ist von der Stange, jedes wird liebevoll und kunstfertig in Handarbeit hergestellt, Änderungswünsche und sogar Maßanfertigungen sind jederzeit möglich.

Große Auswahl handgefertigter Lieblingsstücke

Das Sortiment ist für derart hochwertige Handarbeit riesig und umfasst verschiedene Jackenmodelle für Männer und Frauen, Damenwesten, Kurzmäntel, Hoodies, Röcke, eine ganze Palette an Accessoires von Loopschals über Stirnbänder, Mützen, Handschuhe bis hin zu Anhängern, Taschen und Rucksäcken.

Exklusiv und superschön

Ganz neu, exklusiv und superschön: die erste Skitourenhose für Frauen. Wie alle Stücke aus dem Atelier von Sabine Manteuffel verbindet die Hose aus leichtem Loden alle Vorteile der gewalkten Wolle mit größtmöglicher

Bequemlichkeit und lässigem, modernem Schick. Eine echte Bereicherung für aktive Frauen, aber auch hervorragend als Dauerbegleitung in der kalten Jahreszeit geeignet.

Wildfräulein Sabine Manteuffel

Nußbaumstraße 9
D-87730 Bad Grönenbach
Tel. +49 (0)83 34-3 18 70 17
info@wildfraeulein.de
www.wildfraeulein.de

Mitglied im Landhand Allgäu e.V. siehe Seite 474

Allgäuer Tradition, die weiterlebt

Leder Klaus Bensmann

In Bad Hindelang haben Klaus und Petra Bensmann ihre Manufaktur für Lederverarbeitung. In ihrer Werkstatt werden nach Maß und alter Tradition angefertigt: Hosen, Oberbekleidung, Gürtel, Taschen und Accessoires. Die absolute Spezialität der Ledermanufaktur ist die typische Allgäuer Trachtenhose aus sämisch gegerbtem Hirschleder. Die Trachtenhose wird für jeden maßgeschneidert und man bekommt sie auf Wunsch auch mit der traditionellen Handstickerei.
Die Hirsch- und Rindshäute für die Verarbeitung kommen aus der Region und werden in Deutschland sämisch bzw. pflanzlich gegerbt.

Trommelbau

In der Leder-Manufaktur finden auch Handwerkskurse für Rahmentrommelbau statt. Aus gewässerter Hirschrohhaut, runden Holzrahmen und Rohhautschnüren kann jeder Teilnehmer in einem Tag seine eigene Trommel bauen. Termine für die Kurse gibt es auf Anfrage sowohl für Einzelpersonen als auch für Gruppen.

Werkstatt-Besuch

Bei einem Besuch in Bad Hindelang gibt es Leder zum Anfassen. Ein paar

Modelle der Allgäuer Trachtenhosen hängen dort zur Ansicht, und man kann sich einen Eindruck darüber verschaffen, wie die maßangefertigten Unikate entstehen. Zu kaufen gibt es Taschen und eine große Auswahl an Gürteln, sowie Accessoires wie Brillenetuis und Geldbörsen. Natürlich alles handgefertigt und mit hiesigem Leder.

In der Ausstellung befindet sich auch die Galerie von Sohn Daniel Bensmann. Er malt Landschaftsmotive und Tiere aus seiner Heimat mit Tusche auf Hirschpergament und stellt seine Kunstwerke vor Ort aus. Ein Besuch in der Leder-Manufaktur Bensmann lohnt sich also in mehrfacher Hinsicht!

Leder Klaus Bensmann

Klaus Bensmann
Ostrachstr. 38
D-87541 Bad Hindelang
Tel. +49 (0)8324-9 53 97 02
info@kb-leder.de
www.kb-leder.de

Öffnungszeiten:

Dienstag bis Freitag: 10 – 17 Uhr
Samstag: 10 – 16 Uhr

Mitglied im Landhand Allgäu e.V. siehe Seite 474

Exklusive Dirndl und Trachten aus dem Allgäu

Familienurlaub vom Feinsten

Egal ob Volksfest, Trachten-Hochzeit oder ein traditionelles Familienfest – AlpenHerz hat für jeden Anlass das perfekte Trachtenoutfit für Damen und Herren. In liebevoller Handarbeit und mit hochwertigen Materialien zaubern die hauseigenen Designer zeitlose Schönheiten mit traditionellen Trachtenstoffen, aber auch exklusiven Web- und Spitzenstoffen, vornehmlich aus der EU angewebt. Damit nicht genug, nach Wunsch gibt es auch eine eigene Maßanfertigung für Damen und Herren.

Im Atelier im Herzen von Kempten gibt es eine beachtliche Auswahl an exklusiven Einzelstücken, traumhaften Festtagsdirndl, Brautdirndl, Hochzeitsdirndl und natürlich auch eine große Herren-Kollektion. Wer zu weit weg wohnt, der kann sich im Online-Shop den ganz eigenen Trachten Fashion Look bis auf das letzte Detail für Sie und Ihn zusammenstellen – oder einen

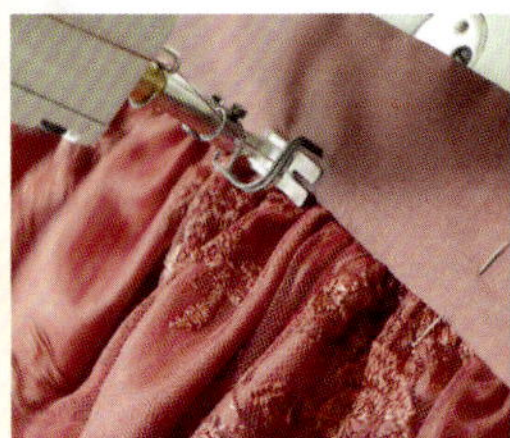

AlpenHerz GmbH

Salzstr. 29, 87435 Kempten
Tel.: +49 (0)831-52381771
kontakt@alpenherz.de
www.alpenherz.de

Öffnungszeiten

Dienstag bis Freitag
9:30–18:00 Uhr,
Samstag 9:30–16:00 Uhr,
Montag geschlossen.

der zahlreichen Handelspartner in Deutschland, Österreich und Schweiz besuchen. Auch die Presse und VIPs sind begeistert von den einzigartigen Designer-Dirndl und trendigen Trachten.
Berühmte Schauspielerinnen, TV-Stars und Moderatorinnen erscheinen immer wieder in der wunderschönen Trachten-Mode. Darüber hinaus kann man immer wieder das AlpenHerz in den deutschen Magazinen und TV-Berichten entdecken. Die Trachtenmanufaktur verkörpert Heimatliebe und Mode in einem und ist somit seit langem unter Stars geschätzt.
Neben Tracht werden auch Mode und Accessoires in großer Auswahl geführt.

Kreatives nach Maß

Schneiderei Wiesenstern

Früh übt sich, wer ein Meister werden will! Judith Wößner aus Ummenhofen bei Jengen hat schon bei ihrer Oma Inge über die Schulter geschaut. Die Oma war Näherin und hat das begabte Enkelkind unterstützt und gefördert. Das Nähen war also schon immer Judiths große Leidenschaft. Obwohl Einige ihr abgeraten haben, hat sie das Handwerk zu ihrem Beruf machen wollen und lernte Damenschneiderin.

Sie traf die absolut richtige Entscheidung und näht nun in ihrer eigenen Schneiderei Wiesenstern alles, was das Kundenherz begehrt nach Maßanfertigung. Dafür verwendet sie am liebsten Naturfasern wie Baumwolle und Leinen. Auch Tracht näht die Schneiderin nach Maß und verbindet dabei die traditionellen Trachtenelemente mit ihren ganz eigenen kreativen und modernen Einfällen. Darüber hinaus sammelt sie auch alte Leinbettlaken, Nachthemden und allerlei handbestickte Weißwäsche aus Omas Zeiten und macht aus den feinen Stoffen neue Kleidung.

Judith Wößners Schneiderei ist ein Treffpunkt

für viele kreative Menschen, denn sie gibt auch Nähkurse für Erwachsene und Kinder. Groß und Klein darf sich da an der Nähmaschine ausprobieren. Während Erwachsene mit ihrer eigenen Tasche oder einem einfachen Sommertopp nach Hause gehen, machen die Kinder ihr eigenes Duft-Memory aus selbst genähten kleinen Duft-Beutelchen.
Auf vielen Märkten in der Umgebung ist die Schneiderei Wiesenstern ebenfalls vertreten. Judith Wößner verkauft dort ihre Dirndl-Täschchen, genähte Kleinigkeiten und zeigt einige ihrer Kleidungsstücke zum Anschauen.
Zum Maß nehmen kommt man dann am besten in ihre Schneiderei, weil jedes Stück ein Unikat ist!

Schneiderei Wiesenstern

Judith Wößner
St.-Antonius-Str.16
D-86860 Jengen
Tel. +49 (0)8246-9698233
j.wiesenstern@web.de
www.wiesenstern.com
Termine nach Absprache

Mitglied im Landhand Allgäu e.V. siehe Seite 474

Atelier Schöffmann

Maßschneiderei

Maßkleidung vermag die eigene Persönlichkeit einzigartig zu unterstreichen. Sie zeichnet sich aus durch perfekte Passform, einen unvergleichlichen Tragekomfort, lange Lebensdauer und qualitativ hochwertige Verarbeitung.
Gabriele Schöffmann ist eine Schneidermeisterin mit jahrzehntelanger Erfahrung. Spezialisiert ist sie unter anderem auf die Fertigung historischer Trachten, vor allem aus Österreich und Süddeutschland.
Qualitätsbewusstes Arbeiten unter Verwendung bester Materialien, wie auch Sorgfalt in den unterschiedlichsten Verarbeitungstechniken machen jedes der von ihr gefertigten Kleidungsstücke unverwechselbar.

In ihrem Ladengeschäft bietet Gabriele Schöffmann unter anderem eine erlesene Auswahl modischer Accessoires an.
Grundsätzlich sind der Fantasie keine Grenzen gesetzt. So sind originale Trachten für Damen und Herren, Dirndl und Trachtenmode, Braut- und Abendkleider, Tages- und Freizeitmode, Eislauf- und Tanzkostüme sowie Änderungen und Reparaturen möglich.

Atelier Schöffmann
Gabriele Schöffmann
Völkstraße 2a
D-87527 Sonthofen
Tel. +49 (0)8321 78 06 14
info@atelier-schoeffmann.com
www.atelier-schoeffmann.com

Dirndl und Trachten nach Maß

Trachtenschneiderei Vachenauer

Traditionell und trendig ist das Motto der gebürtigen Oberstdorferin, Juliane Vachenauer, mit dem sie ihr können in ihrer Schneiderei umsetzt.
Mit gerade mal 23 Jahren machte sich Juliane Vachenauer selbstständig, nachdem sie zunächst bei der

Gesellenprüfgung den Bundessieg ins Oberallgäu geholt und ihre Meisterprüfung als Trachtenschneiderin abgelegt hatte. Heute fertigt sie in ihrer Werkstatt in Langenwang vor allem die klassischen Trachtenarten, denen man im Allgäu begegnet.

Mit viel handwerklichem Geschick, mit Detailverliebtheit und kreativen Ideen geht Juliane Vachenauer ihrer Berufung nach.

Maßgeschneiderte Lodenbekleidung

Ein weiterer Schwerpunkt ihres Schaffens ist Lodenbekleidung, die sie individuell auf ihre neuen Besitzer zuschneidet und näht. Bei den Holzerkotzen und Wetterflecken, also Schulterumhängen und Ponchos, haben Jäger, Hirten und Holzer eigene Vorstellungen, wie die wetterfeste Bekleidung beschaffen sein muss, um bequem zu sein.
Vor allem die Arbeit an einer Hochzeitstracht ist für Juliane Vachenauer etwas ganz besonderes, in der sich die Trachtenschneiderin in einem Luxusberuf fühlt, in dem sie intensiv auf Ihre Kunden eingehen darf.

Trachtenschneiderei Vachenauer

Juliane Vachenauer
Wiesenweg 3
D-87538 Fischen-Langenwang
Tel. +49 (0)83 26-38 15 42
vachenauer@t-online.de

Handwerkerin aus Leidenschaft

Die Allgäuerin Julia Baiz

Mitten in Kempten befindet sich ein kleiner Handwerksbetrieb der ganz besonderen Art. Das Lederatelier von Julia Baiz bietet den Kunden liebevoll designte Taschen und Accessoires unter dem Label „JULEBaiz“, die von der Betreiberin selbst mit viel handwerklichem Können und persönlicher Hingabe hergestellt werden. Das Sortiment umfasst zahlreiche Einzelstücke und Kleinserien aus hochwertigem Naturleder, die im Atelier vor Ort nach Terminvereinbarung per Mail oder Telefon und auf Handwerkermärkten erhältlich sind.
Julia Baiz hat sich mit Ihrem Lederatelier einen großen Wunsch erfüllt. Die Grundlage dafür legte sie bereits mit ihrer Ausbildung zur Orthopädieschuhmachermeisterin, wo sie alle handwerklichen Fertigkeiten von der Pike auf erlernte. Das Arbeitsmaterial Leder steht nach wie vor im Mittelpunkt ihrer täglichen Arbeit. Sie achtet stets darauf, nachhaltig einzukaufen.
Ihre Lederprodukte sind aus pflanzlich gegerbtem Leder gefertigt, das keinerlei chemische Zusätze enthält. Damit folgt sie ganz klar ihrer Firmenphilosophie, in der Ökologie und Umweltschutz fest verankert sind.
Neben der Gestaltung neuer Taschen und Accessoires übernimmt Julia Baiz auch Auftragsarbeiten. Die Anfertigung von Lederprodukten nach Vorlage und die Reparatur verschiedenster Lederartikel sind wunderbare Herausforderungen, denen sich die Handwerkerin immer wieder gern stellt.

Julia Baiz Lederatelier
Immenstädter Str. 30
D-87435 Kempten
Tel. +49 (0)831-
96 09 16 80
Mobil:
01 76-96 47 49 77
info@leder-baiz.de
www.leder-baiz.de

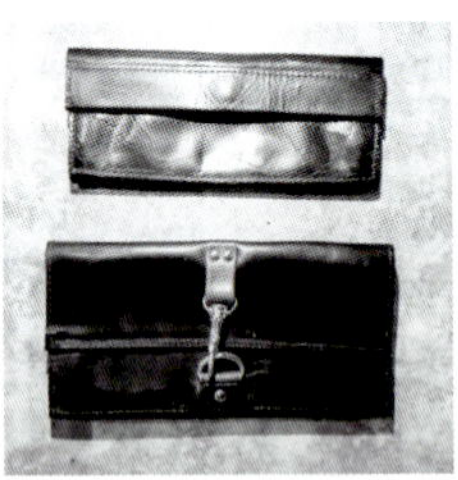

Mitglied im Landhand Allgäu e.V. siehe Seite 474

Wo das Leder kracht: Traditionelles Handwerk

Bär Leder & Tracht

Wer einer Lederhose fertigt, der sollte Verbundenheit zur Tradition verspüren. Nur dann nämlich nimmt man die Mühen der Maßanfertigung von Sämisch-Hirschlederhosen mit individuellen Stickereien auf sich. So wie Manfred Bär. Handarbeit ist für ihn auch in der hochmodernen Welt kein Schimpfwort, sondern eine Tugend.

Alt ist im Trend

Bei „Bär Leder & Tracht" gibt es sie noch: hochwertige Hirschlederhosen in Altleder-Optik. Schön geschliffen und gespeckt, so müssen sie nach Manfred Bärs Geschmack aussehen. Authentisch eben. Die optimale Länge ist die klassische Plattler-Länge. Sie endet einen Fingerbreit über dem Knie. Dabei liegen alle Arten von kurzen „Krachledernen" im Trend. Dem Kunden selbst ist es überlassen, ob er sich für die hand- oder maschinenbestickte Variante entscheidet. Und wem die Altleder-Optik nicht zusagt, der kann sich auch für eine klassische Hose entscheiden. Gehalten sind die Kleidungsstücke im Stile der Miesbacher und Werdenfelser Tracht. Gleichwohl bricht das Angebot nicht gleich nach den Lederhosen ab. Ein Mann, der nichts weiter am Leibe trägt als eine Lederhose, ist schließlich auch nur ein halber Mann. Individuell bestickte Westen, Hemden und Hosenträger gibt es ebenfalls. Ganz neu sind dabei die gelaserten beziehungsweise gestickten Einzelstücke an Trägern und Gürtelschnallen.

Öffnungszeiten: Mi. bis Fr. von 14 bis 18 Uhr, Sa., von 10 bis 13 Uhr.

Bär Leder & Tracht
Wegäcker 1
D-86925 Fuchstal/Leeder
Tel. +49 (0)8243 961081
Fax +49 (0)8243 961343
info@leder-trachten.com
www.leder-trachten.com

Tracht mit frischem Wind

Ela's Alpenliebelei

Wie kann man Kunden für ein Trachtengeschäft gewinnen, wo es doch so viele im Allgäu gibt – diese Frage stellte sich auch Manuela Wegener, als sie Anfang 2018 ihre Trachtenalm eröffnete. Das Geschäft bereicherte schon lange die Sonthofener Geschäftswelt, hatte aber seinen Charme verloren und verlangte nach frischem Wind.

Mit viel Fingerspitzengefühl und einem feinen Gespür für Trachtenmode verleiht die Inhaberin heute mit modischen Trends ihrem Sortiment den nötigen Esprit, um anders zu sein, als andere. Passende Accessoires wie Taschen, Gürtel und Schmuck bereichern ihr Angebot. Die Schaufenster des Ladengeschäftes geben Tipps für die Gestaltungsmöglichkeiten von Trachtenmode, in der hochwertige Einzelstücke mit gängiger Alltagsmode kombiniert werden. Dies schafft Mehrwert, kann doch die Kleidung täglich und zu jedem Anlass getragen werden. Und das zu einem interessanten Preis-Leistungsverhältnis.

Individuell, nach eigenem Geschmack und Modebewusstsein, einkleiden oder einfach mit einem modischen Accessoire oder italienschen Schuhen das eigene Outfit aufwerten – für jeden Kundenwunsch hat Manuela Wegener ein offenes Ohr und die passende Idee.

Ela's Alpenliebelei

Manuela Wegener
Bahnhofstr. 16a, Fußgängerzone
D-87527 Sonthofen
Tel. +49 (0)8321 88 408
info@elas-trachtenalm.de
www.elas-trachtenalm.de

Modernste Orthopädie-Schuhtechnik neben traditioneller Schuhmacherkunst

Gesunde Schuhe und Bergsport Nöß

Der alteingesessene Meisterbetrieb in Pfronten vereint Tradition und Moderne geschickt und zum Besten der Kunden. Hier werden wie in den Anfangsjahren des Betriebes 1865 Schuhe, Gürtel oder auch Taschen repariert und vor allem die traditionellen Haferlschuhe hergestellt für letztere kann man heutzutage bei einem Haferlschuh-Workshop sogar selbst Hand anlegen – eine interessante und bereichernde Erfahrung. Sich perfekt ergänzend greift auf der anderen Seite die moderne Orthopädie-Schuhtechnik mit hinein in den Meisterbetrieb. Ob Schuheinlagen, Maßanfertigung, Schuhzurichtung oder Diabetes Vorsorge, alles rund um den gesunden Schuh und dementsprechend den gesunden Fuß ist im Angebot. Im Allgäuer Voralpenland liegt es natürlich auch nah, dass ein feines, ausgesuchtes Bergsport-Sortiment im Laden steht. So kann sich hier jeder rüsten, wie und wofür er möchte.

Gesunde Schuhe/Bergsport
Markus Nöß
Tiroler Straße 62, D-87459 Pfronten
Tel. +49 (0)83 63 -16 34
Fax +49 (0)83 63 -63 83
info@gesunde-schuhe-noess.de
www.gesunde-schuhe-noess.de

Mitglied im Landhand Allgäu e.V. siehe Seite 474

Schuhmacher's Rappen im Kuhkleid – einzigartig im Allgäu

Schuhmanufaktur Keller

Die Spezialität der bereits seit 1943 bestehenden traditionellen Schuhmanufaktur Keller sind Holzschuhe. Nun sind Holzschuhe an sich ja nichts Besonderes, man findet sie im holländischen Nachbarland genauso wie mittlerweile, je nach Mode, in nahezu jedem Schuhladen. Das Einzigartige an den Kierwanger Meisterwerken sind die Auswahl der ausschließlich natürlichen Materialien, sowie die Kombination mit den Fellen braungescheckter Normandie-Rinder, die jeden Schuh zum Einzelstück machen. Und nicht zuletzt überzeugt die hervorragende Verarbeitung, die noch immer größtenteils von Hand, mit viel Fachkenntnis und Liebe erfolgt, auch anspruchsvollste Kundschaft.

Holzschuhe – ganz schön hart, oder?

Wer das glaubt, kennt einfach noch nicht die Richtigen. Die Holzschuhe der in dritter Generation geführten Schuhmanufaktur Keller werden aus feinem, hochwertigem Pappelholz gefertigt. Die Rohlinge fertigen die Schuhmacher in sinnvoller "machine-sharing"-Manier bei einem benachbarten Tischler, belegen sie mit einer robusten Gummisohle und versehen sie dann in sorgfältiger Kleinarbeit mit einem hervorragenden Gesundheits-Fußbett. Dieses wird direkt ins Holz gefräst, gefeilt und geschliffen, sowie bei Bedarf individuell an den Fuß des Kunden angepasst. Den Schleifkopf für die Feinarbeiten hat Alfred Keller selbst entwickelt und hergestellt – das ist echte Handwerkskunst vom Feinsten. Und da Pappelholz wunderbar weich, leicht und warm ist, bietet es die perfekte Grundlage für den Holzschuh. Aus großen Kuhhäuten werden dann die passenden Flecken für die Schuhoberteile heraus gestanzt und vernäht. Die Oberseite des strapazierfähigen Kuhfelles ist weich und geschmeidig. Ergänzt man das Ganze mit kuschelwarmem Lammfell als Futter, ist der perfekte Holzschuh schon fertig.
Die neuen Lieblingsschuhe stehen bereit für Haus und Hof, oder auch als origineller Blickfang zur Tracht beim Ausgehen. Dabei sind sie nahezu unverwüstlich und benötigen eigentlich keine Pflege – höchstens mal ein bisschen Wasser.

Das breite Sortiment neben dem Highlight

Die Schuhmanufaktur stellt daneben aber auch noch hochwertige Arbeits-

schuhe für Forstarbeiter und Alphirten her. Und zu guter Letzt können die Kellers auch noch schick – mit ihren traditionellen Haferlschuhen, die bei keiner Tracht fehlen dürfen, aber auch als origineller Akzent zum feinen Anzug oder zur Jeans getragen werden können. Die wertvollen Schuhe werden in ca. 200 Arbeitsschritten hand- und maßgefertigt und begleiten ihre Besitzer viele Jahre lang.

Schuh-Keller

Ortsstraße 21, Kierwang
D-87538 Bolsterlang
Tel. +49 (0)8326 7550
kontakt@keller-schuh.de
www.keller-schuh.de

Bio-Mode zum Wohlfühlen

BioTextilien-Allgäu

Inmitten von Altusried liegt das 180 qm große Ladengeschäft, das ein breites Sortiment an Naturmode anzubieten hat. Hier finden die Kunden Kleidung und Heimtextilien, die ökologisch, nachhaltig und fair hergestellt worden sind. In der Wohlfühlatmosphäre des Ladengeschäfts besteht von der Nacht- und Unterwäsche über Oberbekleidung und Funktionswäsche bis hin zu Bad- und Bettwäsche alles aus Naturfasern in Bio-Qualität.
Dabei präsentieren sich die Produkte mal zeitlos und mal modisch, bestehen dabei aber immer aus natürlichen Materialien, die einen hohen Tragekomfort versprechen. Als Hauptmaterialien dienen Baumwolle, Schurwolle, Hanf und eine Kombination aus Wolle und Seide. Im Trend liegen aber auch neue Naturfasern aus Zellulose wie Tencel und Modal. Bei der großen Auswahl an Woll-Jacken, Oberbekleidung aus Wolle, Baumwolle und Hanf, Wäsche

aus Baumwolle oder einer temperaturausgleichenden Wolle-Seide-Mischung und Accessoires aus hochwertigen Naturfasern, findet jeder schnell sein neues Lieblingsstück.

An den Nachwuchs wurde bei der Einrichtung auch gedacht: In einer kleinen Spielecke können sich die Kinder vergnügen, während die Eltern in Ruhe ihre Einkäufe machen. Für Babys und Kinder bis Größe 152 findet sich bei BioTextilien-Allgäu aktuelle Bio-Mode ebenso wie klassische Walk- und Strickkleidung aus hochwertiger Merinowolle. Dabei stehen die Motive und die Auswahl der regulären Kindermode in nichts nach – modische Designs gibt es ebenso wie beliebte Kindermotive wie Einhörner, Baumaschinen und Drachen. Und für all jene, denen der Weg nach Altusried zu weit ist, sei der Online-Shop des Unternehmens empfohlen, in dem man bequem von zuhause aus einkaufen kann.

BioTextilien Allgäu

Hauptstr. 33, D-87452 Altusried
Tel. +49 (0)8373-92 12 00
info@biotextilien-allgaeu.de
www.biotextilien-allgaeu.de

Kleiner Laden voller Modetrends

Die Tasche, Fuchstal-Leeder

Die liebevoll renovierte Werkstatt lässt schon von außen erahnen, was sich dann innen bestätigt: Hier hat jemand ein Händchen für alles, was das Auge erfreut. Dieser Jemand ist Christa Egner, die mit Leidenschaft und großem Geschick ihre Boutique "Die Tasche" führt. Doch wer glaubt, hier lediglich schöne Taschen und nette Accessoires zu finden, wird sehr angenehm überrascht, denn "Die Tasche" hat viel mehr zu bieten. Hier kann Frau sich einkleiden - nicht nur zu einer Gelegenheit. Das Angebot deckt viele Stilrichtungen von klassisch-elegant über romantisch-verspielt oder auch mal frech-fröhlich ab. Auf wenigen Quadratmetern gibt es zu den wertigen Kleidungsstücken auch noch einen Blickfang nach dem anderen wie Uhren, Schals, Gürtel oder Schmuck und natürlich - man ahnt es schon - Taschen in vielen Varianten. Reinschauen lohnt sich.

Die Tasche – Mode & Accessoires
Schulstr. 1, D-86925 Fuchstal-Leeder
Tel. +49 (0)82 43-96 15 04
www.facebook.com/
dietaschemodeaccessoires
www.instagram.com/dietaschemode

Sei einmalig und habe Spaß daran!

Vogelwild Manufaktur Dietmannsried

Mit Mainstream konnte Dorothee Krier noch nie viel anfangen. Ihre Liebe zu den schönen, individuellen und extravaganten Dingen veranlassten die Wahl-Allgäuerin 2011 dazu, ihrem Jugendtraum zu folgen. Sie gibt ihren Beruf als PR-Beraterin auf und entwirft ihre eigene „vogelwilde" Textilkollektion. Taschen, Loops, Wohn- und Modeaccessoires – weit weg von Massenware und alles handgefertigt. Wer gerne auch mal auffallen möchte und die eigene Individualität liebt, der ist bei der Vogelwild Manufaktur genau richtig.

Im Frühjahr 2019 entschließt sich Dorothee Krier ausschließlich Schmuck zu kreieren. Dabei ist jeder Ohrring, jede Halskette und jedes Armband ein Unikat. Vor allem auf die Armbänder legt sie ihr Augenmerk: Nappalederbänder mit Halbedelsteinen, über Natursteinperlen-und Edelholzperlenbänder bis hin zu Ethnobänder mit Silber und Halbedelsteinen sind in ihrem Online-Shop zu finden. Die Designerin liebt es in kleinen traditionellen Geschäften zu stöbern, über Märkte zu schlendern und im Cafe sitzen. Nicht nur im Allgäu, auch auf ihren zahlreichen Reisen im In- und Ausland. Dabei lässt sie sich inspirieren und ihre Kreativität beflügeln.

Ihre handgefertigten Schmuckstücke verkauft Dorothee Krier in ihrem Online-Shop und auch in kleinen, ausgewählten Geschäften im Allgäu. Wer Lust auf vogelwilde Einblicke hat, der kann auch ihren Newsletter abonnieren.

Dabei informiert die Wahl-Allgäuerin nicht nur über ihre neuen Produkte der Vogelwild Manufaktur, sondern erzählt auch kleine Geschichten und gibt Inspirationen für Neues.

Vogelwild-Manufaktur
Dorothee Krier
Rudolfstr. 21
D-87463 Dietmannsried
Tel. +49 (0)8374-52 90
info@vogelwild-manufaktur.de
www.vogelwild-manufaktur.de

Maßarbeit für die strammen Waden

Trachtenstrümpfe von Veronika Wildegger

Dem doch oft recht kühlen und regnerischen Wetter in Deutschland ist es zu verdanken, dass Männer zu ihren Lederhosen Wollstrümpfe tragen. Wohlgemerkt Strümpfe und nicht Socken! Denn der entscheidende Unterschied zu den Socken ist, dass Strümpfe bis zum Knie gehen. Veronika Wildegger strickt in Ungerhausen Trachtenstrümpfe nach alten und neuen Mustern und erfüllt dabei auch Maß- und Musterwünsche. Das Stricken hat sie in jungen Jahren von ihrer Mutter gelernt, das Stricken ist seit Generationen schon eine Leidenschaft der Familie. Auch die Großmutter kannte noch die alten Techniken.

Damit die Trachtenstrümpfe die Waden der Herren ordentlich zieren, vermisst Veronika Wildegger die Beine und rechnet im Vorfeld alles genau aus. Das ist nötig, weil in einem Strumpf bis zu sieben Muster gestrickt werden und durch das Verkreuzen der Zopfmuster ist der Strumpf nicht weit dehnbar. Dreißig Stunden Handarbeit stecken in solch einem Liebhaberstück. Die Zopfmuster der Trachtenstrümpfe werden im Kreis herum gestrickt, das kann keine Strickmaschine leisten. Veronika Wildegger verwendet Sockenwolle, somit kann man ihre Trachtenstrümpfe auch problemlos in der Waschmaschine reinigen.

Natürlich bekommen Damen ebenso Trachtenstrümpfe mit Lochmuster von Veronika Wildegger gestrickt – wenn zur Tracht mal nicht die engen Pumps getragen werden wollen. Darüber hinaus strickt sie auch maßangefertigte Westen und allerlei Wärmendes für Hände, Schultern und Köpfe. Denn das Wärmen ist ja auch der ursprüngliche Sinn der Wollverarbeitung durch das Stricken.

Veronika Wildegger

Vöhlinstr. 7, D-87781 Ungerhausen
Tel. +49 (0)83 93-75 26
Trachtensocken@gmail.de
www.landhand.de/veronika-wildegger

Mitglied im Landhand Allgäu e.V. siehe Seite 474

Wohlfühlwolle aus dem Allgäu

Günztal Alpakas

Nun könnte man sich fragen, wie südamerikanische Anden-Alpakas ins schöne Allgäu kommen – und die Antwort lautet: Es war die Liebe. Die Faszination, die diese ruhigen, neugierigen, intelligenten Tiere auf die Familie Rawein ausüben, ist die Grundlage für die erfolgreiche Arbeit mit den wunderbaren Tieren. Jeder einzelne Herstellungsschritt der exklusiven Wollprodukte, sei es die Pflege der Alpakas, die Schur, das Stricken oder auch der Versand, wird mit liebevoller Leidenschaft begleitet. Unter den klimatischen Verhältnissen ihres Ursprungslandes Peru brauchen Alpakas in erster Linie eines – einen richtig gut wärmenden Pelz, der sowohl die nächtliche Kälte als auch die Mittagshitze gut regulieren kann. Und so kommt es, dass das seidige, flauschig-weiche Fell der Alpakas das mit am besten wärmende Haarkleid der Welt ist, dazu noch ausgestattet mit der überragenden Fähigkeit, große Temperatur- und Feuchtigkeitsunterschiede auszugleichen. Dementsprechend anschmiegsam, leicht und schützend gegen Kälte, Nässe, Wind und Hitze sind die aus der wertvollen Alpaka-Wolle gefertigten Textilien.
Perfekt also für drinnen und draußen bei jedem Wetter.

Natürlich, verträglich, exquisit

Alpakawolle ist nicht nur so schön, weil sie seidig glänzt, unglaublich weich, geschmeidig und zart ist, sondern auch, weil es sie von Natur aus in etwa 16 Farbtönen gibt.
Das macht Färben weitgehend überflüssig und schont so Mensch und Umwelt. Einen weiteren Vorteil für Allergiker birgt die Wolle der Alpakas auch noch: sie ist frei von Wollfett (Lanolin), das allergieauslösend sein kann. Die Wolle der gut gehüteten, bestens versorgten Tiere der Günztal Alpakas wird nach der Schur im Frühjahr von Hand gereinigt und für die Kontrolle des Zuchterfolges von einem unabhängigen, zertifizierten Labor in Australien kontrolliert. Spitzenqualität

ist also garantiert. Gehalten werden die Alpakas übrigens in einem Offenstall, so können sie sich frei bewegen und haben jederzeit Zugang zur Weide. Die ausgesprochen ruhigen, sehr neugierigen und intelligenten Tiere haben ein ausgeprägtes Sozialverhalten und fühlen sich in der kleinen Herde sehr wohl.

Edles aus Alpakawolle

Aus der Wolle der Allgäuer Alpakas werden kostbare Strick- und Häkelwolle, handgestrickte Mützen und hochwertige Oberbetten gefertigt.
Ergänzt wird das Sortiment durch wunderbar warme, kuschelige Pullover, Mützen, Stirnbänder, Handschuhe, Schals und Socken in angenehm natürlichen, gedeckten Farben.
Ein Muss für alle, die den Genuss von Luxus gerne mit ökologischem, umweltbewusstem Handeln verbinden.

Günztal Alpakas GbR

Obere Halde 9
D-87746 Erkheim-Daxberg
Tel. +49 (0)83 36-8 05 18 75
instagram:@bridgetcuddlywool
info@wohlfuehl-wolle.de
www.wohlfühl-wolle.de

Größte Auswahl an Naturtextilien

Schäferladen

200 Schafe aus der eigenen Schäferei bilden die Grundlage einer naturnahen Landwirtschaft in Bad Hindelang. Die Familie Blanz bewirtschaftet etwa 30 Hektar. Überall im Raum Hindelang werden die Schafe zur Landschaftspflege eingesetzt und liefern Wolle, Felle und Fleisch.
Mit einem Naturtextilangebot, das in seiner Größe im süddeutschen Raum einzigartig ist, punktet der Schäferladen in Bad Hindelang. Aus kleinsten Anfängen mit einem Hofladen entwickelte sich ein Geschäft mit über 300 m² Verkaufsfläche, wo auch Produkte aus der eigenen Herstellung angeboten werden. Über 10 Mitarbeiter zählt der Schäferladen mittlerweile und gilt damit als eines der größten Einzelhandelsgeschäfte im Ort.

Hier werden all jene Kunden fündig, die bei Kleidung, Teppichen und Betten auf Naturmaterialien Wert legen. So finden sich in dem Angebot Mode für Damen und Herren, Babys und Kleinkinder, Natur-Betten und Kissen aus eigener Herstellung sowie Strick-

wolle, Stoffe und Schafwollteppiche. Abgerundet wird das Angebot durch Schaffelle, die es in vielen verschiedenen Größen gibt.
Durch die eigene Hofschlachtung werden Privatabnehmer und die heimische Gastronomie mit frischem Lammfleisch versorgt.

Öffnungszeiten
Der Schäderladen ist täglich von Montag bis Freitag von 9 bis 18 Uhr und am Samstag von 9 bis 13 Uhr geöffnet.

Schäferladen
Am Bauernmarkt 1
D-87541 Bad Hindelang
Tel. +49 (0)8324 8620
info@schaeferladen.de
www.schaeferladen.de

Übersichtspläne

Reiseführer...

Beschreibung

• Panoramakarten • Übersichtskarten • Straßenkarten

- **Geschichtliches**
  Interessantes aus längst vergangenen Tagen
- **Sehenswertes**
  Sehenswürdigkeiten, Museen, offizielle Führungen, Ruhepunkte (GärtenParks, Aussichtspunkte)
- **Kulturelles** – Ausstellungen, Bibliotheken, Festivals, Galerien, Kinos, Konzerte, Theater
- **Feste + Feiern – ein Blick in den Jahreslauf**
- **Bergbahnen & Schifffahrt**
- **Kurioses und Originelles**
- **Freizeit- und Sportmöglichkeiten**
  • Im Sommer • Im Winter • Ganzjährig
- **Wandern** Vom leichten Spaziergang bis zur ausgiebigen Genusswanderung
- **Hütten / Almen / Alpen**
- **Radfahren** Mit dem Fahrrad durch die Stadt Radwandertipps im Umland